*A*ging Welfare and Social Policy

China and the Nordic Countries in Comparative Perspective

■ Tian-kui Jing
  Stein Kuhnle
  Yi Pan
  Sheying Chen

老龄福利与社会政策

—— 中国与北欧国家的比较研究

景天魁 （挪威）斯坦恩·库恩勒 潘屹 陈社英 等 ◎著

胡艳红 ◎译

中国·武汉

内容简介

本书基于理论和实证研究方法,对中国和北欧国家的社会福利及养老政策进行了对比,目的在于促进中国和北欧国家在社会养老领域的相互借鉴,致力于解决全世界所面临的人口老龄化的严峻社会问题。本书包括五个部分:第一、二部分从宏观层面介绍了北欧国家和中国不同的福利制度和社会政策;第三、四部分分别对北欧国家和中国有关社区养老、家庭养老、社会保险制度等模式及政策进行了具体的阐述分析;第五部分则梳理了国外老年社会工作的理论与实践,并以广州老年友好城市建设为例,通过实证研究分析了老年人服务需求,指出了国内社区建设及社会工作存在的不足,提出了对未来工作的建议。

First published in English under the title
Aging Welfare and Social Policy: China and the Nordic Countries in Comparative Perspective
edited by Tian-kui Jing,Stein Kuhnle,Yi Pan and Sheying Chen
Copyright © Springer Nature Switzerland AG,2019
This edition has been translated and published under licence from Springer Nature Switzerland AG.

湖北省版权局著作权合同登记　图字:17-2022-095 号

图书在版编目(CIP)数据

老龄福利与社会政策:中国与北欧国家的比较研究/景天魁等著;胡艳红译.
—武汉:华中科技大学出版社,2022.8
ISBN 978-7-5680-8387-4

Ⅰ.①老… Ⅱ.①景… ②胡… Ⅲ.①老年人-社会福利-社会政策-对比研究-中国、北欧 Ⅳ.① D632.1 ② D753.07

中国版本图书馆 CIP 数据核字(2022)第 104992 号

老龄福利与社会政策　　　　　　　　　　　　　　　景天魁　等著
　　——中国与北欧国家的比较研究　　　　　　　　　胡艳红　译
Laoling Fuli yu Shehui Zhengce——Zhongguo yu Bei'ou Guojia de Bijiao Yanjiu

---

策划编辑:	张馨芳
责任编辑:	林珍珍
封面设计:	廖亚萍
责任校对:	张汇娟
责任监印:	周治超
出版发行:	华中科技大学出版社(中国•武汉)　电话:(027)81321913
	武汉市东湖新技术开发区华工科技园　邮编:430223
录　　排:	华中科技大学出版社美编室
印　　刷:	湖北金港彩印有限公司
开　　本:	710mm×1000mm 1/16
印　　张:	23.25　插页:2
字　　数:	385 千字
版　　次:	2022 年 8 月第 1 版第 1 次印刷
定　　价:	98.00 元

本书若有印装质量问题,请向出版社营销中心调换
全国免费服务热线:400-6679-118　竭诚为您服务
版权所有　侵权必究

中文版序
PREFACE TO THE CHINESE EDITION

2015年6月20—21日，由中国社会科学院社会学研究所和中国-北欧福利研究网络（Sino-Nordic Welfare Research Work）联合资助，中国-北欧福利实验室和中国社会科学院社会政策研究中心共同主办了老年福利与社会政策论坛。参会的中方学者和研究人员来自中国社会科学院、北京大学、浙江大学、南京大学、中山大学等院校机构，北欧方面则有挪威、瑞典、芬兰、丹麦等国家的专家，此外还有来自美国和澳大利亚等国从事老龄福利政策研究的学者。论坛对于老龄社会所带来的严峻局势和挑战，就老年贫困、老年救助和收入保障、社区照顾、社会服务的生产与提供、资金管理、教育、社会参与以及积极老龄化等有关老年福祉的问题，进行了深入探讨与交流。参会论文由中国社会科学院社会学研究所中国-北欧福利实验室暨中国-北欧福利论坛会务组以中英文结集。

基于这一合作研究成果的进一步正式写作出版计划，由施普林格"老龄研究国际视野丛书"（International Perspectives on Aging）联合主编陈社英教授最初提出设想，并在2016年担任清华大学社会工作研究中心创始主任之后，与中国社会科学院社会学研究所潘屹研究员合作推动和具体实施。国际会议主要采用英文交流，但研究论文所用语言既有英文也有中文，故我们最初的计划包括了中英文两种语言分别出版。

经过团队共同努力，由施普林格出版公司于2019年首发正式英文版 Aging Welfare and Social Policy: China and the Nordic Countries in Comparative Perspective（《老龄福利与社会政策——中国与北欧国家的比较研究》），该书选录了参会学者的17篇论文。2020年9月29日，施普林格·自然集团官网宣布表彰中国学者对可持续发展的研究贡献，有10部学术图书荣获2020年的"中国新发展奖"（China New Development Award），Aging Welfare and Social Policy: China and the Nordic Countries in Comparative Perspective（《老龄福利与社会政策——中国与北欧国家的比较研究》）一书获此殊荣。该奖是施普林格·自然集团可持续发展项目的组成部分，以表彰由施普林格·自然集团旗下的施普林格（Springer）和帕尔格雷夫·麦克米伦（Palgrave Macmillan）出版的对联合国可持续发展目标（SDG）有重要推进作用的学术书籍。获奖图书评选自 2019 年出版的近 1000 册图书和会议论文集，每部图书的研究课题都涉及联合国 17 个可持续发展目标中的一个或多个目标，以研究的科学价值和社会影响力作为主要评选标准。而本书作为社会科学代表，与其他有关人文科学、经济管理、工程技术、环境科学、人工智能、生命科学及医学，以及商务和经济学等学科领域的突出成果一同获奖。

英文版成功出版发行之后，其参考价值和社会影响力得到华中科技大学出版社的重视，策划编辑张馨芳女士主动联系组织该校外国语学院师资进行翻译，并在出版资源及国际/社际版权协调等方面做了大量工作，直接促成本书中文版诞生。按照我们原定计划，中英文版本并不完全相同，一是原参与交流的不同语种论文并未计划完全互译，二是中文版主要是面向国内读者，可适当扩充覆盖内容。因此，本书既属于重大翻译成果（由胡艳红老师执笔翻译了全书英文版，并由国内原作者和中文版编辑做了修订），又增补了几章用中文写成的老年社会福利服务及政策研究论述。虽然个别论文距今有些年份，但对当今社会老龄福利与社会政策仍有一定借鉴意义。

我们衷心希望中文扩版的发行，能为实施积极应对人口老龄化国家战略，加强新时代老龄工作，提升广大老年人的获得感、幸福感和安全感，做出一份微薄的学术贡献。在此，一并对各方的努力与合作，特别是中文翻译胡艳红老师、出版策划编辑张馨芳女士、责任编辑林珍珍和本书参编者潘屹博士的辛勤劳动，施普林格北京代表处陈青（Parick Chen）先生的协助，以及景天魁学部委员与斯坦恩·库恩勒（Stein Kuhnle）博士的支持，表示诚挚的谢意。整套出版计划与执行过程中的疏漏之处，则由丛书主编陈社英博士担负主要责任，谨此说明。

陈社英
2022 年 7 月 10 日

英文版前言　INTRODUCTION

　　开展中国与北欧国家社会福利制度比较和福利建设经验互学互鉴研究，是一个绝佳的观察视角，可以开辟极为广阔的思维空间，因而具有重大的研究价值和学术意义。

　　首先，中国与北欧国家都积累了极为宝贵的福利建设经验。北欧福利模式享誉全球，不仅普惠性强，而且经济上的可持续能力也强。这种"双强"特点，使北欧国家经受住从20世纪70年代石油危机到21世纪以来的金融危机等一系列考验，而且总体上政治稳定、社会安定、国民幸福指数高。其中，制度设计的科学性和机制运行的可靠性，非常值得从学术上做深入的探讨。中国的福利实践经历了复杂艰巨的探索过程，虽然有曲折、有教训，但也取得了令人瞩目的成就。特别是改革开放40多年来，中国建立了覆盖13亿人的全面完整的福利体系，不仅创造了规模之最，而且创造了普惠性之最——在短短几十年内，让近8亿人口脱贫，对全球减贫的贡献率超过70%。中国不仅是世界上减贫人口最多的国家，也是世界上率先完成联合国千年发展目标的国家。到2020年中国人将历史性地告别绝对贫困，这在中华民族历史上将是一座伟大的丰碑，这其中的丰富经验也是意义重大的。

　　其次，中国与北欧国家之间的巨大差异凸显了福利特征的鲜明性，为开展比较研究提供了无与伦比的条件。北欧国家人均收入较高，中国人均收入偏低，在制度设计如缴费制度方面就要相应地体现这种差别；北欧国家没有太大的城乡差别，地区之间发展也比较均衡，而中国长期实行城乡二元体制，尽管近年来致力于缩小城乡差距，但这显然需要一个较长的过程，至于地区差距，则是在更为长期的历史过程中形成的，这些特点突出了福利制度的普遍性与特殊性之间的巨大张力。而中国与北欧国家之间的差异，使我们得以在比较中对福利的本质和福利的实现有更为清晰、更为丰富、更为深入的认识。

最后，中国与北欧国家对社会福利具有共同的追求，这为达成共识、得出一致的结论提供了前提条件。北欧国家把社会福利放在首要位置，政府责任意识强，公民认同度高，形成了成熟的福利文化传统。中国自古就形成了"福"文化，夏、商、周三代就有老年福利，到汉代更是"以孝治天下"，朝廷建立了高龄王杖制度，几千年来民间一直保持着家庭养老、互助养老的传统；现在，党和政府把人民幸福作为执政目标，包括养老服务在内的各项福利制度正在健全和完善。可以说，中国和北欧国家虽然国情、社情、民情不同，但是，追求人民幸福的目标相同，政府与社会都具有高度一致的共识，因此，相互借鉴和相互学习不仅非常必要，而且是双方自觉的行动。

本书的内容分为两大块。第一块是对北欧福利国家和中国福利制度的概括性研究。斯坦恩·库恩勒（Stein Kuhnle）在《北欧特色福利国家》（Welfare States with Nordic Characteristics）一文中，相当准确地将北欧福利国家特征概括为：强调公民福利的公共责任意识；普遍人口覆盖的原则；社会平等的坚守；制定社会政策，并在政治上达成一致的、具体的正式和非正式机制的规范基础。潘屹的论文 Welfare System in China: towards a Moderate Universalism ［《中国的福利制度：走向适度普惠主义》（录入本书中文版时题目和内容有修改变动，编者按）］，全面系统地分析了中国福利制度发展过程的三次转折，指出中国社会福利制度的发展正在走向适度普惠主义。首先，适度普惠主义是为了满足人们的基本需求，反映相对的公平和平等，而不是满足最终的平均结果；其次，适度普惠主义承认人们具有不同的能力，为不同的个人提供公平的发展机会和平等的利益；最后，"适度"意味着标准和成本并不高，并保持可持续性。王春光的《以共享视角探讨中国社会保护体系的变迁和建构》（Evolution and Construction of China's Social Protection System: A Discussion from the Perspective of Shared Development）一文，从法律效力、保障程度及可持续性三个层面深入地解剖了构成中国社会保护体系的主要社会政策，并与日韩社会保护体系做了比较，指出中国虽然已经构建了相当完整的社会保护体系，但是存在着统筹不够、保护能力弱、保护水平低以及可持续性差等问题。

第二块是本书的主体，多篇论文从不同角度切入了老龄福利的诸多方面。其中，陈社英和陈妍娇的论文《社区养老：老龄福利与社会政策的历史与比较研究》（Aging in Community：Historical and Comparative Study of Aging Welfare and Social Policy），从老龄福利的多个方面——老龄化、家庭、社区和社会政策进行历史比较研究，对本书主题提供了全面综合的认识；潘屹的《优化整合城乡资源，完善社区综合养老服务体系——上海、甘肃、云南社区综合养老服务体系研究》一文，则为理解本书主题提供了实际案例和实践基础。其余多篇论文分别从老龄福利和照护服务方面介绍和论述了挪威、瑞典、芬兰、中国的做法和经验，论文作者均为该领域的著名专家，每篇论文都资料翔实、分析透辟、富有启发性。

本书的写作和出版，首先要感谢北欧国家和中国的作者们，他们为本书贡献了自己长期研究的可贵成果；中国社会科学院潘屹研究员（曾在北欧和英国留学，获社会政策博士学位）、清华大学陈社英教授（现任教于美国），均长期从事社会福利和社会政策跨国比较研究，他们都是这一领域的杰出专家，为本书的写作和出版尽心尽力，贡献良多；还要特别感谢施普林格国际出版公司对中国-北欧社会福利比较研究的支持！

最后，诚恳地欢迎广大读者批评指正，希望本书能够为推动社会福利研究起到促进作用。

中国社会科学院学部委员　景天魁
2018 年 5 月 20 日于北京

目录 CONTENTS

第一部分 福利国家和社会政策

第一章 北欧特色福利国家 _2
第二章 建设具有中国特色的社会主义现代化福利制度 _16
第三章 以共享视角探讨中国社会保护体系的变迁和建构 _40

第二部分 老龄福利与社会政策

第四章 社区养老：老龄福利与社会政策的历史与比较研究 _64

第三部分 北欧国家经验

第五章 瑞典：21世纪老龄福利和社会政策 _84
第六章 寻求捷径：芬兰人口恐慌及长期照顾政策的曲折变迁 _104
第七章 对老龄化的政策回应：挪威老年照顾服务 _120
第八章 芬兰遍布电子医疗和电子福利吗？ _144

第四部分 中国经验

第九章 社区综合养老社会服务体系建设：挑战、问题与对策 _164
第十章 中国老年福利政策法规框架的社会建设、制度缺陷和制度质量 _193

第十一章	我国居家和社区养老服务的优势和发展对策	_218
第十二章	中国城市社区的社会组织和养老服务：网络变迁的视角	_231
第十三章	优化整合城乡资源，完善社区综合养老服务体系	
	——上海、甘肃、云南社区综合养老服务体系研究	_269
第十四章	长期照护保障体系框架研究	
	——以青岛市长期医疗护理保险为起点	_291
第十五章	建立中国特色的社区综合养老服务体系	_309

第五部分 老龄化、社会工作与社区建设

| 第十六章 | 老龄化视野下的社会工作理论与实践 | _324 |
| 第十七章 | 老年友好城市建设：广州老年人服务需求研究 | _339 |

CHAPTER 1

第一部分

福利国家和社会政策

第一章

北欧特色福利国家[①]

◎ Stein Kuhnle[②]

一、引言：福利国家的多样性

福利国家的面积大小、政府构成和组织形式各不相同，因此不可能单一地探讨"某种"福利国家。人们普遍认为，西方福利国家的起源可以追溯到19世纪最后15年，并且与当时社会、经济和政治重大变革密切相关（Castles，et al.，2010）。工业化时期重大社会变革、资本主义崛起、城市化和人口增长，促使国家在履行为公民提供福利的职责中扮演新型角色。许多权威人士认为，由家庭、行会、志愿组织、慈善机构、教堂和当地社区提供福利的传统形式是远远不够的。1880年至1900年，这20年标志着"现代福利国家的腾飞"（Flora，Alber，1981），揭开了保险等社会福利政策产生和发展的序幕。巨大的社会变革促使人们对国家的社会作用进行新的思考：国家应该履行更积极的社会职责吗？如果是，以什么方式来履行？

[①] 本论文最初发表于2015年6月20日至21日在北京中国社会科学院举行的"老龄福利与社会政策"国际研讨会上。

[②] 斯坦恩·库恩勒（Stein Kuhnle），挪威卑尔根大学比较政治学系教授。

进入20世纪后，在西方国家，无论是民主国家还是专制国家，社会政策和福利都已经成为政治议程上的一个关键问题。西方国家从一开始对于这个问题的认识就存在巨大的差异，或许不是有意为之，但这个早期阶段就已经为两种截然不同的制度埋下了根基（Kuhnle, Sander, 2010）。这其中，一种是遵循相对纯粹保险原则的社会保险模式（如欧洲大陆），另外一种则是以普遍税收为基础的社会公民模式（如斯堪的纳维亚半岛地区、英国、加拿大、新西兰）。

随着时间的推移，在过去的100多年里，福利国家沿着不同的道路发展。其理念和制度在全球范围内广为流传，遍布不同政府治理体系、政治经济系统、习俗迥异的各种文化以及公民和国家的相互期望。福利国家的范围和形式不同，政治取向和分配成果也不尽相同（Arts, Gelissen, 2010）。虽然从某一个角度来看，每个福利国家都是独一无二的，但就像我和许多学者在过去25年里所做的那样，找出将这些福利国家划分成不同"世界""制度""类型"或"模式"的方法是很有意义的。因此，基于这一理念，本文的研究目标就是解释形成不同类型福利国家的原因以及建设这些福利国家对分配结果和政治分裂结构的影响，总体来说就是研究福利国家发展对其社会、经济和政治的影响。Esping-Andersen（1990）撰写的《福利资本主义的三个世界》（*The Three Worlds of Welfare Capitalism*）一书，是对于福利国家分类的早期尝试（Titmuss, 1974；Wilensky, Lebeaux, 1958）。自出版以来，该书被大量引用，在福利国家比较研究领域产生了决定性的影响。作者对"自由主义"福利制度（如美国）、"社团-国家主义"或"保守主义"制度（如德国）及"社会民主"福利制度（如瑞典）进行了区分。

在后文，我会简要总结这类福利国家或者福利模式的基本要素，也就是人们所熟知的北欧福利模式[①]，并说明这一模式有哪些特点，以及我们能否将北欧福利国家和其他福利国家进行比较。

---

① 这一说法可能会有所不同。有时，北欧福利国家发展的经验被称为斯堪的纳维亚福利模式或社会民主福利模式，或被称为特定国家模式，例如丹麦模式、挪威模式或瑞典模式。我的第一篇关于斯堪的纳维亚模式的论文（挪威语）发表于1990年（Kuhnle, 1990）。

二、北欧福利模式的主要要素[①]

北欧福利模式比 Esping-Andersen（1990）提出的分类更早，尽管当时人们很少提及"模式"这一概念（Erikson, et al., 1987），但这一概念的起源和独特的北欧经验可以追溯到20世纪的两次世界大战之间。基于外界对斯堪的纳维亚国家的看法，美国记者 Marquis Childs 创造了"中庸之道"来描述瑞典的发展（Childs, 1936）。第二次世界大战爆发前十年，北欧国家，尤其是丹麦、挪威和瑞典这三个斯堪的纳维亚国家的社会民主党派夺得了政治权力。同样在这十年里，工会组织和雇主协会之间达成了重大协议（丹麦除外，该国已于1899年作为世界上第一个国家达成此类协议），以确定关于工作条件和工资协商过程的规定，并初步打开了战后劳动力市场各组织与政府之间定期接触和合作的通道。从过去至现在，这已成为一种新社团主义的治理体系。这一治理体系是对通过各政党代表选举议会会员进行管理的补充，政府是在议会多数人的普遍支持下组建的，当然也有逐案支持的情况，但这种情况一般发生在由少数人组建的政府中。

北欧福利模式有其特有的规范性内涵，通常来说是正面的，是可以效仿的通向"好社会"的楷模，这个"好社会"一般是指高水平的福利、低贫困和收入分配平等，但这种模式会由于过分强调公共责任和平等而产生不良的经济影响。有时它也有消极的一面，不过这些是可以避免的。公认的英国自由保守派周刊《经济学人》在短时间内对此表现出一种模棱两可的态度。在2006年底的年度特刊中，《经济学人》对全球不同地区的政治发展进行了描述和"预测"。文章称："人们普遍认为北欧国家已经探索出了将高税收和奢侈福利制度与快速增长和低失业率相结合的神奇方法……然而，人们对这种特有的北欧模式或'第三种模式'的信仰将在2007年进一步瓦解"（《经济学人》，2006年12月）。但是，在2013年2月2日的定期周刊上，在经历了欧洲金融危机、衰退和政策紧缩最关键的几年后，《经济学

[①] 本节中的部分文本基于 Alestalo M, Hort S E O, Kuhnle S (2009). The Nordic model: Conditions, origins, out-comes and lessons. Hertie School of Governance, Working Papers.

人》推出了题为"下一个超级模式:为什么世界应该关注北欧国家"的封面,并就此做了专题报道(《经济学人》,2013年2月2日)。那么,哪个观点最有说服力:北欧模式正在消失,还是正在成为"超级模式",还是未来介于"无模式"和"超级模式"之间?

人们对北欧福利模式有许多不同的定义,有些人甚至认为"没有北欧模式这一说法"(Ringen,1991),这种观点认为福利国家并没有种类或模式之分,每个国家的经验和制度都是独特的。虽然包括北欧福利模式在内的模式概念只是一种建构、一种对现实的简化,但我发现,区分福利的"种类"和"模式",把不同的福利国家作为相近的实证例子来理解,有助于我们进行分析。

自20世纪80年代以来,根据一些对福利国家所做的比较研究的结果,无论是国际组织、学者圈,还是大众媒体谈及北欧国家时,诸如"北欧模式""斯堪的纳维亚模式""福利制度类型"的概念都已经成功地进入人们的视野。如上所述,这个概念在很大程度上,具有积极的内涵,但并非总是如此,是否积极还取决于福利国家的背景、所处时期及观察者的意识形态。简言之,新自由主义者和旧西方马克思主义者似乎对此都持怀疑态度,而比起其他大多数人来,社会民主党人、温和保守派和自由派更乐于提出积极的观点。事实上,许多北欧社会民主党人声称这是"他们的"模式,但是从历史的角度来看,这一言论未免过于简单。① 在北欧国家中,各政党都在争夺这一概念所代表的政治体制和福利国家的所有权,因此这一概念总体来说是积极的。这一概念是宽泛、模糊且模棱两可的,但对于各种以市场为导向的福利民主国家的观察者来说,也不失为一种有益参考(Leibfried, Mau, 2008)。但是,我们还注意到,欧洲福利国家似乎走上了相互合作学习的轨道,这一点特别表现在家庭和劳动力市场政策领域(Borrås, Jacobsson, 2004),这说明欧洲福利模式之间的区别在减少,变得更加融合(Cox, 2004; Abrahamson, 2002)。

---

① 瑞典社会民主党(Swedish Social Democratic Party)事实上在2014年获得了瑞典专利和商标注册局("patent-och registreringsverket")认可的"北欧模式",这让该领域的许多北欧学者大吃一惊。我认为,北欧部长理事会(The Nordic Council of Ministers)对这一概念在政治上的垄断企图提出抗议是正确的。

本文交替使用"斯堪的纳维亚"和"北欧福利国家"或者"北欧"和"北欧福利模式"的概念，是因为前人文献都使用过这些概念。从地理角度来看，"斯堪的纳维亚"这一说法包括多山的挪威和瑞典半岛以及丹麦，而"北欧"则包括芬兰和冰岛。北欧区域政治、制度化的合作自20世纪50年代开始发展，例如建立护照联盟、自由北欧劳动力市场和"社会联盟"，因此出于历史、制度、文化和政治原因，笔者认为"斯堪的纳维亚"和"北欧"这两个概念可以交替使用（同时参见Hilson，2008）。就"福利国家"或"福利模式"而言，这五个国家（冰岛有一些例外情况）也有许多共同特征。如果我们认可北欧福利模式的概念，那么对文献全面分析后，可以将北欧福利国家的特征归纳为三点：国家性，普遍性，平等性。此外，为了便于我们了解"福利政治"的演变如何影响福利国家及其持续改革的举措和决策，我认为还必须考虑一个因素，这一因素并非来自单纯的福利制度特征本身，而是指治理体系的正式与否。

1. 国家性

北欧福利模式首先基于国家和公共部门这两个因素在福利设置中的广泛应用。斯堪的纳维亚国家有着悠久的历史，国家和人民之间有着密切积极的关系。这并不意味着国家为人民带来"来自上层的雨露和阳光"（Marx，1979），而是意味着国家没有被视为统治阶级手中压迫人民的强制性工具，相反，在大多数情况下，它已经发展成为不同阶级的和平战场，承担着"作为社会改革机构"的重要职能（Korpi，1978）。国家性意味着中间机构（教会、志愿组织等）的影响力较弱，但它包括"相对强大的社会公民权利和相对统一、相互融合的机构"（Korpi，1978）。20世纪30年代发生的阶级合作是斯堪的纳维亚福利国家形成的一个重要因素（Flora，1986），国家的作用体现在广泛公共服务和公共就业以及许多基于税收的现金福利计划中。然而，值得注意的是，社会服务大多是由许多小城市在当地组织起来的，这就使得决策者和人民之间的互动相当紧密。"在英美国家的许多讨论中，政府和私人之间的差异非常重要，但在斯堪的纳维亚国家却不然"（Allardt，1986）。例如，直到最近，人们还认为国家收集和公布公民个人的税务记录是合法的。或许，瑞典和芬兰拥有世界上最古老的人口统计数据并非偶然。

2. 普遍性

在北欧国家，普遍社会权利的原则惠及全体民众。与其他地方相比，服务和现金福利针对穷人的力度较低，因为它们具有普遍性，所以也涵盖中高收入阶层。简言之，"所有人都受益；所有人都是相互依存的；所有人都应该有义务缴费"（Esping-Andersen，1990）。北欧福利国家的普遍性可以追溯到20世纪前后，那时理想主义和实用主义思想在社会立法制定的过程中形成并且得以部分实施。社会保障方案是在斯堪的纳维亚国家实现政治和经济现代化时期启动的。首先，普遍主义的思想至少是国家建设项目的一个潜在因素。其次，贫困农民和贫困工人相似的生活际遇有助于我们了解类似的风险和社会权利：每个公民都有可能面临某些风险。再次，特别是在第二次世界大战之后，人们普遍不会排斥斯堪的纳维亚的贫困人群。最后，在最小化行政成本方面，社会上还有一种非常务实的趋势，人们会倾向于实施通用方案，而非采取大范围的官方测试手段（Kildal，Kuhnle，2005；Kuhnle，Hort，2004）。截至20世纪70年代初，所有北欧国家都已经建立了养老金制度、重疾保险、医疗保健、工伤保险、儿童津贴和产假计划。原则上失业保险从过去到现在都只有在挪威是普遍的，是强制性的，但在其他国家，只有工会成员才能享受失业保险，不过所有失业者都有权在某些项目中获得现金福利。直到今天，同样的完整制度模式仍然存在，尽管北欧国家之间存在差异，但大部分地区还在进行持续的改革运动，由此产生了多种变动调整，例如在养老金计划（加强保险原则）和失业保险方面的调整，以及医疗板块更多的配套付额。当前的发展形势表明，福利制度正朝着更加混合的方向发展，其中私人养老金和健康保险将发挥更大作用，但更多的是作为公共福利的一种补充，不会损害福利制度的普遍性这个基本理念。

3. 平等性

尽管两性平等政策的实施及其相应的规范和大众的希冀出现得相对较晚，在第二次世界大战后才得以落实，但是北欧国家的历史传承表明，他们国家中阶级、收入和性别的差异很小。随着农民地位的提高和地主地位的削弱，劳动阶级也能进入议会，并且可以参与劳动力市场谈判，这些都为斯堪的纳维亚国家步入现代阶级结构奠定了基础。这种传承体现在微小的收入差距和微乎其微的贫困之中（Fritzell, Lundberg, 2005; Ringen, Uusitalo, 1992）。累进所得税制度与普遍而相对丰厚的社会保障和福利制度相结合，意味着再分配、低贫困（相对而言）和平等的收入分配。根据经济合作与发展组织最近的统计数据，北欧五国均位列世界可支配家庭收入分配最平等的8～10个国家[①]，其中丹麦、挪威和瑞典位居前五。此外，斯堪的纳维亚国家因其性别差异很小而闻名于世，当然这种差异小也是相比其他国家而言的。当市政当局承担了大部分照顾孩子、老年人和残疾人的责任时，当妇女就业率很高时，性别差异在北欧国家所造成的影响，会比其他发达国家更小（Lewis, 1992; Sainsbury, 1999）。颇具讽刺意味的是，因为有着相对较高的福利水平、广泛的公共服务和妇女在劳动力市场中相对较高的地位，有人称斯堪的纳维亚男子"从劳动力市场的暴虐中解放出来，斯堪的纳维亚妇女从家庭的暴虐中解放出来"（Alestalo, Flora, 1994）。

4. 实际治理形式

北欧福利模式通常由福利国家机构的特征（国家性和普遍性）和福利政策结果（平等性）来确定，但似乎有必要增加第四个因素，即治理形式——政治决策制定的方式或过程。从这个角度来看，20世纪30年代是所有北欧国家的政治分水岭，工业和农业（初级）部门之间的利益，以及劳工和资本之间的利益都通过主要的工会联合会和雇主协会得到相互平衡，从而达成了国家层面各阶级之间的和解。这些和解也反映在议会和政府层面，代表不同阶级或经济利益的政党达成了政治协议。从20世纪20年代末开始，尤其是对瑞典社会改革家来说，丹麦一直是政策榜样（Nystrøm, 1989）。然而，美国记者Marquis Childs提到，《瑞典：中庸之道》（*Sweden: The Middle Way*）（1936）一书记录了20世纪30年代北欧政治开天辟地的变化。20世纪30年代的政治形成了今天依旧存在的北欧福利模式，尽管这些成就在当时并不稳定，并且放眼更广阔的欧洲范围，这些成就也

---

① 这种"世界上"最平等的说法很可能是合理的，尽管经济合作与发展组织的统计数据仅涵盖其34个成员。

都是微不足道的。广义的北欧福利模式必须包括北欧国家治理的实际形式、解决冲突的具体模式的演变，以及政治决策和权威决定得以建立的政策合法性的创建。这一模式已经发展了很长一段时间，其特点是在议会和政府正式做出决定之前，民间组织以各种制度化的方式，特别是通过政府、工会、雇主协会或诸如农业部门等类似组织之间的三角关系，来积极参与政治进程。这种治理体系可以称为"协商一致的治理"。北欧国家规模小而单一，这使得其决策比大国或联邦国家更容易。芬兰朝协商民主方向发展的情况比其他国家更加引人注目：作为从 1918 年内战时期到和平时期北欧协商政治最强有力的典范，芬兰经历了政治和实践上的长跑。北欧协商政治以 20 世纪 90 年代初期建立的彩虹联盟政府为代表，这个政府由共产党、社会民主党、自由派和保守派政党组成，是为了在经济大幅下滑之后立即建立芬兰经济和福利国家而建立的。经济下滑的部分原因是苏联解体和大量外贸突然丧失。"协商民主"是一个术语，这符合 20 世纪 30 年代中期以来的发展，特别是 1945 年以来的发展，这种发展同时也反映在几本书的标题中（Elder，Thomas，& Arter，1988；Rustow，1955）。达成共识已经成为北欧政治的一个重要因素，部分原因在于联合政府是常态（特别是在丹麦和芬兰），在丹麦、挪威和瑞典，少数联合政府很盛行。当谈到少数联合政府时，丹麦可谓世界第一。所谓消极议会主义的北欧传统是指政府不必积极或建设性地建立在议会多数人的基础上，也不需要由议会大多数人组成。这种消极议会主义在逻辑上符合政治妥协的艺术：如果没有各方事先相互协商，建立相互信任，没有执政党和反对党之间的协商，就很难做出可持续的政治决定。北欧政治的协商模式和长期多党议会或政府责任的经验，导致人们在谈到"模式"时使用地理形容词"北欧"，而不使用我的许多社会科学同事们所用的、更狭义的政治意识形态形容词"社会民主"。瑞典是一个例外，其社会民主党在整个 20 世纪都居于主导地位，而且关于社会改革原则的辩论有时更加两极分化（Lindbom，Rothstein，2004）。

5. 北欧合作

我们还必须注意到，在社会政策领域发展北欧合作和巩固北欧认同，是有利于建立北欧福利模式的因素。斯堪的纳维亚国家内部议员之间的合作早在 1907 年就开始了，在这一政策领域，哥本哈根定期举办了多次斯堪的纳维亚最高政治-行政会议,其第一次会议是在1919年召开的。芬兰和冰岛于20世纪20年代参加了这些会议,根据Petersen(2006)提供的概述,1952年北欧理事会成立,1955年北欧社会保障公约得以确定,在此之间召开了14次北欧社会政策制定者会议。北欧理事会1955年才"允许"(由苏联批准)芬兰参加会议。这些发展开启了北欧国家至今在许多公共政策领域的持续合作。1946年,北欧国家建立了一套通用、可比较和可对比的社会统计方法。尤其是北欧国家在第二次世界大战后开创了跨国区域合作,这有利于北欧福利模式概念的成熟。尽管各国外交政策取向不同,但北欧国家间的合作仍在发展。这些外交政策的不同主要是由冷战期间的战争经历和地缘政治现实引起的,包括北欧西部国家(丹麦、冰岛、挪威)在瑞典中立问题上成为北约成员国,芬兰和苏联就远东地区所签订的友谊协定等。这种合作表明,北欧认同的历史力量仍然存在,第二次世界大战前很长一段时间在政府和非政府层面上建立的外交关系力量也存在,因此,北欧政治合作可以在分裂的冷战思维和国际关系发展的早期被高度制度化。苏联解体后,虽然各国和北约及欧盟维持着不同程度的关系(欧盟当时只有丹麦、芬兰和瑞典三个国家是成员国,并且只有芬兰引入了欧元),但是各国共同的北欧身份仍占据主导地位,并且在北欧和其他国际论坛都获得了发言权。北欧在人权、福利和政治问题上的团结状态经常通过联合国和其他国际组织来表达。从北欧福利国家状态的发展来看,20世纪30年代初以来的这段时期可以说是达成国内共识和共同建立北欧认同的时期。这两个要素可以说是北欧福利模式这一概念的重要支柱。

三、社会和政治稳定

总而言之,北欧国家的国家性、普遍性、平等性、治理形式,同时还有跨国合作这几个特征共同作用,形成北欧福利国家与其他西方福利国家的区别。与其他西方福利国家和其他类型的福利国家相比,这种政治组织、政策、制度、原则以及社会和经济成果的结合并没有阻碍长期经济发展(以国内生产总值和人均国内生产总值的增长来衡量),而是有利于形成对政府机构的高度信任,包括对高效和有效公共行政的信任,同时也有利于社会和政治的高度稳定。全面、平等和相对慷慨的国家福利可以与富有成效的市场经济齐头并进。

四、北欧福利国家所面临的挑战和当前的改革趋势

北欧国家传统上是开放的经济体，因此经济全球化对于它们来讲并不陌生。有人认为，这是欧洲这个地区能够发展强大福利国家的原因之一（Katzenstein，1985）。正如最近的全球金融危机所呈现的，经济全球化和国际化在过去25年中有所增长，这使国民经济总体上更容易受到国际经济形势的影响。北欧国家当然也比以前更容易受到国际经济发展的影响，但如果危机迫近，具有上述特征的发达福利国家实际上可能具有一种相对优势。福利国家可以发挥缓冲作用，以应对贫困的突然增加以及收入和社会不平等的风险，并缓解因种种社会动荡带来的政治紧张局势。

与其他福利国家一样，北欧国家面临的挑战也是随着人口老龄化和持续低于人口再繁殖的生育率，人口结构正在发生变化。但是，北欧国家的人口变化似乎比欧洲和东亚的许多其他国家要小。移民模式是一个更大的未知，大规模移民如果发生，可能对福利国家本身以及社会融合和凝聚力构成巨大挑战，但在评估移民对福利国家组织、资金和规定等方面的影响或意义时，需要考虑移民的种类（如劳工移民，技术或非技术人员，寻求庇护者，永久居留移民还是短期劳工移民，从哪里来等）。

福利（养老金、医疗、社会关怀）朝着更私有化的方向发展是公共福利条款的补充（或替代），可能意味着未来福利的发展走向混合福利和福利的社会分工，这很可能对福利政治和国家福利机构的形式（如不那么普遍或不那么慷慨）有影响。同时，大多数选民都不希望加剧不平等现象，所以政府和政党可能被迫制定政策来改变不平等状态。

社会政策的欧洲化意味着另一个挑战的出现（这种挑战可能是好也可能是坏），对于政治决策也是如此，因为这可能意味着国家在社会政策领域的自主权减少。

过去20年，欧洲在养老金、卫生政策和劳动力市场方面的总体改革趋势是很明显的，例如：更多地强调个人对未来养老金的责任；更多的医疗或卫生保健配套付额；更有针对性地提供福利条款；更加强调所谓的"工

作线",即激活政策以努力使失业和部分残疾人重返劳动力市场。与此同时,协调工作和家庭关系的"家庭政策"(如带薪产假)在大多数欧洲国家以及欧洲以外的国家都得到了推广。北欧国家和其他地方的福利模式实质上并没有被解构,而是通过各种福利削减的组合(重复较少)和更严格的领取福利的资格标准(如失业福利,提高退休年龄)进行重建。北欧福利模式并非一成不变的,它也在持续进行改革,以适应不断变化的人口、经济和政治挑战,但上述基本特征仍旧未变。北欧国家在过去的四五十年里有过起起落落,但从长远来看,它们的福利模式似乎是相当稳健和可行的。在新自由主义和"华盛顿共识"的鼎盛时期,北欧国家也都没有解构它们的福利模式、公共部门或税收基础。在政治上,其对福利模式有着强烈的规范承诺,要求主要成员国家保持高度的一致性。比较而言,公民对政府机构的信任度较高,这增强了福利国家建设的合法性。

参考资料

Abrahamson, P. (2002). The welfare modelling business. *Social Policy & Administration*, 33 (4), 394-415.

Alestalo, M., & Flora, P. (1994). Scandinavia: Welfare states in the periphery—Peripheral welfare states. In M. Alestalo, E. Allardt, A. Rychard, & W. Wesolowski (Eds.), *The transformation of Europe. Social conditions and consequences* (pp. 53-73). Warsaw: IFiS Publishers.

Alestalo, M., Hort, S. E. O., & Kuhnle, S. (2009). *The Nordic model: Conditions, origins, out-comes and lessons*. Hertie School of Governance, Working Papers No. 41.

Allardt, E. (1986). The civic conception of the welfare state. In R. Rose & R. Shiratori (Eds.), *The welfare state east and west*. Oxford: Oxford University Press.

Arts, W. A., & Gelissen, J. (2010). Models of the welfare state (Chapter 39). In F. G. Castles et al. (Eds.), *The Oxford handbook of the welfare state*. Oxford: OUP.

Borrås, S., & Jacobsson, K. (2004). The open method of co-ordination and new governance in the EU. *Journal of European Public Policy*, 11

(2), 85-202.

Castles, F., Leibfried, S., Lewis, J., Obinger, H., & Pierson, C. (2010). Introduction (Chapter 1). In F. G. Castles et al. (Eds.), *The Oxford handbook of the welfare state*. Oxford: OUP.

Childs, M. (1936). *Sweden: The middle way*. New Haven: Yale University Press.

Cox, R. (2004). The path-dependency of an idea: Why Scandinavian welfare states remain distinct. *Social Policy and Administration*, 38(2), 204-219.

Elder, N., Thomas, A., & Arter, D. (1988). *The consensual democracies: The government and politics of the Scandinavian states*. London: Blackwell.

Erikson, R., Hansen, E. J., Ringen, S., & Uusitalo, H. (Eds.). (1987). *The Scandinavian model. Welfare states and welfare research*. New York/London: M. E. Sharpe.

Esping-Andersen, G. (1990). *The three worlds of welfare capitalism*. Princeton, NJ: Princeton University Press.

Flora, P. (1986). *Growth to limits. The Western European welfare states since World War II*. Vol 1: Sweden, Norway, Finland, Denmark; Vol. 2: Germany, United Kingdom, Ireland, Italy; Vol. 4: Appendix (synopses, bibliographies, tables). Berlin/New York: Walter de Gruyter.

Flora, P., & Alber, J. (1981). Modernization, democratization, and the development of welfare states in Western Europe. In P. Flora & A. J. Heidenheimer (Eds.), *The development of welfare states in Europe and America*. New Brunswick/London: Transaction Books.

Fritzell, J., & Lundberg, O. (2005). Fighting inequalities in health and income: One important road to welfare and social development. In O. Kangas & J. Palme (Eds.), *Social policy and economic development in the Nordic countries*. London: Palgrave Macmillan.

Hilson, M. (2008). *The Nordic model: Scandinavia since 1945*. London: Reaktion Books. Katzenstein, P. J. (1985). *Small states in world markets: Industrial policy in Europe*. Itacha, Cornell University Press.

Kildal, N., & Kuhnle, S. (2005). The Nordic welfare model and the idea of universalism. In N. Kildal & S. Kuhnle (Eds.), *Normative foundations of the welfare state: The Nordic experience*. London: Routledge.

Korpi, W. (1978). *The working class in welfare capitalism. Work, unions and politics in Sweden*. London/Henley/Boston: Routledge & Kegan Paul.

Kuhnle, S. (1990). Den skandinaviske velferdsmodell: Skandinavisk? Velferd? Modell? In A. R. Hovdum, S. Kuhnle, & L. Stokke (Eds.), *Visjoner om velferdssamfunnet*. Bergen: Alma Mater.

Kuhnle, S., & Hort, S. E. O. (2004). *The developmental welfare state in Scandinavia. Lessons for the developing world*. United Nations Research Institute for Social Development, Social Policy and Development. Programme Paper Number 17.

Kuhnle, S., & Sander, A. (2010). The emergence of the Western welfare state (Chapter 5). In F. G. Castles et al. (Eds.), *The Oxford handbook of the welfare state*. Oxford: OUP.

Lewis, J. (1992). Gender and the development of welfare regimes. *Journal of European Social Policy*, 2 (3), 159-173.

Lindbom, A., & Rothstein, B. (2004). *The mysterious survival of the Swedish welfare state*. Paper presented at the American Political Science Association, Chicago September 2-5th.

Leibfried, S. & Mau, S. (2008). Introduction. *Welfare States: Construction, Deconstruction, Reconstruction*. In S. Leibfried & S. Mau (Eds.), *Welfare States: Construction, Deconstruction, Reconstruction. Vol. 1: Analytical Approaches*. Cheltenham: Edward Elgar.

Marx, K. (1979). The Eighteenth Brumaire of Louis Bonaparte. In K. Marx & F. Engels (Eds.), *Collected works* (Vol. 2, pp. 99-197). Moscow: Progress Publishers. (Original work published 1852).

Nystrøm, P. (1989). Välfärdsstatens styrningsmekanismer. In *Historia och biografi*. Lund: Arkiv.

Petersen, K. (2006). Constructing Nordic welfare: Nordic social political cooperation 1919-1955. In N. F. Christiansen, K. Petersen, N. Edling, &

P. Haave (Eds.), *The Nordic model of welfare: A historical reappraisal* (pp. 67-98). Copenhagen: Museum Tusculanum Press.

Ringen, S. (1991). Do welfare state come in types. In P. Saunders & D. Encel (Eds.), *Social policy in Australia: Options for the 1990s*. University of New South Wales: Social Policy Research Centre, Reports and Proceedings, No. 96.

Ringen, S., & Uusitalo, H. (1992). Income distribution and redistribution in the Nordic welfare states. In J. E. Kolberg (Ed.), *The study of welfare regimes*. New York/London: M-E. Sharpe.

Rustow, D. (1955). *The politics of compromise*. Princeton, NJ: Princeton University Press. Sainsbury, D. (1999). *Gender and welfare state regimes*. Oxford: Oxford University Press.

The Economist. (2006). *The world in 2007* (21st ed.). London: The Economist.

The Economist. (2013, February 2).

Titmuss, R. M. (1974). *Social policy*. London: Allen & Unwin.

Wilensky, H., & Lebeaux, C. N. (1958). *Industrial society and social welfare*. New York: Russel Sage Foundation.

第二章

建设具有中国特色的社会主义现代化福利制度

◎ 潘　屹[①]

新中国成立以来我国经历了社会福利制度发展的四个阶段,目前进入了一个新的历史时期。新时期主要矛盾的变化给中国社会福利制度的发展提出了新的要求。从长远看,要解决人民日益增长的美好生活需要和不平衡不充分的发展之间这一主要矛盾,就要建立社会主义的福利国家,而当前最关键的任务是建设与完善以人民为中心的社会主义的福利制度。

一、新时代主要矛盾的变化给中国社会福利制度的建设提出了新的要求

中国特色社会主义建设步入了新时代。这是近代以来中华民族发展的最好时代,也是实现中华民族伟大复兴的最关键时代。面对新的历史方位,新时代人们必将被赋予新的历史使命与任务。习近平总书记阐述了中国共产党人承载的重大历史使命:实现中华民族伟大复兴。

党的十九大报告提出,中国特色社会主义进入新时代,我国社会的主要矛盾发生了变化,已经转化为人民日益增长的美好生活需要和不平衡不

---

① 潘屹,中国社会科学院社会学研究所研究员。

充分的发展之间的矛盾。近代以来，久经磨难的中华民族经历了从站起来、富起来到强起来的伟大飞跃；也经历了从建立一个独立自主的民族国家，到发展经济，再到造福人民，提高人民福祉，实现人民对美好生活的向往的历程。十九大会议更加明确，发展是为了人民的美好生活，要把改革的成果惠及每一个人。新时代赋予了党和人民新的目标与要求：实现人民对美好生活的向往。

人民的美好生活就是改善和提高人民的福祉，让中国人民更加有尊严和体面地生活，这是发展的出发点与目的。面对人民群众对美好生活的向往而产生的需要，目前还存在发展不平衡不充分的问题，坚持以民为本、公平公正的原则与方针，聚焦于福利制度的建设才是解决这一矛盾的关键，即国家的福利制度建设是实现共享改革成果，保证人民享有美好生活，实现安康福祉目标的条件、规划、手段与路径。伟大的事业成就伟大的梦想，伟大的工程支持伟大的事业。根据我国新时期发展的总目标，针对发展不平衡不充分的问题，建设体现中国社会主义政治制度特色和社会与文化特征的福利制度，需要完善包括社会保障与社会服务在内的社会福利体系，在相关社会政策制定上更加科学，在资源管理上更加系统，在服务的生产与输送的方法与措施上更加人性化、专业化和职业化。在社会主义中国，保障每个人，无论在城市还是在农村，无论老人还是残疾人，无论儿童还是妇女，都能满足基本生活需求，都能够有尊严地、体面地生活。

二、 国家福利制度的回顾：与社会、经济发展四个阶段相适应

相对于我们国家站起来、富起来、强起来的过程，我国的社会主义福利制度发展也经历了三个阶段，并进入了第四阶段。

（一）第一阶段，1949年至1978年，即自中华人民共和国成立到市场经济改革之前

这一阶段标志着中国社会主义福利制度的初步创建。这个时期是国家计划经济时期，核心任务是在"一穷二白"的农业国家基础上建立独立的、现代化的工业体系和现代国防基础。

在此阶段，城市建立由国家制定政策和负责预算（规定和财政支持）、工作单位管理（组织提供和落实）的涵盖福利津贴、救济和福利服务的社会福利制度。具体内容包括医疗卫生保健服务、养老金、工伤、住房政策、供暖补贴、交通补贴以及其他妇婴福利的制度（即单位）等。城市的社会救助除救助补贴外，还举办各类收养性事业单位，比如把"三无对象"（无劳动能力、无生活来源、无法定赡养人或抚养人）收进社会福利院。同时为残疾人和相关人员就业建立免税或减税的福利工厂或街道生产合作社。农村的福利制度基于土地保障和农民参加集体生产，包括实施社会救助、基本义务教育制度、五保制度、合作医疗制度、人民公社集体经济体制下的集体支持和亲戚邻里互助。

计划经济指导下的中国经济社会发展分阶段进行，在此阶段要完成社会主义建设的生产资料的原始积累，福利制度的建设也围绕这个核心开展，以回应国家的宏观经济战略，在社会主义建设中，优先发展工业生产，用城乡不同的社会福利政策（先生产后生活）帮助完成社会主义工业化的原始积累。该阶段福利制度基于户籍制，即把人口分为城镇户口居民和农村户口居民，二者之间不能随便流动；基于粮食统购统销政策，农村户口居民把粮食按照规定价格统一出售给国家；基于商品粮供应制度，城镇户口居民可以定量购买商品粮。以城乡二元社会、经济结构作为措施保证，城乡不同的福利模式对应了城乡不同的经济角色，涵盖城乡人民各方面的最基本需求和基本生活。这是中国历史上第一次由国家建立惠及全民的福利制度体系，包括医疗、教育、住房、养老、妇幼保健、残疾人就业等领域，农村合作医疗体系让农民在家门口有了卫生保健。当然，这是一个保基本、低水平的阶段。

中华人民共和国成立初期，国家在建立义务教育体系的同时，开展扫盲识字运动，以及改造妓女的工作。1949年，文盲占全国5.5亿人口的80%以上，妇女的文盲率为90%，农村的文盲率更是高达95%以上。有的地方甚至十里八村也找不出一个识文断字的人来。1958年1月到9月，全国共扫除青壮年文盲1亿人。1964年调查结果显示：15岁以上人口的文盲率，已经由80%下降到了52%。经过几十年不懈努力，2000年第五次全国人口普查主数据显示：中国大陆文盲率由1949年的80%降至2000年的

6.72%。① 建国初期，各级政府通过封闭全国 2 万多家妓院，改变半殖民地半封建社会遗留下来的社会风俗。以收容、教育、安置等方式改造卖淫为生的妇女，帮助她们转变思想和生活方式，使其成为独立、自由、平等的劳动公民。1949 年，中国人均预期寿命不足 35 岁，2018 年，中国人均预期寿命增长到 77 岁。通过全民的保健和防疫，把高达 200‰婴幼儿的死亡率降到 2018 年的 6.1‰，孕产妇死亡率下降到 18.3/100000。② 从 20 世纪 50 年代到 70 年代，在健康（防疫、保健、医疗等）、教育（包括全民扫盲、农村妇女扫盲）和基础设施（灌溉、农田水利等）这三个领域中，中国是发展中国家中做得最好的。中国人用了 30 年一代人这样很短的时间，就完全变了一个样。而且直到现在我们还在享受着这个遗产。③

（二）第二阶段，1978 年至 2003 年，即市场经济改革时期

1978 年，中国共产党第十一届中央委员会第三次全体会议在北京召开，从此启动了经济改革，由计划经济向市场经济转变，同时实行对外开放。此时国家的核心任务是发展社会主义的市场经济，拥抱全球化。

城市启动经济体制改革后，在市场经济体制下，为了提高经济效益，企业变成了纯粹的生产单位，其基于工作单位的福利负担被卸掉，过去由企业来办的福利事业，如开办幼儿园、学校、养老机构等责任都交给社会。为配套市场经济改革，国家积极探索适合市场经济的更加有效的社会保障制度，探索和建立养老、医疗、工伤和失业等各种社会保险制度，在城市探索社区建设、社区服务和社会救助。同时启动住房制度改革，从单位福利分房逐渐转为购买商品房。农村启动经济体制改革后，人民公社解体，实行家庭联产承包责任制，释放出大量的农村剩余劳动力，他们中的大部分都涌入城市打工。相关部门探索建立农村养老保险、新农村合作制度、救灾保险和农村社会保障体系，面对农村的贫困人口，完善社会救助体系，并打响了大面积的扶贫救灾攻坚战。为完善社会福利制度，政府提出了社会融合与社会包容的思路，即农民工参加城市的社会保障体系，同时提出城乡社会服务要均等化。

---

① 国家统计局：《2000 年第五次全国人口普查》，2001 年 3 月 28 日。
② 国家卫健委：《中国妇幼健康事业发展报告（2019）》，2019 年 5 月 27 日。
③ 《妇女运动：中国革命实践对社会科学的挑战》，https：//www.guancha.cn/huangping/2016_04_13_356909_1.shtml。

自市场经济体制改革以来，以社会保险和社会救助为核心的社会保障制度开始从探索到逐步发展起来，建立了"五险一金"的社会保险体系，且发展速度很快，覆盖人口范围逐年扩大。到 2016 年，城镇职工基本养老保险覆盖 37862 万人，城乡居民参加基本养老保险的人数从 2002 年的 8200 万到 2016 年的 88736 万；基本医疗保险的人数从 2002 年的 10000 万到 2016 年的 74839 万；失业保险的人数从 2002 年的 440 万到 2016 年的 18089 万；2002 年工伤保险覆盖 4575 万人，2016 年覆盖 21887 万人；生育保险的参保人数从 2002 年的 3500 万扩展为 2016 年的 18443 万（见图 2-1）。①

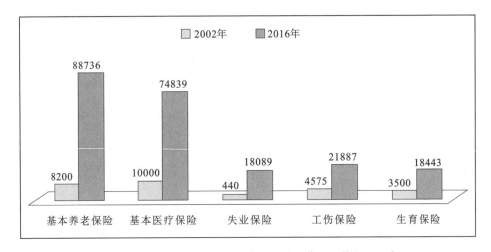

图 2-1　2002 和 2016 年我国社会保险覆盖范围（单位：万人）

在这一阶段，我国的经济迅猛发展。2001 年中国加入了世界贸易组织，1978—2017 年，中国国内生产总值（GDP）的年均名义增速高达 14.5%，去掉年均 4.8% 通胀率，年均实际增速仍高达 9.3%。② 1978 年，中国的经济规模达 3679 亿元人民币；2017 年，中国国内生产总值已经高达 82.71 万亿元人民币。中国经济总量占世界经济的比重由 1978 年的 1.8% 上升到 2017 年的 16%，仅次于美国，成为世界第二大经济体。

我国福利制度的改革适应了经济的发展。此期间提倡社会福利社会化，国家探索多元化的社会福利体系。正如美国哈佛大学教授托尼·赛奇（Anthony Saich）所指出的："福利制度服务供给的责任已经从政府、工作单位

---

① 国家统计局：《2016 年度人力资源和社会保障事业发展统计公报》，2016 年。
② 历年年度《中国统计年鉴》，http://www.stats.gov.cn/tjsj/ndsj/#。

或农村的村集体转移到地方政府、家庭和宗教,甚至是市场化的组织。"①

为推动社会福利的多元化,以及社区服务的进一步发展,1987年,民政部与北京大学签署合作办学协议,在北京大学社会学系设立社会工作与管理专业,开启了中国大陆社会工作教育的重建之路。民政部邀请教育部官员和社会学专家讨论重建社会工作教育,并资助北京大学成立社会工作机构。此后,中国人民大学、吉林大学、厦门大学等多所高校相继开设了社会工作与社会管理实验课,社会工作专业人员教育培训开始。

但同时,福利制度也随着国际经济社会变化的趋势出现了一些问题。农村集体福利、公共事务以及包括优抚和养老等靠公众和集体资助的福利事业,一度伴随着人民公社、农村集体经济一起衰落。同时由于强调基于市场化原则和加强个人责任,有更多的私有和商品因素介入,出现了福利的市场化、商品化、私有化倾向。此时,伴随着经济发展,出现了大量的农村留守老人、留守儿童和留守妇女,同时贫富差距和地区差距加大,基尼指数攀升。从图2-2可以看到,根据国家统计局的数据,我国尼基指数在2000年超过联合国的0.4警戒线,在此后多年仍然保持较高数值。

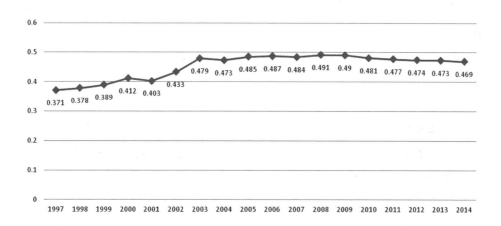

图2-2 1997—2014年我国基尼指数变化

来源:国家统计局②

---

① 托尼·赛奇:《中国社会福利政策:迈向社会公民权》,周凤华译,《华中师范大学学报》(人文社会科学版),2012年第4期,第24~31页。

② 历年年度《中国统计年鉴》,http://www.stats.gov.cn/tjsj/ndsj/#。

（三）第三阶段，2003 年至 2012 年党的十八大召开之前，即构建以人为本的社会主义和谐社会时期

2003 年 10 月，党的十六届三中全会通过的《中共中央关于完善社会主义市场经济体制若干问题的决定》提出了"坚持以人为本，树立全面、协调、可持续的发展观，促进经济社会和人的全面发展"的科学发展思想。2004 年，十六届四中全会提出了"构建社会主义和谐社会"的概念。2007 年，第十七届中央委员会要求"加快社会建设，关注人民生活水平"，"坚持以人为本，树立全面、协调、可持续的发展观，促进经济社会和人的全面发展"，"统筹城乡发展、统筹区域发展、统筹经济社会发展、统筹人与自然和谐发展、统筹国内发展和对外开放"，并明确"构建社会主义和谐社会"的关键问题是"所有公民都有接受教育、报酬、就业、医疗和住房的权利"[①]。

社会救助项目在不断拓展和完善。2003 年以后，为完善社会救助体系，我国在原有的基础上，新推出住房、医疗和教育的援助政策。社会救助体系已经涵盖灾害救助、最低生活保障、住房救助、儿童救助、教育救助、医疗救助、贫困救助、流浪乞讨救助等，提供现金和实物救济。据统计，2016 年，全国共有 1479.9 万人享受城市居民最低生活保障，4576.5 万人享受农村居民最低生活保障，496.9 万人享受农村特困人员救助供养。

这一阶段，我国福利制度涉及社会保险、社会救济、优待抚恤、社会服务、义务教育、医疗救助、住房救助和慈善事业等多项惠及民生的内容，初步形成了以社会保险和社会救助为核心，以收入支持为主要保障手段的社会保障体系。社会保险涵盖养老保险、失业保险、工伤保险、医疗保险、生育保险以及住房公积金。社会救助包括灾害救助、最低生活保障、住房救助、儿童救助、教育救助、医疗救助、模式贫困救助、流浪乞讨救助等，提供现金和实物救济等。社会保障体系具体内容如表 2-1 所示。

---

① 《小康社会的提出以及十七大关于小康的新论述》，http：//www.zj.xinhua-net.com/2007special/2007-11/07/content _ 11608188.htm。

表 2-1　我国社会保障体系：社会保险和社会救助制度

社会保险体系	社会政策（颁布年度）
社会保险	《中华人民共和国社会保险法》（2010）
养老保险	《关于完善城镇职工的基本养老保险政策有关问题的通知》（2005）
	《国务院关于开展城镇居民社会养老保险试点的指导意见》（2011）
	《国务院关于开展新型农村社会养老保险试点的指导意见》（2009）
医疗保险	《中共中央 国务院关于进一步加强农村卫生工作的决定》（2002）
	《国务院关于建立城镇职工基本医疗保险制度的决定》（1998）
	《国务院关于开展城镇居民基本医疗保险试点的指导意见》（2007）
	《关于开展城乡居民大病保险工作的指导意见》（2012）
工伤保险	《工伤保险条例》（2003）
生育保险	《企业职工生育保险试行办法》（1994）
失业保险	《失业保险条例》（1999）
住房保险（公积金）	《国务院关于深化城镇住房制度改革的决定》（1994）
社会救助体系	社会政策（颁布年度）
最低生活保障制度	《城镇居民最低生活保障条例》（1999）
	《国务院关于在全国建立农村最低生活保障制度的通知》（2007）
	《高级农业生产合作社示范章程》（1956）
	《农村五保供养工作条例》（2006）

续表

社会保险体系	社会政策（颁布年度）
医疗救助体系	《全国自然灾害卫生应急预案》（2009）
	《关于实施农村医疗救助的意见》（2003）
	《建立城市医疗救助制度试点工作意见的通知》（2005）
城市流浪乞讨救助	《城市生活无着的流浪乞讨人员救助管理办法》（2003）
住房	《城镇最低收入家庭廉租住房管理办法》（2004）
	《关于进一步做好农村特困户救济工作的通知》（2003）
教育	《关于进一步做好城乡特殊困难未成年人教育救助工作的通知》（2004）

在"以人为本，建设和谐社会"思想的指导下，我国除了社会保障体系建设速度加快外，还开始拓展新形势下福利制度体系的建设。2007年，民政部提出"将推进社会福利模式从'补缺型'到'适度普惠型'的转变"[①]。适度普惠型社会福利制度，意味着国家的社会政策规划和综合设计从补缺型福利模式到制度型福利模式的转变，从基本的、有限的社会保障（社会救助、社会救济和社会保险）制度向社会福利制度的转变，致力于建设一个保基本、广覆盖、全面综合的社会福利体系。我国的适度普惠型福利制度的建设中"普惠"的内涵在现阶段应该包括以下几点：在社会保障覆盖面上，从仅覆盖部分人扩展到涵盖所有的公民，即不仅仅是大城市人口和机关企事业单位，而是从事各种职业的城乡人口；在服务项目和产品供给上，把经济保障扩展到提供人们需要的各种基本社会服务，从社会救助、社会保险等经济保障扩展到满足人们不同层次的多样化的需求的基本社会服务，服务将涵盖医疗卫生保健、康复、体育和娱乐、抚慰和供养等；在保障覆盖面和目标人口上，从仅仅覆盖部分人，或仅仅赋予弱势群体扩展到全体人民，不仅包括老年人和残疾人，而且包括其他有困难和需求的人；在生活质量上，从基本的收入保障扩展到人民享有体面和有尊严的生活。总之，福利制度随着我国经济的发展和社会的进步而逐步完善。建设体现社会公正与公民社会权利、以税收和再分配为基础的制度型

---

① 窦玉沛：《社会福利由补缺型向适度普惠型转变》，《公益时报》，2007年10月23日。

福利制度，以满足全体人民生活各方面最基本的生活和发展的需要逐步成为共识，致力于逐步实现对每一位公民（包括城乡各族人民）在收入、教育、医疗卫生健康、住房、养老和社会服务等需求的基本保障。

为更好地为残疾人、妇女、儿童、青少年、老人、失业者等社会弱势群体，以及所有有需要的人提供其所需要的社会服务和支持，国家开始培养社会工作人才。2003年，民政部发布《关于加强社会工作队伍建设的通知》，积极推进试点工作，在有条件的省市推行社会工作职业制度。2004年6月，原劳动和社会保障部办公厅颁布了《社会工作者国家职业标准》，这成为我国社会工作专业性的重要标志。我国社会工作已经从教育领域扩展到实践领域，并在国家层面得到了推广。2011年以后，社会工作发展迅速，社区服务水平提高。截至2017年底，全国社会组织（包括非政府组织、非营利组织、基金会）76.2万个，从业人员864.7万人。2017年，全国社会服务机构和设施182.1万个，提供住宿的各类社会服务机构3.21万个，各类社区服务机构和设施40.7万个，持证社会工作者共计32.7万人[①]，实名注册志愿者总人数超6700万人[②]。社区日益成为基层社会活动的载体和社会治理的基本单元。在社区治理中，逐步形成以社区为平台、社会组织为载体、社会工作专业人才为支撑，动员人民群众参与的工作机制。基层的社会服务体系正逐步铺开，涵盖社会救助、儿童关爱保护、老年服务、文化娱乐体育、生活服务、残疾人康复等方面。社区、社会工作者、社会组织形成有机整体，为这些工作提供有力的支持。

人民生活水平和质量普遍提高，就业、收入、教育、文化、社保、医疗、住房等社会福利体系和公共服务体系在逐步拓展，基本公共服务均等化也逐步实现。

（四）第四阶段，始于2012年十八大后，即经济发展进入新常态时期

2017年，党的十九大报告指出"中国特色社会主义进入了新时代"。此阶段核心任务为：满足人民对美好生活的向往，解决发展不充分不平衡的

---

① 民政部：《社会服务发展统计公报》，2018年。
② 《我国实名注册志愿者总人数超6720万》，http://www.gov.cn/xinwen/2017-12/18/content_5248174.htm。

问题。新时代是一次重大的历史变革,即在社会主义现代化建设取得历史性的全方位的、开创性的成就上,在深层次的、根本性的历史变革基础上,坚持以人民为中心,人民至上。在福利领域就是坚持共享发展,全面提高人民福祉,让中国人民有尊严和体面地生活;建设和完善中国社会主义的福利制度,实现社会主义的福利国家。

2020年,中国建成了世界上规模最大的社会保障体系。基本医疗保险覆盖人数超过13亿,养老保险覆盖人数近10亿,失业保险覆盖人数2.14亿,工伤保险覆盖人数2.64亿。[①] 有5949万建档立卡贫困人口参加基本养老保险,参保率超过99.99%,基本实现应保尽保。为了确保应参保而未参保的城乡居民享受社会保障,中国开展了规模最大、覆盖范围最广的社会保障全民参保登记工作,建立了覆盖13.9亿人的社会保障全民覆盖数据库。中国养老保险参保人数已占全球养老保障总人数的三分之一,是世界上覆盖人数最多的养老保险制度。同时,社会福利的公共支出在不断增长。2007年,教育支出占当年国内生产总值的2.9%,到2016年升至3.77%;2016年医疗服务的公共支出从2007年的0.8%升为1.77%;2016社会保障和就业的公共支出从2007年的0.2%升为2.9%;2016年住房支出从2011年的0.8%升为0.9%;公共服务支出项目中,城乡社区支出从2011年的2.3%升为2016年的2.5%。[②]

早在2012年11月,国家提出"中国梦","实现中华民族伟大复兴,就是中华民族近代以来最伟大梦想"。这个梦想包括两个一百年的筹划,第一个一百年为,到2021年中国共产党成立一百周年之际,实现全面建成小康社会的目标,历史性地解决绝对贫困的问题。改革开放40多年来,中国经过扶贫攻坚战、精准扶贫、振兴乡村等一系列的努力,前后共计7亿多人脱贫。截至2020年11月,中国828个国家级贫困县全部脱贫,政府在2021年2月宣布:中国的绝对贫困已经历史性地消除。自1978年以来,城乡居民消费水平增长了16倍。[③] 我国已经实现了全面建成小康社会的目标,历史性地解决了绝对贫困问题。中国的扶贫战役已经证明了中国的社会福利制度建设正在消除两极分化,走向共同富裕。

---

① 国家医疗保障局:《2021年中国医疗保险统计年鉴》,2021年。
② 《全国财政决算》,http://yss.mof.gov.cn/2016js/index.html。
③ 国务院新闻办公室:《人类减贫的中国实践》白皮书,2021年4月。

三、中国社会主义福利制度的特征

为人民谋福祉，是我们社会主义国家发展的根本宗旨。国家福利制度的建设不仅是收入再分配问题，而且将体现我国社会主义的政治、经济和社会制度的建设。我国的福利制度具有以下特征。

（一）中国福利制度的政治基础：人民为主体和人民民主

第一，人民的主体地位决定了中国社会福利制度的核心。我国社会主义国家的政治体制特性确立了人民的主体地位，决定了我国福利制度不同于其他国家的特点，即人民群众是国家的主人，发展是为了人民。

我国社会主义国家的政治体制特性确立了人民的主体地位。我国宪法明确：中华人民共和国是工人阶级领导的、以工农联盟为基础的人民民主专政的社会主义国家。中共十八届五中全会提出必须遵循六个原则，占据首位的就是"坚持人民主体地位"。习近平总书记在党的十九届一中全会上的讲话中指出："全面落实以人民为中心的发展思想，不断提高保障和改善民生水平。为人民谋幸福，是中国共产党人的初心。我们要时刻不忘这个初心，永远把人民对美好生活的向往作为奋斗目标。"[①]

经济的再分配是由我国人民的主人翁地位决定的，人民是经济生产和社会生活的主人。北欧国家的社会民主主义福利制度在政治力量动员和价值体系上非常重要，但其仍属于建立在二次分配基础上的模式。北欧国家要经过民主政治协商和党派的争辩以及多方参与的讨论，才能确立各个阶层的分配。中国与北欧国家的福利模式不同，它不是再分配时才给予人民，而是在一开始就确定了人民的国家主体地位。人民的主体地位和国家的根本利益的统一就是中国特色的社会主义。

第二，人民群众参与的民主过程。民主是手段，也是目的。以民为本，动员和组织人民，在政治体制中则称为人民民主。社会主义福利制度不仅要体现国家的出发点和发展目的，也要体现人民参与公共权力的行使管理

[①] 《习近平在十九届一中全会上的讲话》，http://www.xinhuanet.com/politics/2017-12/31/c_1122191624.htm。

过程。国家要赋予人民参与政治的权利。在具体政策的设计和执行上，国家要维护人民的权利，满足人民群众的基本愿望，反映人民群众的呼声，并由人民群众作主，使人民群众参与决策。这样的福利制度体现了社会主义国家的本质，也反映了我国一贯的人民群众的组织路线。十八届三中全会提出了以民为本和落实群众路线。群众路线作为中国共产党的优良传统延续下来，成为一个强有力的制度优势。人民是新中国的组织者、管理者和建设者，群众路线是中国的政治路线。[1] 中国共产党的"群众路线"，体现的民主独具特色。[2] 民主决策应该体现由人民决定，在人民代表大会和民主选举中要重视劳动人民特别是工人、农民的比重，给予其人民代表的席位，不让他们成为沉默的大多数。发展不能仅为少数精英服务或者仅由他们来决定人民的未来。政府代表人民办事，为人民的利益着想和决策，也就减少了贪腐，这样才会产生和谐局面，形成人民和政府间的相互信任。人民是参与者，不是被动的受惠者、被施与者和接受者。

（二）中国福利制度的社会性质：社会主义

中国是社会主义国家，而社会主义国家的基本特点是主张共同富裕。我国宪法规定，国家在社会主义初级阶段，坚持公有制为主体、多种所有制经济共同发展的基本经济制度，坚持按劳分配为主体、多种分配方式并存的分配制度。

社会主义的福利制度，就是要为人民服务，以人民的利益为出发点，让人民有劳动的产权、劳动分配权利和分享福利的社会权利。中共十八届五中全会重申，人民是推动发展的根本力量，必须坚持以人民为中心的发展思想，把增进人民福祉、促进人的全面发展作为发展的出发点和落脚点。十八届五中全会提出的五个发展理念之一的"共享发展"，就是强调了实现共同富裕的具体措施。在社会主义的分配制度里不应有过度消费、供需矛盾以及极度两极分化。习近平总书记提到："改革要往维护社会公平正义的方向前进。"[3] 这个公平正义就是要逐步缩小两极分化、城乡差距以及消除

---

[1] 黄平：《坚持人民主体地位，共同构筑中国梦》，《红旗文稿》，2016年第24期。
[2] 潘维：《共和国的人民性》，《开放时代》，2018年第1期。
[3] 习近平：《改革要往维护社会公平正义的方向前进》，昆仑策研究院官方微信，2016年4月20日。

收入分配和资源分配的不平等。坚持社会主义的经济基础和分配原则。社会主义的政治经济学家认为，经济的再分配是由人民的主人翁地位决定的，人民是经济生产和社会生活的主人。社会主义遵守公正的分配原则，试图让每位公民都能享有社会主义建设和经济发展的成果。人民不是社会的负担、政府财政的负担、社会保障的负担、医疗养老的负担，人民的福祉是国家服务的目标，更是应该承担的责任。基于国家税收建立起来的福利制度，就是国家的分配体制，它要保障每一个成员体面的生活。

（三）中国福利制度的经济基础：社会主义公有制

中国社会主义制度的经济基础是福利制度发展的有力保障。生产资料的社会主义公有制是我国社会主义经济制度的基础，社会创造的财富会转移分享给人民。市场经济改革以后，我国提出了以下几点：人民是出发点，要解决人民群众的需要不能被满足和不均衡的问题；完善基本经济制度，巩固公有制经济地位，把国有资产的收入转化为社会福利的支出；每个公民都应享有社会主义建设和经济发展的成果，通过税收转移，通过有计划的社会支出，把经济的成果转化为社会发展和民生改善，比如引导国有资产投资社会保障资金，投资教育、医疗、住房、养老、儿童抚育、妇女妊娠生育等社会服务，这种社会投资会带来长远的福祉和繁荣。

同时，要巩固和完善我国合理的经济结构。中国的经济体制是公有制为主体、多种所有制经济共同发展。首先要巩固和发展公有制经济，坚持公有制主体地位和国有经济主导地位，因为公有制经济为国家建设、国防安全、人民生活改善做出了突出贡献，是全体人民的宝贵财富；同时，鼓励、支持、引导非公有制经济（个体经济、私营经济、外资经济等）健康发展；支持农村发展集体经济，推进集体经营性资产股份合作制。这样能够发挥各自优势和长处，促进生产力的发展，有效激发各类市场主体活力和创造力，在生产发展和社会财富增长的基础上不断满足人民日益增长的美好生活需要，推动人的全面发展和社会的全面进步。从我国经济的发展可以看到，经济的发展目的是提高全体人民的福祉。

（四）中国福利制度的文化因素：中国优秀传统文化

中国优秀传统文化奠定了中国福利制度的核心价值和实践基础。中华文化的传统理想是天下大同。2000多年前,中国的古圣先贤描绘了小康社会、大同理想以及民本的原则。《礼记·礼运》中记叙了"大道之行也,天下为公。选贤与能,讲信修睦。故人不独亲其亲,不独子其子,使老有所终,壮有所用,幼有所长,矜、寡、孤、独、废疾者皆有所养"这样一种理想社会。《尚书夏书·五子之歌》中记载了"民惟邦本,本固邦宁"的言论。福利思想和传统也来自《孟子》的"老吾老,以及人之老,幼吾幼,以及人之幼"和墨子提倡的兼爱思想。大同理想综合了和谐、和平、协调、和睦等因素,展现了人与人、人与自然和谐共处。而道德传统则如《礼记》中所言:诚意、正心、修身、齐家、治国、平天下。我国古代知识分子也提出"先天下之忧而忧,后天下之乐而乐""为天地立心,为生民立命""仁者,人也"等主张。

中国传统文化中的治国思想一直强调国家和政府对福利的干预。古代有仁政和民本的说法:仁者爱人;民贵君轻;正德,利用,厚生,惟和;水可载舟,亦可覆舟。在实践上,很早就有国家赈灾,汉代建立了国家粮食仓储制度,出现了常平仓等机构,用于调节粮价、备荒救灾。唐代国家储备粮食可供全国百姓食用50～60年。"家国同构"的概念是一个有深厚文化积淀的福利宗旨,它和西方文化背景下,在出现自由放任资本主义的剥夺后,强调国家的管理介入有所不同。中国文化强调集体主义和利他主义,即群体而不是个人,福利常以集体组构的形式出现,比如家庭、社区、基层社会组织和社会网络直至国家都表现了集体的福利功能与作用。[①] 家庭关系被礼制调节,形成一套伦理规范准则,如习俗五伦:父慈子孝,兄友弟恭,夫正妻和,君礼臣忠,朋友有信。社会传统上,在中国古代,介于国法和家规之间的是乡约。乡约有一套入约民众必须遵守的生活规则,这套规则鼓励人们崇礼向善、守望相助。北宋《吕氏乡约》中规定:乡田同井,出入相友,守望相助,疾病相持。它用一种平等的关系把人连接起来,使人们患难与共。自然观体现了中国文化之终极理想,即天人合一,人的文化与宇宙大自然的最高真理合一,万物之间和谐自然。中国传统文化还提倡中庸、融合、平衡、和平、和而不同、各美其美、美人之美、美美与共。中国的文化融合儒释道三家思想:儒家大道之行的天下为公;释家的

---

① 潘屹:《中国农村福利》,社会科学文献出版社,2014年。

圆融平和以及道家的万物之间和谐自然。因为浩然正气的儒家成为国家的主导哲学，国家在干预的时候更加主动，释家谈个人的修行，道家主张内在的平静与外在的和谐。三者分治，治世、治身、治心；三者互为补充，和谐相处。这些决定着中国福利制度的文化内涵不同于西方，具有长远的可持续发展的特征。福利社会与福利国家并不全与高额的社会支出画等号，中华文化因素具有软实力，而软实力是福利思想的基础，同时也会为设计制度型福利制度产生实际效用。

（五）全球化下中国福利制度的现代因素

中国在创建福利制度的过程中借鉴学习发达国家现代福利制度的先进管理方式，逐步建立社会保障制度、社会保险体系、长期护理保险制度以及社会工作运转体系等。在学习的过程中，中国逐步融入国际社会并且发挥大国的作用。与此同时，中国福利制度也在积累经验并传递给国际社会。在全球化的背景下，西方新自由主义主导的潮流倾向于强权资本的利益，影响了民族国家福利政策的自主决定，也导致了一些收入两极分化和社会不安定的后果。中国福利制度的建立，不仅意味着中国的和平崛起，而且我们提出的"人类命运共同体"这一价值观强调各个国家的合作与共赢，共创人类的福祉。"人类命运共同体"反对全球化下凌强欺弱、唯利是图，而主张顺应全球化的趋势，拥抱开放、共同发展、共享繁荣。这是中国在国际上应该有的形象和责任。

四、解决当前的主要矛盾，以人民为中心完善社会福利制度

（一）当前社会福利制度的不足

中国的发展进入了第二个一百年，在这期间要把我国建成富强民主文明和谐美丽的社会主义现代化国家，实现中华民族伟大复兴的中国梦，即国家富强、民族振兴、人民幸福。中国共产党十九届六中全会指出："在全面建设小康社会阶段，我们主要解决的是量的问题；在全面建设社会主义现代化国家阶段，必须解决质的问题，在质的大幅提升中实现量的持续增

长","高质量的发展是以人民为中心的发展"。实现高质量发展是全面开启社会主义现代化国家的新征程,也是实现第二个百年奋斗目标的根本路径。

在这一过程中,我国始终以人民为出发点和目的,我们的奋斗目标是改善人民的生活福祉:"始终以实现好、维护好、发展好最广大人民的根本利益为最高标准,带领人民创造美好生活,让改革发展成果更多更公平惠及全体人民,使人民获得感、幸福感、安全感更加充实、更有保障、更可持续,朝着实现全体人民共同富裕不断迈进"①。福祉是人民对美好生活向往的内涵和目标,而社会主义的福利制度则是保证其具体实现的措施、规划与路径。

中国GDP总量已经位居世界第二位,它必然反映到极大地改善人民生活和促进社会发展上。中国建成了世界上最大的社会保障体系,也让近8亿人口脱贫,让800多个贫困县走出困境,消灭了绝对贫困,在数量上,确实取得了巨大的成就。在进入第二个一百年之际,以人民为中心的发展就是要建设和完善具有中国特色的、现代化的社会主义的福利制度,是在制度建设上解决质的核心问题。现存福利制度在人人共享改革的成果等方面还存在诸多不足。

两极分化和贫困问题已经得到了重视,并在扶贫攻坚战中得到了初步解决。但是,经济社会发展还存在着很大的不均衡。我国20世纪90年代执行的是让一部分人先富起来的政策,那时的"社会政策偏袒城市、沿海和精英"②。随后的多种社会政策对此进行了改革和补充,如对贫困地区和少数民族地区、西部地区的对口支援,加大基础设施建设,如公路、铁路等交通,以及电信网络、燃气、水利等,改变了贫困地区的面貌,改善了当地人民的生活,但是仍然存在相当程度的城乡差别和贫富收入差距,特别是在社会服务和社会治理等方面。如何让偏远地区享有与发达地区均等的甚至更好的社会福利,是社会福利发展需要重点考虑的问题。体现社会主义共同富裕与公平公正原则的福利制度,就是要在纠正两极分化的前提下减少差距与不平等,促进社会和谐幸福。适度普惠的社会福利制度是一个

---

① 《习近平在十九届一中全会上的讲话》,http://www.xinhuanet.com/politics/2017-12/31/c_1122191624.htm。
② 托尼·赛奇:《中国社会福利政策:迈向社会公民权》,《华中师范大学学报》(人文社会科学版),2012年第4期。

从覆盖部分人扩大到覆盖所有人的制度，要逐步通过福利制度项目设计把目标和人口整合起来。福利制度要覆盖城乡所有公民，缩小城乡、区域、收入和贫富差距；社会政策要向贫困地区倾斜，加大向贫困地区的转移支付力度。

要建立统一的覆盖全国人口的社会保障体系，改变政策的碎片化现象，整合社会保险项目。社会保险已经有了很大的覆盖面，目前还存在项目整合问题。其实，我国社会保障体系已经处于朝适度普惠型福利制度转变的进程中。例如，之前我国只有城镇职工养老保险，到2009年我国实施了新型农村社会养老保险，从2011年起开展城镇居民社会养老保险试点。医疗保险继2005年推行城镇职工基本医疗保险后（农村合作医疗制度于2002年设置为新型农村合作医疗制度），2007年基本医疗保险扩大到城镇居民。新的保险措施表明，社会保险不仅仅覆盖有工作贡献的职工，而且覆盖其他无工作收入的城乡居民。但是，距离人民群众的要求还有差距，社会保险的保障水平、标准、受惠人群没有整合，其覆盖人口不完整，流动人口和农民工的社会保障面较窄并且水平很低。流动人口还没有被社会包容，主要表现在子女就学等基本福利项目上被排斥。还存在一些体制和机构之间的保障不均衡，差别较大的现象。社会政策的研究与制定应该进一步考虑如何让社会保障体系中的各种保险项目更加合理有效。

在以收入保障为核心的社会保障体系基础上，社会福利制度中另外几个核心的支柱是医疗、教育、住房和社会服务。目前人民群众的医疗、教育、住房等条件得到了很大改善，但依旧存在一些问题，部分人对个别政策的设置与服务的提供有些怨言。要围绕人民群众的核心福祉，解决人民群众的医疗、教育和住房问题，就要避免新自由主义思潮影响下的福利市场化、商品化、私有化的误区。经济发展需要市场化导向的改革，但是福利制度的建设不能以市场化为中心和导向。要纠正过度医疗和变相出售药品以及炒房等住房商品化现象，纠正背离人民福利的扭曲的追逐利润现象。福利的去国家化容易让福利制度的探索进入误区。我们应该建设国家为主导的制度型的福利，确保方向，保障人民群众的核心福祉，以人民群众的需要整合市场资源，调动准市场机制，根据不同的需求，建立分层次的服务体制。

福利制度要从以现金形式体现的福利，例如收入和不同的社会保险等保障，扩展到服务保障。社会服务应该成为社会福利体系建设的重要核心任务，要建设和完善城乡的社区社会服务体系。在农村地区，大量农民工进城导致家庭分离，农村留下大量的留守儿童、妇女和老人。在家庭不完整的前提下，他们在抚养、教育、健康和精神等方面都存在不同程度的问题，需要社区提供相应的福利服务，需要社会提供相应的支持以减少他们的困难，让他们感受到关爱。在城市地区，要让繁忙的城市公民，可以在家门口享受到人性化的、便利的、多种社会服务，使他们的生活更加轻松，从而提高幸福指数。

随着老龄化社会的到来、流动人口的增加和家庭结构的变化，更多的人及家庭需要社会服务的支持。我国已经注意到人民对社会服务的需求，针对不同人群，不同部门都开始加快社会服务的投入与建设，社会服务体系正在建设中，但我国的社会服务业仍处于初级探索阶段。这个服务体系应该是综合的：需要建立社区服务网络平台；建立以居家为基础、社区为依托、机构为补充的老年服务网络，并且把社会服务的内涵扩大到所有有需要的人，包括老人、残疾人、妇女、儿童和青少年等；社会服务提供应该满足人们在医疗护理、健康康复、生活照护、培训就业、心理慰藉、法律援助、文化娱乐等多方面的需求，并实现社会服务的城乡均等化。

特别要提出的是老龄化社会下我国老年人口的服务保障问题。我国人口老龄化加剧，第七次全国人口普查显示，我国60岁以上人口占了18.7%，65岁以上为13.5%。按照国际标准来看，已经处于轻度老龄化社会。2020年，60岁以上的老年人口已经达到2.49亿，其中80岁及以上的高龄老年人口已达2900万。我国还有大量的失能失智以及失独和空巢老人，他们需要卫生保健、医疗护理和生活照护等社会服务，而我们的政策和服务提供目前都没有准备到位。除可以在民办养老机构购买高质量服务的高收入老人以及国家负责赡养的老人之外，如何让处于中间部分、占人口绝大多数的老年人安享晚年，享有各自所需的社会服务是亟待解决的问题。

首先，要建设和完善妇女儿童保障的社会福利制度。妇女儿童的福利，不仅关系到妇女和儿童，而且关系到老年抚养，关系到家庭稳定和睦，关系到经济的发展和社会的和谐。据《中国统计年鉴2021年》所公布的数据，2020年全国人口出生率为千分之八点五二，首次跌破千分之十，创下了自1978年来的新低。与严峻的老年社会形势相对的，是低出生率导致我国抚养比出现了问题。为改变这种现状，国家调整了计划生育政策，相继发布了二孩、三孩生育政策，但处于婚育年龄段的青年人生育的热情和比例并不高。这就需要完善社会福利制度，需要相关的社会政策和服务，例如妊娠保健、育儿津贴、儿童保育保教、产假制度以及相关配套的家庭政策（如配套的男性假期和以家庭为单位享有的育儿假期）的支持，以缓解生育阶段青年人在心理、精神、经济和物质方面的压力，促进男女平等，提高人口生育。

其次，要建立综合的、满足人们多种需求的福利体系。适度普惠福利制度就是一个能满足人们多种需求的制度，也是一个真正体现社会主义优越性的制度，它可以保证人们有更高质量的生活，实现人民福祉的全面改善。福利制度不应仅仅是社会援助、灾害救济和社会保险（五险一金），而且应该针对人们在住房、医疗、教育、养老、残疾人服务、妇幼保健等多方面的需求制定社会政策，满足人们基本生活多方面的需求。要根据社会经济发展，调整、改革和创新社会政策，探索社会政策的新领域，完善社会福利制度并使其合理化和可持续发展。例如，我国放开三孩生育政策之后，妇婴保护政策和相关的婴幼儿保育及儿童学前教育福利制度要跟上，让女性敢生育，同时生育后母亲和孩子的权益都得到保障。这是"以人为本"的情怀和人力资本投资政策的双赢。

最后，社会服务体系的建立要适应人们生活水平的提高和日益增长的需要，把仅解决温饱问题提升到让人们拥有尊严和体面的生活。随着我国社会经济的发展，人民群众满足温饱的需求后，对美好生活有了更高的需求，并期待全面综合和更人性化的服务，同时会对就医、住房、教育、养老、环保、健康等有新的要求；残疾人需要提供身心治疗的社区康复服务，以便自食其力，更好地融入社会；妇婴需要方便暖心的保健服务；劳动力转型需要新技能培训服务。这些需求目前超出了弱势群体的范畴，许多是中产阶级的需求，如几乎每个家庭都需要婴幼儿入托和养老服务，但是目前许多服务没有列入社会福利体系，造成了人们需求得不到满足的社会问题。

我国的社会主义福利制度是一个超越了社会救助和社会保险，保基本、广覆盖、全面综合的社会福利体系。这个福利体系随着我国经济的发展和社会的进步而逐步完善,以满足全体人民生活各方面需求和发展的需要。如同中共十九大部署的那样:"一定要抓住人民最关心最直接最现实的利益问题,坚持把人民群众关心的事当作自己的大事,从人民群众关心的事情做起,多谋民生之利,多解民生之忧,在幼有所养、学有所教、劳有所得、病有所医、老有所养、住有所居、弱有所扶上不断取得新进展,不断促进社会公平正义,不断促进人的全面发展、全体人民共同富裕。"[①] 总之,这个福利制度意味着要把经济改革的成果惠及全体人民,实现人人共享,让人民普遍享有福利,做到对每一个公民(包括城乡各族人民)在收入、就学、就医、住房、养老和社会服务等基本需求的基本保障,使无论在城市还是农村中的每个人都能够有尊严地、体面地生活。

(二)完善社会主义福利制度的措施

要完善中国现代化的社会主义的福利制度,需要着重强调以下几点。

第一,根据人民群众的需要和我国经济社会的发展现状,全面规划中国现代化社会主义福利制度的建设。福利制度要体现中国社会主义的以人民为中心和共同富裕的特征,全盘考虑人民群众各方面的需求,统筹规划福利制度,扩大福利内容,完善现有的政策,把应该有的保障民生的福利项目列入国家的社会福利中,同时让国家社会政策制定更加科学化、系统化、人性化,即提高各种服务福利的质量,使之适应时代的发展现状;同时,使其更加人性化,让人民群众切身感受到被尊重、被温柔对待。

第二,建设国家主导的制度型福利制度并完善相应法律法规。适度普惠型的福利制度,不仅意味着覆盖面,而且意味着国家的责任。建立以国家为主导的制度型福利制度,完善社会福利的各项规章制度,明确各级政府部门的责任。它与市场为主导或者主要依靠就业和家庭保障的补缺型福利制度不同。要建设社会主义的福利国家,既要有福利国家的基本因素,又要有社会主义国家的特征。"福利国家通常用来描述政府在个人和家庭收入、医疗健康护理、住房、教育和培训以及个人照顾服务等领域的行为。政府的行为不仅仅包含了直接的福利和服务的提供,也包括对各种

---

① 《习近平在十九届一中全会上的讲话》,http://www.xinhuanet.com/politics/2017-12/31/c_1122191624.htm。

私人福利机构的规则和津贴的管理。私人福利机构提供的福利包括雇主提供的职业福利，非营利性机构、慈善事业、工会、社区、宗教和其他资源组织提供的福利，以及其他家庭成员、朋友和邻居等非正式的方面提供的福利。"[①] 福利责任由家庭、社会、政府共同参与和承担，但国家有责任对市场和社会的服务进行管理和监督，并有责任规定家庭和个人在福利网络中承担首要义务。我国政府有义不容辞的责任，因为共产党的政府与资本主义的政府截然不同的一点就是为人民服务。要让百姓切身感到政府就是在为人民服务，检查有多少为民项目还没有落实。发挥准市场机制在福利制度中调配资源、解决部分问题的效用，但不能放任自由市场对人民利益的侵袭。

第三，加强税收管理，特别是对财产税以及高收入人群的纳税管理，扩大社会支出。我国的社会支出在近些年增长很快。中国和西方国家的社会制度与国情不一样，社会投入的计算也不一样。比如，中国的基础建设投资，支持"三农"的投资，公路、电力、水和网络投资，都是社会福利之外的统计。如果仅从社会福利领域的统计数字看，虽然总体的社会支出逐年增长，但所占的比例依旧较小。2016年教育支出占当年国内生产总值的3.77%，医疗服务的公共支出为1.77%，社会保障和就业的公共支出为2.9%，住房支出为0.9%；全国社会服务事业费支出在2017年为5932.7亿元，比上年增长9.1%，占国家财政支出比重为3.4%,[②] 2016年城乡社区支出为2.5%。[③] 尽管我国的社会支出在近些年增长很快，但是，我们依旧需要根据经济的发展与人民的需求，在原有的基础上继续加大社会支出，让人民共享改革的成果，把钱花在改善人民福祉上。

第四，以现代税收制度的建设推进社会福利制度的建设。国家财富通过税收的形式在增长、积累，要完善国家税收制度，强化税收调节作用。尽可能地在第一次、第二次分配时做到合理，保证让应该上税的企业和高收入的人群履行应有的税务义务以及相关的企业和个人执行社会责任制度。

---

① Ginsburg, N., Sweden: "The social-democratic case", in Cochrane, Allan and Clarke, John eds. *Comparing Welfare State, Britain In International Context*, The Open University, 1993.

② 民政部：《2017年社会服务发展统计公报》，2018年。

③ 《全国财政决算》，http://yss.mof.gov.cn/2016js/index.html。

"就税负分配而言,必须要做到公平,公平意味着税收要与每个纳税人的收入状况、财产持有状况相挂钩,起码要做到让富人比穷人多交点税。"① 属于常规的普遍的民生问题,就应该纳入国家的社会福利体系中,列入国家的计划与政策,由国家统筹安排解决,而不应寄希望于由社会来进行第三次分配。所谓慈善只是依赖于高收入企业和人群的自愿,其可资助的项目也应该是解决突发的危机或非常规性的问题。当然,还要培育社会上广大人民群众的公益情怀与责任感。

第五,加强社会建设与社会管理,完善福利制度的生产、传送服务机制。福利制度的管理和建设,是一个从中央到地方政府,再到城乡基层社区的综合的系统工程。要建设基层社区的社会管理和社会服务,把社区建设成为提供社会服务的基本平台。政府要推动社会服务事业的开展,动员诸多社会成员参与社会服务事业,探索社会政策的创新。要发展和完善非政府、非营利性质的社会组织和社会企业,遵照社会属性和可持续发展规律提供专业的、有效的服务,探索各种服务机构融入方式并扩大提供比例。建立社区群众自己的组织,形成社区之间邻里互助、人人公益、处处可为的局面。例如,政府要求城市的每个社区有平均不少于10个社会组织,农村社区不少于5个。我们不仅要达到数量要求,更要发挥实际作用,让老人、儿童、妇女、残疾人在家门口方便地享受各种服务,把社区建设成其乐融融的家园。同时,要总结和发扬中国福利模式和道路的经验,弘扬社会主义伦理道德和正气。我国创造的社区之间交流互助的许多经验,如群众路线、对口支援、社区建设、文化养老等促进了社会建设,应继续发扬。

五、结语

我国始终秉持人民为主体,发展是为了人民的美好生活,以及共同富裕的社会主义国家的核心宗旨,建立社会主义的现代化福利制度,致力于让全体公民都覆盖在社会福利制度下,共享改革的成果。我国的福利制度是具有中国特色的、国家主导的、制度型的、基于适度普惠原则的,并建

---

① 《遗产和赠与税是中国迟早必征的税种》,http://www.chinanews.com/cj/2015/12-27/7689857.shtml。

立在税收和再分配的基础上。新时代的福利制度建设要与经济的发展合拍，与社会主义现代化国家建设相匹配。社会福利制度要在完善经济保障的基础上，提供满足人民群众多种需求的基本社会服务。总而言之，最终目标是在提高生活质量的基础上提高社会福利服务的质量，从基本的收入保障提升到让人民拥有体面、尊严和高质量的生活。

第三章

以共享视角探讨中国社会保护体系的变迁和建构

◎ 王春光[①]

发展成果如何惠及广大民众呢？从国内外以及历史角度来看，社会保护（social protection）就是一种非常重要的共享方式。社会保护体系是适应工业化、城市化、现代化而产生的社会政策体系，其功能是多方面的，既有应对社会风险的功能，又有调节收入分配和共享现代化成果的功能。所以，这个体系在各国都受到普遍重视。当然，各国由于经济发展水平、历史传统、文化价值等方面存在一定的差距，各自所建构的社会保护体系在保护能力、水平和功能方面也有很大的不同。那么，中国的社会保护体系是怎样的状况？它是怎样体现共享理念的？本文从时代背景、社会保护政策、最近几年进行的改革以及与日韩社会保护体系的比较四个方面对中国社会保护体系的演变、现状、发展水平以及未来可能的发展方向进行讨论，以期起到抛砖引玉的效果。

一、中国面临的社会风险

在改革开放和经济发展中出现的风险促进了中国社会保护体系的建设。

---

① 王春光，中国社会科学院社会学研究所研究员。

过去几十年来，中国经历了史无前例的变化。中国总人口数从 1978 年的 9.6259 亿增长到 2014 年的 13.6782 亿，净增 4.0523 亿人口，净增人口超过了美国总人口，相当于欧洲总人口。经济总量保持着两位数的增长速度，从原来世界第 9 位跃升到第 2 位，1978 年的 GDP 总量只有 3678.7 亿元（人民币，下同），到 2010 年达到 413030.3 亿元，2014 年为 643974 亿元，2014 年的 GDP 总量比 1978 年净增 640295.3 亿元（相当于当年的 10 万亿美元），2014 年的 GDP 总量是 1978 年的 175 倍。与此同时，中国的就业结构也发生了巨大的变化，1978 年劳动力中 70.53% 从事农业生产，只有 17.29% 从事工业（第二产业），从事服务业商业等第三产业的只有 12.18%，但是到 2014 年，第一、二、三产业结构变成了 29.50%、29.90%、40.60%，第三产业就业人数居第 1 位。[①] 1994 年第三产业就业人数超过第二产业就业人数，但是第一产业就业人数还是居第 1 位，这种状态一直延续到 2011 年，之后第三产业就业人数超过第一产业。虽然中国号称世界工厂中心，但是第二产业就业人数一直没有占据第 1 位。这种就业结构的变化是在 2010 年中国成为第二大经济体之后发生的，也就是说 2010 年前后中国开始进入后工业化社会时代。除此以外，中国常住人口城镇化率从 1979 年的 19% 左右增长到 2016 年的 57%，城镇常住人口超过农村常住人口。

但是在如此巨大的变化背后蕴藏着许多挑战和风险，主要是收入差距快速扩大、贫困问题依然严重、养老问题越来越突出、环境问题越来越严重、农村流动人口市民化问题、农村发展问题以及全球化带来前所未有的一些不确定性等，这些影响着人们的日常生活以及国家的可持续发展。

过去几十年来城乡的收入差距扩大。1978 年，城镇居民家庭人均可支配收入为 343.4 元，是农村居民家庭人均纯收入（133.4 元）的 2.57 倍；2012 年，前者达到 24564.7 元，是 1978 年的 71.5 倍，而后者达到 7916.6 元，是 1978 年的 59.34 倍，城乡收入差距比为 3.1∶1。虽然最近几年统计表明，城乡收入差距缩小到 3∶1 以内，但是，差距依然很大。与此同时，不论是城镇居民收入增长速度还是农村居民收入增长速度，都比 GDP 的增长速度慢很多。如果将 GDP 分为企业收入、政府收入和居民

---

① 历年《中国统计年鉴》，http://www.stats.gov.cn/tjsj/ndsj/。

收入，就能看出其他两部分的收入增长速度比居民收入增长要快。以国家财政收入为例，1978年为1132.26亿元，2012年为117253.52亿元，后者是前者的103.56倍，虽然比GDP增长得慢一些，但是远远超过居民收入增长速度。反映收入差距的基尼系数在1982年还只有0.288，到2008年达到0.491的最高点，之后有所下降，但幅度并不大，到2013年依然还有0.473（见图3-1）。不可否认的是，中国在脱贫方面取得了巨大成就，农村贫困人口从1984年的1.51亿下降到2014年的7200万（见图3-2）。但是，这7200万农村贫困人口在当前中国是最难脱贫的。中国政府把在2020年解决现行标准下的贫困问题作为战略目标，与此同时，中国城镇还有5000多万贫困人口，这是在最近30多年中出现的，之前由于实行计划经济，虽然城镇居民生活也不是很富裕，但中国城镇居民基本上可以获得就业和生活保障。

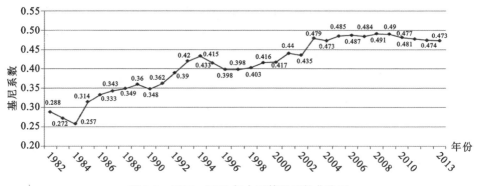

图3-1　1982—2013年中国基尼系数曲线图

资料来源：中国国家统计局，历年《中国统计年鉴》。

贫困与失业、老龄化有密切的关系。中国对失业的定义与其他国家不同，由于长期实行城乡二元的就业政策，农民并没有被纳入就业政策范围，他们没有就业的现象并不被当作失业，而仅仅被认为是农村剩余劳动力，他们的失业没有被算入官方的统计数字，当前官方统计只包括在人力资源部门和社保部门登记的城镇失业人口，因此国家统计局公布的是城镇登记失业人数和登记失业率。1978年，城镇登记失业人数是530万人，登记失业率是5.3%；1980年，登记失业人数为541.5万人，登记失业率为4.9%，当时大量知识青年从农村返回城镇，城镇就业压力很大。在过去20年，中国的城镇登记失业率一直没有超过4.3%，其中20世纪90年代后期

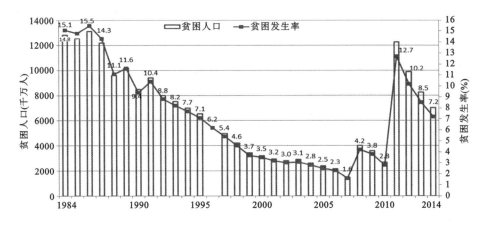

图 3-2　1984—2014 年农村贫困人口和贫困发生率

资料来源：中国国家统计局，历年《中国统计年鉴》。

失业率一直在 3% 左右，2002 年升高到 4%，然后一直停留在 4% 左右，而城镇登记失业人数没有达到 1000 万（见图 3-3 和图 3-4）。在中国还有两个有关失业的概念：一个是调查失业率，是通过抽样调查获得的失业率；另一个是事实失业人口，不仅包括登记失业人口和调查确定的失业人口，而且包括没有登记以及调查所遗漏的失业人口。显然，事实失业人口的数量比登记失业人口和调查失业人口的数量都大，但是目前没有可靠的数据来体现事实失业人口。田野调查发现，中国目前存在着明显的结构性失业问题，一方面许多企业招工难，招不到其所需要的工人，另一方面有不少人找不到工作，这其中包括大学生和农民工。究其原因，发现许多大学生不愿意去做那些收入低、工时长、工作累的活，与此同时，有一些农民工由于年纪大，或者缺乏技能和教育水平而找不到工作。

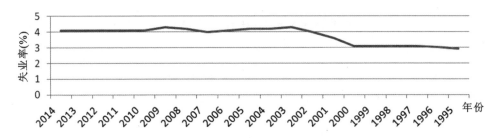

图 3-3　1995—2014 年城镇登记失业率曲线图

资料来源：中国国家统计局，历年《中国统计年鉴》。

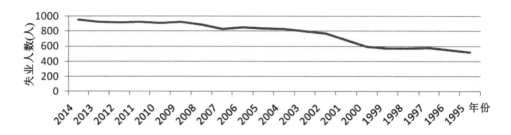

图 3-4 1995—2014 年城镇登记失业人数曲线图

资料来源：中国国家统计局，历年《中国统计年鉴》。

老龄化是中国社会经济发展过程中另一个值得注意的问题。相比同处于快速发展中的其他国家乃至发达国家，中国的老龄化速度之快令人瞩目，这与中国执行的严格计划生育政策密切相关，同时由于社会经济条件改善，中国人预期寿命快速提高，进一步加快了老龄化速度。根据第六次全国人口普查的计算，2010 年中国人口平均预期寿命达到 74.83 岁，比 2000 年提高了 3.43 岁。2010 年中国男、女人口平均预期寿命分别为 72.38 岁和 77.37 岁，比 2000 年分别提高了 2.75 岁和 4.04 岁，男、女平均预期寿命之差由 2000 年的 3.70 岁扩大到 2010 年的 4.99 岁。与此同时，1990 年和 1995 年中国 65 岁及以上老人分别只有 6368 万人和 7510 万人，占总人口的比重分别为 5.57% 和 6.2%；2014 年 65 岁及以上人口数为 1.3755 亿人，占总人口的 10.1%。从 1995 年到 2014 年，中国总人口增长了 12.93%，而 65 岁及以上的老年人口增长了 83.16%，显然老龄化速度远远超过人口总量的增长速度，最直接的影响是老年抚养比从 1990 年的 8.3% 和 1995 年的 9.2% 提升到 2014 年的 13.7%，分别增加了 5.4 个和 4.5 个百分点。①

由此可见，中国自改革开放以来社会经济取得显著发展，人民的生活水平明显提升，人均预期寿命明显延长，中产阶级不断壮大，但也伴随着诸如收入差距扩大、贫困、事实失业人口较多、老龄化等许多社会风险。面对这些社会风险，世界各国的主要应对方法是建构社会保护体系。

---

① 历年《中国统计年鉴》，http://www.stats.gov.cn/tjsj/ndsj/。

二、中国社会保护体系的演变及特点

社会保护体系,是现代国家为防御社会风险、确保社会和谐、增强社会发展能力而构建的安全网络,包括就业制度、社会保障、健康保护、社会服务等。由于历史文化、社会经济乃至政治制度的不同,各国的社会保护体系也有很大的差异。在中国,社会保护体系在不同时期也不尽相同。改革前中国实行的是高度集中的计划经济体制,在社会保护体系上采取城乡二元的制度:城市实行以单位为基础的社会保护体系,而农村实行集体合作的社会保护体系。也就是说,城市的社会保护体系是基于工作单位的,即所有社会保护都由单位提供,离开了单位,就意味着失去了社会保护;在农村,社会保护体系以生产队、生产大队和人民公社等集体为平台,并由它们提供社会保护给农村居民,国家有限的社会保护支持也是通过这样的平台提供的。城乡在社会保护的水平、力度以及资源支持上有明显差距,前者远远超过后者,因为前者实际上是由国家通过单位提供的,能确保稳定的就业、医疗、提供各种补助和救助等,而农村由于经济资源有限,没有能力提供城市那样的社会保护,甚至当时不少农村地区居民连基本的温饱问题都解决不了。

这样的城乡二元社会保护体系从 20 世纪 70 年代末开始因改革开放而有所动摇,但是并没有完全消失。中国改革开放主要在经济领域展开,经济体制改革自然也会影响到原有的社会保护体系。中国的改革首先发生在农村生产经营体制上,通过改革,解除了集体对农民从事生产和就业的种种限制,让农民拥有了自己的土地,可以自主支配自己的劳动和劳动成果,彻底动摇了由生产队、生产大队以及人民公社构成的公社体制的基础,因此该制度于 1984 年出现分崩离析式的瓦解,建立在此基础之上的农村社会保护体系也开始解体,社会保护回归到家庭、邻里以及家族互助传统上来。这样的改革确实大大地使农民增加了农民生产积极性,拓宽了农民就业渠道,提高了收入,改善了生活条件,但是医疗服务和教育对农村社会保护带来极大冲击。

在计划经济时代,虽然中国农村医疗服务水平比较低,但是当时形成的三级医疗服务体系(人民公社卫生院、生产大队卫生所和生产队乡村医生）对于改善中国农村医疗条件、提高农民健康水平，确实起到一定的作用，连著名经济学家阿玛蒂亚·森和世界银行对此都有过积极评价。但是20世纪80年代开始的农村改革使得生产大队和生产队不再具有经济能力支撑三级医疗服务体系，农村卫生院和卫生所纷纷被拍卖给私人，成为私立的营利机构，高价医疗费给农民家庭带来了沉重的负担，出现农民看不起病、看病难等显著问题。

与医疗不同，国家统一负责农村教育投入和教师配置，将原来由农村集体兴办的学校都收归公办，在一定程度上促进了农村教育的发展。但是由于国家财力不够，致使一些学校向学生收取各种费用，到20世纪90年代，教育支出一度成为广大农民最沉重的负担。通过农村改革，农村集体名存实亡，没有经济实力提供社会保护，因此，农民失去了原来由集体提供的社会保护，没有足够的社会保障，也不能获得各种社会服务，他们完全靠自己承担各种问题和风险。

城市社会保护体系在改革开放中虽然没有像农村那样遭受彻底的瓦解，但是也经历了巨大的阵痛和解构过程。城市的社会保护建立在工作单位之上，而城市改革首先是放宽个体经营的限制，增加了就业机会，然后便是对商店和餐饮等行业进行承包责任制改革，之后推广到企业特别是集体性质的企业，实现合同劳动关系。与此同时，农村改革扩大了农民的就业选择权，农村劳动力纷纷寻找农业外的就业机会，他们于20世纪80年代初开始外出，进入城市和沿海开放地区，于80年代后期形成独特景观的"民工潮"。于是，城市里除机关事业单位和国有企业职工之外，出现一些新的社会群体，他们分别是个体工商户、农村流动人口（又称农民工）、承包转制的工商服务人员等，他们都不能享受体制内的社会保护政策，但是体制外的社会保护政策还没有建构起来，他们主要依靠家庭、亲戚朋友、传统的社会互助以及市场机制等形式获得抵御风险的保护。这一阶段国家的社会保护体系没有覆盖此类群体，因此，国家试图通过改革，扩大市场在社会保护中的作用。

20世纪80年代和90年代初，中国的经济改革终止了吃"大锅饭"的体制，放开市场，鼓励人们参与经济活动；与此同时，从社会保护体系中撤出无效的体制和做法，以减轻国家负担。这从社会支出上得以反映。据计算，1990年、1991年和1992年中国社会支出总额分别是984.1亿元、

1065.5亿元和1187亿元,分别占政府支出的30.4%、29.9%和29.2%,不仅远低于欧美国家、日本,而且低于俄罗斯和中东欧国家。[①] 按当时中国人口数量来计算,人均分别只有86元、92元和101元,不到当时城镇居民一个月的人均可支配收入,却相当于农村居民人均年纯收入的1/8。1992年及之前,中国在社会支出中还没有城镇医疗保险、工伤保险和生育保险等内容,大约1/2的支出用于教育,1/3的支出用于医疗卫生。从1993年开始,中国才有城镇医疗保险、城镇工伤保险和生育保险,分别为1.3亿元、0.4亿元和0.5亿元。[②] 虽然这些费用仅占社会支出很小的一部分,但是意味着国家开始着手构建新的社会保护体系。这个新的社会保护体系与过去以单位制和集体制为基础的社会保护体系的不同之处在于:第一,确立了个人的权利和责任,规定了个人必须要为社会保险做贡献;第二,确立了市场在社会保护中的作用,旧的保护体系不注重市场在就业、社会保险中的作用;第三,明确了国家新的职能和角色及其与市场、个人和社会的新关系,申明国家既不是全部承担,也不是不管不问。

20世纪90年代,新的社会保护体系还处在初创期,远远不够完善,其方向不是很清楚,保护水平低,保护能力弱,相关制度和政策不够完善。当时的社会保护体系事实上只是对社会问题的回应。当时有三大社会问题困扰着中国。一是国有企业改革。中国为了应对2001年加入世界贸易组织而对国有企业进行大规模的改革,4000多万国有企业职工下岗,他们的再就业、培训以及失业等都是迫切需要解决的问题,为此国家出台了各种再就业、培训以及解决失业、医疗等方面的政策,社会保险制度的建构就是从这个时候开始的。二是农民工在20世纪90年代出现暴增。随着中国经济快速增长和城镇化快速推进,大量农村劳动力涌向城市,他们在企业务工,在城市从事服务业。虽然他们提高了收入,但与此同时,他们面临很多风险,当时最大的风险是工伤和工资被拖欠,远期的风险是他们的养老问题。由工伤或工资被拖欠引发的冲突已经成为较普遍的社会问题,影响到社会稳定。三是税赋制度的改革给农民带来了沉重的负担。1994年中国实施了中央与地方分税制改革,税收中很大部分归属中央政府,县乡级政府的税

---

① 顾昕、孟天广:《中国社会政策支出增长与公共财政结构性转型》,《广东社会科学》,2015年第6期。

② 历年《中国统计年鉴》,http://www.stats.gov.cn/tjsj/ndsj/#。

收收入占比很低,许多乡镇政府靠税收收入基本上难以维持日常工作,因此,它们转而向农民收取税收之外的各种费用,仅仅教育收费就占农民收入的17.05%。① 很多农民远走他乡务工经商,留在农村继续务农的农民对税费负担很不满,一些地方干群矛盾突出,时而引发冲突。这三大问题引起了国家、个人、企业三者关系的重构,特别是国家必须要考虑如何在进一步激发个人、企业参与发展的活力的同时,有效地确保他们的权益,否则会引发各种社会问题、冲突,影响社会和谐和稳定。因此,社会保护体系的建设不得不提出来。

但是,20世纪90年代新的社会保护体系建设水平比较低,而且处在试错过程中,没有根本性地满足社会保护需求。所谓水平低,至少表现在两方面:第一,虽然社会保险制度开建,但是整体来看,社会支出占公共支出的比例一直停留在30%左右,没有明显的增加;第二,社会保护体系没有涵盖占总人口绝大多数的农村人口,虽然国家试图将进城农村流动人口纳入社会保护体系,但是由于流入地政府缺乏这样的动力或者资源,而且城市的下岗问题还没有得到很好的解决,就无暇有效解决农村流动人口的社会保护问题。所谓试错,就是在一些政策上没有形成稳定可期待的具体规定,甚至一些政策因出现方向性错误而被宣告放弃,最典型的例子是当时国家在农村推行商业模式的养老保险,却没有提供任何基金支持。这一保险政策失败的部分原因一方面是农民的商业保险意识不强,另一方面是他们对商业保险缺乏信任,怀疑退休时能否享受到养老保险的好处。虽然这次保险尝试并没有成功,但为2009年推行的新农村养老保险提供了经验教训。

中国从2003年开始真正全面推行新社会保护体系建设,一直持续到现在。有人从国家意图、政策能力和社会压力三个维度讨论中国社会政策体系的建构问题。② 社会政策体系是社会保护体系很重要的一部分,从21世纪开始,中国政府意识到过去那种一味追求经济效率而忽视社会发展、社会保护建设的做法确实有不可持续的危险,原因有:社会问题越来越严重,社会不满情绪在增加,爆发社会冲突的危险因素在增多,等等。当时

---

① 王春光:《农村社会分化与农民负担研究》,中国社会科学出版社,2005年。
② 岳经纶、刘璐:《中国正在走向福利国家吗?国家意图、政策能力、社会压力三维分析》,《探索与争鸣》,2016年第6期。

的社会问题实际上是从 20 世纪 90 年代延续下来的，显然，90 年代的社会保护体系建设的努力是不够的，没有达到化解矛盾的预期效果。2000 年提出的关于农业、农村和农民的话题在全社会激起了巨大的反响；2003 年广州出现刚大学毕业的孙志刚由于不能证明自己的身份而在救助站里被打致死的事件，这一事件将社会问题的冲突推向高潮。学术界连同社会各界对此疾声呼吁，"重经济发展、轻社会发展"的做法不应继续下去了。在这样的背景下，中国政府提出建设和谐社会，开启了新社会保护体系的新篇章。

21 世纪以来，中国社会保护体系建构有以下几种趋势。一是构筑确保基本生存的安全网络，特别是构筑有关基本需求的政策和制度体系，以提供基本的社会保险。中国基本上具备了这样的社会保护体系：各种社会救助、津贴、社会保险、住房体制、就业培训体系等。二是确保社会底线公平，主要体现在缩小城乡、体制内外的差距，社会保护体系现在从城市向农村覆盖，农民的社会保护水平向城市居民看齐（虽然水平差距还是很大）；努力使体制内外的人都享有社会保护（虽然保护水平也有很大的差距）。也就是说，所有公民都被纳入社会保护体系，享有基本权利，实现中国政府所说的"全覆盖"，保证社会公平的底线。三是城乡、区域、社会群体之间在保护水平上差距依然巨大。中央政府承担了社会保护费用的 20% 左右，而省、市、县级政府承担大部分的费用，由于每个行政区划都有自己的政策规定，给予的保护水平有着很大的差异，跨行政区域的保护面临许多障碍，在一定程度上影响了跨区域社会流动的人们的权益。虽然国家已经开始意识到这种"多层次"承担的问题，但是由于在社会保护利益上存在刚性结构的问题，建构全国一体化的社会保护体系面临着巨大的政治经济压力。四是社会自我保护体系得到发展和提升。所谓社会自我保护，是指国家之外的社会互助、援助体系，特别是社会组织提供的各种社会保护，它们也成为中国社会保护体系里的重要内容。这实际上是政府、企业、社会、家庭共同参与的社会保护。这一特点在进入 21 世纪后越来越受到国家的重视，并在政策上获得了越来越多的支持。

总而言之，中国社会保护体系在过去 30 多年，随着中国社会经济发展而不断地进行建构，以应对社会问题和社会需求的挑战。虽然在不同阶段应对挑战的水平和效果不同，但是到目前为止，中国初步建立了覆盖全国的社会保护体系。这个体系还在完善中，目标是要体现社会共享、社会公平和经济持续发展这样的价值取向，确保中国有稳定、可预期的未来。

三、主要社会保护政策分析

这里主要从医疗卫生、养老保险和服务、失业保险、社会救助和津贴、劳动与就业、教育、住房、社会服务和社会组织等方面介绍中国社会保护政策的具体情况。从中国一些主要的社会政策文件中可以看出，大部分的社会保护政策是在2003年后出台的。只有极少数政策出台于20世纪80年代之前，如机关事业单位的医疗保障。

（一）主要社会保护政策的基本情况和内容

中国社会保护政策涵盖了社会保护的许多内容，这里对主要社会保护政策做特征和内容方面的分析。健康保护政策主要由三部分组成：公共卫生服务、医疗保险和医疗救助。这些政策已经在全国推行，覆盖不同人群，98.9%的人口加入了医疗保险，医疗救助能够资助大部分低收入者特别是低保户人群的参保和看病缴费，在一定程度上确保了他们的就医和健康需求。但是不同地区和人群享受的健康保护程度有很大的不同，城乡居民、体制内外居民、大城市居民与小城镇居民之间在享受健康保护的水平方面有很大的差距。据调查，不少欠发达地区农村居民看病难问题依然存在，至于公共卫生服务仅限于建立健康档案和量血压，受医疗水平的限制，有关慢性病的公共服务基本谈不上。

养老保险和服务则是另一项重要的社会保护政策。与健康保护政策不同的是，养老保险和服务的对象并不是全体国民，而是有特定条件要求或前提。中国养老保险和服务分四部分。第一部分是城乡居民基础养老金，由国家提供，凡是男到60岁、女到55岁就开始享受这一政策，但是前提是按规定缴纳养老保险。基础养老金不高，但是对一些贫困老人来说还是有一定帮助的。第二部分是强制缴费的养老保险，费用是由工作单位和就业者分别承担的，如果是自雇者也可以申请加入，单位部分和自己部分都由自己承担，缴费比例低一些。未成年人和退休者都不需要缴纳费用。第三部分是年金，是一些工作单位为员工提供的补充养老保险，但目前在中国，提供年金的单位并不多。第四部分是商业养老保险,是由保险公司提供的养老保险产品,人们根据自己的需求和能力以及对保险公司的信任水平做出是否购买的决定。以上统称为养老四大支柱。我们在分析社会保护政策的时候,最看重前面三部分的情况。2015年中国参加养老保险的人数达到85833万人,占总人口的62.44%,占就业人员的110.82%(城乡养老保险涵盖了部分没有就业的人员)。参加企业年金的职工2316万人,占城镇就业人员的5.89%。[1] 养老保险对大多数中国城镇居民来说只具有部分保护作用,家庭对养老依然具有首要的重要价值。

失业保护与就业保护密切相关。失业保护主要面向城镇就业人员,而农村基本上不存在。参加失业保险的人数占城镇就业人口的42.88%,按法律规定应该所有就业者都参加失业保险,该数据说明这个政策在2014年并没有得到有效执行。获得失业保险保险金的人更少,只占参保人的1.31%,这一方面因为中国失业率不高,另一方面更重要的原因是失业者要领取失业保险金的门槛太高,手续太复杂,因此在五大险种中,失业基金的结余量是最大的。就业保护虽然覆盖城乡,但是在农村做得不够好,投入也很少。政府帮助零就业家庭至少有一人就业的措施,实践中主要针对的是城镇家庭,而对于外来务工者的就业服务,基本停留在信息提供上。对于农民工的就业培训,由于投入少、培训时间短、培训内容与现实需求脱节等,并未获得所有农民工的支持和响应,不少农民工更情愿自己掏钱接受培训。按中国的劳动合同法,企业必须从利润中拿出2%用于职工培训,事实上,大多数企业把这些钱的大部分用于培训中层及以上的职工,而不愿意用于一线职工。因此,政府机关、事业单位、国有企业的正式职工有着"铁饭碗"一样的稳定工作,而一些单位的合同工在就业上稳定性不够。

住房保护在21世纪初才出现,主要分以下两部分。一部分是城镇居民的住房保护,包括廉租房和经济保障房,政府要在"十二五"规划期内(2011—2015年)兴建3000万套保障房。至2013年底,全国共筹集租赁性保障房1425万套,全国租赁性保障房已保障1057万户家庭。这些租赁性保障房是面向城市人口的,虽然个别城市允许农民工申请租赁性保障房,但

---

[1] 数据引自中国人力资源与社会保障部网站:http://www.mohrss.gov.cn/SYrlzyhshbzb/zwgk/szrs/sjfx/。

是设定了很高的资格条件。保障房存在着严重的区域分布不合理,大城市供不应求,但是在一些小城市(特别是县城),保障房卖不出去或者租不出去。住房保护的另一部分是农村的危房改造。国家对每一处危改房补贴3万~5万元,但还是有一些农村家庭因负担不起改造费用而放弃参与危改房的修建。

保障每个人接受最基本的教育,是国家应尽的义务和责任。中国实行了九年制免费义务教育,覆盖从小学到初中的教育。虽然免费义务教育政策早在1986年就已出台,但是真正实施时间是在2003年后,之前的义务教育只发生在城市,农村小学和初中教育依然由农民自己负担。2003年后国家取消农村小学和初中教育学杂费,还给农村贫困家庭子女上学提供午餐补贴等。但是,各地政府在农村实施撤点并校的工作,将农村小学和中学进行撤并,一些偏远农村孩子不能就近上学,只得跑到乡镇乃至县城学校上学,距离远,不得不在乡镇租房子住或者住学校,出现"父母或者爷爷奶奶陪读"现象,在很大程度上增加了农民教育负担。在城镇,居民的另一项教育负担就是兴趣班学习及其产生的费用。除了政府在教育上投入不断增加外,中国百姓的教育投入占比也相当大,而且还在不断增大,因此,教育成为中国家庭三大重要负担之一。另外两个负担则是住房负担和看病负担。

家庭和儿童补助,是各国普遍实行的一种社会保护。各国根据自己的国情和目标,制定自己的补助政策,重点各有不同。中国主要针对那些有特殊困难的家庭和儿童,对其给予相应的补助或救助。据国家民政部统计,2015年全国共有442.7万户次家庭获得临时救助,每次平均救助水平67.4元。累计支出临时救助资金38.4亿元,共有孤儿50.2万人,其中集中供养孤儿9.2万人,社会散居孤儿41万人。2015年全国办理家庭收养登记22121件,其中,内地居民收养登记1.9万件,港澳台华侨收养登记179件,外国人收养登记2942件。[①] 2014年国家对5000多万农村留守儿童展开摸底调查,计划采取一些措施来保护他们的生存和发展权利。中国的家庭

---

① 数据引自中国国家民政部网站:《2015年社会服务发展统计公报》,http://sgs.mca.gov.cn/article/sj/tjgb/201607/20160715001136.shtml。

和儿童保护政策还有待提高，保护水平相对较低，社会参与度也有限。①

反贫困是最重要的社会保护方式。过去 30 多年，中国在反贫困上获得了巨大的成就，但是，中国的贫困问题依然严重，特别是农村贫困问题在贫富差距不断扩大的背景下越来越明显。中国在反贫困上有三大做法。第一，政策托底，解决基本生存需要，比如出台生活最低保障政策以及各种救助、补助政策，确保食品、医疗和住房的需求满足。第二，致富政策，即国家直接投资各种发展项目，以优惠政策吸引企业到贫困地区投资促其发展，为贫困家庭参与发展提供平等的机会和平台。为此国家出台了"扶贫开发十年纲要"，要求在 2020 年解决农村 6000 多万贫困人口的贫困问题。目前采取"五个一批"做法：发展生产脱贫一批、易地搬迁脱贫一批、生态补偿脱贫一批、发展教育脱贫一批、社会保障兜底一批。第三，减灾救灾防灾政策，就是在灾难发生的时刻，国家要最大程度地降低灾害造成的损失，并帮助受灾地区和民众进行灾后重建，避免陷入贫困。仅 2015 年，国家就安置转移了 637.2 万人次受灾群众。

社会服务的目的是确保社会保护得到有效落实，提高社会保护质量。最近几年，中国已经开始重视社会服务的作用，并采取一系列政策鼓励社会服务组织发展。2001 年，国家出台了《儿童社会福利机构基本规范》；2006 年提出社会工作队伍建设的政策；2008 年出台了《老年人社会福利机构基本规范》；2011 年颁布了《社会养老服务体系建设五年规划（2011—2015）》；2012 年出台政府购买社会工作服务规定；2015 年国务院颁布了《关于全面建立困难残疾人生活补贴和重度残疾人护理补贴制度的意见》；2016 年全国人大通过了《慈善法》。截至 2015 年底，中国共有社会服务机构和设施 176.5 万个，职工总数 1308.9 万人，固定资产总价 8183.1 亿元，社会服务事业费支出 4926.4 亿元，占国家财政支出比重为 3.3%。社会服务获得了法律支持、社会认可和市场空间，但是，配套的政策有待完善，人才资源依然缺乏，社会服务标准和规制有待发展。

---

① 《2015 年度人力资源和社会保障事业发展统计公报》，http：//www.mohrss.gov.cn/SYrlzyhshbzb/dongtaixinwen/buneiyaowen/201605/t20160530_240967.html。

（二）社会保护政策的保护力度和可持续性

这里从保护力度和可持续性两个维度对中国社会保护政策做进一步的分析和讨论。保护力度从政策的法律效力、投入以及受保护者的利益等方面体现出来，可持续性体现在政策的公平性、政策执行的公开性、社会经济发展的支持力度以及人们获得性等方面。保护力度显然会影响可持续性，反过来，可持续性也会影响保护力度。这里着重从法律效力、筹资责任和渠道、财政投入、受益面和受益水平几个方面讨论社会保护政策的保护力度和可持续性问题。

从法律效力层面来看，中国社会保护政策分三个层次：最高是法律文件，比如《社会保险法》《劳动合同法》《义务教育法》；其次是国务院条例或纲要，如《农村五保供养工作条例》《社会团体登记管理条例》《城市居民最低生活保障条例》；最低层次的就是地方规定、意见、通知等。最低层次的规定、意见或通知等，大多处于试行阶段，还需要进一步完善，才能上升为条例。条例的稳定性和强制性更高，而经过一段时间的实践，有的条例可转变为最高层次的法律，带有明确的强制性和最高的保护水平，任何变更都需要履行相关手续。

从筹资责任和渠道来看，中国的社会保护体系可分为四类。第一类完全由财政承担，或者说由税收支持，比如义务教育、社会救助等，全部由公共财政支持。20世纪80年代，中国虽然推出了《义务教育法》，但是在农村的实施中由于政府财政能力有限，实际上政府没有尽到真正的义务，直到2003年后国家才在农村真正解决农民子女义务教育的学费负担问题。社会救助有两个功能：一是确保每个公民的生存底线；二是对生存之上还有困难的人们给予适当的帮助，特别是为那些无法享受基本权益的人提供支持。第二类是政府、工作机构（包括公司企业、机关事业单位等）和个人共担筹资责任，中国的社会保险制度基本上采用的就是这种筹资模式，既不是北欧那种税收财政负担的做法，又不是完全的市场化模式。第三类是工作机构负担筹资责任，比如年金，但是这种情况并不多见。第四类是社会互助，包括慈善、志愿服务等。这种形式的社会保护在中国还在形成和发展中，其效用还没有得到充分的发挥。需要指出的是，由于中国政府至少有五个层级，在筹资上不同层级的政府承担的责任是不同的，这一方面使得不同政府辖区内的社会保护能力不一样，另一方面存在辖区之间难以兼容的问题，跨界流动会受到限制。

国家财政在支持社会保护上的投入是逐年增加的。由于统计方法和统计指标不同，难以找到与其他国家相同的社会支出指标，这里选择国家财政教育支出、国家财政社会保障和就业支出、国家财政医疗卫生支出作为中国国家社会支出的代表来分析，这三项指标虽不能囊括所有社会支出，但是，它们确实是社会支出的最重要的内容（见表3-1）。从2008年到2014年的统计数据来看，这7年中社会支出基本上是逐年增加的，尽管2012年到2014年间稍有轻微的波动。但具体来看，国家财政社会保障和就业支出比例有所减少，国家财政教育支出比例增加了不到1个百分点，而财政医疗卫生支出比例增长超过了2个百分点。但是，人们对社会支出增长所得的获益感并没有增加，甚至在支出增长最快的医疗卫生方面，看病难、看病贵的问题依然突出，没有得到实质性缓解。教育支出仍然是城乡家庭的一个重负。另外，相对于国家财政支出以及财政收入的增长速度，社会支出的增长速度显然是偏低的，而且社会支出在财政支出中的比例，中国明显低于经济合作发展组织（OECD）国家，甚至还低于一些欠发达国家。

受益面和受益程度是观察社会保护体系的另一个视角。虽然中国已经有一个比较完整的社会保护体系，但受益程度还是比较低的，远不如发达国家，更重要的是，不同社会经济阶层和社会群体感受到的受益程度有很大差距。在体制内（由政府财政支持的工作单位）工作的人，享受到的社会保护力度比体制外（不用政府财政支持的工作单位，国有企业除外）的人大很多，就拿养老金来说，体制内退休的每月可以拿到5000元的养老金，而体制外退休的每月养老金在2000元左右，相差一倍多。与此相比，农村老人一个月享受的养老金只有几十元或100多元。国有企业给予职工的保护力度远高于其他所有制工作机构，许多国有企业职工的收入是其他工作单位收入的几倍甚至几十倍。城市享受的社会保护力度大于农村，大城市的社会保护力度大于中小城市和小城镇。正如上面所说，2003年农村真正享受免费义务教育之前，城市早已经实现免费教育，而且城市的教育质量远远高于农村；农村居民从2009年开始才享受到养老保险，每个月基础养老金只有55元，到2017年大部分省份农村养老金也只有70多元。中国的大部分医疗资源和教育资源集中在城市,特别是农村医疗服务水平很低,在村里和乡镇都看不了大病,很多人要跑到县城医院看病。

表 3-1 三大社会支出及其在国家财政支出中所占比例

	2014	2013	2012	2011	2010	2009	2008
国家财政总支出(亿元)	151785.6	140212.1	125953	109247.8	89874.16	76299.93	62592.66
国家财政教育支出(亿元)	23041.71	22001.76	21242.1	16497.33	12550.02	10437.54	9010.21
国家财政教育支出占国家财政总支出的百分比(%)	15.1804%	15.6918%	16.8651%	15.1008%	13.964%	13.6796%	14.3950%
国家财政社会保障和就业支出(亿元)	15968.85	14490.54	12585.52	11109.4	9130.62	7606.68	6804.29
国家财政社保和就业支出占国家财政总支出的百分比(%)	10.5207%	10.3347%	9.9922%	10.169%	10.1593%	9.9694%	10.8707%

续表

	2014	2013	2012	2011	2010	2009	2008
国家财政医疗卫生支出（亿元）	10176.81	8279.9	7245.11	6429.52	4804.18	3994.19	2757.04
国家财政医疗卫生支出占国家财政总支出的百分比（%）	6.7047%	5.9053%	5.7522%	5.8853%	5.3455%	5.2349%	4.4047%
三项支出占国家财政支出的总比例（%）	32.4058%	31.9318%	32.6095%	31.1551%	29.4688%	28.8839%	29.6704%

资料来源：中国国家统计局，历年《中国统计年鉴》。

"广覆盖、低水平"只是针对广大的农村人口和部分城镇居民而言的，对于体制内的职工而言，社会保护力度并不低于发达国家的水平，甚至在某些方面还有超过。但是，这种体制内外的差距正在缩小。

总而言之，构成社会保护体系的主要政策在形成时间、保护力度、统筹层次、覆盖面以及稳定性等方面有着明显的不同。以单位制为基础的计划经济时代的社会保护体系在改革开放后所剩无几，绝大多数现有社会保护政策是从20世纪90年代后期开始建构的，并且在21世纪前10年快速扩张。总体来说，社会保护政策首先在城市实施，几年后才延展到农村，而且农村保护政策力度远不如城市。医疗保险政策早于社会救助政策，社会救助政策早于养老保险政策，背后的逻辑是，个人或家庭难以支撑高额医疗费用，而养老问题在很大程度上还得依靠家庭来解决，但是由于中国在发展中贫富差距扩大，有一些收入低的家庭碰到生活问题难以解决，这就使得社会救助政策比养老政策更为急迫。进入21世纪，中国老龄化问题越来越突出，国家不得不考虑将养老保险政策从体制内向体制外、从城镇向农村推行。

四、讨论

关于中国社会保护体系的作用及其未来走向，需要做进一步探讨。通常来说，一个社会保护体系成功与否取决于它的功用。这里采用国际助老会（HelpAge International）公布的《2015全球老龄事业观察指数》报告（Global Age Watch Index）来评价中、日、韩的老龄福利情况。这个指数将96个国家老年人口的生活情况进行排列，由四个变量构成：收入保护（income security）、健康状况（health status）、可行能力（capability）和能动环境（enabling environment）。其中收入保护的测量指标是养老金收入的覆盖程度、老年贫困的发生率、老年的相对福利和人均国内总收入；健康状况的测量指标是60岁后的生命预期寿命、60岁后的健康生命预期和心理快乐程度；可行能力的测量指标是老年就业状况和老年教育水平；能动环境的测量指标是社会联系、物理环境安全、公共事务参与和便捷公共交通。所有这些指标体现了一个社会对老年人的社会保护状况。按照这些指标构成的综合指数，2015年中国排在第52位，韩国排在第60位，日本排在第8位，瑞士排在第1位。全球老年观察指数中、日、韩比较如表3-2所示。

表3-2　全球老年观察指数中、日、韩比较①

国家	收入保护	可行能力	能动环境	健康状况
中国	75	39	28	58
韩国	82	26	54	42
日本	33	7	21	1

资料来源：http://www.helpage.org/global-agewatch/。

养老福利虽然具有综合性，但是不一定能全面、有效地反映中国社会保护体系的现状。2003年，日本的公共社会支出已经占到GDP的17.7%，

---

① 1表示排位最高。

其中养老金支出占 8.2%,卫生健康支出占 6.2%,卫生健康外的社会服务支出占 1.6%;而韩国的公共社会支出占 GDP 的 5.7%,其中养老金支出占 1.3%,卫生健康支出占 2.9%,卫生健康之外的社会服务支出占 0.4%。① 相比较而言,2014 年,中国的教育支出、社会保障及就业支出、医疗卫生支出分别占 GDP 的 3.57%、2.48%、1.58%,总共占 GDP 的 7.63%。

虽然这些数据的统计方法不同,但是总体来看,2003 年日本和韩国的社会保护水平比 2014 年的中国高不少,这两个国家花费在社会保护上的支出更多,它们国家的国民享受到更高水平的社会保护。

此外,中国在社会保护体系的完善程度上也与韩国和日本有差距。中国新的社会保护体系在过去几十年里实现了全覆盖,并实施了新的社会保护政策,但是目前不同区域、不同人群以及不同社会经济阶层之间依然存在差异。这些差异表现在三个层次:城乡差异、体制内外差异以及地区差异。因此中国未来的社会保护体系不仅需要进一步提高水平,而且要通过改革完善其体系。

中国在养老金并轨改革上也正在考虑解决这三个层次的差异问题,并提出了"一个统一、五个同步"的改革思路。所谓"一个统一"就是党政机关、事业单位建立与企业相同的基本养老保险制度,实行单位和个人缴费,改革退休费计发办法,从制度和机制上化解双轨制矛盾。所谓"五个同步",是指机关与事业单位同步改革,职业年金与基本养老保险制度同步建立,养老保险制度改革与完善工资制度同步推进,待遇调整机制与计发办法同步改革,改革在全国范围同步实施。这个"一个统一、五个同步"的改革主要解决体制内外差异问题,但是并不适用于解决城乡与地区差异问题。

从社会保险角度,当前中国的改革并没有忽略对城乡差异的关注:推行社会保险城乡一体化,城乡居民养老与医疗保险已经实现统一,但是这种统一是在一定辖区内进行的,还需要努力实现全国城乡一体化。与此同时,社会保险的统筹也在逐步扩大,其中养老保险的统筹层次已经上升到省级范围,但是医疗保险还停留在地市范围,有的还停留在县市区范围,还需要努力实现全国范围的统筹。不同地区的社会保护力度不同,经济实

---

① 数据引自 http://www.oecd.org/social/expenditure.htm。

力强的地区给予的保护力度往往会高于国家的规定；而那些经济并不发达的地区则只能达到国家规定的要求，甚至有时候还无法做到，可能会采取一些变通的方法。例如，北京与河北相比，经济实力更强，就有更多的钱用于补贴农民的养老缴费，使得北京农民的基础养老金远远高于河北农民，高龄老人的津贴水平也是如此。

中国目前正在推进社会服务业的发展。2013年9月国务院出台《关于加快发展养老服务业的若干意见》直接提出："鼓励老年人投保……长期护理保险……鼓励和引导商业保险公司开展相关业务。"2014年8月，国务院颁布了《关于加快发展现代保险服务业的若干意见》，目标是让现代保险服务业真正成为中国社会应对社会经济风险的有效保障。但是，目前社会服务业在发展中面临的一些体制障碍影响了社会资本投资社会服务业的积极性和动力，制约了社会服务业的发展。与此同时，社会服务业所需要的人才相当短缺，原因在于社会服务业的人才标准、人才培养体制以及报酬体制、评估体制、购买服务体制等都不完善，严重限制了社会服务业的发展。

社会组织体制的最大改革是降低准入门槛，简化登记手续，从政策上鼓励四类社会组织的发展。政府对社会组织服务的购买力度在明显增大。所有这一切都促进了社会组织的快速发展。

总而言之，中国社会保护体系处于完善阶段，一方面在缩小社会保护体系的城乡差异、地区差异和体制内外差异；另一方面在通过改革，消除原来一些政策和体制障碍，建构更有利于社会保护体系完善的新体制和新政策，扩大社会和市场参与社会保护的空间和机会，同时强化政府在社会保护方面的能力、效率，确保社会保护的公平性。中国社会经济快速发展和转型，也需要社会保护体系加快建设以及提升保护力度，更好地防范各种社会风险，提升全社会和全体居民的安全感、幸福度、获得感和其他福祉水平，从而实现共建共享。

参考资料

国务院关于加快发展现代保险服务业的若干意见［EB/OL］．（2014-08-10）http://www.gov.cn/zhengce/content/2014-08/13/content_8977.htm.

国务院关于加快发展养老服务业的若干意见［EB/OL］.（2013-09-06）http：//fss.mca.gov.cn/article/lnrfl/zcfg/201312/20131200560144.shtml.

王春光.中国农村社会分化与农民负担研究［M］.北京：中国社会科学出版社，2005.

顾昕，孟天广.中国社会政策支出增长与公共财政结构性转型［J］.广东社会科学，2015（6）：183-192.

岳经纶，刘璐.中国正在走向福利国家吗——国家意图、政策能力、社会压力三维分析［J］.探索与争鸣，2016（6）：30-36.

CHAPTER 2

第二部分

老龄福利与社会政策

第四章
社区养老：老龄福利与社会政策的历史与比较研究[①]

◎ 陈社英　陈妍娇[②]

一、引言

社区养老并非新鲜事物，尽管其形式和传统各不相同，有时甚至大相径庭，却一直是世界范围内社会政策研究的一个主要关注点。一个更新的术语叫作AIP，"或许你听说过'就地养老'的概念，即改造房屋，以支持人们随着年龄的增长依旧能够留在原来的家中。我们认为这种方式很好，但还远远不够。我们目睹了'社区养老'对身边朋友和邻居的生活产生的影响，并希望将其传播到世界各地……"[③] 不管这种说法是否适用于所有情况，但它表明，我们需要用历史和比较的观点重新审视相关概念、理论和实践，以便实现和支撑对老龄化、家庭、社区和社会政策等不断变化领域的全面理解。

[①] 本章基于期刊《国际老龄化》专辑上有关社区养老文章的修改和扩展（Chen, 2012），为国家级高端外专引进项目"疫情常态化防控态势下老年人健康管理与社会治理"阶段性成果（项目号G2021026029L）。

[②] 陈社英，美国佩斯大学公共管理系终身教授；陈妍娇，河南师范大学社会事业学院副院长。

[③] http://www.aginincommunity.com/，检索于2010年11月20日。

近30年前，本文第一作者举办了中国首个社区服务公开系列讲座（陈社英，1988），此后赴香港（当时还属英国管辖）对包括老龄化在内的社会政策问题进行深入研究。其时社区照顾虽遇到麻烦而产生蜕变，但在英联邦福利国家政策辩论中，仍是一个中心议题。笔者因此决定在进一步研究中，将中国的案例与西方（尤其是英国）的理论、政策和实践进行系统的考察比较。当时，"就地养老"（AIP）这一专有名词并未引起本地学界的注意（即使略有所闻）。

二、社区照顾

社区精神病服务在英国的发展至少要回溯到20世纪30年代（Killaspy, 2006）。1957年，皇家精神病及精神障碍立法委员会（Royal Commission on the Law Relating to Mental Illness and Deficiency）颁布了各种法案及研究报告（例如1956年以Guillebaud命名的国家保健机构支出审计调查报告等），为正式开展社区照顾打下了基础（Baugh, 1987）。从那以后，社区照顾扩展到老年服务，不仅在英国成为社会政策的一个主题，而且影响到英联邦以及其他许多国家的老年服务与研究。虽然社区照顾由于其定义含糊多变等而经常遭受批评，但它明确强调了在社区内对有需要者（包括老弱病残与精神疾病患者）提供服务，帮助他们继续在家中生活，而无须长期留住医院、疗养院或其他机构（Rossiter, Wicks, 1982）。

这种"在社区内提供照顾"（care in the community）的理念，相对于机构性照顾（institutional care）而言，最初被认为是满足社会需求的较好解决方案。然而，这一方式却引发了许多新的问题、担忧和争论。为了从无数的混争中搭建一个比较研究框架，须从如下几个方面厘清思路：历史因素（包括实证研究的贡献、组织变革与科技发展、经济与财政危机的影响、意识形态的作用与政治角逐以及社会文化各种因素）、主流意识形态、结构性参数（如照顾的内容、受惠者、提供者、服务地点等）、实际问题以及基于翔实文献的政策应对（Chen, 1996）。从历史的角度看，众多因素综合作用促成了社会政策重心转向社区照顾。这些因素包括：早期社会学研究以及公众对机构性照顾模式的反对；各种服务照顾机构面临的实际困难大量增加，诸如费用成本居高不下、人员短缺、职工招聘困难等；由于精神疾病患者的古怪症状和扰民行为已经能够被药物或其他方法控制,把患者与社会隔离,使其在机构住院治疗的必要性大大降低;人口结构的变化,特别是老龄化;反对政府福利开支增加的声浪日益高涨。此外,人们逐渐认识到,如果可能的话,受助者应有权选择和普通人一样在社会里生活,而不应被迫住进与世隔绝的各种福利保健机构(Tinker,1984;Walker,1982)。

英国学者 Johnson(1987)指出,社区照顾诞生于"福利主义"(welfarism)鼎盛时期。因此,社区照顾最初所指的是政府提供法定的正规居家服务(domiciliary services)。但是,20世纪70年代西方经济大衰退,造成了公众社会福利态度的大转变。批评者认为,福利国家的不断扩张,导致政府遭遇严重危机,福利国家已不堪重负(Rose,1980)。那种状况,至少部分地被归咎于凯恩斯主义(Keynesian)经济政策和贝弗里奇式(Beveridge-style)福利政策。到了20世纪80年代,福利国家遭受更猛烈的指责,同时关于其危机的讨论也越来越多,迫使各国政府紧缩福利服务,更改社会政策,转而奉行所谓福利多元主义(welfare pluralism)。

福利多元主义这一新思潮,又被称为"照顾之混合经济"(mixed economy of care),强调社会赡养及健康照顾可以从四大方面获得,即政府法定(the statutory)、志愿机构(the voluntary)、市场化服务(the commercial)以及家庭等非正式照顾(the informal)(Johnson,1987)。而实际上,"福利多元主义意在使国家不再独揽或统领福利责任,认为其并非集体提供福利服务的唯一工具"(Hatch,Mocroft,1983)。Johnson(1987)则进一步指出,社区照顾"作为政策目标并非新潮,然而近期发生的情况,的确加强了政府提倡社区照顾的决心,因为它似乎让政府有机会削减公共支出,淡化国家的福利责任。尤其是把社区照顾定义为'由社区来照顾'(care by the community),更为符合福利多元化的主张"。

"由社区来照顾"作为社区照顾的新含义,可以是一个崇高的理想,用来鼓励大众以不同方式参与社会服务和照顾(Payne,1986)。但是,越来越依赖于家庭、朋友、邻居及其他志愿者个人提供的非正式照顾,也给人们留下了许多悬而未决的问题。在实践中,学者们长期以来一直对"社区关怀=家庭关怀=女性关怀"的双重等式表示担忧(Finch,Groves,1980)。尽管当时撒切尔政府出台一个又一个官方报告来概述"居家照顾"的政策（如 1988 年 Griffiths 报告和 1989 年白皮书），但研究人员还是对社区照顾比机构照顾更便宜的假设提出了质疑。正如 Kinnaird、Brotherston 和 Williamson 早在 1981 年就指出，社区照顾之所以看起来便宜，是因为家庭提供的照顾和膳食费用成本没有计算在内。若计入这种社会成本，社区照顾并不一定比住院照顾更便宜。更有批评者认为，过往的社区照顾作为社会政策是失败的，进而呼吁政府要"对社区提供照顾"（care for the community），并将此作为社区照顾的另一个必要方面，这也是国家或政府支持护理者的责任（Walker，1982）。至于社区照顾的未来，我们还应该考虑一些重要的力量，无论是可见的还是不可见的，比如新右派对小政府的主张和其他人对社会主义的主张。Johnson（1987）提出，必须把握社会政策的基本立场，这样才能在理论与实践两方面，理解社区照顾可能的发展。

英国 1990 年出台的《国家保健服务和社区保健法》概述了社区保健改革，以期重获支持。然而经过数年的实践和评估，仍未能达成明确的结论，留下的只是"陷入混乱的照顾"（care in chaos）（Hadley，Clough，1996）。对于医疗保健接受者来说，Killaspy（2006）的一篇文献综述显示，社区照顾与各类精神疾病患者所获得的较高满意度和生活质量，都呈正相关。然而，这并不是医院护理的廉价替代方案，随着非法定部门替代机构的发展，有经验的住院工作人员大量涌入社区（Hadley，Clough，1996）。对于"由社区来照顾"所导致不均衡负担下的家庭，以及其他非正式照顾的提供者来说，问题仍然在于政府作为以往福利国家的引领者，应该如何履行职责，给予他们所需且应有的扶持。但是，政府经常被淹没在诸如福利制度改革、国民经济衰退、反恐怖主义战争等事务之中，以至无法承诺对社区提供必要和充分的扶持，以持续改善社区照顾事业。同时，即使在公共和社会服务私有化多年之后，商业部门在社区照顾中的作用也不是一个持续的调查热点。特别是如何通过将"混合护理经济"转变为住宅建筑行业的真正机会来开展业务等问题，尚未解决。

近期出现了一项基于英国体制的案例研究（Powell，2012），研究内容是从个性化视角来提升社区照顾的现状。个性化议程意味着社会关怀和个人支持提供者对待服务方式的重大转变。这一更新内容涵盖了个性化的概念和政策基础及其与自我指导式照顾中实质性问题之间的关系。本次更新试图通过研究案例和专题领域，找到衡量关键成功因素的基准，将 2008 年 Individual Budgets Evaluation Network（IBSEN）报告中提出的主题，作为衡量英国和其他西方社会个性化、社会关怀和个人预算试点成效的基准（Powell，2012）。

三、社区服务

从英国案例所显示的社区照顾政策的争议来看，社区老龄化在西方一直是一个复杂的课题。中国社区的老龄化可能是一个更加复杂的领域，因为城乡之间存在巨大的差异。过去几十年的快速社会变革，对任何模式的尝试都是一个挑战。然而，对中国经验的研究，应该有助于我们从独特的历史和比较角度，丰富对社区养老的认识。

在 20 世纪 80 年代初社会经济改革全面展开之前，中国实行的是以职业为基础的（occupation-based）体制，由国有和集体所有制企业"办社会"，代替或代表政府行使多种社会控制和社会福利功能（Chen，1996）。在农村，由人民公社和生产队负责无子女赡养又丧失劳动能力的人口养老等。1978 年后的经济改革迅速打破了这样一个旧的社会安全网，解散了农村人民公社，并打破了城市工人的"铁饭碗"（终身就业保障）。与此同时，国家试图通过"配套改革"来使福利服务社会化，以此来弥补人们安全感的失落。一项重要举措就是在新的税收制度基础上建立政府统筹的养老金，同时减轻企业直接提供福利所带来的不均衡负担，而这是开启平等市场竞争的必要条件（Chen，1996）。然而，由于这一过程落后于经济改革，许多非货币性保障无法实现。正是在这种形势下，面对社会需求激增，决心改革的中国政府中一些锐意创新的领导人，发现了"社区"的潜在效用，并激起了向西方国家学习先进经验的热情（陈社英，1988；Chen，1996）。

"社区养老"在当时有几个中国特色。首先，很少人知道"社区"一词及其含义，不管是中文意思还是在其他语言中的含义。这不仅是因为社会科学的有关学科在中国被停掉了 30 多年，也由于中国人已经习惯了以职业为基础的社会归属体制，只在乎一个人属于哪个工作单位，因为单位负责满足职工的几乎所有需要，很少人会在乎"街道"（中国城市的行政区划）。只有在退休之后，人们才会"回到"社区，在居民委员会或居民小组中扮演某种角色（至于乡下的农民，则通常没有退休一说，他们当地的社区在过去就是生产队）。其次，中国的基层社区组织程度较为严密，并在社会控制方面发挥了有效作用。但地方政府派出机构和集体只能为一些无子女和无生活来源的老年人（这些人很少，主要是当时中国人口结构尚年轻，而且老一辈通常是多子女）等特殊群体提供最低限度的照顾，同时缺乏社会服务组织（特别是志愿者团体、非营利性机构、非政府组织）。最后，中国社会依然严重依赖和推崇家庭赡养（这或许是唯一一直受欢迎的家庭观念），故在中国社区服务推行之初，曾有学者强烈反对强调发展社区服务的必要性，认为家庭赡养是中国文化的传统美德。然而，研究者必须正视经济改革的副作用对老年人产生的负面影响，以及"银色浪潮"的到来所伴随的家庭结构急剧变化。用术语 AIP 来说，由于当时中国城镇地区的独生子女政策和农村劳动力涌向城市，中国人的"就地养老"有可能意味着在鲜有家庭和社区服务的"空巢"中老去。经济体制改革早已将福利和服务（包括住房供给）的负担从工作单位转嫁给居住的社区，然而社区还没有准备好去接管单位的万能角色。当时几乎都没人听说过服务一般人的养老院（Chen，1996），这就意味着很多老年人可能会面临"没地养老"的困境。

尽管存在这些实际需求和问题，也在大力推行社区服务（后来改称为"社区建设"），但国家能够给予家庭或社区的支持却很少，这使得国外很多关注中国的学者禁不住"抱怨"。而这种矛盾的情形，使得老龄化研究的分析必须上升到"总体公共政策"（general public policy，GPP）的高度，才能系统性地理解其根本的原因，以及何时才能从"转型中的国家"期待社会福利服务有更大发展（Chen，1996；陈社英，2010）。正如处于危机中的福利国家不得不进行福利改革一样，当时处于困境中的经济国家别无选择，只能进行经济改革。与美国的"工作福利"（workfare）取向相比，中国采取了相反的方向，即为了提高生产率实行优化劳动组合，结果导致国有和集体所有制企业的部分裁员。一些私有化措施则进一步降低了许多普通人的地位（他们曾经是工作场所和工作的"主人"），农村农民则只能靠自己小块的土地。普通人，尤其是弱势群体，付出了失去单位社会保障的代价，那一度被视为"社会主义优越性"的主要标志。类似于西方从"福利主义"向"福利多元主义"的转变，经济国家的社会政策也从过去单一的"铁饭碗"向"社会福利社会化"（可视为社会主义的福利多元主张）转变（Chen，1996）。国家承诺在经济赶超、让一部分人先富起来之后实行"共同富裕"（陈社英，2010），这包括失业者和老年人的社会保护。然而，国家迫切需要通过弥补过去过度政治化下失去的经济机会来应对挑战，这就要求改革开放后的总体公共政策几乎完全聚焦于经济。这一点可以从十一届三中全会将工作重点"战略转移"到经济建设上看得非常清楚，而且正是这种战略转移使得1978年后的经济改革成为可能。"主义"层面暂时"不争论"，这使得拨乱反正后的总体公共政策能大胆实行经济改革和对外开放（陈社英、蔡想，2018）。

正如所预见到的，在创造经济奇迹的过程中，中国也建立了最低限度的新社会保障体系。职工们有了住房购买权（Li & Chen，2010），这为老年人在城市社区拥有住所成为可能；志愿者或非政府组织数量也在增加。然而，当时老年人几乎没有储蓄，而年轻一代或者说未来的老年人也没有从这种独特的房地产权转让中受益，健康和长期照顾等其他服务对所有人来说仍然是个问题（Chen & Chen，2007）。农村地区老年人的需求更加需要关注。在城市，长期独生子女政策的结果，是很多老年人独自生活或只与配偶生活在一起（Li，Chen，2010）。住房政策和住房建造工程则在很大程度上忽视了老年人的需求（既是社会问题又是商机），但这种情况在笔者10年前发文指出之后发生了迅速的转变（陈社英，2011），当时几乎各级政府和所有相关专业网站都转载了那篇文章。

在城区之外，Luo 和 Zhan（2012）研究了中国农村有外出务工孩子的家庭功能性支持对规范性支持（孝道）的影响。该研究通过对中国内陆三个劳务输出省份1443名老年人的调查数据进行分析，发现传统规范的延续性以及农村老年人对于孝道期望的调整。因农村家庭受经济制约，农村老人把金钱上的支持视为孝道的一个重要方面。有趣的是，照顾孙子孙女的年迈父母对孝道的评价比不照顾孙子孙女的父母更积极。鉴于中国农村的经济和文化背景，该文作者认为，随着农村向城市的迁移不断推进，功能性支持（以代际交换的形式）在塑造和改变孝道面貌方面发挥着重要作用。

从政策角度来看，中国政府在经历了多次经济和行政改革后，在结构上不再是一个经济国家（陈社英，蔡想，2018），这导致其自身的戏剧性去经济化（陈社英，2010）。尽管经济国家意识在转型期仍然会影响总体公共政策，但是从历史发展和比较研究上来看，可以说已经进入了一个新的

"后经济国家"的时代。在十九大宣布中国社会的主要矛盾转化以及寻求既"充分"又"平衡"的发展战略之后,中国既不再是一个经济国家,也不会是一个福利国家。鉴于西方福利国家也存在严重缺陷,中国政府能否超越(而不仅仅是"趋同"于)前者,实现其基于市场经济的最终社会主义福利承诺,仍有待观察。在这种情况下,社会对于如何支持社区养老还没有找到一个明确的答案。尽管城市和农村社区仍然缺乏针对体弱老人和残疾人的社会及心理个体服务,甚至还存在着歧视老年人的问题(如就业,在青年失业巨大压力之下),但是中国在社区健康、教育和娱乐方面取得了进展。作为一个发展中国家,显然需要更多的资源来支持家庭和志愿者组织。问题在于,如何释放商业领域尤其上升产业的社会潜力。

四、社会支持

美国的经验与中国和英国都不同,美国人倾向于限制政府的规模与作用,很多时候(即使并非总是)比较崇尚用实证主义研究来推敲政策(有时还引导各种新潮流)。笔者移居美国后所遇到的文化冲击之一,就是亲身体验到了美国社会政策研究的一些特色。社区照顾或社区服务并非闻所未闻(当然也不断从其他国家特别是英联邦学习经验);然而,这些对于英、中学者及决策者的重要性或象征意义,要远大于他们的美国同行。美国有关社区照顾与服务讨论的关键用语也有所不同,比较多样化,例如居家(home-based)、基于社区(community-based)、长期照顾(long-term care, LTC)。这些术语的使用把聚焦点更多地放在实务性或具体计划的内容上,而并不热衷或停留于概念层面的争辩,如社区照顾服务的各种可能含义是"在社区""靠社区",还是"为社区"。无论社区照顾或是社区服务,在美国都没能成为政策对话的一个总框架或持久的中心议题(Cox, 2004)。相反,一个更热门的研究课题叫作"社会支持",或"社会支持网络"。而这一题目并非出自官方的推动或提倡,而是源于医疗健康领域的相关研究,并由此而广受关注。

一方面,由于在20世纪生物医学对疾病的解释作用似乎已达极限,社会与行为科学家也参与了研究。有证据显示,身心健康需要通过初级群体的纽带来维持,后者的缺失会造成心理疾病及社会问题(Lin, Dean, &

Ensel, 1986)。另一方面，包括弗洛伊德理论在内的心理动力学揭示了个体早期依恋的重要性，以至于后来在社会关系中得到满足的需求，按照其中一些观点来看，会回溯到童年时代经历的问题上（Vaux，1988）。流行病学家 Cassel（1974）和 Cobb（1976）为有关病原学中可能牵涉的社会心理过程的讨论，做了大量基础性工作。特别是 Cassel（1976）发现社会支持在与压力有关的疾病中扮演着一个关键角色，而动物实验和人类研究的结果，都证实了这一观点。这个"压力缓冲"假设，引起了研究者们对社会支持有益健康作用的广泛兴趣（Chen，1997）。随着越来越多的研究者参与这一类研究工作中，社会支持在维护良好精神健康中的作用，在 20 世纪 80 年代就已得到普遍认可。

老龄现象虽然不是病，但老龄化与健康问题在老年学家和老龄病学家那里，却常常是形影不离的研究对象（Levkoff，Chee，& Noguchi，2000）。关于社会支持的"缓冲效应"（Chen，1997），Lubben 教授是将社会支持理论应用于老龄研究的先驱之一。以他命名的鲁宾社会网络量表（LSNS）被广泛采用，甚至在很多研究者（Lin，1999；Putnam，1995）转向融合了经济理论的"社会资本"相关概念之后，仍不失其影响力。LSNS 是一套简单的测量工具，主要通过度量老人所感知到的来自家庭、朋友和街坊邻居的社会支持，包括被试者社会网络的大小、亲密程度和接触频率，来测量老年人的社会孤立程度。该量表从 1988 年开始建立到 2002 年修订（LSNS-R），后来又有简化版（LSNS-6）和扩展版（LSNS-18），主要是为了满足临床工作的需要，同时也可用于基础性的社会健康科学研究。LSNS 和 LSNS-R 两个版本都会区分亲属和非亲属，但是都不刻意区分朋友和邻居。它们适用的环境很宽泛，可以是社区、老人日托托管中心、辅助生活设施，也可以是医生诊所和医院（Lin，1999；Putnam，1995）。

值得注意的是，尽管 LSNS 重点关注的是社会照顾的非正式层面，却并没指明具体空间因素。而这在其他国家，却可能是有关生活安排或照顾环境之争的焦点。究其缘由，可能是因为美国的老龄研究从未以社区照顾（或服务）为中心议题。这种状况曾被学者描述为美国对病残老人社区支持的"零/无系统"（non-system）（Scharlach，2004），即使已经建起了全国区域养老机构联合会（National Association of Area Agencies on Aging）这样的老年服务网。Scharlach（2012）在后来的一篇文章中描述了美国现存养老项目社区的种类及不同机构（如公共、非营利、私立机构）对其发展所起的作用。网上调查显示292个养老社区项目都属于以下四种：社区规划、体制协调和项目发展、服务共置、客户联络。大多数本地社区采取了一些措施，但也因缺乏政府资助和指导而受到阻碍；私人机构有所上升，然而这些项目并不被广泛接受。调查结果提出了这些举措的持续性问题、资源较少的个体及社区的接受度问题，以及社区在得不到政府持续支持的情况下的长期能力问题。

关于服务地点，可以推想，当学者们最终认识到必须进一步强调住宅（即便不是家庭）和社区的重要性时，他们就得重新设计美国版的社会照顾、服务或支持，并把重点放在社区，或者至少得找个"地方"来提供服务。然而，一个真正的突破，并非靠纯学术或公共政策兴趣产生，而是最终由市场这只"看不见的手"带来。

五、就地养老

要想弄清楚就地养老（AIP）究竟是如何在当代政策、实践和研究中占有一席之地的并非易事。有学者曾一路追溯到1938年的罗斯福总统，就像20世纪80年代社会或心理传染病学兴起、"社会支持"成为热门话题时，曾有人认为是起源于法国犹太裔社会及人类学家涂尔干（Emile Durkheim）的研究（特别是他1897年关于自杀的研究）（Vaux，1988）。也有学者认为，罗斯福虽不见得设计出了AIP，但他至少是运用AIP原则的先驱之一，将他个人的私有屋宅进行改造，以满足年迈与残疾的特殊需求。那么，为何70年后AIP才成为一个主流？这主要是因为，"婴儿潮"这代人开始进入老年，又预计活得更长久、更健康；作为一个巨大的消费者群体，他们对"就地养老的环境"之需求，远优先于其他选择，如辅助生活中心和疗养院这类设施（Vaux，1988）。

这种可预见的消费者爱好和需求改变，吸引了来自医疗保健、住房、金融等产业以及相关的制造、供应和服务领域的商家。美国市场研究、公共政策以及其他学者们也随之而起，开始有越来越多的著述出现。到1989年，美国关于AIP已有许多讨论（Howard，1989），包括各种各样的会议及文献（Tilson，1990），甚至国会听证（United States Congress，1989），以至于白宫老龄会议也开始以此为主题。经过20世纪90年代朝此方向的进一步发展，逐步形成了一个全国性的AIP运动（Allen，1999），尽管当时范围还不是特别广。一年一度的"全国就地养老周"，于2003年11月由美国建房商协会（the National Association of Home Builders）、全国老龄顾问理事会（the National Advisory Council on Aging）、全国反向房贷商协会（the National Reverse Mortgage Lenders Association）等首次合作举办，在美国七个大城市开展了一系列的教育与信息活动。2004年，可居住社区合作伙伴（Partners for Livable Communities）连同全国区域养老机构联合会开始与九个实验社区合作，致力于促进有关政策、项目和服务，以提升AIP的水平。随着"婴儿潮"一代进入老年，服务需求空前高涨，而大部分人仍希望留在自己家中生活（Mathew Greenwald and Associates，Inc.，2003），这导致AIP观念的普及，甚至还产生了一个新的专业，叫作"执证就地养老专家"（Certified Aging in Place Specialists，或CAPS），并由美国各州建房商协会进行培训和资格认可。

与社区照顾发展史相似，AIP的含义随着运动的开展有所演变且被复杂化，对不同的人来说意义有所不同。从历史上看，生活护理型社区（又名"持续照顾［退休］社区"，或CCRC）就是为AIP而设计，为针对老年人需要的三类主要组屋或群居（group housing）类型之一（Allen，1989）。AIP的初衷只不过是在一个老年社区或园区内展开多层次的服务；而且在今天，"就地养老"这个词甚至被用于快速发展养老院产业的市场营销，并由美国老年住房联合会这样的组织，代表老人疗养院、退休社区、辅助生活中心以及养老地产等加以利用。但是，对于希望借此尽量拓展业务的房建商们来说，AIP也意味着对现有零散个人住房加以改造或者调整（翻新），以支持条件许可的人们能够在家就地养老，直到通用设计（universal design）理念更深入人心。在这个意义上，AIP运动有时被解释为"通过房屋改装实现就地养老"（Kofsky，n.d.）。这对于相信自然生成性退休社区（NORC）的人们来说很重要，因为它意味着人们不必因为逐渐老了，而不得不搬去像组屋这样的人造环境（在那里，老人先必须搬进去，然后常常得从园区的一隅搬到另一隅，才能得到所需要的更多服务）。因此，AIP意味着老年人能够留在自己家中，享受现居住地或常住地非医疗环境，并借助各种产品和支持性服务，使他们在其状况变化时避免迁移的麻烦。通过减少被动迁移，老年人可免受因搬迁所带来的压力综合征（又名迁移创伤）的折磨。

早期住房开发的规划者谈 AIP，其实只是指社区中有成群变老的居民这一现象或趋势（称为"淤塞"，因为它可能会加重对昂贵医疗服务的需求，并且会导致年轻人不愿入住）。人口学家也用这个术语简单描述本地社区随着时间推移，出现越来越多的 65 岁及以上的老人（Morrill，1995）。据估计，约有 70% 的老人继续留在了他们庆祝 65 岁生日的地方度过余生。① 然而对于独立生活（independent living）倡导者来说，AIP 就是老年人能够住在自己选择的家或社区里（无论在哪里），过得自信而且安全舒适，越长久越好（哪怕一定程度的生活照料帮助会成为必需），这才是 AIP 的使命。② 因此，就地养老运动强调的是"可居住性"（livability），老年人能够选择自己的家居照顾安排（无论是群居、自然组居还是独居）并保障后半生的独立生活支持。而要做到这一点，就意味着要超越《美国残疾人法案》（Americans with Disabilities Act）的标准，要为老年人创造既无障碍又有吸引力的居住环境。同时，法律法规有时需要被修订，以帮助 AIP 发展，特别是在联邦和州政府对长期照顾的原有规定，可能会使 AIP 难以推行的情况下（如有的州在进入 21 世纪时，曾特别指定 AIP 的示范地点，以便将其与传统住院照顾[辅助]生活和疗养院，分别加以管控）（Sinclair School of Nursing，2010）。

跟前面回顾的其他主要理论流派及实践做法相比较，AIP 的最显著特点就是，认定各行各业（尤其工商领域）所能扮演的角色，并彰显其积极参与（buy-in），以促进居家养老产业的发展。所以，AIP 旨在创建安全舒适的环境使老年人在社区生活，通过现有房屋改造（home modification，中国现在一流行术语是"适老化改造"），新建筑则采用适合残疾人和非残疾人的通用设计（universal design），以及退休社区（retirement communities）的规划，并尽量采用新科技，来满足老年人特殊而非一成不变的需求，保证老年人家的继续可居住性（extended livability）。为希望达成 AIP 的老人创建有利于他们独立生活的环境，减少跌倒及其后果等风险，可减少家庭照顾者的压力而使他们能更专心地在外工作。老年人随着年龄的增

---

① http：//www.seniorresource.com/ageinpl.htm，检索于 2010 年 11 月 28 日。
② http：// www.aipathome.com/about-us/，检索于 2010 年 11 月 27 日。

大,独立性就变成了对帮助的需要,但是住在不变的房子里可以使他们生活在离朋友和邻里很近的熟悉的环境中(因为 AIP 的目标就是尽量保证安全和舒适)。

就地养老给老年人带来了市场杠杆,各行各业(从医疗到基建到金融)都在政府和学界的支持或合作下,争先恐后地给他们提供服务。高度便利外加社会服务的住宅,是 AIP 这一概念背后的初衷,但它也形成了更多的市场需求,如利用远程照顾、远程医疗和其他通信和辅助技术,获得健康、安全、个人社会服务、娱乐休闲、教育培训以及社会贡献的渠道。AIP 注重细节,家里每个房间都有修改的可能,从简单改进到深度改造。可能有助于 AIP 的商界组织包括建筑设计和改建公司、室内装修设计公司、外景承包商、居家保健专业人员、老年病案管理人员、食品外卖递送服务、家居维修公司、各种交通工具、财务规划师、保险公司、老年学校等,诸如此类还有很多。① AIP 还意味着老年人对居住安排有更多的选择,如合住、老年人协会和村庄网络。

社区照顾在西方经历了由鼎盛到衰落或停滞的过程。据一些学者观察,社区照顾在中国也曾悄悄地不再那么强调"服务"了(Wong, Poon, 2005)。相比之下,AIP 正在全球范围内,越来越影响关于居家社区养老的学术研究和政策对话(Chui, 2008),甚至包括英国这个社区照顾发源地(Freyne, 2010)。众所周知,美国志愿组织长期以来都依赖公共资金或政府经费补助,但是 AIP 作为一个新潮流,并未能充分考虑法定机构的角色。对于研究社区照顾、社区服务、社会支持等的人来说,社会服务的提供与非正式照顾的关系,会继续成为他们的专业兴趣(陈社英,2017)。家庭照顾的角色或负担,以及政府应该提供什么样的必要支持,仍然是一个关切的焦点,尤其在考虑美国社会保障基金今后还不知如何维持下去的时候。AIP 服务可展示出色的想法和实际行动,但是谁能负担得起却是一个大问题,特别是在美国最近的经济衰退中,普通人的退休金大大缩水。即便老年人的需求,包括"空巢"老人的需求近在眼前,医疗保健成本的高昂,以及个人、家庭、社会服务的匮乏,都会令人望而却步。至于"富裕的老

---

① National Aging in Place Council, http://www.ageinplace.org/,检索于 2010 年 11 月 20 日。

年屋主"刻板印象,并不见得适用于所有老年人,特别是最近楼市泡沫破裂,还需要很长一段时期才能恢复。它的潜在威胁对无家可归者来说,真的可能会是"无地养老",无论 AIP 的意图有多高尚,多希望能让老人不论年龄、贫富或身体强弱,都继续住在他们安全、独立、舒适的家中,这些都限制了并将继续限制 AIP 目标的实现。现实生活中,很多老人仍然不知道 AIP 是什么,甚至很多社区领袖也不知道该从何处着手。

六、结论

在社区内实现健康、成功、有成效和积极的老龄化,是一项全球性的事业,需要具备历史和比较的观点,以理解家庭、社区、社会政策在不同文化和政治经济及社会制度下的作用。为此,斯普林格出版社出版了关于国际老年学的新系列丛书[①],以应对 21 世纪全球范围内的老龄化问题。本文从比较的角度致力于为中国案例抛砖引玉,指出社区养老的丰富含义,并不仅仅是论述在东西方文化下老年人口赡养的地点问题。

正如本文所提到的,各国养老事业的历程及其应对措施各不相同,各有创新,也彼此影响。例如,1982 年举行的第一届老龄问题世界大会,极大地影响了中国的养老政策,引领了中国官方养老事业的正式推进,包括为打下社区服务运动基础而做出的努力。在 2002 年举行的第二届老龄问题世界大会上,世界卫生组织(WHO)提出较新的政策框架,有助于推动老龄问题研究和实践的世界日程,包括健康养老、成功养老、有效养老和积极养老。所有这些都为社区养老赋予了新的意义。老年人除了认识到自己随着年龄的增长,对于照顾者的依赖和需要增加了,还要认识到自己是积极的参与者和富有生产力的力量。

参考资料

Allen,J. L.(1989). Group housing for elderly falls into 3 main categories. *Chicago Tribune*.

[①] http://www.springer.com/series/8818.

Allen, J. E. (1999). Home safe home: A national "aging in place" movement helps seniors stay where they love to live. *Los Angeles Times* (p. 1).

Baugh, W. E. (1987). *Introduction to the social services* (5th ed.). London: Macmillan Education Ltd.

Cassel, J. (1974). Psychosocial processes and "stress": Theoretical formulations. *International Journal of Health Services*, 4, 471-482.

Cassel, J. (1976). The contribution of the social environment to host resistance. *American Journal of Epidemiology*, 104, 107-123.

Chen, S. (1996). *Social policy of the economic state and community care in Chinese culture: Aging, family, urban change, and the socialist welfare pluralism*. Brookfield: Ashgate.

Chen, S. (1997). *Measurement and analysis in psychosocial research: The failing and saving of theory*. Brookfield, VT: Ashgate.

Chen, S. (2012). Historical and global perspectives on social policy and "aging in community". *Ageing International*, 37(1), 1-15.

Chen, S., & Chen, E. Y. (2007). Aging and health in the new century: Challenges to research and practice. In I. Cook & J. Powell (Eds.), *New perspectives on China and aging*. New York: Nova Science Publications.

Chui, E. (2008). Introduction to special issue on "ageing in place". *Ageing International*, 32(3), 165-166.

Cobb, S. (1976). Social support as a moderator of life stress. *Psychosomatic Medicine*, 38(5), 300-314.

Cox, C. B. (2004). *Community care for an aging society: Issues, policies, and services*. New York: Springer.

Finch, J., & Groves, D. (1980). Community care and the family: A case for equal opportunities? *Journal of Social Policy*, 9, 487-511.

Freyne, S. (2010). What are the challenges to healthy ageing in place? Network for Student Activism. Reprint by UCL Centre for Applied Global Citizenship at http://www.ucl.ac.uk/network-for-student-activism/w/What_are_the_challenges_to_healthy_ageing_in_place%3F

Hadley, R., & Clough, R. (1996). *Care in chaos: Frustration and challenge in community care*. London: Continuum.

Hatch, S., & Mocroft, I. (1983). *Components of welfare*. London: Bedford Square Press.

Howard, W. (1989). New program lets elderly choose nursing home or independent life. *Providence Journal*, C-02.

Johnson, N. (1987). *The welfare state in transition: The theory and practice of welfare pluralism*. Sussex: Wheatsheaf Books Ltd.

Killaspy, H. (2006). From the asylum to community care: Learning from experience. *British Medical Bulletin*, 79/80, 245-258.

Kinnaird, J., Brotherston, J., & Williamson, J. (Eds.). (1981). *The provision of care for the elderly*. Edinburgh: Churchill Livingstone.

Kofsky, B. (n.d.). *"Aging in place" through "home modifications"*. Retrieved October 29, 2010, from http://www.hatfl.com/Aging_In_Place_home_modifications.pdf

Levkoff, S. E., Chee, Y. K., & Noguchi, S. (Eds.). (2000). *Aging in good health: Multidisciplinary perspectives*. New York: Springer.

Li, B., & Chen, S. (2010). Aging, living arrangements, and housing in China. *Ageing International*, 36 (1), 463-474.

Lin, N. (1999). Building a network theory of social capital. *Connections*, 22 (1), 28-51. Retrieved from http://www.analytictech.com/mb874/Papers/lin-socialcapital.htm

Lin, N., Dean, A., & Ensel, W. (1986). *Social support, life events, and depression*. Orlando: Academic.

Luo, B., & Zhan, H. (2012). Filial piety and functional support: Understanding intergenerational solidarity among families with migrated children in rural China. *Ageing International*, 37 (1), 69-92.

Mathew Greenwald & Associates, Inc. (2003). *These four walls…Americans 45+ talk about home and community (research report)*. Washington, DC: AARP.

Morrill, R. L. (1995). Aging in place, age specific migration and natural decrease. *The Annals of Regional Science*, 29 (1), 41-66.

Payne, M. (1986). *Social care in the community*. London: Macmillan Education Ltd.

Powell, J. L. (2012). Personalization and community care: A case study of the British system. *Ageing International*, 37 (1), 16-24.

Putnam, R. D. (1995). Bowling alone: America's declining social capital. *Journal of Democracy*, 6, 65-78.

Rose, R. (Ed.). (1980). *Challenge to governance: Studies in overloaded politics*. London: Sage.

Rossiter, C., & Wicks, M. (1982). *Crisis or challenge? Family care, elderly people and social policy*. London: Study Commission on the Family.

Royal Commission on the Law Relating to Mental Illness and Deficiency. (1957). *Report (Command 169)*. London: HMSO.

Scharlach, A. (2004). *Book review comments*. Retrieved October 2, 2011, from http://www.amazon.com/Community-Care-Aging-Society-Lifestyles/dp/0826128041/ref=cm_cr_dp_orig_subj.

Scharlach, A. (2012). Creating aging-friendly communities in the United States. *Ageing International*, 37 (1), 25-38.

Sinclair School of Nursing. (2010). *The aging in place project: Assuring quality at-home services for seniors*. American Academy of Nursing. Retrieved November 1, 2011, from http://www.aannet.org/files/public/AgingInPlace_template.pdf

Tilson, D. (Ed.). (1990). *Aging in place: Supporting the frail elderly in residential environments (Conference Proceedings)*. Glenview: Scott, Foresman.

Tinker, A. (1984). *The elderly in modern society*. New York: Longman Group Ltd.

United States Congress. (1989). Aging in place: Problems and solutions for older residents of New Jersey (hearing before the Subcommittee on Housing and Consumer Interests of the Select Committee on Aging, House of Representatives) on February 27 at Toms River, NJ. Document printed by U.S.G.P.O.

Vaux, A. (1988). *Social support: Theory, research, and intervention*. New York: Praeger.

Walker, A. (Ed.). (1982). *Community care: The family, the state and social policy*. Oxford: Blackwell Martin Robertson.

Wong, L., & Poon, B. (2005). From serving neighbors to recontrolling urban society: The transfor-mation of China's community policy. *China Information*, 19 (3), 413-442

陈社英. 社区服务讲座[J]. 中国民政, 1988 (6): 1-4.

陈社英. 国家总体公共政策新转折: 从"以经济建设为中心"转变到"以经济建设为基础的社会经济平衡发展"[N]. 中国社会科学报, 2010-06-10.

陈社英. 老龄化和住房: 中国面临的两大挑战[N]. 中国社会科学报, 2011-01-11.

陈社英. 人口老化与社会政策: 中国人的"家"与养老研究[J]. 人口与社会, 2017 (1): 63-72.

陈社英. 社区研究、社区养老与社会政策[J]. 人口与社会, 2017: 3-12.

陈社英, 蔡想. 总体公共政策、社会主义与社会问题、社会公平、公共经济学与新时期社会科学研究[J]. 社会与公益, 2018 (3): 64-71.

CHAPTER 3

第三部分

北欧国家经验

第五章

瑞典：21世纪老龄福利和社会政策

◎ Sven E. O. Hort[①]

> 政府在战争和和平时期的目标不是统治者或种族的荣耀，而是普通人民的幸福。
>
> ——威廉·贝弗里奇，1942

一、引言：21世纪老龄福利和社会政策

老龄化是现代社会的一个主要特征，那么还有可能期盼幸福的晚年和子孙后代的未来吗？据一项国际计算，10年或20年后，将有大约20亿60岁以上的人，其中一半以上将缺乏足够的资源和收入维持系统（UN，2017）。因此，在全球范围内，各大洲，包括目前人口还相当年轻的发展中国家，很快就会朝着老龄化社会急剧转变。也许最令人担忧的是，在新千年的第一个十年，高龄老人（80岁以上）是增长最快的年龄组。30年后，在全球预计的100亿人口中，超过20%的人将达到60岁以上，其中大多数人生活在如同2015年那时还没有足够养老保障的国家，健康、残疾、住房

[①] 斯文·霍特（Sven E. O. Hort），瑞典林奈大学社会研究学院社会学荣休教授。

和收入风险等问题在这些国家不太受重视。

在瑞典这个相对健康和繁荣的社会，老年人同样是一个重要的社会类别，其多样性比老年医学家和从事养老事业工作者所认可的要大。诚然，在西欧、日本和北美，大多数超过 60 岁或 65 岁的人进入老龄阶段，他们摆脱了成人工作时间表的限制，在很大程度上得到了公共和半公共养老金计划的资助，他们也可被称作"一个悠闲的阶层"。但在整个发达国家，包括斯堪的纳维亚半岛，更不用说发展中国家，仍然还存在着大量的社会差异，如健康者和病人之间、女性和男性之间、新近退休者和最老的工人阶级之间、富裕者和不幸的养老金领取者之间都存在着不公平。

社会政策是 20 世纪欧洲现代性的主要原则，起源于德国的俾斯麦社会保险计划，延续到 20 世纪中期英国"全覆盖"的贝弗里奇型福利国家，也许以"社会欧洲"和北欧福利模式的回归为结点（Alestalo，Hort，& Kuhnle，2017；Hort，2018；Kuhnle，Sanders，2010；Renswick，2017）。全球社会是否可以从这个长达一个世纪建设人类保障的经验中学到一些东西，尤其是为了老年人和丧失工作能力的人？21 世纪剩下的时间里会有什么样的福利机构建设和政策？瑞典是一个具有悠久政策发展和制度建设历史的先进福利国家，本文把瑞典想象成一个社区，并以此为例讨论关于老龄化和福利国家关系的几个主要方面：① 领土、人口和经济；② 作为社会管理和政策平台的制度型福利国家；③ 资本主义市场经济主要公共池塘资源制度，包括退休金、个人社会服务、个人医疗服务及住房社会权等方面；④ 民间社会动员和老年志愿者协会的作用；⑤ 做出初步结论，强调前四者在成熟福利国家中的相互作用，目前存在长寿、大规模消费和潜在痛苦等问题。本文基于 40 多年来的研究，包括各种官方或半独立性支助评估的后续研究，这是一篇在 2015 年 6 月北京会议上宣读的论文，在 2018 年初冬的几个月略做修订（参见 Hort，2014，2015；Hort，Kings，& Kravchenko，2016）。

二、领土、人口和经济

中国领土面积排世界第三，而瑞典在欧洲领土面积排名靠前，然而这两个国家是两个根本不同的实体（Chang，2016；Rothstein，2015）。此外，在北欧有四个文化和经济紧密相连的国家（丹麦、芬兰、挪威和瑞典），瑞典南部的部分地区人口相当稠密，而大部分地区人口极其稀少，靠近北极圈，也有芬兰、挪威或瑞典国籍的萨米人越境进入。历史上各王国更替，但大部分地区被划分为西部（丹麦-挪威）和东部（瑞典-芬兰-斯堪的纳维亚）。从语言上讲，丹麦、挪威和瑞典彼此接近，芬兰有相当多讲瑞典语的少数民族，芬兰语是一种完全不同的语言。这些国家（除挪威之外）自20世纪90年代中期以来都是欧盟成员，丹麦从1973年开始就加入了欧盟。瑞典是这些国家中面积最大和人口最多的。同样，就老龄化而言，这些国家非常相似，而且往往在全球指数之上。在行政上，瑞典被划分为大约20个省和近300个市，根据其宪法，省和市是同等的法律单位。大多数人生活在南方的城市化地区，但老年人更均匀地遍布全国。

与中国65岁以上的数百万人相比，瑞典200万养老金领取者数字是很小的，但人口统计学很重要，尽管老年人作为一个概念性的社会类别还没有自然而然成为一个历史性话题。年轻人和老年人之间存在着不对称的关系，是超越了纯粹生物性的不对称。生物性不对称是现代社会分层的一部分，但群体内部的差异更大。从历史的角度看，年轻人通常不如他们的长辈受尊重，年轻人的权力地位较低，经济资源也较少。尽管如此，年龄组并不总是被视为突出的社会阶层，通常的情况是，在每个社会群体中，就像在每个家庭中一样，年轻人和老年人之间存在着内在的不平等。死亡和垂死并没有被消除，老年人也不会无限期地变老。虽然总体来说年龄的不平等关系在社会上变化相当缓慢，但大多数人在一生中都会经历这种关系，例如，在现有的社会等级制度中，人们可能会从一个等级到另一个等级做或上或下的移动，这种社会流动性可能在一个人的一生中得以体现，但也可能在一代人的身上发生。在集体层面上，一代人可以被视为从出生就共享某些时间、空间和经历的群体，这些历史条件构成了属于某种特定群体或某一代人生活的文化背景（Lundberg，Månsson，2017）。在瑞典，那些处于新千年第二个十年期间、生命即将结束的人大多出生在大萧条之前或期间，在第二次世界大战期间度过其青春期，尽管这场战争离瑞典很近，但它得以"置身事外"。20世纪20年代和30年代出生的这一代人是所有20世纪群体中人数最少的。此外，20世纪40年代的婴儿潮在瑞典出现得较早，紧随斯大林格勒战役和国内房屋租金管制之后。

20世纪40年代和50年代出生的儿童受益于迅速增长的物质繁荣，年轻人中出现的大众消费文化表明，他们与老年人之间的社会权力关系正在发生变化。后来，这一代人被指责排挤了后来的群体——这是一场由他们的后代，也就是20世纪70年代和80年代出生的一代发起的代际斗争——但现在20世纪40年代和50年代出生的人正离开劳动力市场，或许还涉及重要权力的职位。

2015年，在瑞典900万总人口中，200多万人（总人口的23%）超过60岁，约150万人超过65岁。死亡率和生育率大致匹配，净人口增长小于人口增长。还有部分重叠但年轻些的200万人出生在国外，或者父母中至少有一个出生在国外，因为历史上萨米人被视作"外人"，这是人口学上关于同种社会的一个重大转变。再来谈谈老年人，有50万瑞典人属于最老的老人，也就是80岁以上的老人，而如果这一门槛降低到75岁，将增加40万人，因此，老人的总数为90万人，几乎占总人口的十分之一。如果提高门槛，85岁以上的人超过20万，其中约7.5万人是90岁以上。后者中有5.5万名妇女，反映了平均预期寿命的性别差异。目前，女性平均寿命为84岁，男性为81岁。近年来，这些统计数据呈线性增长，而且10多年来男性的数字似乎比女性的增长得略快。

除了性别差异，这些预期寿命数字还存在阶层和地区差异（Therborn，2014）。众所周知，劳动阶层出身和有劳动经历的人比那些坐办公室工作的人要英年早逝。仅在大约60年前，瑞典男性和女性65岁后的平均预期寿命没有差异，这与当时妇女在家里以及其他地方的工作条件有关。尽管一些最激进的女权主义者在矿井和夜班中争取平等待遇，但劳动阶层的妇女受益于少生孩子以及家务和工作中的技术改善。即使在2018年，从事体力劳动的男性比其他人死得早得多，尤其是在他们离婚或已经离婚的情况下。

阶层因素也可以控制领土和金钱资源，还可以决定社会流动的可能性。然而，人口统计的潜力可能超越阶层界限。这个问题在瑞典人移民到北美的几十年中引起了激烈的争论，当时500万人中就有100万人去大西洋彼岸寻求更好的前途。尽管人口数量一直很少，但对数量大小的强调与瑞典的情况相关，瑞典以出口为导向的私营企业开发了相当广阔和资源丰富的领土，剩余物质自现代社会动员和社会组织的突破以来，逐渐被更加均匀地分配。在流入而非流出为主导移民方式的 21 世纪，对于种族隔离城市地区的社会排斥所产生的辩论伴随着两个方面的考虑：一方面意识到需要利用新移民的能力，另一方面意识到他们是否在瑞典这个富裕的社会和国家中形成分裂。后者包括一个有争议的老年移民问题——其中许多是在他们的劳工移民子女之后到达的——以及所有在老年护理部门工作的人，如护士、家庭帮手、看门人、医生等。按照传统经济学，瑞典属于国内生产总值位居世界前 25 名的国家（Persson, Sharp, 2015）。私营公司主导着经济，尽管国内生产总值的很大一部分都以税收和转移支付的方式进了国家的国库，不管是中央还是地方政府。总而言之，瑞典是一个敏锐的出口导向型经济体，但在 2008—2013 年美欧金融危机中表现相当不错。连同邻国丹麦、芬兰和挪威，这个地区作为一个整体将属于世界经济的前 15 名。北欧内部贸易近年来有所增长，开放的北欧市场总体上改善了就业前景。然而，这些经济体很容易受到全球宏观经济波动以及诸如此类国内事件的影响。一种更加困难的不同局面即将出现，因此一些老年男女比其他人更加脆弱。

三、作为社会管理和政策平台的制度型福利国家

除了领土、人口和经济起点外，有必要指出以税收为财政来源的国家中义务和社会权利的一些基本特征，或者说瑞典社区中公共池塘资源制度的一些基本特征。首先是它的普遍性，可以追溯到 19 世纪 80 年代采纳和适应俾斯麦社会保险的思想，实际上这是众所周知的贝弗里奇型福利国家的先驱。从这一点来说，瑞典福利国家可以被视为路德教国家教会的世俗继承者，从 16 世纪开始一直到 1952 年，它是军事国家的民事部门，实行强制教会管理。早在 18 世纪，它就开始推行字母化计划，并在绝大多数人口中普及识字，从而为复兴的基督教大众社会运动或"自由教会"奠定了基础。因此，国家和社团（不管是私人社团还是公共社团）之间的界限既混乱又合法。社团或想象中社区的"国家性"是全面渗透的（如"人民之家"、政治妥协的"瑞典模式"与和平劳动力市场之间的协议），而国家的"社团性"也是如此（如"我们的国家"，"强大的社团"）。长期以来，高度集中的社团主义劳动力市场组织之间的关系突出：雇主协会认为全国蓝领工会组织是他们唯一的对手。在 20 世纪的大部分时间里，社会民主的长期政治

统治,无论是单独统治还是在右翼和左翼的支持下联合统治,都产生了一种全球观念,即社会民主福利制度的去商品化,甚至是全世界的"社会民主化"(Törnqvist, 2017; Kuhnle, 2017)。因此,就税收收入和公共社会支出以及就业和加入工会的人数而言,它是一个大福利国家。迄今为止,它有一套以公民身份、年龄和居住地为主要条件的综合规定,得到广泛的公众支持,没有普遍的欺诈和类似的腐败行为(Svallfors, 2013)。这是一个嵌入市场动态的国家,因此,它本身也嵌入了一个想象中的社区,在这个社区里,货币关系完全渗透到日常生活中,它负责采取一系列旨在确保其成员福祉的措施,例如为儿童和青少年提供教育,终身获得保健、庇护和住房,失业期间的财政支助以及在残疾或其他困难情况下提供个人社会服务,所有这些都记录在 1974 年瑞典宪法政府工具部分。在此之前,斯堪的纳维亚或北欧福利国家的规范性基础就已经成为一种模式,人们可以效仿或者摈弃它。

因此,这是一种福利资本主义制度,国家通过保障一定水平的福利和正常运转的市场及民间组织和家庭中的志愿者协会(或多或少呈现积极成员的有凝聚力社会的法律法规),来确保公民或特定公民群体及所有居民的福祉(Vabo, Szebehely, 2012)。这种不仅仅关注国家的做法十分重要,因为所有方法、福利组织以及针对不同因素的各种方式的组合,都能被分配到社会架构的不同部分。然而,只有通过集体行动和决策,这种授权才变得合法。农业(如今是欧盟跨国公共联营资源制度容纳能力的一部分)就是早期一个典型的例子,为后来其他国内市场的监管奠定了基础。因此,瑞典福利国家由若干具体的福利公共池塘资源制度和政策领域组成。权力结构主要植根于制度化的阶层划分及 19 世纪末出现的资本主义和社会流动的热潮所产生的利益。运动和政党认同仍然基本依赖瑞典社会的社会分层,特别是大量女性白领雇员通常投票给支持福利国家倡议和制度的中间偏左派。尽管今天农民在人数上处于边缘地位,但他们在选举政治中的作用对于理解瑞典福利国家的发展仍然至关重要,尤其是在形成时期,也包括 20 世纪 90 年代的结构调整期,当时社会民主党和中央党之间的非正式联盟阻止了金融崩溃和公然紧缩,即"新自由主义"。也是在那 10 年,新政党出现在政治舞台上:基督教民主党是右翼,绿党是中左翼,与此同时,经过漫长的过程后,共产党变成了左翼政党。而右翼民粹主义政党终于在2010年通过瑞典民主党（自2014年以来瑞典第三大政党）进入议会，尽管其前身在1991—1994年是新民主党。与此同时，女权运动试图挑战现有的政治秩序，但迄今为止未能彻底渗透包括新来者在内的已有政党。自20世纪90年代以来，一直在尝试建立养老金领取者组成的政党，尽管迄今为止在国家层面没有成功，但在一些城市已经存在。然而，近几十年来，利益关系的过程已经超越了纯粹政党政治、农业和劳动力市场以及旧的大众运动所组成的传统社团主义冲突格局。因此，集体行动的逻辑仍然适用于社会的大多数部门，带有地方分支的国家级志愿者协会在民间社会的开放空间中如雨后春笋般发展起来，它们往往能够获得政府资金来源。因此，老年人和残疾人组织就是一个很好的例子，作者将在本文进一步讨论。

此外，最重要的是中央和地方两级的劳动和权力分工。省、市政府是福利服务的重要提供者，因此，地方选举几乎和全国选举一样重要。虽然财政-税收在行政上是集中的，但省、市政府有权征收所得税，以便能够提供立法规定的福利服务，包括儿童教育。根据国家法律框架，卫生政策也下放给省政府，地方当局即市政当局负责向家庭、残疾人和老年人提供个人社会服务。然而，在最近几十年里，外包和税收资助的凭证制度为福利服务的私有化铺平了道路，但是包括养老金在内的收入保障仍然是国家的重要事务，尽管在最近几十年有所削弱。在这方面，近几十年来，私人高财政投入已经巩固了自己的地位，然而，社会支出总额约占国内生产总值的30%，这些支出中的一半用于支付地方政府的福利服务，另一半用于保障收入，而养老金占这些收入的一半（或总额的四分之一）。在这些参数范围内，2006年，瑞典在经历了连续12年的社会民主党内阁（过去85个内阁中将近70个内阁都是社会民主党）后，于2006年由一个新的中右翼四党联盟——温和派（前身是保守党）领导的"联盟"——接管了政权。在2014年的大选中，此届政府输给了另一个少数派政府——"红绿"政府，再一次由社会民主党执政。2018年9月再次举行选举中，执政的"红绿联盟"和在野的"瑞典联盟"均败选，极右的瑞典民主党成为最大赢家。中左瑞典的政治再次面临不确定性：瑞典政党政治继续远离超过半个世纪的社会民主党传统，主流体制两极分化且更极右化。这些都会对瑞典的福利政策产生影响。

四、资本主义市场经济主要公共池塘资源制度：退休金、个人社会服务、个人医疗服务及住房社会权

下文概述了瑞典针对老年人的主要社会方案，从收入保障、健康和医疗服务到住房和家庭帮助。第一，退休金。从19世纪80年代开始，养老金成为解决新的社会或工人问题的重要组成部分。早在时代合同的想法生效之前，瑞典第一个国家养老金计划就在1913年问世了。社会保险的理念是从德意志帝国引进的，并适应了当地农村小型农场和贫困的条件。灵感来自邻近的丹麦，该国在19世纪90年代引入了一项近乎普及的市政项目。在瑞典，社会自由政府向议会提出了这个提案，但得到了社会保守党和社会民主党人的支持。这是一个微不足道的方案，但对那些从未有过独立金钱收入的人来说却有一定的意义，其中大多数是67岁以上的妇女，她们现在有权自己要求福利——这是一项仍然以义务的名义表达的社会权利——而不论她们最终的丈夫或户主的财务状况或地位如何。这样，贫困救济的负担将从地方当局转移到中央政府。因此，这种结构反映了欧洲贫困人口所处的社会结构正在向现代工业资本主义社会转型，出现了一个动员起来的有组织的工人阶级。半个世纪后，两项重大养老金改革暂时解决了早期方案未能解决的问题。从1948年开始的基本养老金计划将养老金领取者从贫困救济名单中剔除（当时贫困救济领取者最终获得了投票权），12年后，一项强制性的与收入相关的补充养老金计划通过工资税和收入补贴相结合的方式，为那些不被包括在基本养老金内的人提供帮助，从而为老年人30年稳定增长的财富奠定了基础。除了强制性的两级方案之外，劳动力市场组织（工会和雇主协会）为大多数行业和雇员进行职业养老金计划谈判。此外，税收减免使得个人储蓄者的私人养老保险第四版从20世纪80年代开始变得相当流行。在两级法定制度开始并反映当时权力平衡的时候，就有人警告这种慷慨的财政后果，但直到20世纪80年代末柏林墙倒塌及出现严重的地方经济衰退，全球新自由主义高涨，社会民主党在1991—1994年连续三年失去权力之后，主要政党和主要劳动力市场组织才达成一项协议，将强制性养老金体系从固定福利制度转变为准固定缴款制度。瑞典借助20世纪90年代中期的养老金计划率先实现了社会保障私有化，至少看起来是这样。新的强制性制度仍在成熟，现在对其结果做出明确的评估还为时过

早（Birnbaum, et al., 2017; Ahn & Olsson-Hort, 2003）。然而，无论收入和工作时间如何，养老金福利的很大一部分都不再计算。以前的基本级别将或多或少地消失，尽管目前看起来相当吝啬的保障福利将提供给那些居住了40年却没有得到任何支助的人。以前第二级退休金计划中让有短期就业记录的女性最受益的15年已被拥有45年工作期限的连续缴费所取代。因此，获得国家养老金的普遍权利将针对有酬就业或自营职业等其他商业活动。代际再分配带来的压力将被一种尚不为人知的可调节的人口津贴所抵消，这种人口津贴在经济增长疲软或停滞期间将减轻积极一代的负担，或降低系统的慷慨程度。新法定计划的另一个重要特征是，每年的一小部分缴款被抽出来用于个人风险投资。这一做法让华尔街和其他全球投资者对瑞典的变化感兴趣。瑞典每个被保险人（65岁以下有酬就业或从事其他经济活动的人）都有机会存一些钱到600个私人基金中，这些基金由商业银行和保险公司经营，包括劳动力市场"社会合作伙伴"共同拥有的基金和由工会单独拥有或与之有关联的基金。这项投资是由个人负责。对于那些选择退出的人，除了国有基金之外，不存在共担风险的问题，也就是那些人没有利用这个选择的自由，在引入这一制度时，大约有四分之一的人这样做。公平地说，迄今为止，商业金融并没有让大多数瑞典养老金储蓄者失望，但股票交易的起伏已经留下了印记，显然不能保证这种情况不会发生。过了将近20年，这可能是暴风雨前的平静？

第二，老年人的个人社会服务。在遥远的过去，独自生活的人往往依赖外部支持，他们随着年龄的增长持续这样做。这种服务通常由家庭成员和其他近亲提供，富人也有佣人。从20世纪初开始，市政当局试图通过建造养老院来克服贫困家庭的困境。然而，直到20世纪60年代，这都是一个痛苦的过程，虽然从20世纪40年代后期开始就采取了新的措施（Edebalk, 2016）。独立生活程度日益提高的养老院和为不太虚弱的人提供的家庭帮助服务是对更过时的一些帮助形式的补充。然而，越来越多的高龄老人加重了包括医院服务在内的公共服务的压力。20世纪90年代，对老年人的公共照顾发生了显著变化。1992年，照料养老院老人和治疗后仍然需要护理的病人的责任从省转移到地方，即市政当局。尽管如此，省级医疗保健系统的负担却增加了，因为老年人人数明显增加，同时医院床位供应减少。市政当局的反应通常是加强需求评估，并优先考虑特别巨大的需求。越来越多的资源被用于贫困群体，而以前受援过的稍富裕的老年人现在要么求助于亲属，要么购买私人服务。家庭服务的覆盖面缩小，同时为其他受援人提供更多的援助时间。在最近几十年里，接受家庭服务的人年龄大得多，需要比以前更多的照顾。各市之间的情况差异更大。此外，市政当局提高了护理接受者支付的费用，而且越来越倾向于将费用与收入挂钩。因此，养老金相对较高、有中等需要帮助的人转而求助于私人市场。从对1992年改革的回顾性评估发现，各种形式的市政护理及医院护理和家庭护理之间的连接存在缺陷。大多数研究表明，即使是独自生活的老年人也与其家人和邻居保持密切联系，并且通常从亲戚、朋友和邻居那里获得大量非正式支持。如上所述，大多数养老金领取者独自生活或与配偶一起生活在自己的家中。然而，根据现有的《国家社会服务法》，如果他们的日常生活需要无法以任何其他方式得到满足，有权要求援助。例如，一些城市在过去10年中，亲属能够成为市政资助的服务提供者、家庭护理者，包括照顾虚弱丈夫的妻子。在某些情况下，其他家庭成员可以受雇于市政当局。另外，需要帮助的老人可以获得补助金，用来支付家庭成员提供护理的费用。

第三，个人医疗服务。卫生政策是国家的一项优先事项，整个20世纪一直到现在主要由税收资助。地区政府（省议会）——在法律上与地方当局（市政府）平等——一直并且仍然在全面负责提供医疗保健服务（Riksrevisionen，2014；Statskontoret，2015）。在国家建议的指导下，从20世纪50年代末起，中央政府开始鼓励医疗服务，特别是住院医院系统实现现代化，并在全国范围内迅速扩展。稍后启动了一项重大的国家方案，建立门诊预防性诊所，减轻更昂贵住院服务带来的压力。20世纪60年代末的一项改革引入了至今仍在沿用的统一收费模式，并在实践中使卫生部门国有化，使大多数医生要么是省议会雇员，要么持有国家疾病保险基金的合同。从1960年到1980年，卫生支出占国内生产总值的比例从3%上升到9%，在21世纪上升到11%。老年人是首当其冲遭受福利国家削减的群体之一：养老金领取者的"免费住院年"已经在20世纪80年代被取消。此外，继国家级的重大变革之后，私人医疗政策在20世纪90年代再次取得进展，尽管大部分资金仍然来自公共基金。门诊诊所要么由省议会经营，要么由地方当局承包，地方当局的大多数人都不是社会民主党，但后来成为全国两党协议的一部分。特别是在2006年转向非社会民主党国家政府后，一些医院已经私有化，但这仍然是瑞典右翼和左翼之间的争论焦点。2014年社会民主党重新掌权，减缓了私有化趋势。年龄和健康问题之间自然有很强的相关性。尽管随着寿命的延长，老年人的总体健康状况有所改善，但是，在高龄老年人中，疾病的患病率正在上升。例如，这些群体中有很大一部分是视障者（65岁以上的人中约有25万人），有听力问题（约50万人）或存在其他参与日常活动的障碍。他们是医疗保健和服务（包括药品）的频繁消费者。尽管这些群体在总人口中只占一小部分，但据估计他们在总医疗费用中所占的份额远远超过10%，老年人，更不用说高龄老年人，显然是现代医疗保健系统的受益者，这一年龄组的人口扩张也是医疗保健政策完全转向的主要原因，从机构建设到移动服务的转变特别是对很老的老人从医院护理转移到家庭护理产生了深远的影响。研究表明，病人越早出院，改善康复的潜力就越大。然而，几十年来，这种制度对这些老年人来说有缺点。尤其是老年人需排很长的队才能得到更轻、更短的医院治疗，他们因此而痛苦。而更重要的是长期老年保健、住院医疗服务并不总是符合老年人的期望。尽管过去30年家庭保健得到了巨大发展，两种类型地方政府（省议会和市政当局）的共存，导致在将病人从重症监护室转移到中间疗养院和养老院时持续存在组织问题（Björk，2013；Statskontoret，2016）。

第四，宪法规定的住房社会权。瑞典大部分老年人在整个现代时期都有自己的住房。在农村地区，有些人紧邻亲属居住，有些人住在为退休夫妇、寡妇或鳏夫专建的房子里，少数人在他们子女家中度过晚年。对于那些没有经济来源或家庭的人，地方当局有义务要么在富人的家里（拍卖出去），要么在救济院提供住所。19世纪末，随着城市化扩张，受一些行会为老年成员或家庭成员修建住所的启发，社会兴起了一些新型的机构住所。从20世纪20年代起，单独的老年人社会住房替代了救济院，救济院里除了老人和穷人之外，还常常混住着患精神疾病的其他成年人和孤儿。省议会加大了对精神疾病患者的看护力度，例如为痴呆症患者设立了特殊病房。国家鼓励市政当局为需要特殊服务的老年人建造住房，后来，公共资源的增长带来了更多独立的服务机构。如前所述，直到20世纪70年代，大部分这种扩张都与机构建设有关。随着长期医疗保健和养老院的扩大，老年人在机构中得到的照顾程度比以前高得多。这背后的一个重要原因是独自生活的老年人住房条件相对较差；另一个原因是老年人越来越多，需要排队获得机构中的位置。为了跟上这些发展，国家启动了一项普遍适用的方案，以升级和扩大住房供应。从20世纪30年代到80年代末，这样的情况发生了四波：20世纪30年代城市"默达尔住房"及农村住房改善方案，战后早期的城市住房方案，20世纪60年代中期多住宅百万公寓方案以及20世纪70年代末和80年代家庭独立住房利息补贴扩张计划。此外，租金自1942年以来一直受到监管。老年人受益于这一切，在此期间变老的人也受益于此。自20世纪70年代以来，几乎所有形式的机构住所都不断受到批评，政府制定了新的政策，强调独立生活，使老年人能够自己过上高质量的生活。人们应该能够安全地变老，受到尊重，保持独立，能够过上积极的生活，并且老年公民能够对社会和日常生活产生影响。宽容接纳的社会以及良好的住房、交通服务和各种家庭帮助服务是实现这一方案的重要途径。因此，瑞典老龄政策最重要的原则之一，是公共资源的规划应使老年人可以在自己家中尽可能长时间地生活，即使当他们需要很多的医疗和社会照顾时也要如此。对于那些由于某种原因不能住在家里的人，如在住院一段时间后需要额外护理，如今可以提供短期住房。对于那些永远不能住在家里的人来说，有老年痴呆症患者的集体住房，也有疗养院，尽管普遍存在资源稀缺的问题。最近，市政当局强调支持老年人的私人住房或改善这一群体的一般社会住房。市政当局为某些措施提供赠款，使残疾人能够更有效地使用他们的住房。住房改造赠款使残疾老年人能够对他们的住房进行必要的改造，以便他们继续在那里生活。常见的改造措施包括拆除门槛和重建浴室。无论申请人的收入如何，这种费用没有上限，资助涵盖整个重建项目。家庭护理服务可以24小时提供，这意味着即使是有大量保健需求的人也可以留在自己家里。老年人越来越多地生活在家里，直到他们生命终结，甚至重病患者也在家里接受医疗和社会照顾。此外，老年人和残疾人可以获得连接到服务单位的个人安全警报。那些不能使用常规公共交通工具的人有权享受通常以出租车形式提供的交通服务，但有时也有特殊车辆。需要在当地交通服务轨道之外旅行的用户（例如出于家庭原因），可以由国家社会保险办公室批准获得国家交通援助。2015年，不管有或没有家庭护理服务，90%以上的老年人住在家里。如今，老年人的住房条件与普通住房没有显著差异，住房的普遍标准也很高（Trygdegård，2017）。近几十年来，私人和公共房屋及建筑公司投资于高质量的独立老年生活，旨在适应 50 岁以上的夫妇和单身人士的需求。随着老年人日益富裕，这也成为许多年轻人展望未来的一个吸引人的选择。同样，那些在有吸引力的地区，特别是大都会地区的房屋业主，通常从公共住房的出售中受益。

五、通过志愿者民间社会协会动员老年人

本文开始时，有人质疑老年人和残疾人是否是社会变革和转型的真正历史主体。老年人被视为私人和公共服务的消费者和使用者，缺乏与市场和国家相关的足够的权力资源。有了相当慷慨的公共和私人养老金计划，老年人对大众消费经济的整体运作是否变得至关重要，是否能够对国家、经济和社会产生影响？此外，随着现代有组织的社会中老年人人数不断增加，他们是否已经融合成新的、与众不同的力量？比如，他们是否已经超越了障碍？就像某些女权主义者声称她们所做的或者像白人理论家对有色人种提出的提议那样？养老金领取者强大驱动利益的出现改变了这一社会群体和其他强大行为者和机构之间的社会关系和相互依赖吗？福利国家是否生产了自己的"掘墓人"，一群有着游手好闲"身份"的人，贪得无厌，要求越来越多，永不满足？这些问题都是随着迄今为止最大数量的这代人的出现而提出的，这些人包括刚刚退休的人、低龄老人、20 世纪 40 年代和 50 年代初婴儿潮出生的人。

瑞典 200 多万老年人中的许多人找到了加入退休人员自愿社会组织的途径，在那里他们参加日常活动，如远足、合唱和学习圈（Hort, 2009）。大约每两名退休人员中就有一名是在国家和地方各级政府从事政治活动的五个瑞典退休人员全国协会的成员。最大的全国养老金领取者组织（PRO）与社会民主工人阶级运动密切相关，经常由前政治重量级人物在全国和地方担任主席。2017 年，约有 40 万人属于该组织，该组织在瑞典各地设有地方分支机构。与工会一样，PRO 现在可能是工人阶级运动中最重要的部分，更多的人积极参与其中，而不是其党本身。仅次于 PRO 的是瑞典养老金领取者协会（SPF），该协会目前是一家为瑞典老年人设立的非社会主义政党的合资企业，约有 25 万名成员。在一段时间内（第二次世界大战斯大林格勒战役转折点前后），这个组织对瑞典工人阶级运动的主导政党提出了共产

主义挑战——但几十年来，它倒向政治光谱的另一边，而没有真正与某个非社会主义政党结盟。近10年，该协会由前温和派、中间派和自由派议员担任国家级协会主席，而地方层面的情况更加复杂，由前基督教民主党市政官员担任领导职务。

在其他三个国家养老金协会中，最大的有10万多名成员，以地方政府职工为基础。第二大协会来源于中央政府的职工，但自1994年以来，它对所有养老金领取者开放。这也许是五个协会中最激进的一个，在法庭和街头的法律斗争中，以高度的合法性与中央政府为养老金领取者的权利而战。最小的是依赖于瑞典教堂的一个宗教协会，因为有教会的特性，所以它比第二大的协会有更多的地方分支。虽然它不像其他协会那样好斗，但与它们一起参与联合政治行动。这三家协会共有20多万名成员。因此，各级、各种形式的国家社会机构之间都有明显的联系。此外，成员资格肯定重叠，尽管重合的频率可能比人们预期的要小，但他们的会员总数确实表明了他们利益的日益聚集。诚然，这些退休人员协会的成员是福利方案的受益者，不能拒绝养老金等福利，因为这是他们的生存方式。然而，他们也是选民，并与他们以前的组织利益相连，各政党迫切需要他们在选举成功后执政。此外，在竞争激烈的消费文化中，这种协会能够吸引媒体积极关注需要照顾的养老金领取者及忠诚纳税人的需求。在21世纪，这些协会的成员拥有社会政策广泛领域的专业知识，他们还可以获得残疾人组织的支持，这些组织在最近几十年里也有所发展。

自20世纪70年代以来，地方政府设有养老金领取者理事会，形成了由养老金协会和市政政治家代表组成的协商和讨论平台。有时地方理事会的当选成员得到市政府雇员的支持，因此，这种老年公民委员会在每个地方都不同，但现在几乎存在于每个城市（如前所述，大约有300个），尽管没有国家法律要求他们这样做。20来个省议会有类似的咨询机构。一些地方养老金领取者理事会是在当地退休人员组织的压力下成立的，而其他理事会是模仿地方当局发起的。更重要的是，这些委员会是在退休人员全国性组织的压力下创建的。然而，退休人员位于中央政府和地方选举机构（议会以及市议会和省议会）的人却是凤毛麟角，在2019年离任的国民议会中65岁以上的没几个。

在社会民主党长达44年几乎不间断的执政结束时，1973年举行的

PRO全国大会要求谈判权,并在20世纪70年代和80年代与不同党派的政府讨论时重申了这一要求(在1976—1982年期间,有四个不同的非社会民主党内阁)。1987年,政府任命了一个调查委员会,调查养老金领取者的政治影响,这导致1991年创办了一个全国养老金领取者论坛,供中央政府和全国养老金领取者的利益组织进行商议。自那时起,全国协会代表和民政部长及其来自公务员系统的同事(例如社会保险办公室主任)每年定期举行四次会议。此外,这些协会的主席每年会见总理一次,进行政治磋商。因此,从20世纪90年代起,退休人员组织逐渐在他们认为至关重要的政治问题上获得发言权,如养老金、卫生保健和税收。在2019年的选举中,老年选民人数的增加会极大地改变这个群体的权重。在此之前,这一点在即将离任的政府2017年降低退休收入税收的提案中显而易见。但是很少有65岁以上的人会在2019年选举后进入议会,尽管在选举日之前老年人越来越受到关注。

六、大众消费和公共政策

大众消费是包括当代斯堪的纳维亚福利国家在内的西方社会的一个主要特征,在这些国家,即使是他们的(大众)政治也正在转变为一种消费模式(Widerberg,2017)。中国在21世纪也在走向一个明显的消费社会,这一点和日本、韩国还有美国相似。在西方和新东方,养老金领取者作为顾客和消费者本身也很重要,但也是通过家庭中从老年人到年轻人的代际再分配,特别是从祖父母到有或没有父母作为中介的孙子孙女。在现代世俗社会中,家庭纽带可以像在宗教和传统占主导地位的社会中一样牢固,部分原因是独立生活(Göransson,Widerberg,2016)。此外,老年人比大多数人更喜欢药品。否则,他们与其他无子女家庭没有太大区别,只是他们有时间购物,而其他人没有。因此,老年人已经成为广告和市场研究的重要目标群体。此外,还有一种产品是其他消费者往往忽视的——葬礼。

体面和有尊严的终结是人类生活的一个方面,有关老龄化、老年人和福利国家的文献显示,这种时刻通常都是悄无声息地度过的。每年大约有10万瑞典人去世。这一数字随着社会老龄化有上升的趋势,尽管它因不断增长的寿命而受到抑制。瑞典的临终医疗是福利国家医疗保健计划的一部分,但葬礼不是。从字面上讲,瑞典福利国家不包揽从摇篮到坟墓的一切,尽管前路德国家教会(现在的自愿新教瑞典教会)承担着沉重的税收负担。一般来说,葬礼在教堂或其他由牧师或宗教领袖主持的宗教建筑中举行。随着瑞典人口的种族多样性日益增加,非新教教会和其他宗教团体在生命结束时或者说总体上发挥了更大的作用,还有在少数世俗仪式上也是如此。在大多数情况下,葬礼后尸体或骨灰被直接或通过火葬场运到墓地。大多数墓地是基于瑞典教会的赞助,也有其他一些宗教协会有私人的土地。例如,在当今的大城市,天主教、东正教、犹太教和穆斯林社区都有自己的墓地。这些地方是哀悼者的重要聚集点,最重要的是,这些地方在大城市通常被视为过去的纪念碑。

然而,葬礼的组织由私人或合作企业家(殡仪业者)负责,在大多数情况下,费用由死者的遗产或亲属支付。从社会服务的角度来看,有义务为那些缺乏经济能力和亲属支持的人支付费用,然而,这样的人数微不足道,市政当局或瑞典统计局没有公布官方统计数据。瑞典统计局还是在公布友好殡葬协会的统计数据,因为这些协会是疾病保险运动的一部分,也是由它们提供市场数据。每年约有 10 亿瑞典克朗(约 1 亿欧元)用于葬礼、棺材、鲜花等,大约有 2000 人受雇于这一行业(不包括宗教工作人员)。这个行业的结构在某种程度上反映了瑞典社会的情况。当地私人殡仪业者遍布全国,并在全国殡仪业者协会中组织起来,占据了市场的一半之多。三分之一的市场属于合作社 Fonus,它成立于 1945 年,事实上是瑞典社会民主工人阶级运动的一个出口。Fonus 还在瑞典经营一家棺材厂,年产量约为 35000 个木制棺材。最大的退休人员组织在 Fonus 董事会中有代表。

最后,老龄化——丧失工作能力,并受贫困的威胁——作为一种社会现象,自福利国家成立以来就一直困扰着它。瑞典也是如此,该国曾多次试图创建、打破、重建福利国家,以解决这个问题(达成和这个活生生"幽灵"的和解)。作者在前面暗示了在公民社会开放空间中出现一个新的历史主体的可能性,也就是迄今为止最大一代退休者的出现,无论是出现在退休者有组织的利益界限之内还是之外。这一代人经验丰富、健康且经济上相对安全,不再被劳动力买家束缚,可能有机会采取不可预见的、无法想象的做法。老龄化是个人收入能力丧失的别称,反映了人类身心的普遍衰退、死亡的可能性,这也影响了生活和社会关系的其他方面。然而,目前这个"幽灵"虽然以各种形式存在,但至少在瑞典似乎还在"睡觉"。然而有些人提出了严峻的问题,指出了老年人以及社会和国家面临的挑战。年长的瑞典人比历史上任何时候都健康,因此,在新千年的第二个10年里,最关键的老龄化问题(人类经济和社会保障或养老金)似乎此刻暂时已经缓解。尽管退休人员的利益组织正在尽最大努力解决这一问题,而据他们的代表协会估计,目前有15%或大约30万老年人相对贫穷。他们的施压取得了部分成功,因为政府提议在2007年取消对退休收入征收的额外税收。应该记住的是,退休人员组织的反应并没有持续很长时间,当时政府降低了在职人员的税收,但没有降低那些有相当多工作记录的退休人员的税收。五个国家级养老金领取者协会,包括一个与政府中非社会主义政党关系密切的协会,发表了一份联合声明,要求进行补偿,但遭到执政联盟的严厉回应。反对派中的社会民主领导人做出了积极回应,但他们用了近4年的时间才采取行动。但是养老金领取者组织设法激发了内部和外部的力量,支持他们提出不该被遗忘的要求。

最重要的是,国家退休人员协会尚未接受全球发展带来的挑战,特别是由全球养老金大计划提出的一项受联合国启发的建议。与"一天一美元"的财务结果相比,国家协会的要求实际上对他们没有什么好处。因此,走向国际将改善养老金领取者的状况,即使最发达的福利国家之一也是如此。有理由相信,在乐观的情况下,20世纪40年代和50年代的社会一代在经历了快速增长的繁荣和重大的社会动荡、暂时的胜利以及长期的失败,还有人类解放的可能性后,不仅仅会在瑞典聚集起来,支持跨越国界的解决方案,还是一个全球性的社会一代,从伯克利到西贡,从墨西哥城到巴黎、布拉格和柏林,都有来之不易的组织经验。斯堪的纳维亚人的经历更加边缘化,尽管离中心舞台不远。这一代人的重点也许更多的是建立制度,而不是自发的运动。尽管存在空间竞争,但这一代人并没有失去与后代的联系,而是为一个更具包容性的爱幼社会而奋斗。这一代人日益老龄化,在接下来的几十年里,历史主题将从昨天穿着华丽的年轻人转移到完成工作敲着死亡之门的成年人,这一点可能会令大多数伟大的社会变革理论家感到惊讶。因此,以较乐观的思想来看,一个新的历史主题正在适时出现,优雅的老年人随着社会运动和普遍福利国家组织的兴起,在不断文明的进程中扮演着职业医疗专家的角色。正如本文开头所强调的,政府在和平与战争时期的目标不是统治者或种族的荣耀,而是普通人的幸福。或者,正如一句著名的谚语所说,"对后来者来说,通向未来的大门——后代——只能由过去打开"。

参考资料

Ahn, S. H., & Olsson-Hort, S. (2003). The welfare state in Sweden. In C. Aspalter (Ed.), *Welfare capitalism around the world*. Hong Kong: Casa Verde.

Alestalo, M., Hort, S. E. O., & Kuhnle, S. (2017). The Nordic model: Conditions, origins, outcomes, lessons. In S. Kuhnle, Y. Otsuka, A. Kamiko, P. Kettunen, & K. Pedersen (Eds.), *Sustainable welfare—The Nordic experience*. Osaka: Ritsumeikan University Press. (in Japanese).

Beveridge, W. (1942). *Social insurance and allied services*. London: His Majesty's Stationary Office.

Birnbaum, S., Ferrarini, T., Nelson, K., & Palme, J. (2017). *The generational welfare contract-Justice, institutions and outcomes*. Cheltenham: Edward Elgar.

Björk, L. (2013). *Conceptualizing managerial work in local government organizations*. Göteborg: University of Gothenburg, Göteborg Studies in Work Science.

Chang, K.-S. (2016). Post-socialist class politics with Chinese characteristics. In G. Olofsson & S. E. O. Hort (Eds.), *Class, sex and revolutions: Göran therborn—A critical appraisal*. Lund: Arkiv.

Edebalk, P.-G. (2016). Socialminister gunnar sträng. In P. Bergman & G. Olofsson (Eds.), *Påväg*. Lund: Arkiv.

Göransson, A., & Widerberg, K. (2016). Göran between sex and power. In G. Olofsson & S. E. O. Hort (Eds.), *Class, sex and revolutions: Göran therborn—A critical appraisal*. Lund: Arkiv.

Hort, S. E. O. (2009). Aging and the welfare state in Sweden. In A. Walker & C. Aspalter (Eds.), *Securing the future for old age in Europe*. Hong Kong: Casa Verde.

Hort, S. E. O. (2014). *Social policy and welfare state in Sweden* (Vol. I & II). Lund: Arkiv.

Hort, S. E. O. (2015). Towards a modern social welfare formation? *Korean Journal of Sociology*, 49(6), 63-86.

Hort, S. E. O. (2018April 19,). From social Europe to the Nordic welfare model: Still social democratic-Or neo-liberal; neo-conservative? Lecture given at Swedish Institute in Athens (SIA), Athens, Greece.

Hort, S. E. O., Kings, L., & Kravchenko, Z. (2016). Still awaiting the storm? The Swedish welfare state after the latest crisis. In K. Schubert, P. de Villota, & J. Klugmann (Eds.), *Challenges to the European welfare systems*. Heidelberg: Springer.

Kuhnle, S. (2017). Fellesnordisk inspirasjon for velferdspolitikk i verden. In P. Bergman & G. Olofsson (Eds.), *Påväg*. Lund: Arkiv.

Kuhnle, S., & Sanders, A. (2010). The emergence of the Western welfare state. In F. Castles, Leibfried, J. Lewis, H. Obinger, & C. Pierson (Eds.), *The Oxford handbook of the welfare state*. Oxford: Oxford University Press.

Lundberg, S., & Månsson, S.-A. (2017). Demonstranter på väg? Lång väg från 1968…. In P. Bergman & G. Olofsson (Eds.), *Påväg*. Lund: Arkiv.

Persson, G., & Sharp, P. (2015). *An economic history of Europe-Knowledge, institutions and growth, 600 to the present* (2nd ed.). Cambridge: Cambridge University Press.

Renswick, C. (2017). *Bread for all: The origins of the welfare state*. London: Allen Lane.

Riksrevisionen. (2014). *Överensko9mmelser mellan regeringen och SKL inom hälso-och sjukvården-frivilligt att delta men svårt tacka* nej. Stockholm: Riksrevisionen. (Report 2014: 20).

Rothstein, B. (2015). The Chinese paradox of high growth and low quality of government: The cadre organization versus max weber. *Governance: An International Journal of Policy, Administration and Institutions*, 28(4), 533-548.

Statskontoret. (2015). *Sammanhållen vård och omsorg om de mest sjuka äldre*. Stockholm: Statskontoret. (Report 2015: 18).

Statskontoret. (2016). *Ökad bemanning inom äldreomsorgen*. Stockholm: Statskontoret. (Report 27).

Svallfors, S. (2013). Government quality, egalitarianism, and attitudes to taxes and social spending: A European comparison. *European Political Science Review*, 5 (3), 363-380.

Therborn, G. (2014). *The killing fields of inequality*. London: Sage.

Törnqvist, O. (2017). *Reinventing social democratic development: Insights from Indian and scandinavian comparisons*. Copenhagen: NIAS.

Trygdegård, G.-B. (2017). De äldre och välfärden. In H. Swärd (Ed.), *Den kantstötta välfärden*. Lund: Studentlitteratur.

UN. (2017). *World population prospects: The 2017 revision*. New York: UN Department of Economic and Social Affairs.

Vabo, M., & Szebehely, M. (2012). A caring state for all elderly people. In A. Anttonen, L. Häikiö, & K. Stefánson (Eds.), *Welfare state, universalism and diversity*. Cheltenham: Edward Elgar.

Widerberg, K. (2017). Folkhemmet som kommers—IKEA. In P. Bergman & G. Olofsson (Eds.), *Påväg*. Lund: Arkiv.

第六章

寻求捷径：芬兰人口恐慌及长期照顾政策的曲折变迁

◎ Teppo Kröger[①]

一、引言

芬兰的长期照顾政策（LTC）是一个矛盾体：一方面，芬兰是最早开始为老年人建立现代家庭照顾服务的国家之一，芬兰的官方政策仍然遵循北欧福利模式及其普遍性愿望，另一方面，芬兰的规定一直低于北欧总体水平，特别是自20世纪90年代初以来，芬兰政策发展的特点是中央政府不断回避责任。

北欧福利模式的主要特点包括福利和服务的慷慨性及普遍性，即目标是覆盖所有人口群体，而不仅仅是弱势群体或贫困家庭和个人（Anttonen, 2002; Kröger, Anttonen, & Sipilä, 2003）。公共服务不仅面向中高收入群体，而且实际上也为他们所用，这意味着这些服务需要足够的吸引力和质量（Szebehely & Meagher, 2018）。因此，高质量和广覆盖的社会和医疗保健服务被视为北欧福利模式的一个关键特征，体现在"社会服务国家"一词中，有别于中欧的"社会保险国家"（Anttonen, 1990; Sipilä, 1997）。

---

① 泰普·克罗格（Teppo Kröger），芬兰于韦斯屈莱大学社会科学及哲学系教授。

北欧国家在照顾政策的各个领域都是开路先锋，其老年人家庭照顾服务的发展也开始得很早（Szebehely，2003）。芬兰也在1966年立法为老年人建立普遍的"家庭帮助"条款（Rauhala，1996）。当迅速增加的女性就业对极为不正式的老龄照顾模式提出挑战时，传统的住院照顾就需要替代方案了。与其他社会和医疗保健服务一样，芬兰将打造家庭照顾服务的任务交给了市政当局，这些市政当局虽然是自治实体，但是从20世纪60年代末至80年代末都受到中央严密的监管。除了中央控制之外，国家还利用慷慨的中央拨款来促使地方当局在全国建立一个相当统一的服务体系。这种实施模式是成功的，到20世纪80年代末，芬兰几乎比任何其他国家都向更大数量的老年人口提供了家庭照顾（Kröger，1997，2011a）。

然而，这一积极发展在20世纪90年代戛然而止。20世纪90年代，家庭照顾经历了一场彻底的转变（Kröger，Leinonen，2012）。覆盖率急剧下降，许多老年人被排除在公共资助的家庭照顾福利之外而不得不依靠其家庭成员。这些变化表明，公众对老年人需求的责任在减少，但这些变化没有进行任何真正的政策辩论，也没有对立法进行重大修改。自20世纪90年代中期以来，芬兰还经历了市政照顾服务向营利性服务机构的广泛外包，同时新退税计划支持越来越多的现款直接支付私人照顾服务（Anttonen，Karsio，2017；Karsio，Anttonen，2013；Mathew Puthenparambil，Kröger，2016）。长期照顾政策实施过程中营利性部门的出现和持续增长改变了过去保健服务由公共服务主导的模式，这一发展也引起了人们对长期照顾的获得和使用过程中越来越不平等情况的关注，到21世纪10年代末，芬兰的保健服务已经与20世纪80年代中央监管公共服务模式相去甚远。

本章旨在描绘自20世纪90年代初以来芬兰长期照顾政策发展的曲折历程。过去30年发生了各种政策变化，本文的主要观点是，这些变化在很大程度上是由所谓的"人口恐慌"引起的，即担心人口老龄化对公共财政的影响。自20世纪80年代末以来，芬兰的长期照顾政策一直是在人口定时炸弹话语的阴影下制定的，这种话语认为，如果不采取果断行动遏制照顾费用，照顾费用将成倍增长（Mullan，2000；Vincent，1996）。因此，政策的重点是防止成本增加，而不是发展日益增长的老年人口所需的照顾服务。本文先呈现芬兰有关年龄结构发展和主要照顾服务使用情况的关键统计数据，再对这些政策转变进行更仔细的考察。

二、人口年龄结构和照顾服务的使用

在过去几十年中，芬兰人口老龄化速度相当快，预计这一趋势将持续到 21 世纪 60 年代（见表 6-1）。特别是，年龄最大的群体增长最快。1990 年，5.6% 的人口年龄在 75 岁及以上，但 2015 年这一比例已经达到 8.7%。这种变化可以说是适度的，但与此同时，85 岁及以上年龄组的人口比例已经翻了一番多。芬兰的老龄化预计将进一步加快。到 2040 年，估计 15.8% 的人年龄在 75 岁及以上。同样，85 岁及以上是预计增长最快的年龄组，到 2040 年将覆盖总人口的 5.9%。然而，展望之后 25 年，人口老龄化估计会大大减缓。从 2040 年到 2065 年，芬兰 75 岁及以上人口的规模预计将增长不到 2 个百分点，从 15.8% 增至 17.7%。据估计，在此期间，甚至最老的老年人比例也不会快速增长：2065 年，预计芬兰 7.1% 的人口将达到 85 岁及以上。

表 6-1 芬兰 75 岁及以上年龄组的人数占总人口数的百分比（1990—2065）[①]

年份	年龄			总数
	75—79 岁	80—84 岁	85 岁及以上	
1990	2.8%	1.8%	1.0%	5.6%
1995	2.7%	1.9%	1.3%	5.9%
2000	3.2%	1.9%	1.5%	6.6%
2005	3.4%	2.4%	1.7%	7.5%
2010	3.3%	2.6%	2.1%	8.0%
2015	3.6%	2.6%	2.5%	8.7%
2020	4.2%	2.9%	2.8%	9.9%
2025	5.7%	3.5%	3.1%	12.3%
2030	5.3%	4.8%	3.8%	13.9%
2035	5.2%	4.6%	5.2%	15.0%
2040	5.3%	4.6%	5.9%	15.8%
2045	5.1%	4.7%	6.2%	16.0%

① 2020—2065 年的数据为预测数据。

续表

年份	年龄			总数%
	75—79 岁%	80—84 岁%	85 岁及以上	
2050	4.7%	4.5%	6.6%	15.8%
2055	5.2%	4.3%	6.7%	16.2%
2060	5.5%	4.8%	6.7%	17.0%
2065	5.5%	5.1%	7.1%	17.7%

数据来源：芬兰统计局（2018）（芬兰统计局数据库）

对人口结构的长期预测总是很难做出，这些预测基于一些假设。出生率的情况影响到年龄结构，目前芬兰的出生率呈下降趋势，这可能意味着较年轻年龄组仍然占较小比例，因此较年长年龄组的人数比预期的要多。同时，目前在芬兰境外出生的人数在人口中非常少，这在未来几十年中很可能会发生变化。由于移民的增加通常会加大年轻年龄组的比例，芬兰人口的老龄化可能会比目前预期得要慢。

毫无疑问，芬兰人口最近一直在老龄化，特别是最老的85岁及以上年龄组的人口快速增加并将继续增加——尤其是这个年龄组需要照顾。芬兰的长期照顾政策是如何应对人口老龄化的？

从长期照顾统计数据来看，机构照顾在1990年至2015年期间经历了大幅缩减和转变（见表6-2）。1990年，75岁及以上的人口中有7.8%住在传统的社会养老院，另有3.4%住在地方卫生医疗当局提供的疗养院。这两种服务曾经是芬兰长期照顾的基础，但在之后的25年里几乎消失了。2015年，只有1.7%的人使用养老院，0.4%的人使用疗养院，加起来才覆盖了该年龄组的2.1%，而25年前，该年龄组的11.2%使用了入住服务。

养老院和疗养院几乎完全被20世纪80年代在芬兰推出的服务住房所取代。在这种新的服务形式中，每个用户通常在住房单元中有一个自己的房间，称为"公寓"，并支付租金。该单元提供日托照顾服务（在普通服务住房中）或24小时照顾服务（在24小时服务住房中），这些服务单独付费。直到2000年，统计数据才开始区分这两种形式的服务住房。1990年，75岁及以上的人中有4%使用服务住房，而2015年有8%使用服务住房。普通服务住房起初相当受欢迎，但之后随着24小时服务住房成为主流，普通服务住房变得很少见。服务住房显然已经成为一种住院照顾，填补了传统机构照顾服务不断减少所留下的空白。然而,这一差距仅得到部分弥补:1990年,75岁及以上人口中有15%左右使用传统照顾机构或服务住房,而2015年这一数字约为10%。因此,三分之一的住院照顾覆盖率已经消失。

表6-2 芬兰75岁及以上人口使用地方政府资助的照顾服务情况占年龄组的百分比(1990—2015)

年份	养老院	疗养院	普通服务住房[a]	24小时服务住房	定期家庭照顾	非正式照顾津贴[b]	总数[c]
1990	7.8%	3.4%	4.0%[d]		19.2%[e]	3.3%	37.7%
1995	6.5%	3.4%	4.6%[f]		13.4%	2.7%	30.6%
2000	5.3%	3.0%	2.3%	1.7%	11.8%[g]	3.0%	27.1%
2005	4.3%	2.5%	2.2%	3.4%	11.2%	3.7%	27.3%
2010	3.2%	1.5%	1.3%	5.6%	11.8%	4.2%	27.6%
2015	1.7%	0.4%	0.9%	7.1%	11.8%	4.7%	26.6%

数据来源:STAKES(1995),STAKES(2000),芬兰国家卫生与福利局(2018a)(SOTKAnet数据库)

[a]服务住房是指老年人的一种特定住房模式,每个人都有自己的小公寓,并提供照顾服务。从2000年开始,社会照顾统计数字区分了24小时提供照顾服务的加强服务住房和非24小时提供援助的普通服务住房。

[b]非正式照顾津贴包括向家庭照顾人员支付的福利津贴,这些照顾人员有时需要提供不同种类的支援服务(如临时照顾、家庭照顾、轮椅上进餐等),但并不总是如此。对于大多数服务,这些数字是基于一年中某一天的情况。然而,关于非正式照顾津贴,报告的数字代表了全年用户的总数。

[c]由于1990年和1995年非正式照顾津贴数字以及服务住房数字的登记方式不同于其他数字,总数只是近似值。

[d]对于大多数服务来说,这些数字是基于一年中某一天的情况。然而,关于1990年和1995年的服务住房,报告的数字代表了全年用户的总数。

[e]直到1995年,社会照顾统计才采用"定期家庭照顾"这一术语。它指的是每周或根据特定照顾计划提供的家庭照顾使用,这意味着用户不是偶然的。由于该术语在1990年尚未使用,该年定期家庭照顾使用的数字是根据1990年和1995年家庭照顾用户的总数(包括非定期使用者)以及1995年定期用户在用户总数中所占比例(61%)来估算的。

[f]对于大多数服务来说,这些数字是基于一年中某一天的情况。然而,关于1990年和1995年的服务住房,报告的数字代表了全年用户的总数。

[g]直到2007年,定期家庭照顾使用的数据仅在奇数年收集。因此,上述2000年的数字实际上是2001年的数字。

剩下的差距也没有被家庭照顾所弥补，事态发展恰恰相反。虽然芬兰的官方政策自20世纪80年代以来一直大力强调家庭照顾的作用，但老年人家庭照顾的覆盖面在20世纪90年代初大幅下降（Kröger, Leinonen, 2012）。家庭照顾针对那些需求最高的人变得更加严格，以平衡机构照顾覆盖面的减少。因此，1995年政府在长期照顾统计中引入了一个新的概念——定期家庭照顾。由于这一发展，许多老年人被排除在公共资助的家庭照顾之外。1995年，61%的家庭照顾用户接受了定期家庭照顾，如果用这一信息来估计1990年定期家庭照顾的使用情况，估计覆盖了75岁及以上年龄组的19.2%。到2000年，这一比例降至11.8%。此后，定期家庭照顾覆盖率一直保持在同一水平。

如果我们把住院服务和定期家庭照顾加在一起，长期照顾的覆盖面已经从1990年75岁及以上人口的34%下降到2015年的22%。即使我们算上对老年人家庭照顾者支持的增长（从1990年的3.3%增加到2015年的4.7%），2015年的总覆盖率也是比25年前低11个百分点。这个降幅发生在20世纪90年代的经济衰退期间，但覆盖率在之后从未得以恢复。从长期来看，1990年以来的整个时期可以说是一个长期的紧缩和削减时代。

三、权力分散

削减的时代是由早在20世纪80年代末经济增长时期就计划好的改革所引起的。自1984年以来，城市老年人长期照顾最终获得了类似于卫生保健、儿童照顾和学校自20世纪70年代以来一直领取的中央补助（Kröger, 2011a）。快速增长的市政服务支出的很大一部分由中央拨款支付，这在20世纪80年代后期开始引起人们的关注。中央政府和政策制定者质疑拨款制度，声称这会导致"自动的支出增长"。争论的焦点是，由于市政当局可以依靠中央资助，因此他们不关心服务费用的增加。通过改革中央拨款制度分散经济责任被视为扭转这一趋势的政策，在新系统中，地方当局不会基于其支出而是根据其地理、人口和社会特征获得中央资助。改革不仅改变了中央资助的确定原则，而且终止了几乎所有关于市政服务规定的中央法规。地方当局有权自由决定如何使用它们收到的资助款。这一改革不鼓励市政当局扩大服务，而是鼓励它们削减服务，从而节省地方和中央资源

(Kröger, 1997; Niiranen, 1992)。

这项新政策似乎带来了立竿见影的效果，因为市政服务的增长突然停止，发展很快转向相反的方向。然而，一个惊人的巧合在很大程度上对这一结果做出了解释。这项改革是在经济增长时期起草的，但芬兰20世纪90年代初经历了一场突然而严重的经济衰退。这很快导致所有公共支出大幅削减，包括对市政当局的中央拨款（Kröger, 2011a; STAKES, 2000）。拨款改革是在1993年芬兰经济衰退最严重的时候实施的。地方当局突然面临巨大的财政压力，它们利用新的自由政策削减了许多福利服务，长期照顾受到的冲击尤其严重（Heikkilä, Rintala, 2006）。决策者对于服务增长（特别是由于老龄化引起的服务增长）引起成本增加的担心，导致了权力分散的改革，这种改革与衰退一起阻止了发展，并导致长期照顾长期停滞不前（Kröger, 1997）。

四、重新集中

1993年启动的中央拨款制度在芬兰仍在沿用，但自21世纪初以来，这一制度受到越来越多的批评。1993年的改革允许地方当局自由制定自己的规定，这不出所料导致了不同城市之间服务条款的差异越来越大（STAKES, 2000）。在世纪之交，这些地方差异引起了媒体的注意，媒体将这些差异描述为地区不平等的根源（Kröger, 2011a）。由于整个北欧福利模式以平等和普遍原则为基础，这种主张在人群和决策者中引起了越来越多的关注（Heikkilä, Rintala, 2006）。

21世纪初，几届芬兰政府试图对社会和医疗保健结构进行重大改革。解决地区不平等一直是这些改革努力的关键目标之一。起初，政府试图改革地方当局的结构，创建更强大的城市，但由于政府联盟党之间的政治分歧，也由于改革计划与芬兰宪法（Kröger, 2011a）不一致，这一努力失败了。2018年，政府甚至提高了"赌注"，一直在用一种新的方法推动改革：希望创建一个新的地区行政级别，并将社会和医疗保健的责任从地方当局转移到这些新的地区当局。但这个计划也招致了大量的批评，尤其是当它与一项通过引入广泛的客户选择模式来营销社会和医疗保健服务的主要部分的计划结合在一起时。该届政府改革的一个主要动机是再次关注人口老龄化导致的社会和卫生保健支出的预期增长。政府希望通过改革将医疗支出的预期增长减少30亿欧元（Kröger，2017）。然而，批评者声称，改革可能会增加，而不是减少支出。储蓄的必要性也受到质疑。此外，芬兰国家审计署（2017）指出，这些储蓄计划是不现实的，实际上没有必要这样做，因为从欧洲的角度来看，芬兰的社会和医疗保健服务已经很有效，人口老龄化在芬兰并不比在其他国家更为严重。

目前还不清楚芬兰议会是否将对社会和医疗保健改革进行立法。这些法案目前正在议会审议中辩论。政府人员在议会中占多数，但只占微弱优势，改革计划遭到了大量批评。然而，有一点是清楚的，1993年的权力分散改革很大程度上是由人口恐慌推动的，21世纪10年代的改革计划也是如此。然而，这一次所计划的政策工具正好相反：政府计划重新集中管理社会和医疗保健，将它们从地方当局手中"拿"走，并将其置于新的地区手中，这些地区将受到比1993年以来市政当局所受过的更高程度的集中管理。各地区将开展市政当局现在声称没有做的工作：通过进一步削减向老年人提供的社会和医疗保健服务，防止因人口老龄化而导致保健支出的预期增长。

五、去机构化

上述长期照顾统计数据显示，自20世纪90年代初以来，芬兰的机构服务急剧持续减少。20世纪80年代初，由当地社会福利机构组织的养老院和当地医院的长期病房是解决长期照顾强烈需求的两种主流方案。与国际上比，这些服务覆盖了相当大比例的老年人。但情况在20世纪80年代末开始发生变化。自20世纪60年代以来，对各种机构的批评一直存在，到20世纪80年代，人们开始了对长期照顾机构的批评，这些机构被指提供不人道和非个人照顾，不尊重老年人的人格尊严。与许多其他国家一样，芬兰很快将就地养老作为长期照顾的新参考框架（Kröger, Anttonen, & Sipilä, 2003；Kröger, Bagnato, 2017）。

服务住房是作为一种新的照顾服务引入的，据称可以比传统机构提供更多的个人照顾。大多数服务住房单元提供单人房间，这比每间房有几张床的传统机构有更大的私密性。服务住房的最初想法是，人们可以很早就搬到那里，并在需求增加时逐渐使用更多的服务（Kröger, Anttonen, & Sipilä, 2003）。但很快这个想法就不存在了，因为服务住房单元开始让人想起传统住房单元了。服务住房的用户有越来越多的需求，由于服务的强度比之前计划的要大，人们使用了一个新的术语"加强服务住房"（又称"24小时服务住房"），并将其与普通服务住房区别开来。从那以后，普通单元消失了，加强单元变成了相当传统的居家照顾模式。

芬兰减少机构照顾的动机并不仅仅是努力消除不人道的做法和提高照顾质量。从一开始，政策文件就强调机构照顾费用昂贵，因此应该避免。中央政府已经向地方政府提供了指导方针，规定了市政当局机构照顾费用的最高水平。很快，加强服务住房开始被纳入推荐的住院照顾中。覆盖面预计会随着时间的推移而降低；明确而直言不讳的政策目标一直是降低家庭服务的覆盖面。这些建议的动机主要是降低长期照顾服务的成本，而不是提高服务质量（Kröger, 2011a; Kröger, Anttonen, & Sipilä, 2003）。

芬兰住院照顾工作人员与用户的比率远远落后于其他北欧国家，自2005年以来，家庭照顾的条件也明显变差（Kröger, Van Aerschot, & Mathew Puthenparambil, 2018）。如果认真关注质量问题，情况就不会是这样。就地养老框架的采用为继续努力减少机构服务提供了基础，但芬兰的去机构化政策并未给家庭照顾带来任何进一步的投资。因此，家庭照顾未能承担起满足高质量服务需求老年人的责任（Kröger, Leinonen, 2012）。由于许多老年人在家得不到足够的照顾，机构照顾的等候名单越来越长。这一负向发展的原因在于，芬兰在老年人口不断增加的情况下，把去机构化主要用作一种削减成本的手段，而不是一种应对家庭照顾中日益增长的照顾需求、促进老年人生活质量提高的方法。

六、重建家庭化

正式照顾服务的一个关键作用是对去家庭化的贡献，即承担家庭的部分照顾责任，从而减少家庭依赖性。去家庭化加强了个人的自主性和自主权，也使具有不同家庭资源水平的人获得更加平等的照顾（Kröger, 2011b; Saraceno, 2010）。从去家庭化的角度来看，北欧福利国家制度经常被描述为领先的福利制度。公共资助正式照顾服务的出现和发展给了人们除家庭照顾以外的其他选择。然而,自20世纪90年代初以来,芬兰长期照顾发展的特点是重建家庭化,而不是去家庭化,因为家庭照顾其老年成员的责任一直在增加而不是减少。

关于家庭化的特征,Chiara Saraceno(2010;2016)区分了无支助家庭主义和有支助家庭主义,前者福利国家不提供支持或替代家庭照顾的办法,但期望它承担照顾责任,后者通过财政转移支付和其他福利政策支持家庭履行其财政和照顾责任。据Saraceno(2016)称,无支助家庭主义明显支持性别和社会阶层不平等的观点,因为它将提供和资助照顾的责任留给了家庭,而有支助家庭主义的影响更加一言难尽。

芬兰的政策有时被强调为有支助家庭主义的教科书范例,自20世纪80年代以来,许多地方当局向家庭照顾人员支付了照顾费用,而且这种费用直接支付给了护理人员(而不是老年人),自20世纪90年代以来,芬兰也展开了临时照顾(Saraceno,2010)。上述照顾统计数据表明,除了取代传统机构照顾的服务住房外,芬兰20世纪90年代初以来唯一增加的长期照顾制度是对家庭照顾人员的支持。虽然机构和家庭照顾制度的针对性比以前严格得多,但非正式照顾支持的覆盖面不断扩大。这项政策背后的动机不仅是承认家庭照顾人员工作的价值,而且鼓励他们继续发挥照顾作用,从而减少对公共资助照顾服务的需求(Kröger,Leinonen,2012)。芬兰当局将有支助家庭主义作为一项战略,以防止增加照顾服务和增加照顾开支的压力(Sipilä,Simon,1993)。

然而,有支助家庭主义只是芬兰整个发展的一部分。从表6-2可以看出,对非正式照顾支持的增长并没有弥补正式照顾服务覆盖率的下降。20世纪90年代出现的差距从未得到填补,这意味着与30年前的情况相比,相当大一部分老年人目前需要依靠自己和家人。2015年,75岁及以上的人中只有四分之一接受某种公共资助的长期照顾,尽管更多的人在日常生活中需要支持。这意味着无支助家庭主义也在芬兰出现了。照顾责任正被推回家庭,尽管态度调查显示老年人及其家庭成员期望国家为老年人提供必要的照顾。不愿提供家庭照顾的情况似乎有所增加。这种情况随着市政家庭照顾做法的改变有所加剧:早期服务涵盖个人照顾和家务,但自20世纪90年代以来,家务几乎完全被排除在市政规定之外。家庭不得不介入并承担更多的清洁、做饭和其他任务,越来越多以医疗为导向的家庭照顾也不再管这些事务。与此同时,许多老年人也没有得到正式的个人照顾,因此家庭不仅要承担家务,还要承担个人照顾的责任。最后,正式照顾的服务费已经提高,其结构也发生了变化——例如,在服务住房中,基本月费不包括照顾服务——这增加了老年人及其家庭的经济负担(Karsio, Anttonen, 2013)。

总之,芬兰在 20 世纪 60 至 80 年代建立公共照顾服务期间经历了一段时间的去家庭化之后,自 20 世纪 90 年代初进入了一个重建家庭化的时代,表现为正式照顾服务覆盖水平的不断下降。这一方向转变的主要原因是,20 世纪 90 年代初的经济大衰退需要削减公共支出。那场经济衰退在几年后就过去了,但重建家庭化的政策依然存在。芬兰自 20 世纪 90 年代以来一直在实行这种做法,这种做法作为对令人担忧的人口定时炸弹的预防措施,同时作为遏制公共照顾支出预期增长的一种手段。

七、市场化

1993 年权力分散改革不仅改变了中央拨款的分配方式,而且使地方当局摆脱了几乎所有的中央监管,也摆脱了与外包有关的监管。在此之前,市政当局只能在非常有限的程度上向非公共服务提供者外包服务,但现在这一限制已被废除。到 1993 年,营利性的长期照顾服务在芬兰几乎不存在了。非营利组织在为老年人提供照顾服务方面发挥了较小的作用——而在新模式(如 20 世纪 50 年代的家庭照顾)的创新和实验中,它们一直起着重要的作用,与公共社会和卫生保健当局密切合作(Kröger, 2002)。地方当局已经将照顾服务的某些部分,如新的服务住房部门,委托给非营利组织。自 20 世纪 90 年代中期以来,根据欧盟的规定,非营利组织和地方当局之间的密切联系却开始被视为不恰当,扭曲了市场竞争,新的营利性组织开始迅速涌现。

自 20 世纪 90 年代以来,在欧盟的鼓励下,芬兰市政当局越来越多地利用竞争性招标方式将大部分照顾服务外包出去。在这些招标中,非营利组织需要在平等条件下与营利性组织竞争,尽管非营利组织保留了它们在服务供应中的份额,但营利性组织一直在快速增长。1990 年,芬兰所有社会服务人员中只有 0.5% 为营利组织工作,而 2014 年这一数字已经达到

18.6%。在老年照顾方面，营利性组织的份额甚至高于所有社会照顾：2014年，21.3%的老年照顾工作人员受雇于营利性组织（Karsio，Anttonen，2013；National Institute for Health and Welfare，2018b）。

市政照顾服务外包并不是芬兰政府促进营利性照顾服务增长的唯一途径，2001年，其推出了一项新的退税计划。那些用自己的钱购买营利性家庭照顾（或家庭改造）服务的人，可以通过所得税制度中新的退款制度获得一半的服务费。由于低收入人群（如只领取统一税率国家养老金的老年人）缴纳的所得税不多，该计划是专门针对中产阶级和上层阶级起草的。与此同时，公共资助的长期照顾服务费用也提高了，尤其是对高收入人群而言。这些变化的实施显然是为了吸引这些群体使用营利性照顾服务，而不是公共服务。此外，中产阶级和上层阶级由于公共照顾资源紧张而远离了公共照顾系统。

综上所述，这些市场化政策实现了其减少公共照顾需求的预期功能，但与此同时，它也启动了芬兰双层服务体系的发展。低收入群体继续使用公共照顾服务，别无选择，而其他群体将逐渐并越来越多地使用营利性服务。推动人们使用市场化照顾并支付越来越多的费用，可能是降低公共长期照顾费用不断增加这种威胁的有效策略。然而，这一政策也侵蚀了普遍主义，即北欧福利模式的基本原则，并导致出现了一个双层体系，即低收入老年人使用公共提供的长期照顾服务和越来越多的家庭照顾，而那些负担得起的人则购买营利性服务，以填补公共照顾削减和重新定位留下的缺口（Mathew Puthenparambil，Kröger，& Van Aerschot，2017）。

八、结论

自20世纪90年代初以来，芬兰的长期照顾经历了一系列变化过程。照顾系统的治理首先通过权力的分散和再集中进行了改革，两者都是为了遏制地方当局照顾服务支出的增长。传统的机构已经被服务住房所取代，总体而言，家庭服务的覆盖面大幅度下降。减少机构照顾留下的差距没有被相应的家庭照顾投资所弥补，相反，家庭照顾的覆盖面在20世纪90年代也急剧下降，此后再也没有恢复。此后，芬兰长期照顾政策的主要目标一直是尽量减少机构照顾，让老年人尽可能长时间待在家里。获得机构照顾和家庭照顾变得更加困难,老年人越来越多地被迫寻求家人和新兴营利性照顾服务市场的支持。

所有这些政策变化的首要动机都是决策者逃避责任。这些改革都不是为了满足老龄人口的实际需求而提供所需的支持,相反,这些政策是专门为了不提供必要的援助和照顾而实施的。人口恐慌自20世纪80年代末以来一直是芬兰长期照顾政策制定的基础,政府当局集中注意力和创意,寻找公共部门如何逃避面对老龄公民及其家庭成员真正需求的方式。

在执行这项任务时,政府人员并不缺乏想法和努力。首先,他们1993年因人口定时炸弹话语而实行权力分散,25年后,出于同样的原因,他们希望实行权力的重新集中。去机构化、去家庭化和市场化主要都是为了减少长期照顾的公共责任。所有这些改革的主要目的都是遏制照顾服务支出的预期增长。决策者的注意力一直放在寻找简单的出路上,因此没有做出真正比以前更好的努力来满足长期照顾的需求。然而,没有捷径可走,因为人口老龄化和相关照顾需求的增长是一个简单的事实。芬兰福利国家迄今拒绝承认这一事实,并试图逃避长期照顾的责任。然而,在迫在眉睫的照顾危机到来之际,"鸵鸟政策"并不是一项非常有效的公共政策。

参考资料

Anttonen, A. (1990). The feminization of the Scandinavian welfare state. In L. Simonen (Ed.), *Finnish debates on Women's studies* (pp. 3-25). Tampere: University of Tampere.

Anttonen, A. (2002). Universalism and social policy: A Nordic-feminist revaluation. *NORA—Nordic Journal of Feminist and Gender Research*, 10 (2), 71-80.

Anttonen, A., & Karsio, O. (2017). How marketisation is changing the Nordic model of care for older people. In F. Martinelli, A. Anttonen, & M. Mätzke (Eds.), *Social services disrupted: Changes, challenges and policy implications for Europe in times of austerity* (pp. 219-238). Cheltenham: Edward Elgar.

Heikkilä, M., & Rintala, T. (2006). *Rescaling social welfare policies in Finland*. Vienna: European Centre for Social Welfare Policy and Research.

Karsio, O., & Anttonen, A. (2013). Marketisation of eldercare in Finland: Legal frames, outsourcing practices and the rapid growth of for-profit services. In G. Meagher & M. Szebehely (Eds.), *Marketisation in Nordic eldercare* (pp. 85-125). Stockholm: Stockholm University.

Kröger, T. (1997). *Hyvinvointikunnan aika. Kunta hyvinvointivaltion sosiaalipalvelujen rakentajana* [The time of the welfare municipality. Local authorities as constructors of social services]. Tampere: Tampereen yliopisto.

Kröger, T. (2002). Paikallisuus, monituottajamalli ja politiikka-Miksi ikääntyneiden palvelut tuotetaan eri paikkakunnilla eri tavoin? [Localness, welfare mix and politics: Why are services for older people produced differently in different localities?]. In J. Lehto & K. Natunen (Eds.), *Vastaamme vanhusten hyvinvoinnista. Sosiaali-ja terveyspalvelujärjestelmän sopeuttaminen vanhusten tarpeisiin* (pp. 82-95). Helsinki: Kuntaliitto.

Kröger, T. (2011a). Retuning the Nordic welfare municipality: Central regulation of social care under change in Finland. *International Journal of Sociology and Social Policy*, 31 (3/4), 148-159.

Kröger, T. (2011b). Defamilisation, dedomestication and care policy: Comparing childcare service provisions of welfare states. *International Journal of Sociology and Social Policy*, 31 (7/8), 424-440.

Kröger, T. (2017). Sosiaali-ja terveyspalvelujen reformaatio [Reformation of social and health care]. *Janus: Sosiaalipolitiikan ja sosiaalityön tutkimuksen aikakauslehti*, 25 (2), 160-165.

Kröger, T., Anttonen, A., & Sipilä, J. (2003). Social care in Finland: Weak and strong universalism. In A. Anttonen, J. Baldock, & J. Sipilä (Eds.), *The young, the old and the state: Social Care Systems in Five Industrial Nations* (pp. 25-54). Cheltenham: Edward Elgar.

Kröger, T., & Bagnato, A. (2017). Care for older people in early twenty-first century Europe: Dimensions and directions of change. In F. Martinelli, A. Anttonen, & M. Mätzke (Eds.), *Social services disrupted: Changes, challenges and policy implications for Europe in times of austerity* (pp. 201-218). Cheltenham: Edward Elgar.

Kröger, T., & Leinonen, A. (2012). Transformation by stealth: The retargeting of home care services in Finland. *Health and Social Care in the Community*, 20 (3), 319-327.

Kröger, T., Van Aerschot, L., & Mathew Puthenparambil, J. (2018). *Hoivatyö muutoksessa. Suomalainen vanhustyö pohjoismaisessa vertailussa* [*Care work under change: Finnish care work for older people in Nordic comparison*]. Jyväskylä: Jyväskylän yliopisto.

Mathew Puthenparambil, J., & Kröger, T. (2016). Using private social care services in Finland: Free or forced choices for older people? *Journal of Social Services Research*, 42 (2), 167-179.

Mathew Puthenparambil, J., Kröger, T., & Van Aerschot, L. (2017). Users of care services in a Nordic welfare state under marketisation: The rich, the poor and the sick. *Health and Social Care in the Community*, 25 (1), 54-64.

Mullan, P. (2000). *The imaginary time bomb: Why an ageing population is not a social problem*. London: I. B. Tauris and Co.

National Audit Office of Finland. (2017). *Fiscal policy evaluation assessment on the management of general government finances 3 November 2017*. Retrieved April 15, 2018, from https://www.vtv.fi/files/5919/Fiscal_policy_evaluation_assessment_on_the_management_of_general_government_finances.pdf.

National Institute for Health and Welfare. (2018a). *SOTKAnet statistical data base on welfare and health in Finland*. Retrieved April 15, 2018 from sotkanet.fi.

National Institute for Health and Welfare. (2018b). *Terveys-ja sosiaalipalvelujen henkilöstö 2014* [*Health and social care staff in 2014*]. Retrieved April 15, 2018, from http://www.julkari.fi/bitstream/handle/10024/135915/TR_01_18.pdf?sequence=1.

Niiranen, V. (1992). *Vapaakuntakokeilun käyttöarvo sosiaalitoimessa* [*The applicability of the free municipality experiment in social services*].

Helsinki: Valtion painatuskeskus.

Rauhala, P.-L. (1996). *Miten sosiaalipalvelut ovat tulleet osaksi suomalaista sosiaaliturvaa?* [*How did social services become a part of social security in Finland?*]. Tampere: Tampereen yliopisto.

Saraceno, C. (2010). Social inequalities in facing old-age dependency: A bi-generational perspective. *Journal of European Social Policy*, 20 (1), 32-44.

Saraceno, C. (2016). Varieties of familialism: Comparing four southern European and east Asian welfare regimes. *Journal of European Social Policy*, 26 (4), 314-326.

Statistics Finland. (2018). StatFin data bank: Population structure, population projections. Retrieved April 15, 2018 from stat. fi.

Sipilä, J., & Simon, B. (1993). Home care allowances for the frail elderly: For and against. *The Journal of Sociology & Social Welfare*, 20 (3), 119-134.

Sipilä, J. (Ed.). (1997). *Social care services: The key to the Scandinavian welfare model*. Aldershot: Avebury.

STAKES. (1995). *Sosiaalija terveydenhuollon palvelukatsaus*. Helsinki: STAKES. STAKES. (2000). *Sosiaali-ja terveydenhuollon palvelukatsaus 2000*. Helsinki: STAKES.

Statistics Finland. (2018). *StatFin data bank stat. fi: Population structure, population projections*. Accessed April 15, 2018.

Szebehely, M. (2003). *Hemhjälp i Norden-Illustrationer och reflektioner* [*Home care in the Nordic countries-Illustrations and reflections*]. Lund: Studentlitteratur.

Szebehely, M., & Meagher, G. (2018). Nordic eldercare-Weak universalism becoming weaker? *Journal of European Social Policy*, 28 (3), 294-308.

Vincent, J. (1996). Who's afraid of an ageing population? Nationalism, the free market, and the construction of old age as an issue. *Critical Social Policy*, 16 (47), 3-26.

第七章

对老龄化的政策回应：挪威老年照顾服务

◎ Rune Ervik[①]

一、引言

挪威和其他经济合作与发展组织国家正在经历人口变化，老年人口比例不断增加。为了说明这些变化，衡量受抚养人口（65岁及以上）与工作年龄人口（20~64岁）相对比例的老年抚养比（OADR）[②]可以提供挪威的发展情况：1950年该比率为17.3，2010年上升到22.5，预计2060年将增长到43.0（Eurostat，2011）。并且，随着寿命的延长，被定义为"受抚养"的时期也在稳步增加。这可以通过查阅应计养老金年龄后预期寿命的发展来观察。1958年，男性达到领取养老金年龄后的预期寿命为9.5岁，女性为11.1岁。2010年，男性的这个数字增至15.7岁，女性增至18.9岁，到2050年，应计养老金年龄后的预期寿命预计男性将进一步增至18.9岁，女

---

① 符文·埃尔维克（Rune Ervik），挪威卑尔根大学社会科学系挪威研究中心教授。感谢同事Tord Skogedal Lindén和Hilde Danielsen以及卑尔根大学Rokkan研究中心健康、福利和迁移研究小组的其他同事，对初稿提出了宝贵的意见和建议，特致谢意。

② 老年抚养比：（65岁及以上人口数量/20~64岁人口数量）×100。老年抚养比为百分比。

性增至22.5岁（OECD，2011）。尽管从长远来看，这些变化是比较大的，但从更大范围的比较角度来看，挪威和其他斯堪的纳维亚国家的老龄化挑战被认为是适度的。日本、韩国、意大利和波兰等国家，其老年抚养比到2050年预计将会有很大变化（OECD，2006）。中国也在快速老龄化，这一点可以从老龄化人口（65岁以上）占总人口的7%增加到14%所耗时之短得到证明。这种变化在日本耗时26年，但预计在中国会耗时更短，相比之下，德国和英国为45年，瑞典为85年，法国为115年（Cook，Halsall，2012）。

老龄政策广义上定义为应对人口老龄化后果的政策措施，几乎涵盖社会的所有部门，因此就广泛的社会影响而言，其与环境和气候政策有明显的相似之处。对福利国家而言，政策发展集中在三个主要领域：养老金改革、医疗和长期照顾以及劳动力市场政策（UNECE，2007）。此处的重点是长期照顾（LTC），更确切地说，是针对67岁及以上老年人的长期照顾（即老年照顾服务）。长期照顾被定义为"在持续很长的时间段内为生活许多方面需要支持的人提供的照顾"（Colombo, et al，2011）。照顾服务包括各种各样的任务，从日常生活活动实际任务的帮助（清洁、购物和准备饭菜、衣服等）到照顾服务（用药、伤口治疗等）、康复和培训活动以及家庭照顾。

挪威政府和主要政策实施者面临哪些挑战？在2000—2015年期间，制定了哪些政策和对策？在其他国家发展老年人服务时，这些经验有哪些相关之处？斯堪的纳维亚国家都参与了政策创新，以巩固可持续的福利国家，包括为日益增长的老年人口提供照顾解决方案。首先，积极老龄化战略通过积极照顾的概念对老年照顾产生了影响，积极照顾代表界定照顾内容和质量的新方法。其次，另一个重要的概念是福利组合，即社会、家庭、国家、市场和志愿部门等主要机构在提供资源和照顾方面的相互作用（Estes & Zhou，2015）。斯堪的纳维亚国家在这方面的一个特点是公共部门在资助和提供照顾服务方面发挥了相对强大的作用，但是人们对未来照顾服务争论不休，有人主张改变照顾中的福利组合，增加其他三个机构的责任。最后，创新的第三个方面涉及使用福利技术，使老年人（和其他需要照顾服务的年龄组）能够过上更加独立的生活，并协助照顾人员完成工作任务。[①]

本文大体介绍了如下内容：介绍了目前的情况，如关于老年人的用户份额、该部门的就业及其财政情况；简要描述老年人长期照顾中福利组合发展的历史沿革；对政策理念、创新和对策三个维度进行了分析；最后进行了总结，并得出结论。

二、比较视角下的挪威老年照顾服务

截至2013年底，照顾服务的使用人数达到271406名，其中168354名用户年龄在67岁及以上（Mørk, et al, 2014）。相对而言，这些老年照顾用户占67岁及以上人口的24%。[②] 这些人中有33968人接受机构和疗养院的照顾，其中31970人是67岁及以上（占67岁及以上人口的4.6%）。此外，16873人在福利院接受照顾，其中7909人属于67岁及以上群体（1.1%）。尽管上述数字在年底给出了照顾用户的数量，但不同的计算方法从更宽泛的层面揭示了照顾服务的重要性，包括全年接受某种形式服务的所有人。2013年，照顾服务总共有345254名用户，占总人口的6.6%，2015年也保持这一水平（Mørk, Beyrer, & Haugstveit, 2016）。

公共照顾服务部门的就业率很高，也是女性就业的一个关键部门。卫生和保健部门80%以上的雇员是妇女。2011年，照顾服务部门完成了128900个小时的工作量（占当年工作量总数的5.6%）；整个卫生和保健部门的工作量总数为264900小时，占2011年所有工作量总数的11.5%（Holmøy, Kjelvik, & Strøm, 2014）。

在财政方面，挪威有一个基于税收的全民公共长期照顾计划。所有长期照顾服务都由地方市政提供，并由国家税收资助。2012年，市政当局的

[①] "福利技术"大多数时候是应用于斯堪的纳维亚国家的一个术语，广义来说是用来提高福利社会为其公民提供的福利服务，并使之更加有效的技术（Nordens Välfärdscenter, 2010, 第7页）。用来照顾阿尔茨海默病患者的全球定位系统就是一个例子，该系统通过提高其用户的自由度使他们可以毫无限制地在当地社区走动。另外，该跟踪设备可以使照顾人员找到和帮助那些迷路找不到回家的路的用户。

[②] 此计算基于2014年1月1日发布的人口数量5258000（Statistisk sentralbyrå, 2014a）。

长期照顾费用总额为 900 亿挪威克朗（折合人民币约 941.3 亿）[①]，占公共社会支出总额的 14.9%[②]，其中，略高于 7% 的费用由私人来源共同支付（Meld. St. 29，2012—2013）。市政当局可以在法律范围内对住院照顾和家庭照顾自由设定共同付费。对于养老院照顾以及个人照顾服务，不允许共同付费。对于家庭照顾，逐步实行与收入相关的共同付费。对于长期住院照顾，以 2014 年为例，患者必须支付他们收入中 7500 挪威克朗（7330 元人民币）以上部分的 75%，但不超过 88370 挪威克朗（86366 元人民币）的基本金额，另外加上任何超额收入的 85%，但不超过相关城市疗养院的全部费用（Colombo, et al., 2011; Norwegian Ministry of Health and Care Services, 2014）。[③] 和英国相反，其财产和固定资产都是不能动的。

尽管公共部门在就业和人力方面提供了最大份额的照顾服务，但这并不意味着没有家庭照顾。事实上，对无酬家庭照顾规模的最新评估约为 100000 个小时的年工作量（Holmøy, Kjelvik, & Strøm, 2014）。为了呈现挪威的照顾模式（制度）与欧洲其他国家的不同之处，下文以各种照顾制度为代表，着重概述融资、机构责任划分、服务强度和提供服务时福利组合的构成。[④] 应当指出，比较长期照顾计划本身就很复杂。比较数据很难找到，医疗保健和长期照顾之间的互动模糊了它们的界限，并提出了功能对等的问题（Ervik, Helgøy, & Lindén, 2013）。

数据显示，挪威照顾制度比英国制度花费更多，更依赖公共资金和服务。挪威通过正式雇用照顾人员提供服务，显示出比德国和英国照顾制度更大程度的去家庭化。[⑤] 此外，按每名长期照顾人员的服务质量来衡量，挪威的照顾强度高于德国和英国。丹麦和瑞典与挪威的情况最为接近。北欧国家普遍照顾模式的主要特点是，根据所有公民的需求而不是支付能力向

[①] 人民币（CNY）的数字反映的是当年的汇率（Norges Bank, 2015），下同。
[②] 2014 年总公共社会支出占 GDP 的 22%（OECD, 2015）。
[③] 基本金额是决定公共国家保险体系（Folketrygden）养老金福利的中心因素，每年的 5 月 1 日做年度调整。2013 年 65 岁以上每户家庭的中位收入是 238500 挪威克朗（折合人民币约 249450 元）（Statistisk sentralbyrå, 2014c）。
[④] 该部分取自有关长期照顾的前期研究，参见 Ervik, Helgøy, & Lindén (2013)。
[⑤] 据 Bambra（2007）解释，去家庭化"指的是福利国家能够使女人成为独立工作的人而存活及降低女人生活中家庭经济重要性的程度"。

他们提供全面公共资助的高质量服务（Erlandsson，et al，2013）。重要的是，服务普遍性还意味着它对所有潜在受益者都有吸引力：资源较少的人应负担得起服务，服务应足够灵活，以充分满足不同阶层人们的需求和偏好，包括要求苛刻的中产阶级和不太富裕的人，以及少数文化群体成员（Vabø，Szebehely，2012）。

三、从历史角度看福利结构的演变：从家庭到公共社区照顾

挪威和其他国家一样，几个世纪以来，近亲和亲属对老年人和其他需要帮助和照顾的群体负有司法责任。[①] 此外，老人之家，即如今疗养院和照顾服务住房的前身，以前是市政当局及其贫困政策的一部分，其中包括照顾穷人（Romøren，2011）。在将这些服务发展为特定的老人照顾服务领域并将其辟为独特政策领域的过程中，志愿非营利组织在第二次世界大战后几年至关重要，它们在两次世界大战之间开始的工作继续进行（Seip，1994）。挪威妇女公共卫生协会（Norske Kvinners Sanitetsforening）和全国公共卫生协会（Nasjonalforeningen for Folkehelsen）等组织特别积极地为老年人服务，它们旨在与市政和国家公共部门开展更密切的合作。这两个组织于1950年共同发起成立了老年人健康委员会（De gamles helsekomite），作为这些组织之间以及它们与公共部门之间合作的渠道。通过1954年建立挪威老年学学会（Norsk Gerontologisk Selskap）和1957年建立老年学研究所，老年照顾被定义为一项国家的责任和为现代公共照顾政策提供知识的研究对象。Seip（1994）指出当时存在经济问题和私营志愿组织工作的危机，因为捐赠在减少，而成本例如工资成本在增加。据各组织称，捐赠减少的一个原因是，人们通过纳税等方式不断增加对公共部门的贡献，老年人照顾需求的份额也在增加。此外，这些组织的工作人员和公共机构之间有着密切的联系，使得更大范围和程度的公众参与变得更加顺利。在地方层面，市政当局通过建立住院照顾机构扩大了对老年人照顾的参与范围。

---

① 1964年挪威颁布的《社会照顾法》终止了子女对父母赡养和照顾的法律义务（Romøren，2011）。

1940年，有476个此类机构注册，覆盖大约13600名居民。这些居民占1940年67岁及以上人口的6.2%。1960年，共有754个机构，覆盖22400名居民（占67岁及以上人口的6.6%）。① 这样的机构中大约70%是市政当局拥有的（Romøren，2011）。

20世纪60年代，挪威扩大了对老年人的公共照顾范围（Næss，2008）。自20世纪60年代中期开始，这一领域有了巨大的增长，以至在20世纪70年代和80年代，没有其他部门比它有更大的就业增长。1965年，挪威有597名家庭照顾护士和3978名家庭照顾人员。10年后，这个数字增加到2249名家庭照顾护士和31490名家庭照顾人员（Statistisk Sentralbyrå，1978）。从1970年到1980年，家庭护理的全职工作时间增加了257%，在同一时期，家庭照顾增加了203%（St. meld. nr. 25，2005—2006）。不管过去还是现在，大多数照顾工作都是由妇女完成的。以公共服务为核心的老年照顾从家庭向社区的转变，为妇女从事有薪工作开辟了一个重要场所，这一变化的一个重要驱动力也是妇女为打破传统性别角色和加强其经济独立而进行的运动及斗争（Danielsen，2015）。托儿机构的建立缓解了有薪工作和家庭任务的矛盾，与其他欧洲地区及其福利模式相比，所有斯堪的纳维亚国家的妇女在劳动力市场的参与率要高得多。然而，如前所述，女性就业的增长集中在照顾部门，导致劳动力市场性别高度分化。在公开辩论中，这种现象如何限制妇女职业和就业机会的讨论被称为性别平等悖论（Reisel，Teigen，2014）。此外，妇女大量从事非全日制工作，特别是在照顾部门，也是一个潜在问题，因为这可能危及她们的经济独立（Le Feuvre，et al，2012）。

总之，第二次世界大战后至20世纪90年代，老年照顾的资助和服务都从家庭和志愿组织转向了增加福利城市的公共资助和服务（Nagel，1991）。在这一时期的机构组合中，营利性市场部门一直处于边缘地位。

四、挑战、想法和对策

最近关于照顾的绿皮书和白皮书强调，有必要创新和提出新的解决方

---

① 历史人口统计信息来自挪威统计局（2015）。

案来应对老龄化社会对未来照顾提出的挑战（Meld. St. 29，2012—2013；NOU，2011）。照顾创新绿皮书（*Innovasjon i omsorg*）确定了以下六大挑战。第一，新的用户群，即年轻残疾用户增长强劲。第二，老龄化和照顾需求的增长，重点是患阿尔茨海默病的老年患者。第三，未来缺乏照顾人员——人口结构的变化将导致劳动力相对减少。稳定的家庭照顾服务意味着公共部门必须满足当地照顾服务需求的整体增长，需要家庭、志愿者和当地社区之间更密切的合作。第四，作为劳动力短缺挑战的一部分，还有一个日益重要的国际方面的挑战，即各国之间照顾人员的进出口日益增加，以及提供照顾服务的大型国际公司逐渐增多。第五，长期照顾服务用户对更好医疗服务的需求。第六，在日常生活中缺乏与社会和文化需求相关的活动，照顾质量存在弱点，照顾概念有可能包含照顾接受者过于被动和依赖的危险（NOU，2011）。

接下来三个部分的目标不是涵盖所有问题领域，而是提供一些与上述挑战相关的简要说明，特别关注积极照顾、老龄化和照顾人员未来短缺的问题，以及在公开辩论中会考虑哪些想法和政策及对策。

五、老龄化和照顾的新政策理念：积极变老和积极照顾

照顾政策辩论的创新部分是就我们如何应对老龄化和未来老年照顾提供新的思路。在这方面，照顾创新委员会认为有必要制定其所提出的积极老年政策，该政策涉及社会所有部门，而不仅仅局限于养老金和劳动力市场。这一积极的老年政策是参照积极老龄化的概念提出的。世界卫生组织将积极老龄化定义为"随着人口老龄化，优化健康、参与和安全机会以提高生活质量的过程"（World Health Organization，2002）。这一定义强调，积极是指继续参与社会、经济、文化、精神和公民事务，而不仅仅是身体上积极活动或加入劳动力队伍的能力。它以老年人的人权为基础，包括在联合国独立、参与、尊严、关怀和自我实现的原则中。因此，它代表了一种方法，承认人们随着年龄的增长，在生活的各个方面享有平等机会的权利（World Health Organization，2002）。

尽管"积极老龄化"的定义没有普遍达成一致（Walker，Foster，2013），但对照顾领域至关重要的是，大家都认同积极老龄化包括所有老

年人,那些弱势且需要依赖的老年人也被包括在内,这是一个贯穿整个生命过程的预防性概念,需要激发参与和争取权利的战略。这种战略要转化为实际政策,应该强调积极照顾、日常生活康复、文化和福祉方面的新的工作方法和途径。

两个例子可以简要说明这一政策的一些新内容:首先,在"积极照顾"的主导下,一个名为"文化手杖"(Den kulturelle spaserstokken)的项目旨在促进文化部门与市政卫生保健服务部门之间的跨部门合作(St. meld nr. 25,2005—2006)。该项目的一个重要意义是通过研究指出市政照顾部门在社会文化活动方面的欠缺,这尤其关系到住院照顾机构的居民和其他需要大量援助的群体。该项目在音乐、戏剧、电影、文学和绘画等各种艺术和文化领域提供计划和活动。这些计划和活动向所有人开放,并在附近使用已经建立的场地,如文化馆和教堂、疗养院和照顾中心。该项目包括与大大小小的文化机构、艺术家和表演者以及当地专业和业余文化生活圈的合作。该项目的一个重要目标是增加跨代际和跨阶层的活动。此外,寻求使拥有最少资源的老年人能够参与文化活动的方法也有助于实现普遍参与文化活动的总体目标。该项目效仿另一项旨在解决在校青年学生文化需求的举措,将这一举措的对象扩大到老年人,是一种基于生命历程理论的实践方法。

积极照顾的第二个例子涉及日常生活康复问题,是刺激活动和参与的预防性方法。沃斯市通过"沃斯模式"在挪威率先采用这种方法,这种方法受到丹麦腓特烈西亚市最初创新的强烈启发。该模式的目标是推迟依赖照顾服务的时间,提高患者的生活质量,提高照顾人员对工作的满意度,并解放照顾和保健服务的能力,以完成其他重要任务(Hauglum,2012)。日常生活康复是强度较大的短期跨学科康复,它包括职业治疗师、理疗师和家庭护理照顾人员与用户的合作训练,采取家庭和当地社区照顾的方式,以使用户更加自立,减少对帮助的依赖(Høyskolen i Bergen,2015)。

长期照顾服务已经从主要的老年人照顾转变为为所有年龄受抚养群体提供照顾(Gautun,Grødem,2015)。较年轻的残疾人群体及其组织在将服务重点从照顾和依赖转向用户群体和个人的独立生活和权利争取方面发挥了重要作用。他们批评传统照顾概念被动且有家长式作风,他们努力争取改变这些服务,以便使人们更加关注用户自我控制并提供实际帮助。这样,积极老龄化模式、积极照顾的概念和独立生活运动所揭示的价值观就明显地吻合了。

总之,简要介绍的两个例子展示了在照顾领域组织的工作方法和纳入新专业群体方面的创新,如何应对消极和孤独的挑战以及身体残疾所造成的问题。综上所述,这些也可能对认知能力产生积极影响并延缓损伤。在政治上,挪威对积极照顾的概念有着强烈的共识,并使得政策朝着强调预防和康复的方向发展(Innst. 477 S, 2012—x2013; St. forh, 2012—2013)。然而,在公共责任应该延伸到多远的问题上,左派和右派之间存在着传统的政治分歧。例如,非社会主义政府终止了对"文化手杖"项目的公共财政支持,转而优先考虑核心卫生和社会服务。

这将带领我们关注下一个问题——机构财政和照顾部门之间的新平衡如何促进老龄政策的改善?

六、 照顾中福利组合的变化:财政和服务中机构角色的改变

出于对未来照顾所需财政的担忧,许多政府正在寻找可以减轻财政负担的照顾解决方案。这可能意味着福利生产核心机构之间的组合发生变化,包括照顾劳动力的分工,以及家庭、市场、国家和志愿部门之间的责任和成本等,例如界定福利国家规范性内容及其再分配时所面临的关键问题(Daly, Lewis, 2000)。关于改变福利服务组织的争论,特别是增加对市场和民间组织的依赖,远不止将负担从国家转移出去,成本效益、质量改进、提供个人选择和创新潜力也一直是争论的焦点。

过去几十年来,许多国家的一个重大变化是照顾日益市场化。市场化是由市场理性和实践的情况决定的(Anttonen, Meagher, 2013)。在斯堪的纳维亚地区老年人的照顾中,瑞典率先向市场化发展。20世纪90年代,私营部门提供的老年人照顾和残疾人服务(数字包括营利性和非营利性服务提供者)从占劳动力队伍的3%增加到13%。市场化进程持续到下一个十年,到2012年,21%的住院照顾床位和23%的家庭照顾时间由私营服务提供者提供(Erlandsson, et al., 2013)。从员工人数来看,大部分增长来自营利性服务提供者。此外,作者认为,评估老年人照顾需求的

覆盖面落后于老年人口的增长。到目前为止，挪威还没有出现类似的市场化趋势，其志愿服务部门的份额保持稳定，而营利性私人服务的份额略有增长（Statistisk sentralbyrå，2014b；Vabø，et al，2013）。市场化原则在丹麦始于1996年"购买者-提供者"模式的引入，家庭照顾营利性服务提供者的外包始于2003年"提供者自由选择计划"（Bertelsen，Rostgaard，2013）。它要求地方当局鼓励营利性服务提供者提供替代服务，2012年，大约三分之一的家庭照顾用户拥有营利性服务提供者（Bertelsen，Rostgaard，2013）。在北欧国家，丹麦有着悠久而强大的让非营利性服务提供者参与的传统，这一传统保持稳定发展，2004年，营利性机构提供了丹麦14%的福利服务，20%的养老院是非政府的（Sivesind，2013）。表7-1提供了三个斯堪的纳维亚国家老年照顾（家庭照顾和住院照顾）服务中营利性和非营利性服务组合的信息。

一些研究指出，缺乏良好的统计数据来描述各个国家的福利组合，也没有斯堪的纳维亚（北欧）和欧洲的可比统计数据（见表7-2）。结合这些情况，似乎可以发现一些明显的趋势，瑞典迄今经历了市场化的最大冲击，丹麦处于中间位置，而挪威受到的影响较小（Szebehely，Meagher，2013）。挪威是斯堪的纳维亚国家中的一个例外，它没有对家庭服务和照顾实行退税，从2006年开始就在公共采购立法中偏向非营利性服务提供者。

表7-1 斯堪的纳维亚国家老年照顾服务中营利性和非营利性福利组合[①]

	2000年左右	2012年左右
挪威		
家庭照顾（占支出的百分比）		3.1% FP, 0% NP（家庭帮助）；0.2% FP, 0.1% NP（家庭护理）
住院照顾（占支出的百分比）		3.5% FP, 5.9% NP

---

① 表中FP代表营利性服务，NP代表非营利性服务。

续表

	2000年左右	2012年左右
挪威		
住院照顾（占床位的百分比）	10.7%（FP+NP）	9.6%（FP+NP）
老年人照顾及残疾人服务（合并）		占工作时间的6.6%（FP+NP）；占支出的8.1%（FP+NP）
丹麦		
家庭照顾（占营利性服务用户的百分比）	占用户的2.5%	占仅使用实际帮助用户的47% 占使用实际帮助和个人照顾用户的31% 占仅使用个人照顾用户的6% 占所有家庭照顾用户的37%；占家庭照顾总时长的13%
住院照顾（占居民的百分比）	少于1%（2005年左右）	少于1% FP（没有关于NP的信息）
老年人照顾总量（占员工工作时间的百分比）		5%～6% FP（没有关于NP的信息）
瑞典		
家庭照顾（占工作时间的百分比）	7%（FP+NP）	21% FP，2% NP
住院照顾（占居民的百分比）	12%（FP+NP）	18% FP，3% NP
老年人照顾及残疾人服务（占员工的百分比）	8% FP；3% NP	17% FP，3% NP（2010）

数据来源：(Szebehely & Meagher, 2013：Table 1, 第244-245页). 相关详细信息参看 cf. op. cit, 第243-249页。

表 7-2 照顾制度：挪威、英国和德国机构责任的维度和指标

照顾制度类型	有公共资助的全民税收资助模式（以国家为中心）	经过收入调查的长期照顾和英国国家医疗体系的混合体系（个人主义/以家庭为中心）	以家庭为中心，以保险为基础
维度和指标	挪威	英国	德国
筹集资金和汇集资源的责任	公共税收融资，高度资源共享	个人和国家责任的混合，低到中等程度的资源共享	以社会保险为基础，有国家补贴和大量私人支付，中等程度的资源共享
公共长期照顾支出占 GDP 的百分比（%）	2.2	0.8	0.9
资金来源	一般性政府税收：89.3% 家庭自理费用：10.7%	公共筹资：约50% 家庭自理费用：约50%	一般性政府税收：12.5% 社会保险基金（长期照顾保险）：54.7% 家庭自理费用：30.4%
每位家庭护理全职工作对应的长期照顾用户	4.7	—	12.9
每位机构护理全职工作者对应的长期照顾用户	1.3	6.3[a]	2.3

续表

维度和指标	有公共资助的全民税收资助模式（以国家为中心）	经过收入调查的长期照顾和英国国家医疗体系的混合体系（个人主义/以家庭为中心）	以家庭为中心，以保险为基础
照顾制度类型	挪威	英国	德国
提供正式服务的机构组合	强大且占主导地位的公共部门提供	很大程度上由私人营利机构提供	私人营利机构和非营利性志愿组织的比例相当，公共部门的作用较小
公共	养老院：91.1% 家庭照顾：93.2%	养老院：6.0% 家庭照顾：24% （包括非营利）	养老院：7.0% 家庭照顾：2.0%
私营营利性	养老院：4.1% 家庭照顾：6.8%	养老院：81.0% 家庭照顾：76%	养老院：37% 家庭照顾：55%
非营利性，志愿组织	养老院：4.8% 家庭照顾：0.0%	养老院：13.0% 家庭照顾：24% （包括公共部分）	养老院：56% 家庭照顾：43%
无酬家庭照顾的作用：无酬工作者占长期照顾工作者/提供者总数的百分比	42%无酬长期家庭照顾人员，58%正式长期照顾人员	81%无酬长期家庭照顾人员，19%正式长期照顾人员	70%～80%家庭内提供的照顾[b]

数据来源：本表基于 Ervik et al. 2013，表 10.1，第 236—238 页的部分信息. 详细信息参看 cf. op. cit，第 238 页。

[a] 有关数字指 2004 年 65 岁以上受照顾者与长期照顾工作者的比率。

[b] 对于德国，尚未有单独的估计数。此处使用了 Österle 和 Rothgang（2010：384）中提供的非北欧国家信息。

尽管挪威的国家统计数据显示变化较小，但重要的是提醒地方政府在决定福利组合时的集中管理，要区分并重视公共部门和营利性及非营利性部门对福利组合的作用。对地方层面的探索揭示了各城市之间市场化趋势的更多差异，在许多城市，家庭照顾和住院照顾仍然完全由地方当局提供，市场化在一些大城市更加广泛。因此，奥斯陆大约16%的疗养院由私营商业公司经营，21.8%的家庭照顾用户选择了私营企业（NHO Service，2010）。

挪威老年照顾服务面临竞争的政策在政治上引起争论。在国家层面，左翼和右翼政党之间存在传统分歧。左翼政党对允许追逐利润的商业组织进入这个领域持高度怀疑态度。他们的关键论点是，由于照顾服务是劳动密集型的，从公共资助的服务中获利的唯一途径是降低这些公司雇员的工资、养老金、工作人员人数和工作条件。右翼政党主张允许私人营利性服务提供者加入，因为在他们看来，这保证了用户的自由选择权，降低了成本，提高了医疗质量。公众舆论也高度分化，在2005年议会选举的一项调查中，45%的人完全或部分同意许多公共活动如果由私营部门公司开展，可以进行得更好且成本更低；而48%的受访者完全或部分不同意上述观点（Aardal，2007）。然而，2013年的选举见证了人们的观点在更大程度上转向支持市场解决方案，56%的人完全或部分同意私营企业的参与可以提高质量，比公共活动更便宜（Kleven, et al.，2015）。

迄今为止，研究挪威老年照顾市场化结果的证据有限。总结到2013年为止的证据，Szebehely和Meagher（2013）发现，就节约成本而言，奥斯陆的一项研究表明外包疗养院（住院照顾）的成本较低，但交易成本没有包括在内。关于用户质量，奥斯陆研究没有发现用户满意度的差异。就就业和工作条件而言，节约成本政策可能会影响到工作人员，即营利性服务提供者的养老金协议不如公共市政和非营利性部门的计划慷慨，而且有证据表明营利性服务提供者在接管的时候减少了员工配置。就家庭照顾服务而言，没有关于成本节约的研究报告，但案例研究的结果表明，对照顾任务更严格的监管对照顾工作者灵活应对复杂和不断变化的照顾需求的可能性产生了负面影响。重要的是，这也影响到了在公共部门就业的员工。

尽管对营利性的老年照顾服务存在激烈的争论，但人们在促进志愿者服务和非营利部门以及改善对安全保护家庭照顾的支持等方面，已达成广泛的政治共识。照顾创新委员会建议，增强志愿服务方面（志愿活动、用户管理的合作社、社会企业、社会企业家精神的建立）的作用应该作为一个具体目标，以便到2020年，照顾部门总活动的25％由志愿服务部门来组织和运行（NOU，2011）。2012年志愿服务部门的比例约为5％，因此，相对而言，长期照顾将越来越多地由不同形式的志愿组织提供，其关键词是人们常说的共同创造，它代表公共服务代理人和公民为提供公共服务而开展的各种活动组合（NOU，2011）。一个关键问题是自愿活动的这种大幅增加是否可行，因为劳动力市场和养老金范围内的其他福利改革增加了积极参与劳动力市场和延长职业生涯以确保收入和未来养老金福利的重要性。因此，在财政方面，公共部门将需要在夯实志愿部门的经济基础方面发挥重要作用，捐款、捐赠和无偿志愿工作等其他形式的财政支持似乎极不可能提供长期照顾费用的所有支持，而仅能提供极小的一部分（Ervik，et al.，2013）。

七、照顾创新：老年照顾中的福利技术

包括老年照顾服务在内的服务生产是高度劳动密集型的。人口老龄化表明，未来不得不需要更大比例的劳动力在这个部门工作，假设服务的年标准增长率为1％，非正式照顾水平不变，特定年龄健康状况不变，对健康和长期照顾部门未来就业的预测得出结论，到2060年，超过年工作总量三分之一的工作量将投入到该部门，高于2010年的约11％（Holmøy，et al.，2014）。根据传统的理解，服务的生产是劳动密集型的，能够提高生产率的新技术进步在该部门不太重要。这种关于服务部门生产率增长缓慢的观点已被认为是福利国家"永久紧缩"变化的几个因素之一（Pierson，1998）。经济学家达成广泛共识的一个基本前提是"服务生产本来就不太有利于生产率增长"（Iversen，Wren，1998）。因此，针对成本-疾病和服务扩展理论，Gösta Esping-Andersen指出："许多服务，如音乐会、心理治疗或老年照顾，几乎不能提高生产力（至少不可能没有质量损失）。"（Esping-Andersen，1999）

福利技术的引入可以视为应对上述消极悲观观点的一种方式。简而言之，福利技术可以通过提高照顾服务提供者的能力来减轻老年依赖的负担，

同时可以减少被定义为"受抚者"的人对援助的需求。照顾创新绿皮书将福利技术定义为"有助于增强安全性、社会参与、流动性以及身体和文化活动的技术援助"。它加强了受抚者管理日常生活的能力，尽管他们存在疾病和社会、心理或身体功能能力下降等问题（NOU，2011）。照顾服务的相关技术范围包括安全技术、补偿和福利技术、社会接触技术以及治疗和照顾技术。[①] 一些技术是已知的和成熟的（如安全警报和跌倒传感器），另一些处于发展阶段，预计将在未来实施（例如，个人清洁机器人"知道"它在哪里，并能够清洁整个住宅，预计在2020年后可投入使用）（NOU，2011）。

评估照顾部门技术创新效果的一种方法是研究其减少劳动力需求的潜力。安博管理咨询公司在实施已知和成熟技术的基础上，对丹麦老年照顾部门进行了分析（Rambøll Management，2007）。其中包括引入和整合信息技术以支持老年照顾、伤口治疗中的视频咨询，以及通过使用血压测量和其他仪器为中风风险人群增加自身照顾。与没有进行技术投资的情况相比，2007—2020年期间，引进这些技术节省了约6500个全职等效（FTE）工作日的劳动。因此，如果不投资照顾技术，就业需求将从2007年的106000人增长到2020年的118000人，而投入照顾技术2020年获得同样的增长只需要111500人。因此，通过引进这些成熟技术，这一时期的就业增长减少了46%。或者换一种说法，在第一种情况下（没有技术），员工在此期间的增长率为11.3%，但在实施技术的另一种情况下，这个数字只有5.2%。KMD分析（2010）的另一项分析评估，20%照顾服务部门的任务可以全部或部分通过福利技术解决。在更广泛的经济背景下，也包括非成熟技术，Frey和Osborne（2013）研究了美国相关工作的计算机化程度，包括702个详细职业，覆盖总就业的97%。[②] 根据他们的估计，约47%的美国总就业

[①] 福利技术可能帮助并使人们推迟长期照顾服务的需求，或者当照顾需要出现的时候能够减少所需服务的范围。能想象到的例子是用来防止摔倒风险的外骨骼技术，在摔倒事故发生的时候能够训练和增加肌肉力量的一种方法（Helsedirektoratet，2012）。总体来说，外骨骼和机器人假体可以促进身体残疾者或者老年人过上更健康的少受限制的生活（MGI，2013）。

[②] 作者把计算机化定义为"通过计算机设备控制工作自动化"。

面临计算机化的风险。① 在美国计算机化的数据可能无法直接移植到欧洲的背景下，正如作者所指出的，只有在廉价劳动力稀缺或资本价格相对高的情况下，节省劳动力的发明才有可能被采用。因此，如何在长期照顾部门内部协商工资可能是一个关键因素，它能决定在多大程度上促进或抑制节省劳动力技术的应用。如果该行业以低薪工作为主，用技术替代工人的动机可能就很弱了。这种发展将代表着与北欧工资结算模式的决裂，并导致照顾服务的低成本化。

技术创新有望提高照顾质量，可能降低该行业的劳动强度，减轻雇员、家庭和志愿者照顾工作的物质负担。然而，技术本身不能解决或消除老年照顾中有关再分配和社会权利的社会和规范问题。根据政策选择，福利技术可能成为一个新的驱动因素，导致国家内部穷人和富人之间以及国际上富国和穷国之间的不平等和分裂。这将在下面的结论性讨论中进一步阐述。

八、结论性讨论

挪威老年照顾领域的简史（特别是1965—1980年期间）说明被称为"公共革命"的重大社会变革可能在短时间内发生，它代表了责任从家庭向公共部门的明确转移，以应对老年照顾需求的风险，加强这一点是北欧福利国家的普遍规范基础（Kildal, Kuhnle, 2005）。服务普及化鼓励根据所有公民的需求而不是支付能力向他们提供公共资助的服务。

这是解答在引言中所提问题的一个重要背景，即在其他国家发展老年服务时，这些经验有哪些相关之处。为了确定什么是相关的，我们需要首先解决老年照顾需求的风险是否是一项公共责任、其服务是否应该平等地包括所有公民等规范性问题，是否赞同这些基本的规范性声明将影响以服

---

① 上面福利技术的定义排除了其他可能影响照顾服务的技术领域，例如家庭照顾中实际日常的任务。这一点可以从材料技术的变化和纳米技术的应用看出来。熟悉的例子是擦窗户，这是一个工作人员有很大可能性想要计算机化的领域，但是不管材料的特性如何创新（例如自己清洁的窗户），计算机化的需求都是无效的。否则，新材料技术和计算机化的结合可能会达到促进技术节省劳动力的效果（Ministeriet for Videnskab Teknologi og Udvikling, 2006）。

务普遍性为特征的北欧国家对于其他国家在建立老年照顾服务过程中的相关性。这种照顾模式的关键要素是地方层面以公共服务为主的税收资助体系。同样重要的是，服务质量要足够高，以融合中产阶级，并为该体系提供合法性依据，即使要付出的代价是高税收水平。

人口老龄化是对老年照顾系统的挑战，也为未来照顾部门的建设提供创新的方向。本文只简要描述了这场政策辩论的几个要素，未敢妄议全貌。在讨论创新实例时，这些实例既包括积极照顾工作方法的改变（日常生活康复和照顾老年人的文化需求），也包括福利技术在照顾事业中的潜在用途。它们都很重要，因为它们解决了非常具体的问题，随着我们年龄的增长，这些问题发生的风险会增加，如跌倒和体能下降、孤独和认知障碍等。将这些照顾服务的不同创新结合起来，可能会带来支持老年人相对独立和幸福的结果，因此，由于害怕"冷技术"取代"温暖的手"，坚持将福利技术置于老年照顾领域之外是错误的。

就福利组合而言，我们已经看到斯堪的纳维亚国家进入了不同的道路。瑞典越来越依赖照顾服务的市场化，这对于普遍性服务的可持续性来说，其结果是不确定的。一些研究人员担心，由于家庭照顾的增加并不能弥补住院照顾床位的减少，照顾可能会向双重化双向发展。这导致家庭照顾的增加，特别是由教育程度较低且无法在照顾市场购买额外服务的子女提供的照顾（Ulmanen，Szebehely，2015）。这一点还和福利技术的使用及政治选择以避免产生关于福利的新的社会分化相关。如果没有一个积极的国家在普遍基础上资助和分配福利技术，就会存在这些创新只惠及特权、少数群体的风险。

最后要指出的一点是，积极的国家才能使福利技术的未来创新成为可能。正如 Mazzucato（2013）所指出的，国家在历史上和今天都在持续扮演企业家的角色，即使在面对巨大的不确定性的时候，仍然通过确立使命和大胆投资促成事情发生，这带来了技术上的巨大进步，这些技术后来被纳入商业产品（如美国政府投资支持苹果手机的开发），福利技术应该是另一个需要国家这个企业家角色的领域。

参考资料

Aardal, B. (2007). Saker og standpunkter. In B. Aardal (Ed.), *Norske velgere. En studie av stortingsvalget* 2005. Oslo: Damm.

Anttonen, A., & Meagher, G. (2013). Mapping marketisation: Concepts and goals. In G. Meagher & M. Szebehely (Eds.), *Marketisation in Nordic eldercare: A research report on legislation, oversight, extent and consequences* (Stockholm Studies in Social Work 30) (pp. 13-22). Stockholm: Department of Social Work, University of Stockholm.

Bambra, C. (2007). Defamilisation and welfare state regimes: A cluster analysis. *International Journal of Social Welfare*, 16 (4), 326-338.

Bertelsen, T. M., & Rostgaard, T. (2013). Marketisation in eldercare in Denmark: Free choice and the quest for quality and efficiency. In G. Meagher & M. Szebehely (Eds.), *Marketisation in Nordic eldercare: A research report on legislation, oversight, extent and consequences* (Stockholm Studies in Social Work 30) (pp. 127-160). Stockholm: Department of Social Work, University of Stockholm.

Colombo, F., Llena-Nozal, A., Mercier, J., & Tjadens, F. (2011). *Help wanted? Providing and paying for long-term care*. Paris: OECD Publishing.

Cook, I. G., & Halsall, J. (2012). *Aging in comparative perspective: Processes and policies*. Boston: Springer.

Daly, M., & Lewis, J. (2000). The concept of social care and the analysis of contemporary welfare states. *British Journal of Sociology*, 51 (2), 281-298.

Danielsen, H. (2015). Det lange 70-tallet 1960-1990. In H. Danielsen, E. Larsen, & I. W. Owesen (Eds.), *Norsk likestillingshistorie* (pp. 154-185). Bergen: Fagbokforlaget.

Erlandsson, S., Storm, P., Stranz, A., Szebehely, M., & Trydegård, G. B. (2013). Marketising trends in Swedish eldercare: Competition, choice and calls for stricter regulation. In G. Meagher & M. Szebehely (Eds.), *Marketisation in Nordic eldercare: A research report on legislation, oversight, extent and consequences (Stockholm Studies in Social Work 30) (pp. 23-83). Stockholm: Department of Social Work, Stockholm University.

Ervik, R., Helgøy, I., & Lindén, T. S. (2013). Strategies to meet long-term care needs in Norway, the UK and Germany: A changing mix of institutional responsibility. In R. Ervik & T. S. Lindén (Eds.), *The making of ageing policy: Theory and practice in Europe* (pp. 231-256). Cheltenham: Edward Elgar.

Esping-Andersen, G. (1999). *Social foundations of postindustrial economies*. Oxford: Oxford University Press.

Estes, R. J., & Zhou, H. (2015). A conceptual approach to the creation of public-private partnerships in social welfare. *International Journal of Social Welfare*, 24 (4), 348-363.

Eurostat. (2011). *The greying of the babyboomers. A century-long view of ageing in European populations*. Brussels: European Commission.

Frey, C. B., & Osborne, M. A. (2013). *The future of employment: How susceptible are jobs to computerisation?* Oxford: Oxford Martin School, University of Oxford.

Gautun, H., & Grødem, A. S. (2015). Prioritising care services: Do the oldest users lose out? *International Journal of Social Welfare*, 24 (1), 73-80. https://doi.org/10.1111/ijsw.12116.

Hauglum, S. (2012). "Vossamodellen" kvardagsrehabilitering på Voss. *Ergoterapeuten*, (1), 19-22.

Helsedirektoratet. (2012). *Velferdsteknologi: Fagrapport om implementering av velferdsteknologi i de kommunale helseog omsorgstjenestene* (pp. 2013-2030). Oslo: Helsedirektoratet.

Holmøy, E., Kjelvik, J., & Strøm, B. (2014). *Behovet for arbeidskraft i helse-og omsorgssektoren fremover*. Oslo: Statistisk Sentralbyrå (SSB).

Høyskolen i Bergen. (2015). *Vossamodellen-hverdagsrehabilitering*. Retrieved April 18, 2015, from http://www.hib.no/forskning/om-forskning/ahs/vossamodellen/.

Innst. 477 S. (2012-2013). *Innstilling til Stortinget fra helseog omsorgskomiteen Meld. St.* 29 (2012-2013) Innstilling fra helseog omsorgskomiteen om morgendagens omsorg.

Iversen, T., & Wren, A. (1998). Equality, employment, and budgetary restraint: The trilemma of the service economy. *World Politics*, 50 (4), 507-546.

Kildal, N., & Kuhnle, S. (Eds.). (2005). *Normative foundations of the welfare state. The Nordic experience*. London: Routledge.

Kleven, Ø., Aardal, B., Bergh, J., et al. (2015). *Valgundersøkelsen* 2013. *Dokumentasjons-og tabellrapport*. Oslo: SSB.

KMD Analyse. (2010). *Digitalisering af ældreplejen. Potentialer og holdninger*. Copenhagen: KMD Analyse.

Le Feuvre, N., Ervik, R., Krajewska, A., et al. (2012). Remaking economic citizenship in multicultural Europe: Women's movement claims and the 'commodification of elderly care'. In B. Halsaa, S. Roseneil, & S. Sümer (Eds.), *Remaking citizenship in multicultural Europe* (pp. 70-93). Basingstoke: Palgrave Macmillan.

Mazzucato, M. (2013). *The entrepreneurial state. Debunking public vs. private sector myths*. New York: Anthem Press.

Meld. St. 29. (2012-2013). *Morgendagens omsorg*. Oslo: Helse-og omsorgsdepartementet.

MGI. (2013). *Disruptive technologies: Advances that will transform life, business and the global economy*. McKinsey Global Institute Technology report, Seoul Ministeriet for Videnskab Teknologi og Udvikling. (2006). *Teknologisk fremsyn: Om kognition og robotter*. København: Ministeriet for Videnskab, Teknologi og Udvikling.

Mørk, E., Beyrer, S., & Haugstveit, F. V. (2016). *Kommunale helseog omsorgstjenester* 2015. *Statistikk om tjenester og mottakere*. Oslo: SSB.

Mørk, E., Sundby, B., Otnes, B., et al. (2014). *Pleieog omsorgstjenesten* 2013. *Statistikk om tjenester og tjenestemottakere*. Oslo: SSB.

Næss, S. (2008). The provision of social care services to the elderly. A Scandinavian perspective. In M. Olivier & S. Kuhnle (Eds.), *Norms and Insti-*

tutional design. *Social security in Norway and South Africa* (pp. 231-240). Stellenbosch: Sun Press.

Nagel, A. H. (Ed.). (1991). *Velferdskommunen. Kommunenes rolle i utviklingen av velferdsstaten*. Bergen: Alma Mater.

NHO Service. (2010). *Omsorgstjenester. Bransjestatistikk* 2010. Oslo.

Norges Bank. (2015). *Valutakurser.* Retrieved April 9, 2015, from Norges Bank http://www.norges-bank.no/Statistikk/Valutakurser/valuta/CNY/.

Norwegian Ministry of Health and Care Services. (2014). *Egenbetaling for kommunale tjenester i og utenfor institusjon*. Oslo: Helse-og omsorgsdepartmentet. Retrieved from https://www.regjeringen.no/nb/tema/helse-og-omsorg/helse%2D%2Dog-omsorgstjenester-i-kommunene/innsikt/egenbetaling-i-og-utenfor-institusjon/id434597/.

NOU. (2011). *Innovasjon i omsorg*. Oslo: Helse-og omsorgsdepartementet.

OECD. (2006). *Live longer, work longer*. Paris: OECD Publishing.

OECD. (2011). *Pensions at a glance* 2011. Paris: OECD Publishing.

OECD. (2015). *Database on social expenditure*. Paris: OECD.

Österle, A., & Rothgang, H. (2010). Long-term care. In F. G. Castles, S. Leibfried, J. Lewis,

H. Obinger, & C. Pierson (Eds.), *The oxford handbook of the welfare state* (pp. 405-417). Oxford: Oxford University Press.

Pierson, P. (1998). Irresistible forces, immovable objects: Post-industrial welfare states confront permanent austerity. *Journal of European Public Policy*, 5 (4), 539-560.

Rambøll Management. (2007). *Omsorgsteknologi kan give mere tid til pleje i ældresektoren*. København: Rambøll Management.

Reisel, L., & Teigen, M. (2014). *Kjønnsdeling og etniske skiller på arbeidsmarkedet*. Oslo: Gyldendal akademisk.

Romøren, T. I. (2011). Helse. og omsorgstjenesten i kommunene. In A. Hatland, S. Kuhnle, & T. I. Romøren (Eds.), *Den norske velferdsstaten* (pp. 199-226). Oslo: Gyldendal Akademisk.

Seip, A. -L. (1994). *Veiene til velferdsstaten. Norsk sosialpolitikk* 1920-1975. Oslo: Gyldendal Norsk Forlag.

Sivesind, K. H. (2013). Ideella välfärdstjänster: En lösning på den nordiska modellens framtidiga utmaningar? In L. Trägård, S. L. Henriksen, P. Selle, & H. Halén (Eds.), *Civilsamhället klämt mellan stat och kapital: Velferd, mångfald, framtid* (pp. 75-88). Stockholm: SNS förlag.

St. forh. (2012-2013). *Sak nr. 9 innstilling fra helse-og omsorgskomiteen om morgendagens omsorg* (Innst. 4777 S (2012-2013), jf. Meld. St. 29 (2012-2013)) (pp. 4386-4401).

St. meld. nr. 25. (2005-2006). *Mestring, muligheter og mening, Omsorgsplan* 2015. Oslo: Helseog omsorgsdepartementet.

Statistisk Sentralbyrå. (1978). *Historisk statistikk* 1978 (*Historical statistics* 1978). Oslo: SSB. Statistisk sentralbyrå. (2014a). *Folkemengde, 1. januar* 2014. Oslo: SSB. Retrieved March 27, 2015, from http://ssb.no/befolkning/statistikker/folkemengde/aar/2014-02-20? fane = tabell&sort = nummer&tabell=164158.

Statistisk sentralbyrå. (2014b). *Inntektsog formuesstatistik for husholdninger*, 2013. Oslo: SSB. Retrieved April 22, 2015, from https://www.ssb.no/inntekt-og-forbruk/statistikker/ifhus/aar/2014-12-17.

Statistisk sentralbyrå. (2014c). *Satelittregnskap for ideelle og frivillige organisasjoner*, 2012. Kongsvinger: SSB. Retrieved December 11, 2014, from https://www.ssb.no/ nasjonalregnskap-og-konjunkturer/statistikker/orgsat/aar/2014-12-03#content.

Statistisk sentralbyrå. (2015). *Historisk statistikk. Folkemengde i viktige aldersgrupper*. Oslo: SSB. Retrieved April 22, 2015, from https://www.ssb.no/a/histstat/tabeller/3-5.html.

Szebehely, M., & Meagher, G. (2013). Four Nordic countries-Four responses to the international trend of marketisation. In G. Meagher & M. Szebehely (Eds.), *Marketisation in Nordic elder-care: A research report on legislation, oversight, extent and consequences* (pp. 241-288). Stockholm: Stockholm Universiyt, Department of Social Work.

Ulmanen, P., & Szebehely, M. (2015). From the state to the family or to the market? Consequences of reduced residential eldercare in Sweden. *International Journal of Social Welfare*, 24 (1), 81-92. https://doi.org/10.1111/ijsw.12108.

UNECE United Nations Economic Commission for Europe. (2007). *Proceedings from the 2007 Ministerial Conference on Ageing* (Conference Report, 6-8. November 2007 León, Spain). Retrieved from León.

Vabø, M., Christensen, K., Jacobsen, F. F., & Trætteberg, H. D. (2013). Marketisation in Norwegian eldercare: Preconditions, trends and resistance. In G. Meagher & M. Szebehely (Eds.), *Marketisation in Nordic eldercare: A research report on legislation, oversight, extent and con-sequences* (pp. 163-202). Stockholm: Department of Social Work, University of Stockholm.

Vabø, M., & Szebehely, M. (2012). A caring state for all older people? In A. Anttonen, L. Häikiö, & K. Stefánsson (Eds.), *Welfare state, universalism and diversity* (pp. 121-143). Cheltenham: Edward Elgar.

Välfärdscenter, N. (2010). *Fokus på Velfærdsteknologi*. Stockholm: Nordens Välfärdscenter. Walker, A., & Foster, L. (2013). Active ageing: Rhetoric, theory and practice. In R. Ervik & T. S.

Lindén (Eds.), *The making of ageing policy. Theory and practice in Europe* (pp. 27-52). Cheltenham: Edward Elgar.

World Health Organization. (2002). *Active ageing. A policy framework*. Geneva: World Health Organization.

第八章
芬兰遍布电子医疗和电子福利吗?

◎ Minna Zechner[①]

一、引言

芬兰通常被视为北欧福利国家之一,其特点是社会团结、社会项目具有普遍性、社会保护水平高(Bertilsson,Hjorth-Andersen,2009;Ervasti,et al,2008)。北欧福利模式的具体特征是,公共的中心作用、经过需求检验的社会和医疗保健服务,以及市镇或郡县大力参与这些服务的组织和生产(Cox,2004;Meagher,Szebehely,2013;Van Aerschot,Zechner,2014)。尽管强有力的福利国家的基本理念在芬兰仍然存在,Saari(2017)称过去十年为"社会政策的冷却时代",他指的是经济危机,随之而来的是福利支出的削减,这种削减导致了日益严重的不平等和负面后果,特别体现在最边缘化的群体中。

限制福利支出并不是应对挑战的唯一办法,这些挑战首先是由经济衰退造成的,其次是由芬兰人口老龄化造成的。地方民主的结构和组织正在发生巨大变化,影响到社会服务和医疗保健。直到2020年底,社会和医疗

[①] 明娜·泽克纳(Minna Zechner),芬兰拉普兰大学教授。

保健服务的组织由地方市政当局负责（2017年为311个），但从2021年起，芬兰计划将这一职责由18个县承担。目前，市政当局有责任组织社会和医疗保健服务，但不一定要提供这些服务。公共和私人（营利性和非营利性）组织目前都提供服务，将来当各县履行新的角色时，这种情况还会继续。2016年，公共资助的社会和医疗服务中有大约25%是由私人组织提供的。

在本文中，公共服务或公共资助的服务被认为是由市政当局组织并主要由公共资金资助的服务。2014年，医疗保健的公共资金占相关费用的76%，私人资金占24%（Matveinen & Knape，2016）。社会保障的主要资助者是公共部门，即国家和市政当局（47%的费用），还有雇主（34%的费用），享受服务的用户支付了13%的费用（Sosiaaliturvan menot ja rahoitus，2015，2017）。当各县承担起组织服务的责任时，市政当局将继续存在，但与社会和医疗问题有关的任务将减少，例如，与处理就业问题、促进能力和文化、医疗和福祉以及体育、青年和其他休闲服务等责任有关的任务（Health，Social Services and Regional Government Reform，2017）。这种重组发生在一个经济增长缓慢、人口老龄化和支出受限的时代，旨在提高公共支出的效率和倡导节约。2015年，社会和医疗支出约占芬兰国民生产总值的32%。

这些改革不仅依赖于将某些责任从较小的城市转移到较大的郡县，而且将社会和医疗服务数字化作为一个重要组成部分，其目标是将信息和通信技术（ICT）以及电子服务用于支持服务用户和服务领域的专业人员。这样做的目的是产生新的高效服务，如电子服务，并确保这样的服务也能提供给人口稀少的地区。电子服务很特别的一点是，它也被视为为公民提供了更多维护自身健康和福祉的可能性（Health，Social Services and Regional Government Reform，2017）。

本文主要讨论芬兰的电子福利和电子医疗。电子福利和电子医疗是平行的术语，意味着信息和通信技术在当地的使用，以及在社会和医疗的远程使用（Hyppönen，Hämäläinen，& Reponen，2015）。这些范围包括诸如使用电子客户端和患者记录，甚至包括在机器人的帮助下远程做手术。本文主要关注芬兰电子福利和电子医疗的总体趋势，因此这些宽泛的概念就足够了。本文的主要目的是描述芬兰电子福利和电子医疗的政策目标，利用电子福利和电子医疗案例研究评估当前的经验，评估电子福利和电子医疗服务的可能性并对其进行展望。值得注意的是，本文的重点是政策层面，以及与用户相关的方法和经验，而不是技术问题和解决方案。

二、芬兰电子福利和电子医疗的政策目标

各种文件都阐述了芬兰社会和医疗保健数字化的原因。因为政府改革将许多责任从市镇转移到郡县，数字化旨在增加服务的可及性和平等性（Health, Social Services and Regional Government Reform, 2017）。芬兰民政部和卫生部数字化政策（Digitalisaatio terveyden ja hyvinvoinnin tukena, 2016）将数字化视为应对以下挑战的方案之一。首先，促进老龄化人口的福祉和健康需要更多的支持；其次移民是一个新的、特定的服务用户群体；最后，公共部门支出的赤字不断增加。这些意味着这种日益增长的需求必须通过减少经济资源来满足，这就要求服务更具生产力、效率和成本效益。此外，客户比以前要求更高，对于新一代来说，数字服务发展的意义是不言而喻的。在政策和战略文本中，数字化、电子福利和电子医疗通常被认为是不可或缺的积极的发展。

芬兰民政部和卫生部数字化政策（Digitalisaatio terveyden ja hyvinvoinnin tukena, 2016）称，芬兰是福利和卫生领域电子数据管理的领先国家之一。该政策所指的 Kanta 就是明证，Kanta 是为医疗保健服务、药物和公民设置的国家数据系统服务。它包括电子处方服务、药物数据库、"我的 Kanta"页面和患者数据库。"我的 Kanta"是公民的用户界面，在这里他们可以看到自己的医疗保健数据，可以决定他们希望从不同的服务提供商获得何种级别的信息。这些领域由芬兰社会保险机构（Kela）负责。这里提供的另一个例子是芬兰企业门户网站，该网站帮助雇主满足工作中的卫生和安全需要。欧盟委员会发布了数字经济和社会指数（DESI[①]），这是一个衡量欧盟国家向数字经济和社会发展的综合指数。2016 年，芬兰名列榜首，2018 年，芬兰排在丹麦和瑞典之后，位居第三（European Commission, 2018）。

---

① DESI（Digital Economy and Society Index）衡量连通性（固定宽带、移动宽带、宽带速度、价格），人力资本（基本技能和网络使用），高级技能和发展，网络使用（公民使用内容、沟通和网上交易），数字技术的融合（商业数字形式和电子商务）及数字公共服务（电子政府）。

阅读政策文件和相关研究，很明显能发现数字化在医疗卫生领域的应用比在社会服务领域更先进。电子福利发展较慢的一个原因可能是整合通用的电子客户数据系统很困难，甚至在社会服务客户的称呼等基本问题上达成一致都是一项挑战。社会服务涵盖广泛的服务，如儿童福利、老年人照顾和成年人社会工作。客户记录的通用概念和对其进行理解所需的开发工作正在进行中（例如，Sosiaalialan tiedonhallinnan sanasto，2017），人们已经做出了各种努力（包括财政部和卫生部组织的 2005—2011 年国家社会服务信息技术项目），以使社会福利领域的数据处理和文件结构标准化（Laaksonen，Ailio，2011），医疗保健服务领域也开展了类似的工作。1998 年早期芬兰电子医疗战略文件（Hyppönen，et al.，2017）指出，患者记录需要结构化数据，而不是叙述性文本。在未来的某个时刻，基于共同定义的概念，数字 Kanta 医疗保健系统会开发一个 SosKanta 系统，其中将添加社会服务客户数据。第一批社会服务客户文件计划在 2018—2020 年输入国家数据库，客户将能够在 2020 年访问他们的文件。即将输入的第一批文件将不会结构化，但结构元素将逐渐增加（Hämäläinen，Reponen，2015）。芬兰电子福利的一个现有发展是芬兰社会保险机构中社会援助申请和处理系统的数字化。当 Kanta 和 SosKanta 的国家系统拥有社会援助系统时，将生成一个庞大且易于访问的社会和医疗保健客户数据库供使用。

由于许多与客户记录相关的系统已经到位或接近到位（至少在医疗保健领域），民政部和卫生部已将其政策重点从存储数据转向使用数据。这反映了数据的不同使用对象：患者、治疗专业人员、服务经理和研究人员（Tieto hyvinvoinnin ja uudistuvien palvelujen tukena，2015），这也是 2012 年在北欧部长理事会下建立的北欧电子医疗研究网（NeRN）的建议。NeRN 指出，医疗数据的二次利用也是经济合作与发展组织（OECD）、欧洲联盟（EU）和一系列北欧电子医疗政策的高度优先事项。为了做到这一点，隐私问题和民众对其健康数据管理的信任是关键因素。此外，数据的相互操作性和质量也是重要问题（Hyppönen，et al.，2017）。

芬兰制定了战略目标，以便从社会和医疗服务客户那里收集的数据能够用于提高他们的福祉和发展更好的服务（Tieto hyvinvoinnin ja uudistuvien palvelujen tukena，2015）。首先，公民有可能将数据用于自我保健；其次，该战略倾向于支持专业人员提高服务效率的信息系统和电子应用程序；最后，数据用于决策、管理、创新、工商活动和研究。所有这些都旨在以全国同步的方式实现，以保证数据的标准化及系统和应用程序的兼容性。Hyppönen等人（2017年）注意到，北欧国家的电子医疗存在着从强调技术基础设施到强调管理和利益相关者参与的重要性，并将商业支持作为一个重要战略目标的转变。

除了社会和医疗保健部门，还有涉及整个公共部门管理的战略目标。这些都与社会和医疗保健战略一致，但它们不仅强调整个公共部门的合作性和兼容性，而且强调与普通民众的合作性和兼容性，其目的是提高专业人员的通信技术技能，提高服务效率，如果有外部特殊用途时允许开放隐私问题数据（Huovila, et al, 2015）。

除了迄今为止做出的努力，数据（尤其是社会服务方面的数据）仍以多种方式被收集。市政当局及其社会服务有各种各样的通信技术系统和应用程序，这带来的挑战之一是，许多公共资助的服务是由小公司提供的，对它们来说，进入国家统一的通信技术系统和客户记录应用程序的投资要求可能非常高。此外，与电子福利和电子医疗相关的高成本可能导致小公司无法继续经营、大跨国公司控制市场的局面。这在很大程度上已经发生在老年照顾领域（Hoppania, et al., 2016）。除了开发单一的数据收集方式，一个重要因素是跨服务的信息交换。例如，在社会服务中，许多情况下拥有客户的健康数据是有益的。不兼容的通信技术系统可能会使这一点变得非常困难，即使各系统一起工作，如果社会服务客户不允许访问他们的健康数据，那么这些数据就不能使用。因此，不仅仅是技术或系统不兼容的问题，相互冲突的目标和原则也有影响。尤其是，对客户和患者的整体需求必须与对准确而最新信息的需求相平衡，要确保客户数据仅用于正确的目的。这需要一个坚实的法律框架来指导客户和患者数据的收集、存储和使用，例如，《患者地位和权利法》（785/1992）或《个人数据法》（523/1999）。利益相关者、操作环境、主要信息群、数据资源和处理有关社会福利和医疗保健中客户数据的关键信息组是准确收集和使用数据的基础，这些要素均得以仔细描述，目的是为社会福利和医疗保健铺平道路并创建一个全国性的信息系统实体（Huovila, et al., 2015）。

三、电子福利和电子医疗方面的经验

电子福利和电子医疗的实践可以用来说明社会援助（作为电子福利）和 Kanta 服务（作为电子医疗）的数字化如何反映社会和医疗服务的数字化。这两个系统都由芬兰社会保险机构（Kela）管理，下面将描述这两个例子，并评估它们的一些相关经验。

（一）社会援助数字化

芬兰社会援助（或收入支助）系统最近已经数字化，同时也发生了其他变化。截至 2016 年底，社会援助完全由市政府承担。然而，自 2017 年初以来，Kela 一直负责管理基本社会援助领域。基本社会援助是为那些无法通过工作、自营职业获得社会保障福利或依靠其他收入或资产维持生计的人而设立的福利。基本社会援助需要做资产调查，以便将任何收入和资产与所有家庭成员的支出一并考虑（Kela，2017）。社会援助是对个人和家庭的最后财政援助，它涵盖食物、衣服、基本医疗费用、个人和家庭卫生、当地公共交通、报纸订阅、电话和互联网、爱好和娱乐以及个人及其家人的其他日常生活费用。社会援助的三个组成部分包括基本性社会援助、补充性社会援助和预防性社会援助（Kela，2017）。补充性社会援助包括除基本性社会援助之外的特殊费用（如冰箱的损坏）和特殊需要或情况（如长期/严重疾病或儿童休闲活动和爱好）引起的费用。预防性社会援助用于推进个人或家庭的独立应对，并防止社会排斥。例如，它可以用来减轻过度负债或财政状况突然恶化造成的困难（Social Assistance，2017）。

补充性社会援助和预防性社会援助仍然由市政府管理，因为领取这些福利的人可能需要社会工作服务，而 Kela 没有提供这项服务。当基本性社会援助的管理转移到 Kela 时，福利系统同时数字化。因此，社会援助申请可以在线完成，但纸质版本也可以接受。这一变化导致 Kela 门前排起了长队，拥挤不堪，工作人员无法在法律规定的七个工作日内处理如此大量的新申请。

在 Kela 工作并处理申请的人指责 Kela 招聘的管理社会援助领域的工作人员很少。各市约有 1500 人从事社会援助工作，但 Kela 只有 750 人（Kelan henkilöstö huolissaan perustoimeentulotuen toimeenpanosta，2017），于是紧急招聘了更多工作人员，排队人数开始减少（Viitala，2017）。这些事件表明，对服务数字化将带来节约的期望至少在短期内被夸大了。申请队伍现在管理得好一些了，但是其他挑战仍然存在。Kela 在其从事社会援助工作的员工中进行了一项调查，它于 2017 年 4 月向 700 名工作人员发送了一份问卷，得到了 63% 的回复率。调查的初步结果已于 2017 年 4 月 26 日在赫尔辛基（2017）的研讨会上公布。研讨会上提出的问题与在社会援助领域担任决策者或顾问的员工所经历的压力有关，近 80% 的受访者感到决策被推迟所带来的持续压力，近 70% 的人因社会援助决定的法律框架和复杂指令而感到持续的压力，大约 65% 的人因社会援助决策不正确而感到持续压力，60% 以上的受访者因缺乏时间正常开展工作而感到持续压力，最后，近一半的受访者因信息和通信技术系统功能失调而感到压力（Heinonen，2017）。

同一时间内似乎发生了太多变化。员工需要了解他们以前从未处理过的福利原则和实践，同时，Kela 在短时间内接待了大约 200000 名新客户（Viitala，2017）。虽然 Kela 的一些雇员已经在该组织工作了一段时间，但他们之前并没有处理过社会援助问题。同样，Kela 招聘的一些新雇员曾在各市从事社会援助工作，但对 Kela 的通信技术系统不太熟悉。Kela 也被指控不愿意雇用有社会援助经验的前市政雇员（Muhonen，2017）。还有一点，用于社会援助的通信技术系统也是新的，Kelmu 是社会援助的通信技术系统，eTotu 是 Kelmu 的一部分，它允许 Kela 雇员向市政当局通报可能需要补充性社会援助或预防性社会援助或社会工作服务的客户。

据估计，做出社会援助决定所需要的时间是每个申请 21~22 分钟，这说明花的时间太少，原因可能是社会援助和社会援助客户的特殊特征没有得到正确理解（Perustoimeentulotuen siirto Kelaan，2017）。与 Kela 迄今为止管理的大多数其他福利相比（如儿童津贴或儿童家庭照顾津贴），社会援助是一项复杂的福利。影响决策的因素和环境数量巨大，社会援助的客户往往在生活中同时面临复杂的挑战。这些可能包括药物滥用、无家可归和精神健康等问题。这使得社会援助难以管理，尤其是当决策者不是社会工作专业人员时。最终，对社会援助做决定时涉及一定程度的慎重，这不是 Kela 以前处理过的福利中的一个特征。

处理每个申请都需要很长时间，这可能与许多客户无法受益于电子福利服务有关。相反，他们需要一个人来协助完成申请，这导致 Kela 办公室及其电话服务排起了长队。Kela 评估（Perustoimeentulotuen siirto Kelaan, 2017）显示，最坏的情况是，接通电话服务需要 20 分钟。在这项服务推出的头几个月，客户电话的应答率特别低，低到只有 3.4%，最高也只有 30.1%。直接联系也有问题，当客户以书面形式提交申请时，需要扫描文件（通常带有许多附件），以便通信技术系统能够访问这些文件。这项工作需要很多时间，尽管当客户对该系统进行回访，或者已经将一些旧文件扫描到 Kela 通信技术系统中时，可能花费的时间要少些。

这些结果告诉我们在创建电子福利系统时需要考虑的许多事情。对一个变更过程赋予太多的期望是不合理的，在这种情况下，不仅福利管理系统数字化了，而且处理福利的组织也发生了变化，大多数从事社会援助工作的人以前都没有这方面的经验，这意味着其不仅在做出与该领域相关的决策方面缺乏经验，而且在与该特定客户群体合作方面也缺乏经验。此外，芬兰还进行了一项改革，将基本性社会援助责任移交给 Kela，而补充性社会援助和预防性社会援助责任仍由市政当局承担。这带来了一大堆挑战，更糟糕的情况是，客户在 Kela 和市政当局之间来回穿梭，而 Kela 和市政当局之间的信息交流目前并不充分（Näätänen, Londén, & Peltosalmi, 2017; Perustoimeentulotuen siirto Kelaan, 2017），这对那些要么基本收入援助申请被否定，要么需要补充性社会援助或预防性社会援助的客户尤其重要。这些福利在很大程度上相互依存，这进一步加剧了问题的复杂性。

社会援助数字化所面临的许多挑战可以随着时间的推移得到解决。然而，不仅对于那些从事社会援助工作的人，而且对于那些申请社会援助并排起长队的人来说，痛苦之大令人无法忍受。延迟支付房租、电费、电话费或购买食物和药物给一些人带来了难以忍受的问题，而这些人已经在生活中面临许多挑战。

（二）Kanta 电子医疗服务

Kanta 是面向医疗保健、药物和公民的国家数据系统服务，在 2016 年至 2019 年间逐步投入使用。Kanta 服务包括电子处方服务、药物数据库、

"我的 Kanta"页面和患者数据库。"我的 Kanta"是一个患者在线服务平台，个人可以在这里浏览自己的健康和药物记录。在"我的 Kanta"，个人可以获得电子处方、治疗记录、实验室检查、X 光检查以及 10 岁以下受抚养人的健康记录。"我的 Kanta"还可以更新处方、立生前遗嘱和器官捐赠遗嘱，以及同意或拒绝披露个人数据。

Kanta 中有一部分已经存在几年了，所以对其用户体验的研究比对社会援助数字化的研究更多。2014 年，有学者针对处于工作年龄期间的 14411 名医生展开了一项关于医疗信息系统在临床工作中可用性的国家级电子调查。受访者来自公立和私营部门，以及基层或者专业照顾单位。问卷包括背景问题、系统可用性问题、对使用系统的支持程度问题、经验收益问题、最重要的开发领域问题和最佳功能问题（Hyppönen, et al., 2015）。

约 60% 对调查做出回应的医生认为电子病历和系统的技术功能令人满意（良好或相当好）。在私营部门工作的比在公立部门工作的 55 岁以上受访者以及长期使用电子病历系统的人得分更高（Hyppönen, et al., 2015）。外科医生、精神科医生和内科医生通常对电子病历和技术功能性最挑剔（Vänskä, 2014）。大约 40% 的公立医院受访者和大约 30% 的医疗保健中心受访者表示，该系统的功能缺陷已经或几乎已经对患者造成了严重的不良影响（Hyppönen, et al., 2015）。幸运的是，在另一项研究中，人们发现公立和私营部门中信息从信息系统消失的事件都有所减少（Kaipio, et al., 2017）。

近 70% 的受访者认为 Kanta 服务有助于促进同一组织内部和不同组织之间的医生合作。然而，不到 10% 的私营部门医生和平均只有 17% 的公立部门医生同意健康信息交换有助于跨组织的协作和信息交换。药物信息的可获得性也很差，所有部门对这个问题的支持仅有 9%~12%。

公立基层照顾单位的受访者对 Kanta 系统很满意（Hyppönen, et al., 2015）。Winblad, Hämäläinen 和 Reponen（2011）曾指出，专业医疗保健似乎更积极地体验电子医疗，特别是纳入电子医疗记录的组织内部电子服务（如数字放射学和实验室服务）。与此同时，初级保健专业人员发现组织间数据交换和远程医疗有着特别积极的发展。然而，患者和医生之间的合作没有得到非常积极的回应，只有大约 20% 的私营部门医生和 10% 的公立部门医生认为信息系统有助于减轻他们与患者合作的压力，赋予患者积极的角色似乎对治疗也没有帮助，因为只有约10%的受访者同意"患者以电子方式（如通过患者门户网站）提供的测量结果有助于提高照顾质量"（Hyppönen, et al., 2015）。

不同服务之间的合作至关重要。例如，有精神健康问题的患者发病率高于其他人，这为精神和身体医疗保健服务的整合提供了依据（De Hert, et al., 2011）。研究还表明，向精神病患者提供的身体照顾不如向普通人群提供的身体照顾充分（Lumme, et al., 2016）。芬兰的可避免死亡率（指的是借助有效和及时的医疗保健可以避免的过早死亡）已经下降。然而，社会经济不平等一直在加剧，在接受专门医疗干预的死亡中，不平等现象日益严重（Lumme, et al., 2012）。社会经济不平等与电子医疗的举措有关，因为收入和教育水平较低的人在获取和使用通信技术方面可能会有更多困难。例如，作为难民或寻求庇护者抵达的移民往往收入和教育水平较低，也可能有语言困难（Malin, Gissler, 2006）。其他一些群体可能会受益于电子服务。例如，残疾人可能会发现电子医疗和电子福利服务更有用，因为它们可以帮助他们克服某些身体障碍（Sachdeva, Tuikka, & Suomi, 2013）。一般来说，年轻人以及高收入、高教育水平的人有可能以更高的程度和更广泛的方式使用新技术（Räsänen, Koiranen, 2016）。然而，年龄本身并不一定会在使用电子服务方面造成差距，已有研究表明，老年人（50岁及以上）如果发现数字服务和设备在日常生活中有用，并且适合他们的生活状况，他们就会使用这些服务和设备（Wilska, Kuoppamäki, 2017）。

四、结论

在努力实现积极公民的政策理念时，电子福利和电子医疗似乎是合适的工具，这些公民通过监测自己的健康状况、预防和治疗疾病以及寻找服务和信息来解决他们面临的社会问题等方式来照顾自己。然而，还不清楚医生是否准备好接纳这类积极的患者，因为Kanta服务的问卷调查显示，大多数医生认为电子系统对与患者的合作没有帮助（Hyppönen, et al., 2015）。芬兰福利国家正在发生大范围的变化，向日益强大的福利国家迈进，这意味着福利国家不再支持、帮助和救援个人，而是使个人能够支持、帮助和援助自己并彼此相助（Gilbert，2002；Saari，2001）。在这种背景下，人们期望个人拥有一定程度的积极公民身份。

电子服务往往是为有能力和有技能的用户而建立的，无论他们是专业人员还是客户和患者，因此，存在把最弱和最有需要的人抛之不顾的风险（Näätänen，Londén，& Peltosalmi，2017）。电子服务带来许多好处，及时和可访问的客户和患者数据可以使服务更加准确、更有针对性、更能适应用户的需求。最乐观地看，电子服务还可以加强组织内部的合作以及跨部门的合作（如社会和医疗保健部门的合作）。然而，这种转变需要时间和资源，电子服务似乎总是有意想不到的挑战，这些挑战只有在系统投入使用时才会显露出来。从本文举例说明的情况来看，这些问题包括 Kanta 服务中缺少信息，社会援助决策者所面临的通信技术系统功能失调等。电子福利和电子医疗不仅仅是将企业数字化，在社会和医疗服务领域，任何支持个人的功能或行为的缺失都可能造成损害，甚至带来令人无法接受的生命损失。

刺激数字化的强大因素之一是节省资金。到目前为止，数字化已经产生了成本，因为建立通信技术系统很昂贵，准备工作（例如，为数字客户打造共享概念并制作患者记录）也很繁重，维护数字化服务系统也需要资源的投入，所以不可能节省资金。但是，如果社会援助的未来决策比现在更快，需要社会工作服务的人更快地获得这些服务，那么从长远来看，积极的社会结果可能是节省开支。如果人们学会监测自己的健康，医生学会利用患者在电子服务中提供的数据，而客户数据又是准确的，那么芬兰的医疗保健系统可能会变得更有效率，未来的人们可能会活得更健康、更长寿。然而，现在还不确定数字鸿沟会发生什么，也不确定未来几代人（不管他们的经济和教育水平如何）是否会对数字化持有敏捷的头脑。

电子福利和电子医疗意味着服务日益标准化。电子病历、转诊、客户数据和社会援助申请使用某些统一和标准化的表格来收集信息，这意味着整个国家的申请过程和服务变得更加统一。早些时候，市政当局在处理社会援助的方式上存在很大差异（Ihalainen，Hieta，& von Hertzen，2014），收集的数据和使用的格式也很不相同。标准化是会产生问题的，特别是考虑社会援助是最后的收入福利。那些需要社会援助的人有各种各样的生活状况需要考虑，使用电子表格和标准化方式处理这些申请意味着那些生活状况非常复杂的人可能无法获得社会援助。此外,那些难以使用通信技术的人可能无法申请社会援助,尽管目前仍可以书面申请,但是这变得越来越困难,因为 Kela 办公室比以前少了,所以距离可能对这种申请构成障碍。

当电子服务到位时,会产生大量数据,而且似乎会从强调技术基础设施转向强调管理和利益相关者的参与,支持商业机会也仍然是一个重要的战略目标(Hyppönen, et al., 2017),这些问题符合芬兰开放数据方案的目标,该方案旨在加速信息资源的免费开放,以机器可读的格式生成数据,并为企业、公民和社会提供透明的使用条件。该方案定位于为新的商业活动和创新创造条件,以巩固民主和民间社会,加强行政管理,并为教育和研究提供多种多样的信息资源(Ministry of Finance, 2017)。这似乎是电子福利和电子医疗的下一步,与芬兰正在进行的社会和医疗改革齐头并进,其目标之一是提高市场化、竞争力,加大自由选择力度。然而,这个目标在不增加社会不平等的情况下是否可能达到还有待观察,自芬兰新自由主义者发起的福利国家变革以来,社会不平等现象已经出现。

参考资料

Bertilsson, T. M., & Hjorth-Andersen, C. (2009). The Nordic welfare state. In G. T. Svendsen & 7. L. H. Svendsen (Eds.), *Handbook of social capital. The troika of sociology, political science and economics* (pp. 212-277). Cheltenham: Edward Elgar.

Cox, R. (2004). The path-dependency of an idea: Why Scandinavian welfare states remain distinct. *Social Policy & Administration*, 38(2), 204-219.

De Hert, M., Cohen, D., Bobes, J., et al. (2011). Physical illness in patients with severe mental disorders. II. Barriers to care, monitoring and treatment guidelines, plus recommendations at the system and individual level. *World Psychiatry: Official Journal of the World Psychiatric Association (WPA)*, 10(2), 138-151.

Digitalisaatio terveyden ja hyvinvoinnin tukena. (2016). *Sosiaalija terveysministeriön digital-isaatiolinjaukset* 2025. Helsinki: Valtioneuvosto. Retrieved June 13, 2017, from http://julkaisut. valtioneuvosto. fi/bitstream/handle/10024/75526/JUL2016-5-hallinnonalan-ditalisaation-linjaukset-2025. pdf.

Ervasti, H., Friberg, T., Hjerm, M., Kangas, O., & Ringdal, K. (2008). The Nordic model. In Ervasti, T. Friberg, M. Hjerm, & K. Ringdal (Eds.), *Nordic social attitudes in a European perspective* (pp. 1-21). Cheltenham: Edward Elgar.

European Commission (2018). The Digital Economy and Society Index (DESI) 2018. Fact sheet.

Retrieved January 31, 2019, fromhttps://ec. europa. eu/digital-single-market/en/desi.

Gilbert, N. (2002). *Transformation of the welfare state. The silent surrender of public responsibility.* Oxford: Oxford University Press.

Hämäläinen, P., & Reponen, J. (2015). Finnish social and health care system and ICT-policies. In H. Hyppönen, P. Hämäläinen, & J. Reponen (Eds.), *E-health and e-welfare of Finland. Check point* 2015 (pp. 21-46). Helsinki: THL. Retrieved June 13, 2017, from https://www. julkari. fi/bitstream/handle/10024/129709/URN _ ISBN _ 978-952-302-563-9. pdf? sequen-ce=1.

Health, Social Services and Regional Government Reform. (2017). *An internet site where the Finnish public sector reform is explained.* Retrieved June 13, 2017, from http://alueuudistus. fi/en/frontpage.

Heinonen, H. (2017). *Kelan toimihenkilöiden näkemyksiä toimeentulotukityöstä.* A Youtube recording from a Kela seminar titled Uusi toimeentulotukijärjestelmä ei ole vielä valmis-tutki-mus kehittämisen tukena, 26 April 2017. Helsinki: Kela. Retrieved June 19, 2017, from https:// www. youtube. com/watch? v = 08pYk7 _ Rk4E.

Hoppania, H.-K., Karsio, O., Näre, L., et al. (2016). *Hoivan arvoiset. Vaiva yhteiskunnan ytimessä.* Tampere: Vastapaino.

Huovila, M., Aaltonen, A., Porrasmaa, J., et al. (2015). *Sosiaali-ja terveydenhuollon valtakunnallinen kokonaisarkkitehtuuri. Periaatteet ja yhteiset lin-jaukset.* Helsinki: THL. Retrieved June 16, 2017, from https://

www. julkari. fi/bitstream/handle/10024/126970/URN _ ISBN _ 978-952-302-531-8. pdf? sequence=1.

Hyppönen, H., Hämäläinen, P., & Reponen, J. (Eds.). (2015). *E-health and e-welfare of Finland. Check point* 2015. Helsinki: THL. Retrieved June 13, 2017, from https://www.julkari.fi/bit-stream/handle/10024/129709/URN _ ISBN _ 978-952-302-563-9. pdf? sequence=1.

Hyppönen, H., Koch, S., Faxvaag, A., Gilstad, H., Nohr, C., Audur Hardardottir, G., Andreassen, H., Bertelsen, P., Kangas, M., Reponen, J., Villumsen, S., & Vimarlund, V. (2017). Nordic eHealth benchmarking. From piloting towards established practice. TemaNord 2017: 528. Nordic council of Ministers. Retrieved June 13, 2017, fromhttp://nor-den.diva-portal.org/smash/get/diva2: 1093162/FULLTEXT01. pdf.

Hyppönen, H., Lääveri, T., Kaipio, J., Vainiomäki, S., Vänskä, J., Reponen, J., et al. (2015). Physicians' use and usability of health information systems. In H. Hyppönen, P. Hämäläinen, & J. Reponen (Eds.), *E-health and e-welfare of Finland. Check point* 2015. Helsinki: THL. Retrieved June 13, 2017, from https://www.julkari.fi/bitstream/handle/10024/129709/URN _ ISBN _ 978-952-302-563-9. pdf? sequence=1.

Ihalainen, P., Hieta, A., & von Hertzen, K. (2014). *Laillisuus-tarkastuskertomus. Valtionosuus kunnille perustoimeentulotuen kustannuksi-in*. Valtiontalouden tarkastusviraston tarkastuskerto-mukset 12/2014. Helsinki: Valtiovarainministeriö.

Kaipio, J., Lääveri, T., Hyppönen, H., Kushniruk, A., Vainiomäki, S., Reponen, J., et al. (2017). Usability problems do not heal by themselves: National survey on physicians' experiences with EHRs in Finland. *Medical Informatics*, 97, 266-281. https://doi.org/10.1016/j.ijmedinf.2016.10.010.

Kela. (2017). *Kela internet pages on Social assistance*. Retrieved June 15, 2017, from http://www.kela.fi/web/en/social-assistance.

Kelan henkilöstö huolissaan perustoimeentulotuen toimeenpanosta. (2017). A statement given by the Kela professional branch of PARDIA, The federation of salaried employees 23. 2. 2017. Retrieved June 19, 2017, fromhttps://www.pardia.fi/kelantoimihenkilot/? x1796127=11825262.

Laaksonen, M., & Ailio, E. (2011). Terminologisen sanastotyön ja luokitustyön yhdistäminen. In K. Häyrinen (Ed.), *Sosiaalija terveydenhuollon tietojenkäsittelyn tutkimuspäivät* (Tutkimuspaperit 2011). Helsinki: THL. Retrieved June 16, 2017, from https://www.julkari.fi/bitstream/handle/10024/80252/b0105265-570a-4f89-8c98-f7b3da930d51.pdf?sequence=1.

Lumme, S., Pirkola, S., Manderbacka, K., & Keskimäki, I. (2016). Excess mortality in patients with severe mental disorders in 1996-2010 in Finland. *PLOS One*, 11 (3), e0152223. https://doi.org/10.1371/journal.pone.0152223.

Lumme, S., Sund, R., Leyland, A. H., & Keskimäki, I. (2012). Socioeconomic equity in amenable mortality in Finland 1992-2008. *Social Science & Medicine*, 75 (5), 905-913. https://doi.org/10.1016/j.socscimed.2012.04.007.

Malin, M., & Gissler, M. (2006). Maahanmuuttajien terveys-ja sosiaalipalveluiden saatavuus, laatu ja käyttöoikeudenmukaisuuden näkökulmasta. In J. Teperi, L. Vuorenkoski, K. Manderbacka, E. Ollila, & I. Keskimäki (Eds.), *Riittävät palvelut jokaiselle. Näkökulmia yhdenvertaisuu-teen sosiaali-ja terveydenhuollossa* (pp. 115-133). Helsinki: Stakes. Retrieved June 25, 2017, from https://www.julkari.fi/bitstream/handle/10024/76061/M233％20-％20VERKKO.pdf?sequence=1#page=110.

Matveinen, P., & Knape, N. (2016). *Terveydenhuollon menot ja rahoitus 2014*. Helsinki: THL. Retrieved June 15, 2017, from https://www.julkari.fi/bitstream/handle/10024/130783/Tr13_16_FI_SV_EN.pdf?sequence=4.

Meagher, G., & Szebehely, M. (Eds.). (2013). *Marketisation in Nordic eldercare: A research report on legislation, oversight, extent and consequences*. Stockholm: Stockholm University Press.

Ministry of Finance. (2017). *Onward from the Finnish Open Data Programme*. Helsinki: Ministry of Finance. Retrieved June 25, 2017, from http://vm.fi/en/open-data-programme.

Muhonen, T. (2017). *Näin Kela-kriisi alkoi: Kunnat tarjosivat työntekijöitään-"Kela ei halunnut heitä"*. Newspaper article in Talouselämä 17 March 2017. Retrieved June 19, 2017, from http://www.is.fi/taloussanomat/art-2000005132006.html.

Näätänen, A.-M., Londén, P., & Peltosalmi, J. (2017). *Sosiaalibarometri* 2017. Helsinki: SOSTE. Retrieved June 15, 2017, from https://www.soste.fi/media/soste_sosiaalibarome-tri_2017.pdf.

Perustoimeentulotuen siirto Kelaan. (2017). *Kelan sisäinen arviointi* 2017. Helsinki: Kela. Retrieved June 19, 2017, from http://www.kela.fi/documents/10180/3571044/toturaportti0806.pdf/06f4fd6b-50de-4302-b6ea-ac5c2adb0ae9.

Räsänen, P., & Koiranen, I. (2016). Changing patterns of ICT use in Finland-The senior citizens' perpective. In J. Zhou & G. Salvendy (Eds.), *Human aspects of IT for the aged population. Design for aging*. Second International Conference, ITAP 2016, Toronto, ON, Canada, July 17-22, 2016, Proceedings, Part I, 226-237.

Saari, J. (2001). *Reformismi. Sosiaalipolitiikan perusteet 2000luvun alussa*. Helsinki: Gaudeamus.

Saari, J. (2017). Oleskeluyhteiskunta. In J. Saari (Ed.), *Sosiaaliturvariippuvuus. Sosiaalipummit oleskeluyhteiskunnassa?* (pp. 13-35). Tampere: Tampere University Press. Retrieved June 15, 2017, from http://tampub.uta.fi/bitstream/handle/10024/100775/Saari_Sosiaaliturvariippuvuus.pdf?sequence=1.

Sachdeva, N., Tuikka, A-M., & Suomi, R. (2013). Digital disability in information society: The case of impairments. In T. Ward Bynum, W. Fleishman, A. Gerdes, G. Møldrup (Eds.), *Proceedings of the Thirteenth International conference. The possibilities of ethical ICT*. ETHICOMP 2013. University of Southern Denmark, Kolding Campus, Denmark, June 12-14, 2013. Retrieved June 24, 2017, from https://www.researchgate.net/profile/Simon_Rogerson/publication/260298598_ETHICOMP_2013_Conference_Proceedings_The_possi-bilities_of_ethical_ICT/links/56b71c3d08aebbde1a7b163b.pdf#page=414.

Social Assistance. (2017). *Ministry of Social Affairs and Health internet page explaining the Finnish social welfare*. Retrieved June 19, 2017, from http://stm.fi/en/income-security/social-assistance.

Sosiaalialan tiedonhallinnan sanasto. (2017). *Palveluihin, palveluprosesseihin ja asiakasti-etoihin liittyviä käsitteitä*. Versio 3.0. Helsinki: THL. Retrieved June 13, 2017, from https://www.thl.fi/documents/920442/2920708/sosiaalialan_tiedonhallinnan_sanasto_versio_3_0.pdf/06ef0be0-2503-48ee-972a-1ca7dd7becfe.

Sosiaaliturvan menot ja rahoitus 2015. (2017). Helsinki: THL. Retrieved June 15, 2017, from https://www.julkari.fi/bitstream/handle/10024/132142/Tr_07_17_kokonaisraportti.pdf?sequence=4.

Tieto hyvinvoinnin ja uudistuvien palvelujen tukena-Sote-tieto hyötykäyttöön-strategia 2020. (2015). Helsinki: Ministry of Social Affairs and Health. Retrieved June 13, 2017, fromhttp://julkaisut.valtioneuvosto.fi/handle/10024/70321.

Van Aerschot, L., & Zechner, M. (2014). Is there a Nordic model of elder care? -Similarities and differences between Denmark, Finland, Norway and Sweden. In M. Pietrzykowski & T. Toikko (Eds.), *Sustainable welfare in a regional context* (pp. 116-138). Seinäjoki: Seinäjoki University of Applied Sciences. Retrieved June 13, 2017, from https://www.theseus.fi/bit-stream/handle/10024/85076/B83_Sustainable%20welfare%20in%20a%20regional%20con-text.pdf?sequence=1.

Vänskä, J., Vainiomäki, S., Kaipio, J., Hyppönen, H., Reponen, J., & Lääveri, T. (2014). Potilastietojärjestelmät lääkärin työvälineenä 2014: Käyttäjäkokemuksissa ei merkittäviä muu-toksia. *Suomen Lääkärilehti*, 49 (69), 3351-3358.

Viitala, S. (2017). *Uutissuomalainen: Kela on saamassa toimeentulotuen jonot kuriin*. Newspaper article in Turun Sanomat 18 April 2017. Retrieved June 19, 2017, from http://www.ts.fi/uutiset/kotimaa/3478453/Uutissuomalainen+Kela+on+saamassa+toimeentulotuen+jonot+kuriin.

Wilska, T-A., & Kuoppamäki, S-A. (2017). Yhteenveto ja johtopäätökset. In T-A Wilska & S-A. Kuoppamäki (Eds.), *Varttuneet kuluttajat, digitalisoituva arki ja kulutusympäristöjen muutos. Digi 50 +-hankkeen loppuraportti*. 209/2017. Jyväskylä: Jyväskylän yliopiston kauppakorkeakoulu. Retrieved June 24, 2017, from https://jyx.jyu.fi/dspace/bitstream/han-dle/123456789/54393/978-951-39-7101-4.pdf?sequence=1.

Winblad, I., Hämäläinen, P., & Reponen, J. (2011). What is found positive in healthcare information and communication technology implementation? —The results of a nationwide survey in Finland. *Telemedicine and e-Health*, 17 (2), 118-123. https://doi.org/10.1089/tmj.2010.0138

CHAPTER 4

第四部分

中国经验

第九章

社区综合养老社会服务体系建设：挑战、问题与对策[①]

◎ 潘 屹[②]

我国老龄化具有老年人口基数大、增长速度快，以及人口抚养比上升等特征，养老形势格外严峻，尤其担负着六种老年人刚需服务的任务。我国养老服务尚在起步阶段，经过了从强调机构建设向居家养老政策倾斜的过程。国家制定了"居家为基础、社区为依托、机构为支撑"的养老服务方针，北京、上海也分别制定"9064""9073"养老的计划。但三者关系尚未理顺，许多地方依旧围绕机构和居家之间的数字比例做文章。在三者中，应突出社区服务的建设。建设社区综合养老社会服务体系，有效连接机构，保障居家服务，应是养老服务的核心任务。社区综合养老服务体系，即形成多方主管部门参与，在社区配置整合公共、社会和个人各方资源，形成有机的服务体系，为老年人提供综合服务。

一、老龄化现状与严峻局势

我国的老龄化形势很严峻：老年人口基数大、增长速度快、人口抚养

[①] 原文见《探索》2015年第4期，第70-80页。
[②] 潘屹，中国社会科学院社会学所研究员。

比上升。老年社会服务的任务非常艰巨。

（一）老年人口基数大

自20世纪90年代以来，我国老龄化速度不断加快。有几个里程碑的数据：1990年，我国60岁及以上人口数量达1亿，1999年，我国进入老龄化社会。2013年，我国60岁及以上老年人数量已经达到了2亿，占全部人口的14.9%；65岁及以上的老年人达到了1.23亿，占全部人口的9.1%。[①]预计到2050年，我国60岁及以上老年人口将达4.37亿，占总人口的31.2%。中国老年人口基数大，增长速度快，虽然多方的统计略有出入，但中国老年人口的总体概况和预计增长趋势趋同（见图9-1和图9-2）。

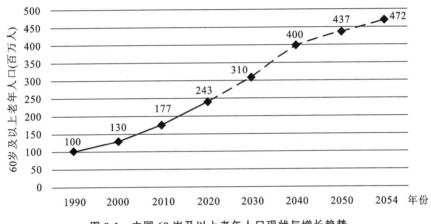

图9-1 中国60岁及以上老年人口现状与增长趋势

数据来源：国家统计局人口普查、全国老龄委及其老龄委下属科研课题组的数据综合。

2013年我国65岁及以上老年人口占世界老年人口的20%，超过欧洲的老年人口数量，等于美国、日本、德国、英国、法国和澳大利亚六国之和。[②] 2020年，我国65岁及以上老年人数将达1.67亿[③]，占世界老年人口

[①] 据我国第七次人口统计数据，2020年，我国60岁及以上人口为26402万人，占18.70%（其中，65岁及以上人口为19064万人，占13.50%）。与2010年相比，0～14岁、15～59岁、60岁及以上人口的比重分别上升1.35个百分点、下降6.79个百分点、上升5.44个百分点。

[②] 吴玉超：《老龄蓝皮书：中国老龄产业发展报告（2014）》，社会科学文献出版社，2014年。

[③] 据第七次全国人口普查，实际上该类人口已达1.9亿。

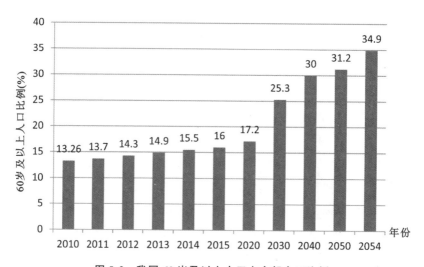

图 9-2 我国 60 岁及以上人口占全部人口比例

数据来源：国家统计局、全国老龄委及其老龄委下属科研课题组数据综合。

的 24%。预计 2025 年将突破 3 亿[①]，2030 年，我国 65 岁及以上人口数量将达到 3.1 亿，占总人口的 20.42%；2050 年将达 4.37 亿，占总人口的 31.2%，2054 年将达到峰值。届时，每 3 人就有 1 人是老年人。

（二）老年人口增长速度快

2013 年，我国 60 岁以上老年人的比例为 14.9%，高于国际平均值 11%，但低于发达国家平均 21.7% 的比例（见图 9-3）。同年，我国 65 岁及以上的人口比例为 9.1%，低于发达国家的 16%，高于国际社会 7.6% 的平均值（见图 9-4）。与国际一些国家和地区的老年人口增速相比，我国老年人口上升趋势很明显。

据 2011 年 9 月印发的《中国老龄事业发展"十二五"规划》，从 2011 年到 2015 年，全国 60 岁以上老年人数量将由 1.78 亿增加到 2.21 亿，平均每年增加 860 万；老年人口比重将由 13.3% 增加到 16%，平均每年递增 0.54 个百分点。据民政部预计，2020 年，60 岁及以上老年人口将达到

[①] 《民政部召开全国社会养老服务体系建设工作会议》，https://www.yanglaocn.com/shtml/20130819/137692258528836.html。

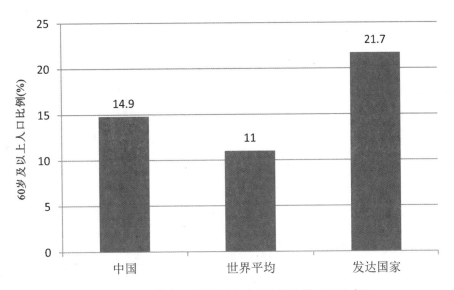

图 9-3　国际社会 60 岁及以上人口比例比较（2013 年）

数据来源：根据国家统计局、欧盟统计局（Eurostat）2013 年统计数据比较。

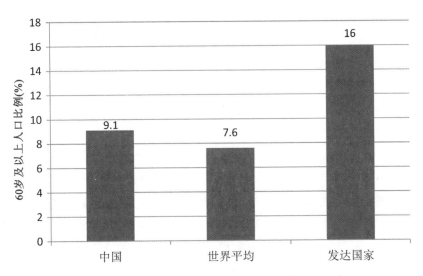

图 9-4　国际社会 65 岁及以上人口比例比较（2013 年）

数据来源：根据国家统计局、欧盟统计局（Eurostat）2013 年统计数据。

2.43亿①，另据全国老龄委预计，2020年，我国60岁及以上老年人口的比例将达到总人口的17.2%。②

2006年，北美有17%的60岁及以上人口，西欧有23%的60岁及以上人口。预计到2050年，包括北美、欧盟及澳大利亚在内的大多数发达资本主义国家平均将有32%的人口年龄在60岁以上。③ 中国的直线上升速度已经和发达资本主义国家的老龄化程度持平，甚至高于英、法、美（见图9-5）。

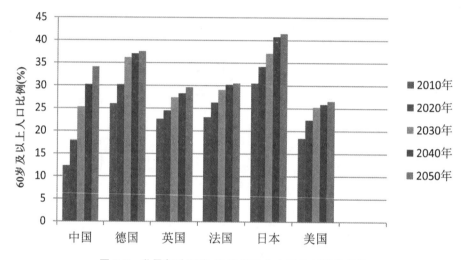

图9-5 世界部分国家60岁及以上人口比例变化趋势

数据来源：联合国经济与社会事务部人口司的《世界人口展望（2010年修订版）》。
预测方案：中国老年人口比重为全国老龄办国家应对人口老龄化战略研究数据

我们再来观察世界进入老龄化国家的进程。法国于1865年成为世界上第一个进入老龄化的国家，瑞典紧跟其后，于1890年进入老龄化国家，英国在1931年进入，美国虽然是一个年轻的移民国家，但是也在1944年进入，而日本较晚，在1970年进入。我国虽然在1999年进入，但预计进入老龄化以后至2050年的半个世纪中，中国的老年比例会是进入老龄化初时的3倍，而其他国家在50年中，预计老年比例增长仅仅是原来比例的1/3～1/5（见图9-6）。

---

① 民政部召开全国社会养老服务体系建设工作会议，https://www.yanglaocn.com/shtml/20130819/137692258528836.html。

② 而实际增长比有关方面的预计还快，据我国第七次人口统计数据，2020年，我国60岁及以上人口为2.64亿人，占18.7%。

③ 《联合国老龄化议题》，http://www.un.org/chinese/esa/ageing/introduction.htm。

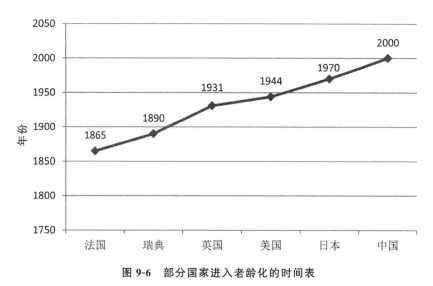

图 9-6　部分国家进入老龄化的时间表

数据来源：根据国家统计局、欧盟统计局（Eurostat）、OECD 国家数据比较。

一些进入老龄化社会的国家进入老龄化社会经过了上百年，我国仅仅用了几十年。从老龄化社会到超老龄化社会，中国的时间距离也在缩短。联合国的标准为：60 岁及以上人口为全部国家或地区人口的 10%，或 65 岁及以上人口达到 7%，为进入老龄化社会；65 岁及以上人口达到 14%，为深度老龄化社会；60 岁及以上的人口达到 21%，或 65 岁及以上人口达到 15%，为超老龄化社会。按照这个标准，发达国家几乎全部已经进入或正在迈入超老龄化社会。其中，日本的老龄化形势最为严峻。[①] 日本从进入老龄化社会发展到超老龄化社会用了将近 30 年的时间，按照 60 岁及以上人口的百分比标准，中国从进入老龄化社会到超老龄化社会仅仅用了 20 余年。中国人民银行金融研究所给的超老龄化社会的标准稍有不同，其定义是"老年人需要的尿片数量超越婴儿需要的尿片数量"[②]。按照这个标准，中国也将在 2035 年进入超老龄化社会。

---

① 《超老龄社会：日本的难题和应对》，http：//www.cet.com.cn/ycpd/xwk/852615.shtml。

② 《在"未雨绸缪——迎接超老龄社会"峰会上的发言》，http：//stock.hexun.com/2015-03-22/174282271.html。

（三）抚养比上升

与人口老龄化相对应，2012 年，中国的劳动力人口第一次出现了下降的趋势，即一些专家所讲的人口红利的拐点。人口红利指一个国家的劳动年龄人口占总人口比重较大，抚养比较低，为经济发展创造了有利的人口条件的局面。中国的人口红利在过去的三四十年间创造了经济增长的有利条件。蓝皮书称，中国人口的自然增长率连年下滑，截至 2012 年末，自然增长率已经下降到 4.95％。人口劳动力从 2012 年的 9.4 亿降到 2013 年的 9.36 亿。具体体现为 15 岁至 64 岁的劳动力人口从一直增长的趋势转变为 0.6％的负增长。

而家庭小型化的趋势和代际关系的疏远，导致传统家庭养老功能的衰退。与此同时，我国的抚养比发生了巨大的变化，2012 年是一个转折点，人口红利下降即劳动力人口第一次少于要抚养的人口。人口红利的拐点预示非劳动力人口的比重开始缓缓增加，抚养比上升。非劳动力人口包括老人和儿童。根据联合国经济和社会事务部人口司 2011 年发布的数据，中国老年人抚养比已经从 2000 年的 10％上升到 2010 年的 13％。2010 年以后，65 岁及以上的老年人口数目将以更快的速度增长。而全国老龄委的数据则更加险峻：2013 年，65 岁及以上老年人口的抚养比是 21.6％，14 岁以下儿童抚养比为 24.4％。[①] 社会的总抚养比在 2013 年是 46％。全国老龄委预测：2023 年，中国 65 岁及以上的老年人口将和 0~14 岁的儿童所占的比例相等。在 30 年时间内，中国老年抚养比从 2000 年的 7％预计增长到 2030 年的 24％。2030—2050 年，中国人口总抚养比和老年人口抚养比将分别保持在 60％~70％和 40％~50％用于换算的人口比例数据（见图 9-7）。[②] 中国老年抚养比和欧洲的差距越来越小，并将在 2040 年左右超越美国（见图 9-8）。

老龄化发展趋势、老年人口增长趋势和抚养比的变化表明了中国老龄化的严峻现实和养老事业的艰巨。因为需要服务的人和可提供服务的人的比例发生了变化。中国劳动力人口下降，即可以支撑老年人的劳动力在减少，而社会需要负担的人口，特别是老年人口在增长。

---

① 中国老龄科学研究中心：《中国老龄事业发展报告（2013）》，社会科学文献出版社，2013 年。
② 《中国人口老龄化发展趋势预测研究报告》，http：//www.cncaprc.gov.cn/yanjiu/33.jhtml。

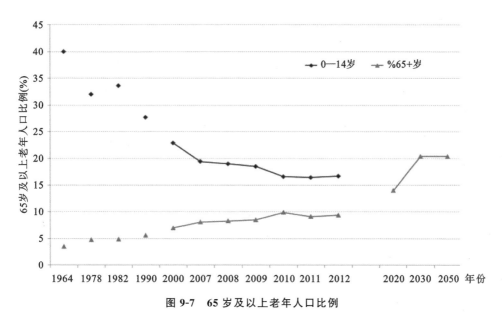

图 9-7　65 岁及以上老年人口比例

数据来源：国家统计局、全国老龄委、中国社会科学院数量和技术经济研究所数据。

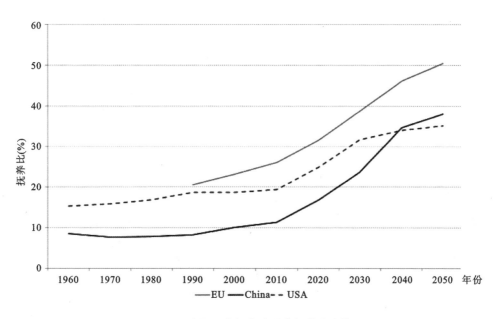

图 9-8　中国、美国和欧盟的抚养比比较

数据来源：根据国家统计局、欧盟统计局（Eurostat）数据比较。

老龄社会与以往人类所经历的年轻型或成年型人口结构社会最显著的区别在于养老问题更加突出。我国老龄化的特征是人口基数大、增长速度快和提供服务的劳动力减少，因此，我国的老年社会服务任务显得格外严峻。

二、老年人口的特殊刚性服务需求

在我国老年人口绝对数量大的现状下，有六种老年服务特殊人群构成了老年服务的绝对性和刚性需求，这六种老年人是老年社会服务的主要目标人群，包括高龄老人、失能半失能老人、空巢老人、失独老人、贫困老人和农村老人。

（一）高龄老人

我国老年人口高龄化日趋严峻，对社会的照料需求日益增大。据2014年老龄产业发展蓝皮书报告，我国80岁及以上的高龄老年人口在2010年达到2000万，2012年超过2200万，2013年超过2300万，在此基础上，预计2050年，将增加到1.08亿，2054年将达到峰值1.18亿（见图9-9）。高龄老人身体功能衰退，这一群体将成为老年服务的主要任务和重点对象。

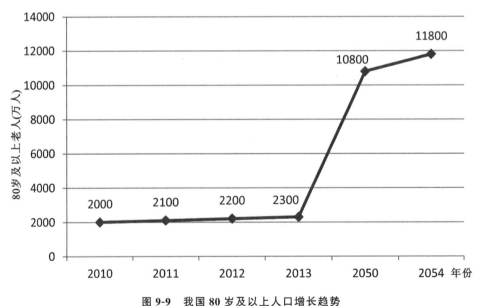

图 9-9 我国 80 岁及以上人口增长趋势

数据来源：国家统计局、全国老龄委数据。

（二）失能半失能老人

失能老年人口大幅增长。失能，即意味着这些老人生活不能自理，需要生活照护、医疗护理和精神慰藉。2007 年，我国失能失智老人达到 940 万，还有将近 2000 万的半失能失智老人。中国老龄科学研究中心发布的《全国城乡失能老年人状况研究》指出，2010 年末全国城乡部分失能和完全失能老年人约 3300 万，占总体老年人口的 19.0%。中国社会科学院及社会科学文献出版社联合发布的《社会蓝皮书：2014 年中国社会形势分析与预测》指出，2013 年失能老人的总数已经超过 3700 万。其中完全失能老年人有 1080 万，占总体老年人口的 6.23%。根据《中国老龄产业发展报告（2014）》，到 2015 年，我国部分失能和完全失能老年人将达 4000 万。其中完全失能老年人 1240 万左右，占总体老年人口的 6.05%。该报告预测，中国失能老年人口将从 2013 年底的 3750 万，增长到 2050 年的 9700 万；2053 年，到达人口老龄化的高峰，失能老年人口总量将达到 1 亿人（见图 9-10 和图 9-11）。

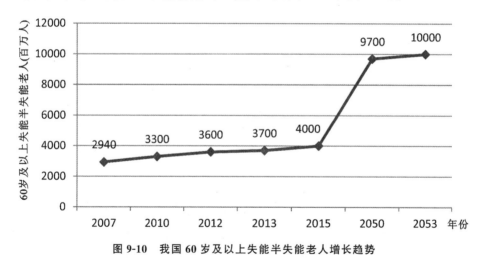

图 9-10 我国 60 岁及以上失能半失能老人增长趋势

数据来源：综合全国老龄委、中国老龄科研中心等多方统计数据。

据世界卫生组织统计，2012 年，全球 49 个高收入国家人均健康寿命为 70 岁，而我国仅有 66 岁。① 我国 60 岁及以上老人身体健康比例仅为

---

① 全国老龄办《中国老年人健康指南》发布会，http：//www.gov.cn/zhuanti/2013-09/27/content_2593636.htm。

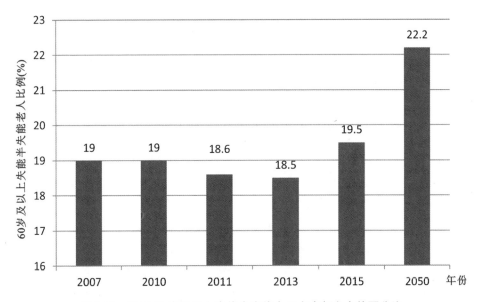

图 9-11 我国 60 岁及以上失能半失能人口占全部老人的百分比

数据来源：综合全国老龄委、中国老龄科研中心等多方统计数据。

43%左右，发达国家的这个比例超过 60%。[①] 另据《中国老龄产业发展报告（2014）》显示，老年人口健康水平依然堪忧。慢性病老年人持续增多，2012 年为 0.97 亿人，2013 年突破 1 亿人大关。目前，城乡老年人口中健康存在问题的、健康状况一般的和健康良好的分别占老年总人口的 27%、56% 和 17%。在平均约 19 年的余寿中，健康余寿只有 9 年左右，其余 10 年基本上是带病或失能状态。这些身体功能有障碍的老人对养老服务提出特殊的要求。

（三）空巢老人

中国空巢老年人口占老年总人口的一半。空巢老人家庭（或称纯老家庭、老年独居家庭），指家庭成员年龄在 60 岁及以上的单身老人或老夫妇二人。它的出现源于经济社会发展急剧转型变化，大规模人口流动，城市人口去外地或国外读书、生活，农村人口去城区打工、学习，带来了城乡空巢老年人口的数量上升。2007 年，我国空巢老人有 9900 万，城市老年人

[①] 全国老龄办《中国老年人健康指南》发布会，http：//www.gov.cn/zhuanti/2013-09/27/content：2593636.htm。

空巢家庭（包括独居）的比例已达49.7%。其中，大中城市的空巢老年家庭（包括独居）比例达到56.1%，部分城市高达70%。2012年，城市空巢老人家庭约占57%，农村约为40%（见图9-12和图9-13）。未来，空巢老年人口比例预计将突破70%。①

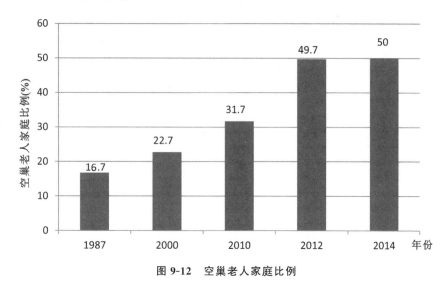

图9-12　空巢老人家庭比例

数据来源：综合全国老龄委、国家统计局等多方统计数据。

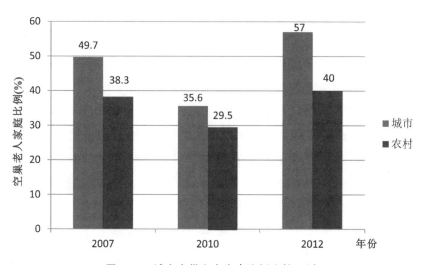

图9-13　城乡空巢老人家庭比例比较（%）

数据来源：综合全国老龄委、国家统计局多方统计数据。

① 中国老龄科研中心：《中国老龄产业发展报告（2014）》，社会科学文献出版社，2014年。

(四)失独老人

我国失独老人数量日益增多,据国家应对人口老龄化战略研究报告,2012年,中国至少有100万个失独家庭,且每年以约7.6万个的数量持续增加。执行计划生育政策的一代陆续进入老年期,由于独生子女意外风险事件的发生,这些老人失去子女,成为失独老人,养老问题日益突出。人口学专家易富贤根据人口普查数据推断:中国现有的2.18亿独生子女,会有1009万人在或将在25岁之前离世。按此常规死亡率计算,1975—2010年间,有超过1000万独生子女在25岁之前死亡。这意味着有2000万名双亲老人,在中老年时期失去唯一的子嗣,成为孤立无助的失独老人。另据老龄产业发展报告公布的研究统计,随着失独老年人的增多、丁克家庭以及"单身贵族"进入老年期,无子女老人将越来越多,预计到2050年,临终无子女老年人将增加到7900万。①

(五)贫困老人

根据民政部发布数据,2012年,我国贫困、低收入老人有2300万。根据2013年7月北京大学国家发展研究院对老年人的经济状况调查统计数据,我国有22.9%,即4580万60岁及以上的老人消费水平位于贫困线以下。如果老年人参与劳动力市场活动,可以通过就业获得一定的收入保障。老年人退出了劳动力市场,是否陷入贫困,则取决于他们生活来源的保障程度。大多老年人靠退休金度过晚年,和工作期间相比,收入普遍相对较低。而许多无工作的老人没有退休金,只有很低的基本养老保险,成为低收入人群。老年人的贫困率高于农村人口贫困率,说明目前中国老年人总体的经济状况处在一个极低的水平。贫困老人群体对养老服务资金支持,特别是国家的社会支出计划提出要求。

(六)农村老人

农村老人的养老问题尤其显著。据2000年常住人口普查,农村年龄65

---

① 中国老龄科研中心:《中国老龄产业发展报告(2014)》,社会科学文献出版社,2014年。

岁及以上人口比例达到8.1%，高于城市（6.7%）和镇（6%）的老龄化比例。①农村老龄化程度高，但是农村老人得到的养老服务却更少。农村老人社会保险收入低于城市老人，文体娱乐生活也少。许多老人失去劳动能力，没有了粮食、生活费和零花钱，甚至患病也去不了医院。他们生活负担重，居住条件简陋，缺乏温饱保障；健康状况不好，卫生医疗条件差；有病得不到亲人护理，照料问题突出；经济依赖性强，感情和精神得到的关注更少。因此，农村老人自杀率较高。农村老人的日常生活、卫生条件、精神文化和城市比起来都相对更加贫困，他们已经成为特殊困难群体。中国老龄科学研究中心2006年老年人失能现状调查结果是：女性老年人不能自理的比例高于男性老年人，农村老年人不能自理的比例高于城市老年人。国家统计局2004年关于老年人生活自理能力有同样的分析结果，农村老年人不能自理的比例高于城市老年人，农村女性老年人生活不能自理的比例更高。农村老年社会服务差有以下几种原因：第一，家庭功能衰退，农村年轻劳动力背井离乡打工，不能照顾老人，相反，留守老人要下地干活谋生，还要照顾留守儿童；第二，社会服务城乡差别大，基本公共服务建设和投入不同。农村老人应该和城市一样接受社会和家庭提供的养老服务，这对我国的养老社会服务体系的综合建设与平衡发展以及农村社区建设和家园建设提出了综合的要求。

这六个群体老人是养老服务体系构建的核心对象，其数量和特殊性不仅表明我国养老服务任务的艰巨性，而且对养老社会服务需要涉及问题的有关方面提出具体要求。从以上诸多因素我们看到了养老社会服务任务的迫切、艰巨、复杂和困难程度。

三、服务需求的准备不足和发展目标

在严峻的老龄化形势面前，老龄人口的增长和由此带来的社会保障、福利津贴和各种服务需求，给社会福利体系带来了严峻的挑战。我国的社会福利制度，特别是养老社会服务体系尚不健全，而传统的家庭养老也遭

---

① 孙祁祥：《人口转变、老龄化及其对中国养老保险制度的挑战》，《财贸经济》，2008年第4期。

遇了严峻的挑战。随着经济社会的发展变化，我国流动人口的增加和日趋形成的家庭小型化、分散化，已经让原有的家庭养老功能衰退。国家固有的福利机构不可能承担全部老年人口的养老重任，老年人在收入保障、社会救助、医疗保险、康复保健、卫生照护、生活照顾、精神慰藉和文化娱乐生活服务上有各种需求，但服务供给严重缺乏。我国养老社会服务业还处于发展初期阶段，在建立养老服务体系的过程中面临资金、人员、设施等老年社会服务供给不足的问题，特别是社会政策设计的欠缺。

我们以经济社会发展位居全国前列的上海市为例。上海市做过三次老龄照料需求的调研，结果显示：1998年，没人得到来自邻居和社区服务机构的帮助；2003年，1.1%的老年人得到了来自邻居和社区服务机构的帮助；2005年，无人获得来自邻居的帮助，6.0%的人获得来自社区服务机构的帮助，2%的人得到过护理员的帮助。即上海市在2005年前，有需求的老年人仅仅有不到10%的人接受过社会服务。1998年的调查中，所有老年人都选择"没得到任何人的任何帮助"这一项。到2005年，得到帮助的老年人比例升到8%。[①] 2010年以后，上海市的社区养老服务体系已初具雏形。但是，其他社会经济发展较为滞后的地区城市，养老社会服务还很缺乏。在许多农村地区，养老服务几乎是一片空白。由于我们的社会服务体系不健全，老年人的生活照顾出现困难，老年人，特别是高龄老人感觉孤独的比例升高，甚至出现了某些地区农村老年人的自杀率上升。因此，国家提出加快老年社会服务事业建设，保障不断增长的老年人社会服务需求。

我国的养老服务业存在一些明显的不足。有许多研究专门论述老年社会服务的准备不足，例如缺少为老年社会服务的顶层设计、战略规划与具体政策。资金方面，缺少资金配置的法律法规，没有长期护理的保障；专业服务人员方面，缺少包括社会工作者、心理咨询师、康复工作者、医务工作者、护理人员等的机构设置、岗位定位和培养计划；社区在老年服务基础功能、机构养老功能、居家服务配套以及医疗、健康、护理等方面没有科学的系统化规划；没有出台家庭养老的相应政策等。本文将这些不足归纳为如下几个宏观问题。

---

① 徐启华、金岭：《上海市高龄老人的照料及需求状况——上海市老年人口状况与意愿抽样调查数据分析》，全国老年照护服务高峰论坛，2000年，第69-80页。

首先，养老服务业总量不足，主要体现在养老机构数量不足。民政部2013年8月的全国社会养老服务体系建设工作会议剖析了社会养老服务体系建设存在的问题，我国养老院人均拥有床位率很低，养老床位缺乏。根据全国老龄委2008年做的首次全国民办养老机构调查数据，截至2012年底，全国社区留宿和日间照料床位已达到19.8万张。全国各类养老机构近4.5万家，养老床位431.3万张，每千名老年人拥有养老床位达到22.24张。根据《2013年社会服务发展统计公报》，2013年，全国各类养老服务机构有42475个，拥有床位493.7万张，比上年增长18.9%（每千名老年人拥有养老床位24.4张，比上年增长13.9%）。截至2014年，全国养老床位已达到551.4万张，每千名老年人拥有养老床位达到26张。[1] 我国的养老床位在近年发展很快，已经从2012年的2.2%，上升到2014年的2.6%（见图9-14）。发达国家进入机构养老的老年人占老年人比例的5%~7%，按照国际社会标准的老年人口的5%~7%进入机构计算，我国机构的床位缺口是600万~800万张。我国的养老社会服务距离需求确实差距很大。这么大的缺口需要填补，当然，我们还要研究并计算我国是否需要这么多老年人进入机构养老，多少比例进入机构比较合理，如果不进入机构，将如何提供养老服务。

其次，养老服务资金不足。我国绝大多数地区对养老服务缺少制度性的资金支持。在养老机构的运营管理方面，接受调查的养老机构表示最大的困难是资金紧张，包括争取政府资金投入非常困难。政府也算过账，仅机构养老一项，投资一张床为人民币10万元（不包含土地费），那么600万张床就是6000亿元人民币。[2] 这不仅仅是机构建设的资金，还包括老人支付服务的资金，当然，这也涉及服务人员的工资待遇。

最后，服务人员缺乏。养老服务需要大量的专业社会工作者和医疗、生活护理人员。而我国的养老服务专业人员不足。保守估算，在2011年，我国已经有1130万失能失智老人[3]，按照3∶1的比例，那时我国需要有

---

[1] 2020年，民政部数据显示，我国的养老床位已达791.9万张。其中，养老机构床位450.1万张，社区养老床位数341.8万张。
[2] 民政部社会福利和慈善事业促进司老年处王辉处长的访谈，2012年。
[3] 中国老龄科学研究中心课题组：《全国城乡失能老年人状况研究》，《残疾人研究》，2011年第2期。

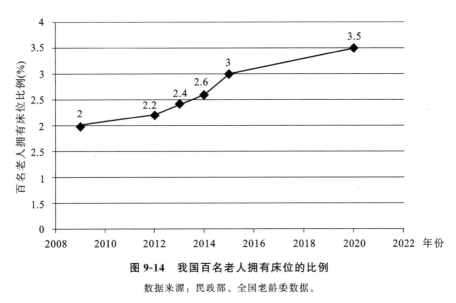

图 9-14　我国百名老人拥有床位的比例

数据来源：民政部、全国老龄委数据。

370万的护理队伍。按"十二五"规划，我国需要有500万持证上岗的养老护理员，另据专业全面估测，满足此时养老需要的护理人员则最少为1000万。在养老服务人员配置上，熟练护工短缺。根据《全国城乡失能老年人状况研究》数据，截至2014年底，全国养老从业人员不足50万，其中持证上岗人员不足5万。30万的护理人员队伍中，拿到专业培训证书的仅有3万多人。目前养老服务机构中服务人员专业化水平低，年龄大，平均文化程度是高中。许多养老机构聘用的多为下岗职工和进城务工的农民。他们没有经过培训，缺乏护理知识和技能。在民办养老机构中，护理人员中30岁以下的只占7%，管理人员中大专以上学历的只占32%。平均一所养老机构配备不到一名医生、一名护士。[①] 社会工作者的待遇在某些地方得以改善，但普遍待遇还存在很大的问题。同时社会福利的专业管理人员缺乏。

各级政府已经意识到老年社会服务任务的艰巨性和服务的不足，开始制定与此有关的战略发展目标，下达具体任务。党的十八大报告中明确提出大力发展老龄服务事业和产业；第十二个五年计划纲要提出"逐步健全社会福利服务体系"；《国家基本公共服务体系"十二五"规划》中提出了

---

① 《全国民办养老服务机构基本状况调查报告》，https://max.book118.com/html/2017/1116/140333455.shtm。

全面发展社会服务的重点任务、基本目标和保障工程。2011年国务院印发《中国老龄事业发展"十二五"规划》，对老年社会服务做出具体规划要求：2020年，建立以居家为基础、社区为依托、机构为支撑的，功能完善、规模适度、覆盖城乡的养老服务体系。2013年，十八届三中全会提出积极应对人口老龄化，加快建立社会养老服务体系和发展老年服务产业。2014年，国务院连续下发三个重要文件，对养老服务业、健康服务业和政府购买服务工作进行全面部署，明确提出把服务亿万老年人的"夕阳红"事业打造成蓬勃发展的朝阳产业，使之成为调结构、惠民生、促升级的重要力量。养老服务产品更加丰富，市场机制不断完善，养老服务业持续健康发展。

在提出国家老龄事业发展规划总纲要的同时，国家相继出台了相关的养老社会服务的政策。

第一，确立养老机构的发展目标。2011年，我国已经确立在2015年力争使各类养老床位达到663万张，每千名老人拥有养老床位数达到30张，日间照料服务基本覆盖100％城市社区和50％以上的农村社区。到2020年，全国社会养老床位数达到每千名老年人35～40张，服务能力大幅增强。要求符合标准的日间照料中心、老年人活动中心等服务设施覆盖所有城市社区和90％以上的乡镇，60％以上的农村社区建立包括养老服务在内的社区综合服务设施和站点。①

第二，许多省份出台了养老服务的政策。在资金服务补贴救助上，2008年，有18个省份出台了80岁及以上低收入老年人高龄津贴政策，惠及约1600万老年人；22个省份出台了经济困难老年人养老服务补贴政策，惠及约170万老年人；天津、黑龙江、上海3个省份在一般养老服务补贴的基础上，建立了失能老年人护理补贴制度。② 政府鼓励民间资本和机构进入老年社会服务领域，并对其给予政策和资金支持。许多地方成立民间组织孵化器等机构，培育可以独立工作、较为成熟的社会组织和社会企业进入老年社会服务领域。各地政府采取购买服务的方式，以民办公助和公办民营等形式鼓励社会机构进入养老服务领域。同时培养社会工作专业人员，

---

① 实际上，我国在2020年，已经实现了养老床位接近800万张。
② 2008年全国老龄办首次全国民办养老机构调查。

拓展农村社区建设项目等。有了战略方针，明确了目标，也开始制定具体措施，但建设养老服务体系依然存在一些问题。

四、养老服务面临的问题

我国现有养老社会服务体系本身存在一些不足，要弥补这些不足，首先，仅仅有机构建设的目标数字远远不够，养老机构内在核心因素需要确定，要调整和理顺机构间的关系、机构与社区的关系；其次，要合理科学地建立以居家为基础、社区为依托、机构为支撑的养老服务体系，这是一个有机的制度；最后，城乡要协调发展，宏观政策倾斜，在建设农村家园的基础上发展农村养老社会服务。

（一）机构自身存在的问题

一是养老机构大多收养身体健康的老年人。[①] 当前机构通常指各级政府部门办的养老院，其收养的老年人相当数量是身体功能健全、生活基本自理、可以接受在社区居家服务的老年人。这造成了本不充分的养老床位资源的浪费，而真正高龄的、有服务需求的失能老人因为专业的护理机构的短缺得不到入院服务。《2009年民政事业发展统计报告》显示，全国老年人的收养机构总床位约266.2万张，实际收养老年人210.9万人，其中失能老年人24万～35万人，只占全部收养人数的17%。近一半的养老机构表示以接收自理老年人为主，不收住失能老年人。城市中有将近三分之二的养老机构，特别是民办养老机构，对老年人入住以失能作为限制条件；有超过四成的农村养老机构明确表示只接收自理老人。[②] 这个问题关系到养老机构的重新定位、机构主要解决什么问题和国家为哪部分人付费。

[①] 潘屹：《中国老年社会服务体系一体化的基本思路与分析》，中国老年学学会主编，《社会公平与社会共享》，中国文联出版社，2011年。

[②] 姚远、范西莹：《我国民办养老服务机构面临的问题及其发展对策研究——给予全国民办养老服务机构调查数据的分析》，中国老年学学会编：《持续增长的需求：老年长期照护服务》，中国文联出版社，2000年。

二是养老机构存在相当比例的空床率。① 养老床位总量不足的同时,部分服务设施空置。在这方面,各地数据不一。2010年,民政部统计数据显示,城市福利机构床位使用率为71.5%,农村福利机构床位使用率为83%,即城市空床率为28.5%,农村为17%。但是近年来北京市郊区的空床率多达四成,多为民办养老机构。有的民办养老机构和设在郊区的养老机构,有高达50%~70%的空床率。2015年的民政部数据显示,全国民办养老机构床位空床率超50%。

对于为什么会出现这些问题,将从以下三个方面予以解答。

一是机构缺少老年基本服务功能设置。现有机构的基础设施简陋,服务功能单一,仅限于休闲娱乐,不能为老年人提供他们更需要的基本生活照顾、医疗护理等综合服务。比如,笔者去过一些星光老年之家,它们均仅供娱乐休闲,有的甚至大门紧锁。养老机构和社区内的医院没有健康医疗的密切联系,不能解决老人医疗康复、健康保健和医疗护理等方面的问题。

二是不同性质的养老机构的职责、定位不清。公办、民办、社会企业以及私营养老机构的职能和作用划分不清。一些公办养老机构收养对象不是失能失智的高龄老人,而是生活能自理的老年人;一些本可以在社区内解决的养老、可以居家的养老,都集中到公办养老机构来。同时,笔者在调研中发现,有的民办机构及其入住的非民政对象得到了政府的大量补贴,而有的民办机构承担了大量的社会责任,却没有得到相应的支持。因此,要解决公办养老机构定位方向的问题,同时要明确民办养老机构应承担的责任以及相关扶持的政策。

三是机构非专业化,标准质量参差不齐。许多民办养老机构布局混乱,管理不合理,达不到适老建筑的规范,达不到专业用人用工的标准,也达不到相应的服务水平,因此不仅不能提供保证质量的服务,而且造成了侵害老年人权益,甚至侵犯老年人生命健康的恶性事故。全国老龄办发布的《全国民办养老服务机构基本状况调查报告》显示,5000多家民办养老机构中低水平建设较多,三分之二的机构没有和当地医院建立绿色通道,难以保证在特殊情况下医院的紧急出诊和救治。

---

① 潘屹:《中国老年社会服务体系一体化的基本思路与分析》,中国老年学学会主编,《社会公平与社会共享》,中国文联出版社,2011年。

这些问题关系到机构本身的定位和管理,也关系到政府对民间机构的监管和支持。

(二)关于社区养老服务体系问题

国家在决策领域对养老的关注度大多聚焦于机构,注重加强机构建设,例如加大民间资本的投入,给予更多的补助支持,采取民办公助、公办民营的方式,等等。

我们分析以前的养老服务基础建设,发现已经有了很大的投入。据民政事业发展统计报告,截至2014年底,全国建立各类社区服务中心17.5万个,综合性社区服务中心1万多个,居委会社会服务站5.3万个,其他社区服务设施11.2万个。同时,政府总投资134亿元,开展社区老年福利服务设施的"星光计划",建成涵盖老年人入户服务、紧急援助、日间照料、保健康复和文体娱乐等多种功能的"星光老年之家"3.2万个。从现有投入看,不能说国家不重视机构,但实际上许多设施都是锁着门,或者仅供娱乐,利用率很低。近年来,民间机构也有大量的投入,但是使用率也不高。

机构不能解决全体老人的服务问题,能够进入机构养老的老人应该只占较小的比例。政府强调机构不足、人员不足、资金不足,把重点放在机构上,许多文章对此进行了批评。正如民政部相关领导所指示的,"一提到养老服务想到的就是建机构,增加床位,并将其作为政府投入的重点和考核的指标,社会投入的兴奋点也多聚焦在养老机构的建设上,而对于居家养老服务这一社会需求最旺盛、最符合老人意愿、最适合中国国情的养老服务模式重视不够"[①]。人们在把重视机构转向强调居家养老时却忽视了其中最重要的一个环节——社区。对于居家养老和家庭养老服务来说,如果没有社区平台的框架支持和有关社区综合养老服务体系的政策扶持,就等于没有实现的渠道,只是空谈。

我国明确了社区为依托的养老服务战略方针后,各地政府也制定了具体的措施,例如,上海市把养老社会服务的框架定为"9073",即3%的老人进入机构养老,7%的老年人在社区接受照护,90%的老人居家养老。但

---

① 民政部副部长窦玉沛第三届中国国际养老服务业博览会开幕式暨"第三届中国养老服务业发展论坛"上的讲话,2014年。

是这样依据数据划分,还是把社区养老、机构养老和居家养老分成各自要完成的任务比例,三种服务各自独立,相互脱离。我们在讨论养老服务时要涉及诸多问题,如如何限定6%~7%在社区养老的老人,他们和居家养老、家庭养老的90%那部分是什么关系,机构部分的3%~4%和其余的90%部分,6%~7%部分是什么关系,养老机构建在社区内还是社区外,等等。我们需要搞清"9073"等格局是否明确有效,它们不是一个简单的数字关系而应该是一个有机的构成。在此基础上,才可能思考构建涵盖社区、机构与居家养老服务的框架。因此,必须明确社区服务的框架,明确有关社区养老服务的概念,重新界定社区、居家、家庭、机构养老等这些重要的概念及范畴,从而理顺社区、居家、家庭、机构养老的社会服务布局和关系,这直接关系养老社会服务体系的有效建设。要建立社区居家养老的服务平台,疏通服务输送网络渠道,这关系到所有服务提供者和资源在社区有机的组合以及有效服务的提供。

现有养老服务在许多地方还没有完全实现跨界服务管理,部门各司其职,部门之间有责任限制,难以协调,造成资源交叉,互不通气。比如老人需要医疗、健康保健和医疗护理的服务,同时也需要生活照顾。许多时候,高龄、失能、失智的老人在需要这些服务的时候,很难明确区分哪些是生活照顾,哪些是卫生护理。而这分属于民政部和卫生部两个职能部门管理。如果没有很好的管理体系,就会出现职能推诿或者资源重复浪费的现象,这不仅关系到生活服务和医疗护理的衔接问题,也关系到医养的融合,医疗保险和康复服务的对接。许多养老社区和养老机构,因为不能和老人的医疗合同医院衔接,影响了老人入住或给老人带来很多不便。相似问题还存在于其他的部门之间,如:餐饮业与老年生活社区食堂服务的结合问题;驻社区机构资源能否为社区老人提供文化、娱乐、体育设施和场地服务,把各种闲置设施充分改造利用等。整合资源可以减少重复、空置,杜绝资源浪费,给老人带来方便。要在社区的现有基础上整合资源,提供综合有效的服务。

(三)城乡养老服务的配置与平衡问题

在处理老龄化问题的同时,中国面临非常复杂的形势:存在着收入差别鸿沟,城乡发展不对称,区域发展不平衡,新建社区多,人户分离,许多社区基础薄弱，共同体意识缺失，等等。其中最突出的问题是城乡社会服务的差别。农村的基础设施建设较差，老年社会服务机构和设施欠缺。2014年，中国城乡居家和社区养老服务覆盖率分别为70%和37%。^①到了2020年，民政部统计，我国城市社区综合服务设施覆盖率为100%，农村社区综合服务设施覆盖率为65.7%。^②但是，是否每个社区都把养老社会服务的内容嵌入社区服务平台上，还是一个问题。许多农村妇女到城市做养老院的护理员，而她们自己的父母却无人照料。虽然根据2009年的民政统计数据，农村养老服务床位高于城市，城市5291个养老机构共计49.3万张床位，31286个农村养老服务机构有208.8万张床位。但是，农村的总人口基数大，同时这些机构多数是为"五保"老人建立的农村养老院，设施和服务水平都较低。我国养老服务城乡差距较大，城镇的基础设施优于农村，为城镇老人提供的服务项目远远多于农村。农村老人的收入远低于城镇老人，经济保障能力弱，消费观念落后，消费水平低。而且农村老人的空巢程度很高，许多留守老人要耕种农田，看护孙子辈，不能颐养天年，有了病也难以得到有效医疗保障。由于二元结构的性质，城乡失能老人自身的资源禀赋有很大差异。城市中有便利的交通，公共产品资源丰富，因此城市失能老人在寻求社会支持中会有更多的选择。居家养老服务已经在各城市社区逐步推广，东部经济发达地区在为失能老人提供各种社会服务方面积累了一定的成功经验。农村地区居住分散，传统家庭照料为失能老人提供的支持单一且薄弱。传统伦理影响下的亲友和熟人关系以及价值交换是农村失能老人寻求帮助的主要方式。但大多数农村失能老人，尤其是西北农村地区的失能老年人经济状况不好，缺乏交换的本钱，如果子女再外出打工，处境就更为艰难。

养老服务区域差别大。经济基础好的地区，政府主导能力强，老年服务的发展就好一些，速度快一些。而一些经济基础较差的地区，政府的主导思想还聚焦在经济开发和扶贫救助方面，对养老服务的思考还没有提上议事日程。

---

① 《中国城乡居家和社区养老服务覆盖率分别为70%和37%》，http://news.66wz.com/system/2014/12/27/104312897.shtml。

② 《民政事业发展统计公报（2020）》，http://sgs.mca.gov.cn/article/sj/tjgb/。

从以上问题可以看出，我国养老服务的战略统筹、政策制定、资金筹措、组织培育、管理监督、队伍建设、措施实施尚不到位。围绕老年服务体系的问题，最核心的是缺少能解决问题的相关政策，还没有恰当的养老社会服务体系的设计。

我国的养老服务体系建设总目标是根据我国老龄化程度现状提出的，而社区综合养老服务体系的建设则是总目标实现的具体步骤。

五、政策讨论方面需要明确的问题

（一）明确社区为依托的服务体系

社区养老服务体系，首先要强调社区为依托，其次要强调它是一个服务体系，最后要强调它是综合服务体系。

第一，为什么是以社区为依托满足老人所需要的各方面服务？首先，社区是老人的居住地，这里有老人的家庭成员、亲戚朋友圈子和老人熟悉的环境。中国传统的家庭文化构成了中国的养老社区服务的精神和动力。社区还有稳定的组织网络：中国的社区是一个半行政管理机构，在社区一层有许多管理（各种群众组织）和机构设施资源。居委会的功能在全国发展已经很健全，培养了大批基层社区工作者。另外，在社区已经有了许多养老服务的机构和设施。我国大力发展社区建设和社区服务，各级政府在社区一级已经投资了许多，建设了许多社区活动的基本设施。异地不仅给老人服务和家属护理造成更多困难，同时会花费更多的资源。在发达国家和地区，也早有了服务在（in）社区、服务提供于（by）社区、服务为了（for）社区的框架和成熟的经验。

第二，社区养老服务体系要强调服务体系。社区养老服务体系要有一个全面的轮廓和路线图。这关系到社区为依托的具体内涵。机构的功能如何发挥，居家服务的内涵如何体现，怎样延续家庭养老的作用，养老社会服务怎样产生和输送，需要什么样的政策、资金、人员和组织的支持，等等，均可以在以社区为依托的老年社会服务制度下得以解决。针对有关社区养老的服务设施，要建立一个社区的养老服务框架，使生活照料、医疗护理、精神慰藉、紧急救援等养老服务覆盖所有居家老年人。社区要建立养老社会服务的专门管理和指导机构,在机构配套、资金支持、服务人员配置和服务输送上有全面的规划和管理。它负责机构建设和服务以及社区居家养老服务的全面建设。

第三,社区综合养老服务包含几个意思:首先,养老服务内容综合,在社区为老人提供老人所需的全方位服务;其次,"综合"意味着把所有的服务资源、各种力量有效合理地镶嵌在社区养老服务框架内;再次,"综合"还意味着应用不同的服务管理和生产方式,建设与沟通社会服务的生产、传送渠道,扶持社会组织的建设与发育,扩大服务购买,加强社会企业在养老服务中的作用以及志愿服务。

(二)明确机构定位与功能,使其服务于整个体系

针对机构存在的问题,首先,明确机构定位。在我国,机构一般指现有的敬老院和福利院,它们不是真正意义上的护理院。我国目前的机构问题是,公办养老机构定位不准,收养的是健康而非失能失智的老人。其次,所谓机构为支撑并没有落实到位,目前机构并不支持社区内所有有服务需求的老人,而仅仅支持入住机构的老人及其家庭。再次,我们目前所理解的机构,也仅仅是养老院和护理院等,而社区满足老人最基本需要的老人活动中心、社区食堂和生活服务中心并没有被机构覆盖。最后,机构和社区脱节,和居家养老没有关联。例如,医院没有承担社区老人的基本医疗和健康保障,老人看病要走很远到大医院,而社区养老服务体系的建设,应该包括这些基本服务机构。社区要有保障老人各方要求、提供基本服务的机构。

对于机构现存问题,目前人们有诸多建议,如增加床位建设数量、减少床位空置率等。这些建议是否和"9073"等数字一样,仅是数字指标,而没有解决内在的关系问题,不得而知。因为这不仅关系到补充机构建设,而且关系到机构建设的内在机制,包括明确机构的定位与功能,发挥机构的潜在作用;要建设服务机构体系,使其构成一个配套的整体,建立机构之间的连接,以及合理建构机构和社区的连接以及和居家的关系。在社区养老服务体系中,机构服务有横向和纵向之分。社区内养老服务的宏观机构包括承担家政、生活照料、健康康复和医疗护理的护理院、医院、食堂、服务中心、文化中心等,做好它们在社区内的资源配置和相互调配,既涉

及机构本身的定位问题、功能问题，又涉及政府对机构的支持力度和机构本身的建设问题。

我们要从以下几个方面解决机构定位的问题：第一，社区不同机构的配置，医疗、生活、家政等基本机构的设立；第二，确立机构在社区中的作用与功能，它是社区养老服务的基本资源和首要支撑；第三，确立机构与居家养老服务的关系，在社区的统一规划下，机构向居家养老提供辐射服务；第四，明确公办机构和民营机构各自的职责，使其形成相互协调、互助、互补的局面。让政府机构和民间机构、社会组织的依托服务之间形成良性、优质、有效的机制。

（三）民间力量的作用

面对巨大的老龄人口和养老服务的多种需求以及复杂多样的形势，仅仅依靠国家和政府的力量是远远不够的，需要多种形式的社会力量介入。社会企业可以成为专业而有效的服务机构；社会组织的参与可弥补服务类型的不足；社会工作者可以在多种服务部门发挥协调作用；志愿者队伍参与也可以增加服务供给，包括老年志愿者和其他领域的志愿者，老年志愿者队伍本身就是巨大的力量。但目前，社会组织欠缺，自身成长和扶持力度都不够；社会企业还是一个稀少的新事物；许多地方的专业社会工作者没有到位，或者由于定位定岗定职和薪金及社会待遇问题而流失；对志愿者队伍的培养、重视和奖励机制不够。

（四）国家战略和政策决策

在人口老龄化的严峻局势面前，一些地方和政府强调养老服务的产业化和市场化，而忽略了社会服务体系建设中政府的作用。产业化、市场化和国家政策的制定与政府的监管不是矛盾的，关键是政府要承担前瞻性正确引领、全方位统筹规划等基本的责任，并杜绝社会服务领域可能出现的偏差。国家应该制定基本的政策，各地政府要投入基本的资金，给予启动和支持，导入准市场机制，调动公共资源和市场资源，带动各种社会力量和民间资本的参与，搞活老年社会服务事业和相关服务产业。

（五）建设社区综合养老服务体系的政策建议

第一，社区综合养老社会服务体系中的"综合服务"，意味着服务不是单一的，既不是单一的文化娱乐，也不是单一的生活服务，而是综合项目，包括日常生活需求、医疗服务、贫困救助、娱乐文化、心理慰藉、康复照护、法律援助以及临终关怀等老人需要的多种服务，让老人在居住的社区里，在家门口方便地享受所需的服务。

第二，社区综合养老服务体系是在社区平台上，政府相关主管部门参与，以老龄办、民政、医疗卫生、财政等部门为主，联合教育、文化、体育、住房、家政、餐饮服务等多个政府职能部门和相关机构共同参与负责的社会服务事业。各个责任部门都要主动承担各自负责的部分，并在社区平台上沟通，减少不必要的重合浪费。

第三，在社区平台上，建设机构为支撑的服务生产、提供或输送体系。机构形成有机的整体，包括老年活动中心（活动室、老年大学教室等）、护理院、社区医院、老人餐厅（包括浴室等服务设施）、临终关怀和家政服务机构等，这些都纳入社区综合养老服务的框架之内。要确立机构在社区中的位置和作用，连接机构养老、居家养老和家庭养老服务，对居家养老和家庭养老服务发挥辐射作用，让居家养老成为社区养老服务的重要组成部分。

第四，发挥政府、民间、社会、企业在社区养老服务体系中的作用。国家、社会、企业、市场等诸因素多元参与的服务与支持的养老社会服务体系，每个主体都承担不同的养老职责。要形成多元互补、良性运转的机制。提供政策支持，激发各类服务主体，创新服务供给方式。调动家庭、邻里、志愿者等主体参与养老的热情，在社区平台综合各方力量，融合各方资源的服务。实现专业服务和志愿支持相结合，公共服务和市场机制互相补充。

第五，重视社区中每一个家庭的作用，发挥其在社区养老服务中不可替代的功能。建立有效的家庭政策，以家庭支持的方式参与养老，并且提供有效的社区具体支持措施。探究家庭养老支持历史传统的不可替代性及其延续到今天的积极因素和实效作用，挖掘家庭在养老社会服务体系中的作用，探索政府对家庭政策的决策依据，这些对于制定有效的家庭养老政策具有积极的意义。研究比较国际上不同的养老家庭政策,是我国养老家庭政策制定的一个必不可少的步骤。这需要国家的政策和社区的智能养老平台的支持。

第六,社区综合养老服务体系并不完全局限于社区的空间,社区服务体系要拓展服务空间,与外界有纵向和横向的联系。比如社区的医院承担社区老人的体检、医疗健康、康复责任,同时直接与上一级医院建立联系,必要时制定转院等措施。打破城镇老年设施与农村敬老院的壁垒,服务向农村倾斜和辐射,促使养老服务真正走上社会化的共同繁荣道路。城市空间有限,城市社区和郊区、农村的社区机构建立联系,可以实现"候鸟式"养老或者对口挂钩接收,改变拥挤的城市无空间建立养老机构的现状,同时解决郊区、农村或民间床位空置的问题,带动农村养老社会服务,进行服务观念和人员技术交流,实现真正意义上的社区综合养老服务体系的纵横交错的建设。

参考资料

吴玉韶,党俊武.中国老龄产业发展报告(2014)[M].北京:社会科学文献出版社,2014.

民政部召开全国社会养老服务体系建设工作会议[EB/OL].http://www.Mca.Gov.cn/article/zwgk/mzyw/201308/ 20130800507920.shtml.

Bookman, A. Innovative Models of Aging in Place Transforming Our Communities for an Aging Population [J]. Community, Work&Family, 2008(4):419-438.

王南.超老龄社会:日本的难题和应对[EB/OL].(2013-05-20).http://www.cet.com.cn/ycpd/xwk/852615.shtml.

姚余栋.超老龄社会有八个特征[EB/OL].http://stock.hexun.com/2015-03-22/174282271.html.

中国老龄科学研究中心.中国老龄事业发展报告2013[M].北京:社会科学文献出版社,2013.

全国老龄办.中国人口老龄化发展趋势预测研究报告[EB/OL].(2007-12-27).http://www.cncaprc.gov.cn/ yanjiu/33.jhtml.

孙祁祥，朱俊生. 人口转变、老龄化及其对中国养老保险制度的挑战[J]. 财贸经济，2008（4）：68-73.

徐启华，金岭. 上海市高龄老人的照料及需求状况——上海市老年人口状况与意愿抽样调查数据分析[M]//中国老年学学会. 持续增长的需求：老年长期照护服务. 北京：中国文联出版社，2000.

中国老龄科学研究中心课题组. 全国城乡失能老年人状况研究[J]. 残疾人研究，2011（2）：11-16.

潘屹. 中国老年社会服务体系一体化的基本思路与分析[M]//中国老年学学会. 社会公平与社会共享. 北京：中国文联出版社，2011.

姚远，范西莹. 我国民办养老服务机构面临的问题及其发展对策研究——基于全国民办养老服务机构调查数据的分析[M]//中国老年学学会. 持续增长的需求：老年长期照护服务. 北京：中国文联出版社，2000.

第十章

中国老年福利政策法规框架的社会建设、制度缺陷和制度质量[①]

◎ 刘继同[②]

一、引言

中国已成为世界上老龄化人口最多的国家。如何积极应对人口老龄化，确保数亿老年人安享晚年，已成为我国社会面临的重大政治、经济、社会和文化问题之一。本文主要采用文献综述、内容分析、社会历史研究、政策比较研究和福利理论构建等方法，以政治哲学、政府职能定位、现代化、社会福利、责任社会分工、制度建设质量等理论为基础，首先将中国老年福利政策法规从1949—2015年简单划分为四个具有不同时代特征的历史发展时期，特别关注并系统梳理了改革开放以来中央出台的政策法规框架的范围和内容以及重点领域的变迁轨迹，紧紧围绕老年福利政策法规的基本理论和政策问题，首次提出了现代老年福利制度建设的"十大核心问题清

---

① 本研究是刘继同教授（15ASH00）主持的国家社会科学基金重点项目"中国特色现代社会福利制度建设研究"的阶段性目标。

② 刘继同，北京大学公共卫生学院教授。

单",综合分析了中国老年福利政策法规框架存在的结构性缺陷和系统性缺陷,总结和归纳了中国老年福利政策法规的基本特征,旨在全面客观地描述中国老年福利政策法规历史演变的总体趋势,科学总结和汲取中国老年福利政策法规发展的历史经验和教训,形成并提出中国老年福利政策发展演变过程中产生的几个基本理论和政策问题。在此基础上,以中国养老福利政策法规的历史模式为典型案例,提出了养老福利制度建设质量标准问题,明确区分了表层制度建设模式和内在制度建设模式,从理论上确立了中国老年福利制度质量的内涵和外延、范围和内容以及可衡量的指标体系,为中国现代老年福利制度框架建设指明了方向,为全面实现小康社会的福祉,实现中华民族伟大复兴的中国梦,促进世界和平与发展,传承中国智慧做贡献。

二、中国老年福利政策的发展阶段与时代特征

从1949年到2015年,中国老年福利政策的历史发展可以分为四个基本时期,2014年将作为中国现代老年福利的首年载入史册,标志着我国现代老年福利政策框架建设进入一个崭新的历史发展阶段。从宏观历史背景、主要社会问题、国家地位和国家角色、老年人的生活状况、政府有关老年人的政策法规、政府运动的动力和主要影响因素,以及最具时代特征的老年福利政策问题等方面进行分析,我们将我国社会主义老年福利政策的发展分为四个基本时期(见表10-1)。第一个时期是1949年至1981年,其主要时代特征是社会主义集体主义和尊老爱幼的传统文化,此时,老年问题还没有构成社会问题,政府也没有明确的政策。从2000年到2014年是中国老年福利政策法规框架和服务体系框架基本形成的时期,其主要特征是养老问题已成为我国社会政策议程的首要问题。如何建立中国现代老年福利制度已成为时代的主题,老年问题成为一个严峻的社会问题,政府也积极回应这一社会关注,中国特色的老年福利政策法规框架和服务体系框架基本形成。2014年不仅是中国深化改革的第一年、中国法治建设的第一年,也是中国建设现代老年福利制度的第一年,这标志着中国现代福利制度框架和老年服务体系框架建设历史的开始,具有里程碑的意义。老年问题不仅是重大、紧迫、严峻的社会问题和政治问题,而且实质上是现代老年福

利制度建设时代的问题。总之,中华人民共和国成立多年来,老年问题与国家政策经历了从无到有、从小到大、从局部到整体、从个人烦恼到社会问题、从社会关注到政策议题的历史发展轨迹,从边缘到主流,从福利政策到福利制度建设,清晰地反映了中国社会和社会福利现代化的变迁轨迹。

表 10-1　中国老年福利政策法规的历史发展阶段和时代特征（1949—2015）

分析水平	1949—1981	1982—1999	2000—2014	2015—
微观社会背景	计划经济体制	改革开放政策	和谐社会建设	中国化福利国家
主要社会问题	职工生活困难	最低生活标准	社会保障体系	社会福利制度
国家地位和国家角色	高度集权	国家权力和角色	典型权力国家	责任服务政府
主要服务对象	限于城镇居民	城镇职工	全民养老保险	全民养老保险
主要服务内容	福利保险和救济津贴	附加社会服务	综合社会服务	卫生福利一体化
老年人生活	整体情况良好	社会关注的问题	社会老龄化时代	积极健康福利
老龄福利政策	为老年人、医疗、职业伤害和产妇提供服务	首次成为独立议题	国家一级的政策和条例	老年福利中国化
政府政策的动机	社会主义的优越性	国内外因素	固有压力和系统压力	社会结构现代化
主要影响因素	历史、制度	多元结构、国际	体制和机制因素	政治和社会压力
社会影响效应	总体上没有感觉	社会的积极回应	显性痛苦、衰老	保持谨慎乐观的态度
典型的时代特征	无问题,存在保险	政治、法律和框架	有问题,没有系统	福利国家与社会

（一）第一个时期： 1949—1981 年

1949 年 10 月 1 日,中华人民共和国的成立标志着中国社会主义现代化建设的历史性开端。从 1949 年到 1978 年中国政府实行改革开放政策前,中国宏观社会制度的背景是社会主义计划经济体制，一切生产、生活、消费和投资活动都被纳入国家年度计划和五年计划。当时没有"社会问题"这样的概念或提法，因为社会主义社会不存在社会问题，社会问题是资本主义社会特有的现象。主要社会问题以"困难与矛盾"的概念呈现，如"工人生活困难"是主要问题（劳动部保险福利司，1989）。国家拥有绝对权威，如在大家庭中扮演父亲的角色，统一管理和控制社会、经济和社会文化生活等所有领域。鉴于当时的城乡分割和城乡二元社会福利制度，社会福利的主要服务对象仅限于少数城市居民。由于当时经济和社会发展水平较低，社会福利的主要服务内容包括福利服务、保险、救济和津贴等。当时，老年人的物质生活条件并不富裕，但由于老年人的精神生活乐观和满足，总体生活状态良好。当时，中央政府主要模仿苏联模式，制定和发行了一系列养老、医疗、工伤和生育保险政策，政府开展福利服务、社会保险和社会救助的主要动机是"体现社会主义制度的优越性"。从总体上看，中国的发展进程受到许多因素的影响，如第二次世界大战后东西方的国际冷战环境、社会主义意识形态、计划经济体制、经济发展水平低、军阀主义遗留的历史问题等。自20世纪50年代末以来，国家经历了多项政治运动，特别是在"文化大革命"时期，老年人并不是社会关注的主要问题，城镇居民保险和福利政策的整体社会效果良好（严忠勤，1987）。总的来说，计划经济体制时代的特征是"没有老年问题"，而城乡二元福利制度体制时期最典型的特征是国家负责社会保险和福利制度建设，有基本保障，社会保险第一，社会救助第二。

（二）第二个时期：1982—1999年

1978年召开的党的十一届三中全会标志着改革开放时代的到来，国家实行的开放政策和经济体制改革政策不仅成为新时代的鲜明特征，而且构成了最主要的宏观社会背景，象征着中国进入了一个崭新的时代。中国的改革政策首先从农村改革开始，1984年，中央政府颁布了《关于经济体制改革的决定》，国有企业普遍实行了劳动就业、工资和社会保险三项制度改革，职工就业和生活问题显现（周太和，1984）。自1992年邓小平发表南方谈话以来，为建立社会主义市场经济体制，企业普遍实行减员增效和下岗待业改革措施，城镇由此出现了贫困问题，企业职工最低生活保障成为重大社会课题（多吉才让，2001）。一方面，经济市场和市场经济的力量越来越大；另一方面，社会组织在蓬勃发展，但国家的主导作用没有因为国家、市场和公民社会三方对抗的局面而削弱，相反，市场经济和非政府组织成为国家的两翼，国家的宏观管理和融资能力显著增强（王绍光、胡鞍钢，1993）。同时，城乡社会流动越来越频繁，大量农民工进城就业经商，但二元福利制度依然存在，社会保险的对象仍没有改变，社会救助和工人福利服务仍然限于城市工人和工会成员，目标范围保持不变。

与此同时，老年人服务的范畴增加了一些新的服务内容，主要包括20世纪80年代兴起的城乡社区服务以及困难职工的经济援助、就业援助和20世纪90年代开始实施的农村社会养老保险、扶贫服务和地方试点项目（崔乃夫，1994）。这是我国社会主义老年福利政策发展的第二个时期。总的来说，改革开放以来，城乡养老和生活条件问题已成为全社会关注的问题。值得提出的是，1982年，"老年人问题"出现在政府公共文件中，首次成为一个独立的政策问题。1982年3月，老龄问题世界大会中国委员会成立。同年7月，中国政府派代表出席在维也纳召开的老龄问题世界大会。1982年10月20日，"老龄问题世界大会中国委员会"更名为"中国老龄问题全国委员会"。全国老龄工作委员会成立于1999年10月，是国务院负责全国老龄工作的审议协调机构。2005年8月，全国老龄工作委员会办公室与中国老龄协会实行合署办公。这不仅反映了中国制定老年政策的国际动因，标志着国家对老年问题的积极的行政回应（www.cncaprc.gov.cn），同时表明在改革开放的社会环境下，老年福利政策的影响因素逐渐向多元化、结构性、国际化方向发展。1996年8月，第八届全国人民代表大会常务委员会第二十一次会议通过了《中华人民共和国老年人权益保障法》，标志着中国老龄问题全国委员会对老年工作的社会认可，标志着老年问题进入老年福利政策和法治时代。

（三）第三个时期：2000—2014年

2000年标志着人类历史进入崭新的21世纪，也是中国近代史发展的重要转折期。这是我国社会主义老年福利政策发展的第三个时期。20世纪90年代，随着市场经济体制的发展和国有企业管理体制的彻底改革，出现了以改善民生、构建社会主义和谐社会为重点的社会发展趋势。1999年，中国 60 岁以上人口达到 1.26 亿,其中 65 岁以上人口有 8600 万,分别占总人口的 10% 和 7%。按照世界公认的标准,我国人口结构开始进入老龄化社会阶段。与此同时,出现了城乡贫困、收入差距、社会分配不公、就业机会少、最低生活保障等突出社会问题,以社会保险、社会救济、社会优抚为主的社会保障制度的建立成为社会焦点。2000 年以来,国家财力、国民经济实力、综合国力和国家宏观调控能力日益增强,行政权力广泛而深刻地控制着市场经济体制的运行和公民社会组织的建设,人民政府成为行使国家权力的强大力量。1990 年以来,广东、上海、深圳、成都等地为农民工提供了全面的农民工社会保险,2012 年在全国范围内启动了新型农村社会养老保险制度全覆盖工作,之后几年养老保险服务目标基本覆盖了全部人口。除养老金保障外,出现了再就业、医疗、教育、文化娱乐等多种服务保障(胡晓义,2009)。总体而言,健康老年人的生活条件总体良好,但半残疾、完全残疾、孤独和高龄老人的生活条件令人担忧(穆光宗,2015)。

2000 年以来,与老年有关的议题和老年人福利政策的数量急剧增加,这在很大程度上归功于全国老龄工作委员会办公室。1999 年 10 月,经党中央、国务院批准,全国老龄工作委员会在北京成立,办公室设在民政部,日常工作由中国老龄协会承办,此举标志着建立了国家级老年人福利行政管理体制和政策法规的新模式。更重要的是,自 2000 年以来,中国的公共政策模式发生了重大的历史性转变,由于中国社会发展的内部因素和社会结构变得越来越突出,单一经济政策已不能呼应中国社会结构转型,这形成了社会政策的内生动因(王绍光,2007)。社会政策的概念重新出现在中国理论学术界。许多因素具有高度的相关性,如国际因素与国内因素、制度因素与机械因素。20 世纪 90 年代,许多学者开始对人口老龄化问题大声疾呼,社会上出现了"狼来了"式的担忧。2000 年以来,我国形势发生重大转变,快速而明确的老年人患病现象成为我们必须面对的严峻的社会现实。总的来说,2000 年以来,中央政府出台了一系列关于老年人问题的政策法规,但社会效果不明显,实际问题日益严重,缺乏真正有效的制度建设来应对,社会急需高质量的制度建设。

2014 年不仅是中国全面改革的开端,也是中国国家法治建设的开局之年,是中国建设福利国家的开局之年,是力图实现中华民族伟大复兴和实现中国梦、全面建成小康社会、让人民过上幸福美好新生活的第一年。改革开放以来，特别是20世纪90年代实行市场经济体制建设和对国有企业进行大刀阔斧的改革以来，国家对竞争性市场经济的广泛干预，出现了许多越来越严重的政治、经济、社会和文化问题。而社会福利以及社会的内在的生活质量问题被赋予越来越多的政治、经济、文化和全球意义（孙慧民，1994）。2010年以来，我国养老保险从城镇职工和城镇居民扩大到亿万农民，实现了养老保险覆盖全体人口。2014年，全国范围内的子女领取养老金和出勤津贴制度在南京市率先实施，为居家养老奠定了基础。2015年，在北京召开的第十四届全国人民代表大会上通过了《北京市居家养老服务条例》，将政府确定为养老责任主体。

（四）第四个时期：2015年及以后

2000年以来，山东省青岛市积极探索全国范围内的老年护理工作，启动了残疾老年人长期护理保险制度（丁先明，2015）。自2015年以来，老年人的服务内容不断增加，进入了老年健康福利一体化的现代福利体系建设时代。根据中国此前的六项政策目标，老年人的理想生活模式应该是积极、健康和有尊严的老龄化。改革开放以来，人口老龄化、家庭小型化、老年父母独居等现象越发严重，"三无对象""五保老人"和高龄、残疾、低收入老年人的生活困难增多，完善老年福利政策成为中国社会福利改革的首要目标（成海军，2010）。更重要的是，要考虑如何根据中国的历史社会文化传统，构建中国化的现代老年福利制度和服务体系。总之，政治、经济、社会和文化的现代化是老年福利政策发展的主要动力（何传启，2010）。同时，政治哲学、国家责任、福利合法性、迫切的实际需要和社会压力是其主要影响因素（邵腾、毕雪莹，2014）。

总体而言，我们对福利制度建设的质量状况以及福利政策对未来社会的影响持谨慎乐观的态度。鉴于两个一百年发展目标（中国共产党成立一百年目标和中华人民共和国成立一百年目标），我们认为2015年至2050年，中国社会发展的主题是实现中国化的福利国家和福利社会，因为中国已经进入了现代社会政策、社会福利和社会立法的时代（刘继同，2011a）（见表10-2）。

表 10-2　中国老年福利政策和法规的历史发展阶段和各阶段特征（1949—2015）

分析层面	1949—1981年	1982—1999年	2000—2014年	2015年—
宏观社会背景	计划经济体制	改革开放政策	和谐社会建设	中国特色福利国家
主要社会问题	职工生活困难	基本生活保障	社会保障制度	社会福利制度
国家地位角色	高度中央集权	国家权威角色	典型权力国家	责任服务政府
主要服务对象	局限城市居民	城镇职工居民	全民养老保险	全民养老保险
主要服务内容	福利保险救助津贴	新增社会服务	全面社会服务	健康福利整合
老人生活状况	整体状况良好	社会关注议题	病苦老龄化时代	积极健康福利
老年福利政策	养老医疗工伤生育	首次成独立议题	国家级政策法规	中国版老人福利
政府政策动因	社会主义优越性	国内外因素	内因和体系压力	社会结构现代化
主要影响因素	历史体制观念	多元结构国际	体制和机制因素	政治和社会压力
社会影响效果	总体尚无感觉	社会积极应对	外显病苦老龄化	持谨慎乐观态度
典型时代特征	非问题，有保险	政治法律和框架	大问题，无制度	福利国家与社会

三、中国老年福利政策法规框架与制度特征

老年福利政策法规框架内涵丰富、外延多样。本文中的老年福利政策法规体系主要是中央政府颁布的相关法律法规的总称。根据《中华人民共和国立法条例》的规定，中国的法律体系包括反映法律体系和立法程序的八类法律、法规和规章，包括法律、法律解释、行政法、国务院部门规章、地方性法规、地方政府规章、自治条例、单行条例。此外，还有中国共产党和中央军委颁布实施的相关政策法规，一般来说，中共中央、国务院联合发布的政策文件具有最高权威，不仅体现了党与国家高度融合的政治制度，而且体现了国家意志（刘继同，2011b）。更重要的是，根据宪法规定，中国政府的行政组织结构由中央政府、省、市、县（区）、镇五级政府组成，特别是省级和副省级政府都根据地方要求制定了大量的政策法规（国务院办公厅秘书局中央编制委员会办公室综合司，2009）。因此，本研究主要针对中央政府，即中共中央、国务院、全国人大、中央军委和国务院各职能部门制定的老年福利政策法规及相关规定。本研究观察分析了中国老

年福利政策法规体系的发展变化趋势，总结了中国老年福利政策法规框架的基本特征和中国特色，从而为后续的内容分析和政策法规的深入分析奠定相关的制度基础，勾勒出我国政策法规的框架。老年福利政策法规主要有三个来源：其一，民政部社会福利和慈善事业促进司官方网站；其二，全国老龄工作委员会办公室的官方网站；其三，根据老年福利政策建设的历史寻找和证实的内容。首先，政府两个官方网站的栏目设置和加载的信息不一定相同，但两个网站的信息互补、相互验证，是一个整体，总体上反映了老年福利政策和监管体系的框架。其次，民政部社会福利和慈善事业促进司网站最早发布政策法规的时间是2005年，而全国老龄工作委员会办公厅发布中央和地方政府政策法规的时间为2007年，它们典型地反映了中国政策法规建设的整体质量，特别体现在政府信息公开、政府工作透明度以及国家政策法规的历史意义、系统性、完整性和权威性等，同时，提高中央政府重大社会政策的科学性和民主决策水平依然任重而道远（李松涛，2015）。最后，也是最重要的一点，从政策法规的角度分析，本研究选取了政策法规发布时间、发布（通过）机构和政策法规名称三个分析层次，试图勾勒出中国老年福利政策法规及相关政策法规的全貌。关于发布时间，本研究观察了老年福利政策和法规的历史变化顺序，以反映发展时间顺序。关于发布（通过）机构，本研究主要以政策法规制定单位为对象，评估政策法规制定单位的身份和地位，界定政策法规权限。关于政策法规名称，本研究主要分析政策法规的内容和主要目标，以反映政府对当时主要老年福利问题的反应（见表10-3）。总之，中国老年福利政策法规的历史发展状况典型地反映了福利政策的框架和系统特征。

表10-3 主要老年福利及相关政策法规的发展变化（1996—2015）

发布时间	发布（通过）机构	政策法规名称
1996.8.29	第八届全国人民代表大会常务委员会第二十一次会议	《中华人民共和国老年人权益保障法》
2000.2.13	民政部、国家计委、国家经贸委等	《关于加快实现社会福利社会化的意见》

续表

发布时间	发布（通过）机构	政策法规名称
2000.8.19	中共中央、国务院	《关于加强老龄工作的决定》
2006.2.9	国务院办公厅	《国务院办公厅转发全国老龄委办公室和发展改革委等部门〈关于加快发展养老服务业的意见〉的通知》
2007.3.19	国务院	《关于加快发展服务业的若干意见》
2008.1.29	全国老龄委办公室、发展和改革委员会等	《关于全面推进居家养老服务工作的意见》
2009.6.4	民政部办公厅	《关于转发宁夏建立高龄老人津贴制度有关政策的通知》
2010.8.31	中央军事委员会	《中国人民解放军干休所工作条例》
2010.10.28	第十一届全国人民代表大会常务委员会第十七次会议	《中华人民共和国社会保险法》
2011.9.17	国务院	《关于印发〈中国老龄事业发展"十二五"规划〉的通知》
2012.7.24	民政部	《关于鼓励和引导民间资本进入养老服务领域的实施意见》
2012.9.13	中共中央组织部、中央宣传部、民政部等	《关于进一步加强老年文化建设的意见》
2013.4.28	财政部、民政部	《关于印发〈中央专项彩票公益金支持农村幸福院项目管理办法〉的通知》
2013.6.28	民政部	《养老机构设立许可办法》
2013.6.28	民政部	《养老机构管理办法》
2013.9.6	国务院	《关于加快发展养老服务业的若干意见》
2013.9.26	国务院办公厅	《关于政府向社会力量购买服务的指导意见》
2013.9.28	国务院	《关于促进健康服务业发展的若干意见》
2013.12.30	高级人民法院、党委宣传部等	《关于进一步加强老年人优待工作的意见》

续表

发布时间	发布（通过）机构	政策法规名称
2014.1.26	民政部、国家标准化委员会、商务部等	《关于加强养老服务标准化工作的指导意见》
2014.2.13	住房和城乡建设部、民政部等	《关于加强养老服务设施规划建设工作的通知》
2014.2.21	国务院	《关于建立统一的城乡居民基本养老保险制度的意见》
2014.2.24	人力资源和社会保障部、财政部	《城乡养老保险制度衔接暂行办法》
2014.2.28	民政部、中国保险监督管理委员会、全国老龄工作委员会办公室	《关于推进养老机构责任保险工作的指导意见》
2014.4.17	国土资源部办公厅	《养老服务设施用地指导意见》
2014.5.28	民政部、国土资源部、财政部、住房和城乡建设部	《关于推进城镇养老服务设施建设工作的通知》
2014.6.17	保监会	《关于开展老年住房反向抵押养老保险试点的指导意见》
2014.7.8	住房和城乡建设部、民政部等	《关于加强老年人家庭及居住区公共设施无障碍改造工作的通知》
2014.8.26	财政部、国家发展和改革委员会、民政部和国家老龄工作委员会	《关于做好政府购买养老服务工作的通知》
2014.9.12	国家发展和改革委员会、民政部等	《关于加快推进健康与养老服务工程建设的通知》
2014.9.10	财政部、民政部、国家老龄工作委员会办公室	《关于建立健全经济困难的高龄、失能等老年人补贴制度的通知》

续表

发布时间	发布（通过）机构	政策法规名称
2014.10.30	民政部、国家发展和改革委员会等	《关于开展养老服务和社区服务信息惠民工程试点工作的通知》
2015.1.3	国务院	《关于机关事业单位工作人员养老保险制度改革的决定》
2015.2.3	民政部、国家发展和改革委员会、教育部等	《关于鼓励民间资本参与养老服务业发展的实施意见》
2015.1.19	国家发展和改革委员会、民政部	《关于规范养老机构服务收费管理促进养老服务业健康发展的指导意见》

自1996年《中华人民共和国老年人权益保障法》颁布以来，中央政府有关老年人福利的政策法规典型地反映了老年福利的框架、范围，中国老年福利政策法规体系的内容和特征，是观察和理解国家社会政策和社会立法、政府职能定位及地位和作用、政府运作最佳案例的基本视角。首先，从中国老年福利政策法规及相关政策法规来看，中国老年福利政策法规正处于快速发展阶段，但同时中央政府的老年福利政策法规缺乏明确的总体框架。中共中央、国务院、全国人大常委会、中央军委各司其职、各负其责，但缺乏中国化现代老年福利政策法规的总体框架和完整的福利服务体系的战略规划与设计。其次，虽然中央政府对现代老年福利政策法规缺乏明确的战略规划和设计，但中国老年福利制度建设的发展趋势和总体发展方向十分明确，这些政策法规表明了中国老年福利制度的发展方向。第一，老年人福利政策由城镇职工向全民覆盖转变，全民养老保险制度框架初步形成。第二，老年福利由城乡二元化向城乡一体化转变，构建城乡一体化基本养老保险制度目标明确。第三，从中央政府制定有关老年福利政策法规的时间来看，如2000年和2010年，2000年前我国只有一部重要的《中华人民共和国老年人权益保障法》，占总数的1/35。2000年至2009年期间，全国共有六项重要政策法规，约占重要政策法规总数的17%（35项）。2010年以来，特别是2012年以来，可以清楚地看到，有关老年政策法规的

问题数量急剧上升，反映出政府对老年问题的紧迫性反应，间接反映了中国老年问题严峻的现实状况。第四，从政策法规制定主体的角度来看，中国政府的政策制定和国家立法模式是典型的多元治理，即采用共同的行政协商或部门协调模式，这反映了中国政府的制度框架和角色分配。除全国人大常委会、中共中央、民政部独立发布的政策法规外，大部分政策法规均由国务院多个相关职能部门以"联合发布"的形式发布，这反映了中国政府不同来源的条块分割政策。

全国老龄工作委员会有28个部门，这反映了我国行政权力的职责划分。值得注意的是，这种情况并不是老年福利政策法规的个案，而是中国政策体系的普遍现象。这种"铁路警察分片管理"和"多部门共同决策和责任分散"的机制反映了中国的协调管理能力。

中央政府的老年福利及相关政策法规的名称和内容，更能体现中央政府在老年福利制度建设中的职能、角色和地位，特别是政府组织结构、运行机制、决策模式和政策议程。首先，老年福利政策法规主要包括全国人大及其常务委员会通过的法律、中央和国务院的相关政策法规、国务院独立制定的政策法规、国务院两个以上职能部门联合发布的政策性文件、国务院某部门独立制定的部门规章这五类政策法规，典型地反映了中国政府层级结构复杂、数量多、类型多、政策法规界限不清等特点。其次，老年福利政策法规的名称反映了不同时期政府关注的主题、政府的行动逻辑以及国家政策的目标和取向，清晰地反映了中国现代老年福利制度框架的构建过程和发展轨迹。

四、中国老年福利政策的结构缺陷与制度建设质量

回顾我国老年福利政策法规框架的历史发展，特别是从老年福利政策法规框架建设的效果来看，结果并不理想，并未显示出应有的制度效果。在2015年的两次全国性会议（即全国人民代表大会和中共中央政治局会议）期间，养老问题再次成为热门话题。根据《中国青年报》联合ePanel咨询公司对2200人进行的一项网络调查，在回答"你担心退休后的生活支持吗？"这一问题时，71.8%的受访者对养老问题的态度是"担心，不知道未来会面临什么情况"，只有18.2%的人选择"不担心，事情最终会好转"，

10.0%的人选择"很难说"。问卷反映出如何安度晚年已成为社会的一大焦虑（李林、邱晨辉、杨梦晨，2015）。中央政府的老年福利政策法规没有及时、准确、有效地应对老年福利制度建设的关键问题，1996年以来关于老年福利制度建设的政策法规并没有发挥应有的作用，中央政府的老年福利政策法规和老年福利制度建设是表层制度建设模式、非功能模式，中央政府老年福利政策法规框架设计和老年福利制度建设质量不高，制度质量亟待提高。

根据世界各国现代老年福利制度建设的历史经验，特别是中国改革开放以来老年福利制度建设的历史经验教训的综述，我们可以清楚地看到，现代老年福利制度框架和老年福利服务体系建设是基于十个基本问题展开的。实际上，"十大核心问题清单"是老年福利制度建设的主体。该"清单"反映了现代老年福利制度和老年福利服务体系的基本属性，养老性质、养老服务和融资的责任主体，现代老年福利制度和老年福利服务体系应遵循的价值目标、价值基础、理论视角和基本原则，现代老年福利政策法规、福利制度框架、福利服务体系的目标、范围、内容和优先领域，以及如何及时、有效应对现代老年福利制度和老年福利服务体系建设过程中的实际和关键问题。

老年福利政策法规建设、制度框架设计、福利服务体系应回答的"十大核心问题清单"如下。① 为老年人提供服务的基本特征是什么？这是最关键的问题，因为老年服务的性质决定了老年福利服务体系的性质。② 老年服务的价值目标和政策目标是什么？这是本质属性问题在政策法规领域的具体反映。③ 老年服务的理论基础和理论视角是什么？它是养老问题本质属性的理论认识和理论反映。④ 老年服务应遵循哪些基本原则？这些原则是处理为老年人提供服务的众多复杂问题的规则和行为准则。⑤ 养老服务的范围、内容和优先领域是什么？它们关系到养老服务体系的具体范围、内容和优先领域。⑥ 养老服务的筹资主体和支付主体是什么？它们是老年问题本质属性的核心体现，性质决定了谁来支付。⑦ 养老服务的运行机制和工作机制是什么？它们关系到养老服务体系的规划、实施和运行。⑧ 什么是福利政策法规和老年福利服务制度的行政控制？它们主要是针对养老福利服务体系的行政控制。⑨ 养老服务的相关社会服务基础设施和政策保障措施有哪些？它们是养老服务的社会环境。⑩ 养老服务的政策法规以及服务体系的社会效应和影响是什么？它们是养老服务的效果和影响。简而言之，本研究中关于现代老年福利制度建设的十个基本理论和政策问题或"十大核心问题清单"是观察的最佳视角和指标体系，可用来分析和评价中国老年福利政策法规和福利服务制度建设质量。

改革开放以来，我国养老服务政策法规和服务体系建设长期面临着多重结构性和制度性问题，这些问题长期存在，并愈加突出，这典型地反映了我国养老服务政策法规和服务制度建设质量不高，出台的政策法规流于形式，仅仅是对政策出台要求的回应，没有解决养老服务的重点和实际问题，变成了一个问题非功能性决策模式。中国政府确定的养老服务主要问题及相关政策法规（1996—2014）如表 10-4 所示。

表 10-4　中国政府确定的养老服务主要问题及相关政策法规（1996—2014）

时间	政策法规名称	确定的主要现存问题
2000.2.13	《关于加快社会福利社会化的意见》	长期以来，我国的社会福利由国家和集体负责，存在资金不足、福利机构少、服务水平低等问题，难以满足人民群众日益增长的福利服务需求。
2000.8.19	《关于加强老龄工作的决定》	我国老龄化工作的基础相对薄弱，难以很好地满足人口老龄化的需要。主要问题包括对人口老龄化认识不足、老龄工作政策法规不健全、社会保险制度不完善、社区管理落后、养老服务设施或服务网站建设落后、养老思想政治工作薄弱、侵害老年人合法权益的事件频繁发生。
2007.3.19	《关于加快发展服务业的若干意见》	服务业总体供给不足，存在结构不合理、服务水平低、竞争力弱、对国民经济发展贡献率低、不适应国民经济发展、不适应全面建设小康社会和构建社会主义和谐社会，不适应经济全球化、全面开放和新形势等不利因素。
2008.1.29	《关于全面推进居家养老服务工作的意见》	目前我国居家养老服务存在供给不足、比例较低、质量不高、无法满足老龄化人口日益增长的服务需求等弊端。

续表

时间	政策法规名称	确定的主要现存问题
2011.9.17	《关于印发〈中国老龄事业发展"十二五"规划〉的通知》	在老龄化快速发展的过程中，养老事业与相对落后的老龄化工作的矛盾更加突出，主要表现为：社会养老保险制度不完善、福利性养老服务设施落后、服务网站建设落后，养老服务市场发展不足、供给不足，养老社会管理工作相对薄弱，侵害老年人权益的事件时有发生。
2011.12.16	《国务院办公厅关于印发〈社会养老服务体系建设规划（2011—2015）〉的通知》	我国社会养老服务体系建设尚处于起步阶段，还存在着与新形势、新任务、新要求不相适应的问题，主要表现为缺乏统筹规划，制度建设缺乏完整性和连续性；社区养老服务和养老机构床位严重不足，供需矛盾突出；设施简陋、功能单一，难以提供护理、医疗康复、精神慰藉等多方面服务；布局不合理，地区间、城乡发展不平衡；政府投资不足，民间投资规模有限；服务团队专业化程度低，行业发展不可持续；国家优惠政策执行不力；服务标准化差、行业自律或市场监管有待加强等。
2013.9.6	《关于加快发展养老服务业的若干意见》	总体来看，养老服务和产品供给不足、市场发展不完善、城乡不平衡等问题突出。
2013.9.26	《关于政府向社会力量购买服务的指导意见》	公共服务质量和效率低下、规模不足、发展不平衡等问题突出，迫切需要政府进一步强化公共服务职能，创新公共服务供给模式，有效动员社会力量，构建多层次、多方式的公共服务供给体系，提供更加便捷、快捷、优质、高效的公共服务。
2014.1.26	《关于加强养老服务标准化工作的指导意见》	养老服务规范体系不健全，市场服务行为不规范。

续表

时间	政策法规名称	确定的主要现存问题
2014.5.28	《关于推进城镇养老服务设施建设工作的通知》	近年来，城市化进程加快、城市老龄化人口增加，但我国城市养老服务建设用地有限、总量不足、设施落后等问题日益突出，这逐渐成为制约养老服务业发展的瓶颈因素。
2014.7.8	《关于加强老年人家庭及居住区公共设施无障碍改造工作的通知》	各地积极推进无障碍环境建设，推动老年人家庭和居住区无障碍公共设施改造，有效改善无障碍环境。但是，与养老服务业的发展目标和养老服务需求还有很大差距。
2014.9.12	《关于加快推进健康与养老服务工程建设的通知》	卫生、养老、体育、健身事业经过几年的发展，有一定的基础，但总量普遍不足，布局结构不合理，整体发展明显滞后。
2014.9.10	《关于建立健全经济困难的高龄、失能老年人补贴制度的通知》	近年来，基本养老保险、基本医疗保险、城乡基本生活保障等社会保障制度解决了老年人的基本生活问题，但对高龄、残疾、经济困难老人的养老服务仍缺乏制度保障。

综上所述，中国老年福利政策法规存在结构性缺陷和系统性不足，主要问题包括：① 对养老问题的性质和本质属性认识不清；② 养老和养老服务问题的责任主体不明确；③ 养老问题的资金性质和融资责任主体不明确；④ 在为老年人提供服务和老年服务的行政控制和总体制度安排方面存在许多基本问题。其中，核心问题是养老服务供给问题的性质和本质属性，因为性质和本质属性决定了养老服务体系的价值目标和政策目标、养老服务供给问题的责任主体和融资责任主体。养老服务体系的服务提供方涉及养老服务的行政控制体系和总体制度安排，以及养老保障和养老服务的质量。简而言之，主要的制度问题是决策者对养老和养老服务问题的本质属性认识不充分、不清楚。

中国老年福利政策的结构性缺陷和制度性不足，引发了政策法规和制度建设的质量问题。我们应该立足中国，面向世界，充分借鉴世界各国老年福利政策和服务体系的有益经验和教训，同时避免走弯路，或从头再来，或无视社会发展和现代福利制度建设的普遍规律，因为所有这些都将浪费中国作为发展中国家独特的后发优势，相反，我们应该降低现代制度建设的社会成本和社会风险，将普遍规律与中国特色相结合，提高我国老年福利政策法规和老年服务制度建设的质量标准。制度质量是一个内涵丰富、外延广泛的核心概念，泛指整个制度体系的价值、理论基础、目标、原则、范围和内容、服务目标、服务过程、融资责任、公共行政制度建设和整体质量。毋庸置疑，制度质量是现代社会制度建设的历史产物，是最高层次、最苛刻的质量。纵观人类社会发展的全过程，系统质量一般从物质质量、产品质量、技术质量、服务质量等微观的、具体的和局部的物体、活动和服务质量开始，经过中等范围的政策法规和服务系统质量，直到最后，提升到宏观的、整体的、全面的、系统的制度质量，这些都反映了现代制度建设水平的不断提高。

现代福利政策法规质量体系和老年福利服务制度的质量体系主要由价值质量、服务性质质量、理论基础质量、政策目标和任务目标质量、基本主体质量、服务主体质量、服务范围和内容质量、服务方式和技术质量，服务流程、服务程序和服务标准质量、资金性质和服务融资责任主体质量、服务人员专业素质、服务机构整体素质、政府响应质量、政策法规质量、国家行政管理体系整体质量、服务效果和影响力质量等主要指标构成。质量体系反映了整个体系的质量，其中最重要、最关键、最核心的质量指标是价值、服务性质、政策目标和任务目标以及资金性质四个指标。

更重要的是，不同质量领域的评价标准是不同的，其反映了每个特定领域的特殊性和内在逻辑。价值质量评价标准主要指价值现代性，如福利和幸福价值，在不同的个体中有不同的内涵和外延（刘继同，2015）。服务性质质量的主要评价标准反映决策者对服务本质属性的理解和把握的准确性，透过表象看清本质。理论基础质量的主要评价标准是正确性、适用性和针对性，它提供了正确的理论指导。政策目标和任务目标质量的主要评价标准是精确性和准确性，不存在谁是服务目标的操作问题。基本主体质量的主要评价标准是可行性、适用性和可操作性，这确实为面对纷繁复杂的社会现实提供了指导。服务主体质量的主要评价标准是为真正需要帮助的人服务，社会服务有助于实现社会平等。

服务范围和内容质量的主要评价标准是针对性和准确性,即服务是否是服务对象需要的(莱恩·多亚尔、汪淳波,2008)。服务方式和技术质量的主要评价标准是简单、可行、有效和方便,以及充分发挥工具适用性的能力。服务流程、服务程序和服务标准质量的主要评价指标是流程清晰度、程序标准化、一流标准。资金性质和服务融资责任主体质量的主要评价标准是谁应当支付,谁是服务融资责任主体。服务人员专业素质的主要评价标准是专业化的价值观、态度、知识、解决实际问题的实践能力。服务机构整体素质的主要评价标准是服务机构的性质、价值、远景、社会使命和治理结构等。政府响应质量的主要评价指标是政府应对社会问题所需的时间和政策法规所取得的效果。国家行政管理体系整体质量的主要评价指标是行政管理体系的结构、功能、效率和管理效果。服务效果和影响力质量的主要评价指标是目标达成率、政策和服务解决问题的效果和积极影响。总之,制度质量的基本特征是宏观性、整体性、综合性、系统性。这是政治文化的最佳指标(杨召奎,2015)。

改革开放以来,中国老年福利政策法规和服务体系的历史变迁轨迹表明,中国老年福利政策法规和服务体系的性质和价值不明确,理论基础和政策目标质量相对较低,中国老年福利政策法规的质量和老年服务体系亟待完善。老年福利制度建设属于有明显的非功能模式和表层制度建设模式,而非内在制度建设模式,主要表现在以下三个方面。其一,决策者对养老和养老服务的本质属性问题的理解存在根本性缺陷,这是最关键的问题。因为本质问题决定了总体的政策框架和制度安排,它所带来的影响也是全面的、结构性的和系统性的。其二,现有的老年福利政策法规框架和服务体系存在许多结构性和系统性困境,政策体系质量不高。例如,提供养老和养老服务的社会责任划分,国家、市场、企业、社区、家庭和个人的责任界限问题(李凤月,2006)。其三,从政策法规和养老服务体系的实际实施结果和效果来看,现有政策和服务质量不尽如人意。

改革开放以来,中央政府出台了多项国家政策法规,但养老问题依然越来越突出,养老服务表层制度建设模式的质量令人担忧,当前急需内在制度建设模式。我国老年政策法规和服务体系质量不高,"非功能性"和"表层性"的制度建设模式突出,"功能性"和"内在性"的制度建设模式高度缺失的原因是多方面、复杂多样的,绝非偶然。

第一，中国正处于从传统农业社会向现代工业社会全面快速结构性转型的历史交汇点，这一重大社会结构转型时期的基本特征之一是传统制度因素与现代制度因素高度交织，是一种新旧因素相互影响、新旧力量相互竞争、新旧观念相互碰撞、传统与现代相混合的模式（卡尔·波兰尼、冯钢、刘阳，2007）。

第二，中国社会正处于从传统社会向现代社会的转型期，传统的思维方式和行为习惯依然突出，特别是中国传统农业社会的"面子"和中庸之道，深刻影响着老年政策法规和服务体系。现代社会文化的特点是强调现实的实用主义，对社会问题采取客观、理性和不回避的态度（威廉·詹姆士，2012）。令人欣慰的是，习近平总书记治国理念和执政理念的突出特点是实事求是，直接面对困难，注重制度建设的质量（中共中央宣传部，2014）。

第三，由于中国社会基本上还是传统的农业社会，广大公民普遍缺乏现代公民的权利意识和福利意识，也因为中华民族独特的主流价值仍然是责任高于自由，义务高于权利，集体高于个人，和谐胜于冲突，目前以家庭养老为基础的养老政策法规和服务体系具有深刻的社会基础（陈来，2015）。

第四，目前中国社会狭义的社会福利观念依然突出，主流和突出的观念是社会保障，形成了"社会保障观念大，社会福利观念小"的独特格局和政治文化传统，以社会保障为主导的政策调控模式，实质上压制、排斥、贬低了公民的权益和国家主体责任的社会福利服务（景天魁、毕天云、高和荣等，2011）。

第五，长期以来，各种社会制度框架设计和政策法规决策的模式基本上是自上而下，公众和利益相关方的参与程度普遍较低，发展规划、国家立法、重大决策、政策实施和公共行政过程的透明度普遍较低，实施科学民主决策的难度较大，尤其是专家学者参与有限，制度创新的可复制性、推广应用程度较低，这就导致国家社会政策法规的质量和制度建设亟待提高。

第六，目前，中国正处于社会现代化和福利国家建设的历史进程中，国家的职能和作用正在迅速转变，经济发展仍然是国家政策的优先领域，社会福利仍然被视为经济发展的负担（尼古拉斯·施普尔伯、杨俊峰，2004）。

第七,最重要的是一个国家的政治哲学、政治意志、政治智慧、政治承诺和政治文明的发展状况。世界各国建设福利国家和福利社会的历史经验证明,政治哲学决定社会哲学和社会福利哲学,福利国家建立后才能建设福利社会,福利国家和福利社会是社会现代化不可回避的阶段。毫无疑问,如何构建具有中国特色的现代社会福利体系框架已成为中国的战略发展问题和优先领域(威廉姆·H.怀特科等,2003)。

令人高兴的是,中国政府明确提出、规划、勾勒和建设了福利社会——小康社会。换句话说,"小康社会"就是中国文化的"福利社会"。根据"两个一百年发展目标"的发展目标,中国应在2021年全面建成小康社会。①

当前建设质量低下是政治因素、经济因素和文化因素共同作用的结果,而中国的政治现代化、经济现代化、社会现代化、文化现代化和福利发展条件在日趋成熟。

五、简要讨论和基本结论

1949年以来,我国老年福利政策法规和服务体系的发展阶段始终清晰,具有鲜明的时代特征、明显的历史轨迹和制度变迁的发展趋势。1949年至1981年是社会主义、集体主义和尊老爱幼的传统时代;1982年至1999年是养老问题和养老政策问题的形成期,其主要时代特点是养老问题成为政治问题和社会问题,但政府还没有明确的针对养老的政策,存在"有养老问题,没有养老政策"的情况;2000年至2014年是中国老年福利政策法规框架和服务体系的基本形成期,其主要时代特征是老年问题和养老问题首次成为中国社会政策议程优先考虑的问题,重点发展养老政策和服务体系。2014年是中国深化改革的第一年,是建设法治国家的第一年,也是中国建设现代老年福利制度的第一年,而这一年拉开了中国现代福利体系框架和老年福利服务体系框架的历史序幕,因此这一年具有里程碑意义。老年问题不仅是一个重大、紧迫、严峻的社会问题和政治问题,也是构建现代老年福利制度的时代问题。

---

① 事实上,中国已于2021年全面建成小康社会。

中华人民共和国成立以来，老年问题与国家政策经历了从无到有、从小到大、从局部到整体、从个人问题到社会问题、从社会关注到政治问题、从边缘到主流、从福利政策到福利制度建设的历史发展轨迹，清晰地反映了中国社会和社会福利现代化的转型轨迹。同时，我国养老服务政策和服务体系正处于快速转型期，体系框架清晰，政策和制度模式尚未定型，这种可变性和快速发展反映了我国社会结构的全面快速转型。更重要的是，福利政策和服务体系建设基本上是纯自然发展模式，没有借鉴发达国家的经验教训，没有充分利用发展中国家的后发优势和后发效应。

20世纪90年代以来，中国特色的老年福利政策法规和服务框架基本形成，典型地反映了中国的政治理念、权力结构、社会结构、文化特征和生活条件，以及国家、市场和社会的关系。总的来说，中央政府一级的老年福利政策法规主要由国家法律、党中央国务院文件、行政法规和国务院文件、国务院职能部门的文件几个层次组成，反映中央政府的结构、职能和作用。同时，中国特色的老年服务体系框架范围广泛，内容众多，主体部分由经济保障和服务保障两部分组成。目前，我国养老服务的基本条件是经济保障不足、服务保障不足，特别是缺乏非商业化和福利化性质的专业化、个性化养老服务，养老服务由单纯的社会问题转向严峻的政治问题。构建有中国特色的养老服务体系已成为我国实现中华民族伟大复兴梦的关键一环。

更重要的是，纵观我国老年福利政策法规和服务体系框架，我国老年福利政策法规、服务体系和整体福利体系的质量不高，具有明显的亟待完善的系统性特征，表现为"非功能模式""表层制度建设模式"的特征，政治因素、经济因素、社会因素和文化因素都影响着制度建设的质量。简而言之，中国老年福利制度模式正从"城市单位福利国家"向"社会市场福利国家"转变。中国老年福利政策法规的结构性缺陷和制度缺陷引发了制度建设的质量问题，制度质量是评价政治现代化和政治文明，特别是国家治理能力和治理水平的最佳视角，具有重要的政治意义。没有完美无缺、理想的制度质量，只有制度质量相对较高的制度安排，体现了制度的相对性。制度质量具有时代特征的局限性，最优的制度安排反映了当代人类最高的认识水平和政治文明水平。

参考资料

劳动部保险福利司. 我国职工保险福利史料［M］. 北京：中国食品出版社，1989.

严忠勤. 当代中国的职工工资福利和社会保险［M］. 北京：中国社会科学出版社，1987.

《当代中国》丛书编辑部. 当代中国的经济体制改革［M］. 北京：中国社会科学出版社，1984.

多吉才让. 中国最低生活保障制度研究与实践［M］. 北京：人民出版社，2001.

王绍光，胡鞍钢. 中国国家能力报告［M］. 沈阳：辽宁人民出版社，1993.

《当代中国》丛书编辑部. 当代中国的民政（上、下册）［M］. 北京：当代中国出版社，1994.

胡晓义. 走向和谐：中国社会保障发展60年［M］. 北京：中国劳动社会保障出版社，2009.

穆光宗. 警惕"病苦老龄化"来袭［N］. 健康报，2015-02-06.

王绍光. 从经济政策到社会政策的历史性转变［N］. 中国经济时报，2007-04-06.

中共中央关于全面推进依法治国若干重大问题的决定［M］. 北京：人民出版社，2014.

孙慧民. 社会福利政策的本质：社会控制与"去商品化"［J］. 社会科学，1994（10）：50-54.

南京政府聘用子女照顾爹妈 每月发工资［N］. 搜狐新闻，2014-10-13.

北京市人代会审议居家养老服务条例首次明确各方责任［N］. 北京日报，2015-01-26.

丁先明. 青岛探索医疗护理保险制度：医养结合能否让失能老人靠退休金养老［N］. 中国青年报，2015-02-12.

何传启. 现代化科学：国家发达的科学原理［M］. 北京：科学出版社，2010.

邵腾，毕雪莹. 近年来国内学术界关于政府回应力的研究述评［J］. 福建行政学院学报，2014（5）：19-26.

刘继同.中国特色"社会政策框架"与"社会立法"时代的来临[J].社会科学研究,2011(2):105-110.

刘继同.中国卫生政策法规历史、类型、特征与卫生治理模式战略转型[J].东岳论丛,2011(10):32-38.

国务院办公厅秘书局,中央机构编制委员会办公室综合司.中央政府组织机构2008[M].北京:党建读物出版社,2009.

李松涛.政府信息公开还有五大问题亟待解决[N].中国青年报,2015-03-31.

李林,邱晨辉,杨梦晨.71.8%的受访者为养老发愁:人社部官员两会"走红"[N].中国青年报,2015-03-02.

刘继同.现代社会福祉概念与中国特色社会福利制度框架建设研究[J].黑龙江社会科学,2012(5):88-93.

(英)莱恩·多亚尔,伊恩·高夫.人的需要理论[M].汪淳波等,译.北京:商务印书馆,2008.

杨召奎.价格高令消费者望而却步,土地、融资、护工短缺三大难题阻碍发展——需求旺盛的民营养老服务为何发展缓慢?[N].工人日报,2015-03-18.

李凤月.老年福利政策的中日比较研究——政府和民间的责任分担[D].大连:东北财政大学,2006.

(英)卡尔·波兰尼.大转型:我们时代的政治与经济起源[M].冯钢,刘阳,译.杭州:浙江人民出版社,2007.

(美)威廉·詹姆士.实用主义[M].李步楼,译.北京:商务印书馆,2012.

中共中央宣传部.习近平总书记系列重要讲话读本[M].北京:学习出版社,人民出版社,2014.

陈来.充分认识中华独特价值观——从中西比较看[N].人民日报,2015-03-04.

景天魁,毕天云,高和荣,等.当代中国社会福利思想与制度:从小福利迈向大福利[M].北京:中国社会出版社,2011.

(美)托马斯·R.戴伊.自上而下的政策制定[M].鞠方安,等译.北京:中国人民大学出版社,2002.

（美）尼古拉斯·施普尔伯. 国家职能的变迁：在工业化经济体和过渡性经济体中的私有化和福利改革［M］. 杨俊峰，等译. 沈阳：辽宁教育出版社，2004.

（美）威廉姆·H. 怀特科，罗纳德·C. 费德里科. 当今世界的社会福利［M］. 解俊杰，译. 北京：法律出版社，2003.

第十一章
我国居家和社区养老服务的优势和发展对策

◎ 成海军[①]

自1999年我国步入老龄化社会以来,老龄化带来的压力不断加大。截至2018年底,我国60岁及以上老年人口已经达到2.49亿人,占总人口的17.9%;65岁及以上老年人口达到1.67亿人,占总人口的11.9%。[②] 近年来,由于人口老龄化和家庭小型化,传统的子女多、老人少的家庭结构逐渐变成子女少、老人多的"核心家庭"结构。一对夫妻一般要奉养四个老人并抚育孩子,子女赡养老人的压力大大增加。随着老年人口比重的不断加大,社会化养老服务的需求愈发强烈,加强社会养老服务体系建设日显重要。在目前我国经济尚不发达的情况下,无法聚集大量的资金投入养老服务业。未来很长一段时间,居家和社区养老模式将在我国占据主流,发挥重要的作用。

一、居家和社区养老服务的起源及英国社区照顾模式

在世界范围内,有关"居家和社区养老服务"的理念和做法起源于第

[①] 成海军,民政部培训中心(北京社会管理职业学院)民政政策理论研究所所长。
[②] 《2018年国民经济和社会发展统计公报》,参见国家统计局网站:http://www.stats.gov.cn/tjsj/zxfb/201902/t20190228_1651265.html

二次世界大战以后英国"去机构化"的"社区照顾"。① 当时英国社区照顾以病弱老人、精神病患者、智障人士、身体障碍者为主要服务对象。为了使这一类群体摆脱院舍（机构）照顾，回归正常的家庭和社区生活中，英国政界、学界和社会各界对院舍照顾的批评日益加剧，"去机构化""回到社区"日渐成为照护的主流观点。"社区照顾"的概念也逐渐出现在社会福利政策的讨论和选择中。

  英国的"社区照顾"分为"在社区照顾"和"由社区照顾"。"在社区照顾"主要是让那些长期滞留在医院或大型专业机构中的服务对象回到社区和家庭中，倡导社区内小规模的养老机构照顾以及由正式和非正式资源所提供的照顾。② 它强调"社区照顾"的地理概念，凸显"在病院外的照顾"。该类对社区照顾的理解在某种程度上反映了当时英国社会对弱势群体脱离院舍照顾、回归家庭的一种呼声，得到了社会各界的普遍认同。"由社区照顾"最早是帮助弱势群体走出机构照顾模式，地方政府负责安置工作。③ 1981年，英国政府发布《步入高龄化白皮书》，指出"社区照顾的实质就是要增加非正式照顾者的责任，主要由地方政府、营利性组织、志愿组织以及非正式的支持网络（家人、朋友、邻里等）为服务对象提供照顾"④。从关注照顾的环境变为关注照顾的资源，即"正式的"与"非正式的"照顾网络。⑤ 1980年前后，英国"在社区照顾"逐渐转变为"由社区照顾"，使社区照顾本身等同于地方政府照顾。1990年，首次以社区照顾命名的《全民健康服务与社区照顾法案》出台，明确地方政府需专款专案执行社区照顾。经过几十年的发展与完善，英国社区照顾更加成熟，有着独特

---

  ① 陈伟：《英国社区照顾之于我国"居家养老服务"本土化进程及服务模式的构建》，《南京工业大学学报（社会科学版）》，2012年第3期。

  ② Hartnell C. *The community care handbook: the reformed system explained*. New York: London Age Concern, 1995: 91-92.

  ③ Ayer S, Alaszewske A. *Community care and the mentally handicapped: services for mothersand their mentally handicapped children*. London: Routledge & Kegan Paul, 1984: 511-522.

  ④ Means R. *Community care: policy and practice*. New York: Palgvwe Macmillan, 1998: 32.

  ⑤ Abrams P, Abrams S, Humphrey R, et al. Neighborhood care and social policy. *Humanities, Psychology and Social Sciences*, 1989, 11(2): 43-56.

的英国特色。

纵观英国社区照顾发展的历程和轨迹，20世纪50~70年代兴起的"去机构化"的呼声，关注对弱势群体的社区照顾。70~80年代，社区照顾引进了市场化的元素，强调投资效益、市场化、私营化等服务，由社会福利服务逐渐转变为市场提供服务。20世纪70年代以后，英国人口老龄化规模持续增大，老年群体占服务的比重增加，社区照顾成了为老服务的替代语，尤其是有长期照顾需求的老年人，更成为社区照顾的主要对象。[①] 1990年，英国政府颁布《社区照顾法案》，在全球首先提出"社区居家养老服务模式"概念。经过三年实践，1993年"社区照顾养老模式"正式在全国确立。该照顾模式的特点是，老人居住于社区，家庭、专业护理人员和社区志愿者都承担相应的照顾责任。老人生活在他们熟悉的家庭社区内，既有效缓解子女赡养老人的压力，也使老人不再为生活环境的变化而感到孤独或不安。在政府的支持下，该模式作为一项重要的社会政策在英国迅速普及，不但在英国取得巨大成效，而且受到欧美多国的欢迎，被很多西方国家效仿并加以改进。

二、我国居家和社区养老服务模式的探索

我国对居家和社区养老服务的概念及其含义的理解，一方面来源于国内学术界对英国社区照顾以及受英国影响的香港地区安老服务的做法与探讨，另一方面则来源于我国市场经济体制的建立以及与之相适应的社会福利服务制度的转型。我国的居家和社区养老服务，有别于机构养老服务模式，是一种具有公共服务性质的社会化养老服务模式。该模式以社区为依托，以日间照料、呼叫服务、助餐服务、健康指导、文化娱乐、心理慰藉等基本服务为主要内容，以上门服务和日间照料为主要形式，把居家养老与社会养老有机结合起来，是对传统家庭养老模式的补充，是我国发展社区服务、建立养老服务体系的一项重要内容，体现了国家、社会和家庭对养老责任的共同承担，适应了我国当前"未富先老"的国情。

2004年，北京、上海、广州、南京、杭州等经济发达城市开始进行居家

---

① Baggott R. *Health and health care in Britain*. New York：Palgrave MacMillan，1994：432.

和社区养老服务探索,作为应对人口老龄化的重要举措。2016年7月,民政部、财政部印发《关于中央财政支持开展居家和社区养老服务改革试点工作的通知》,安排专项彩票公益金,通过以奖代补方式,选择部分地区和城市进行居家和社区养老服务改革试点,促进完善养老服务体系。截至2019年底,中央财政已安排三批资金支持开展居家和社区养老服务改革试点。在内容上重点支持以下领域:支持通过政府购买服务、公建民营、民办公助、股权合作等方式,鼓励社会力量管理运营居家和社区养老服务设施,培育和打造一批品牌化、连锁化、规模化的龙头社会组织或机构、企业;支持城乡敬老院、养老院等开展延伸服务,直接提供居家和社区养老服务,或为居家和社区养老服务设施提供技术支撑;支持探索多种模式的"互联网+"居家和社区养老服务模式和智能养老技术应用;支持养老护理人员队伍建设;推动完善相关养老服务标准化和规范化建设;支持采取多种有效方式,积极推进医养结合,使老年人在居家和社区获得方便、快捷、适宜的医疗卫生服务;支持老城区和已建成居住(小)区通过购置、置换、租赁等方式开辟养老服务设施,支持依托农村敬老院、行政村、较大自然村利用已有资源建设日间照料中心、养老服务互助幸福院、托老所、老年活动站等农村养老服务设施,满足城乡老年人特别是空巢、留守、失能、失独、高龄老年人的养老服务需求。[①]

试点城市普遍在社区养老服务中心或站点开展日间照料服务,由社区服务人员为老年人提供助餐服务、健康指导、文化娱乐、日间照料、呼叫服务、心理慰藉等服务,北京市居家和社区养老服务内容如图11-1所示。在服务方式上,很多城市采取"走出来、走进去"的方式,既动员活力老人走出家门,在社区接受适合的养老服务,又为失能老人安排上门服务。在上门服务方面,各地有一些自己的经验做法,如北京市推出96156生活服务热线,运用声讯、信息技术整合全市企业为老人提供100多项服务;大连实行家庭护理员一对一、一对多的上门服务;广州实行"五定"服务模式(定人员、定对象、定时间、定地点、定项目)。许多试点城市建设社区服务网络,如南京市整合社区服务资源,将社区服务的内容、形式、收费标准、服务机构以及服务监督等信息公开。

[①] 参见中华人民共和国中央人民政府网站:http://www.gov.cn/gongbao/content/2017/content_5222958.htm

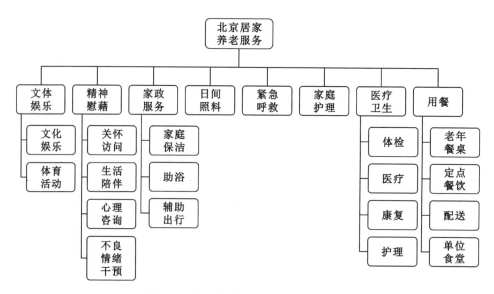

图 11-1　北京市居家和社区养老服务图

三、我国居家和社区养老服务的现实优势

推进居家和社区养老服务,是破解我国养老服务难题、加快发展养老服务业、扩大就业和促进经济增长的重要途径。从我国养老服务的实践看,居家和社区养老服务有诸多优势。

一是居家和社区养老是基于传统家庭养老功能弱化和机构养老服务能力不足而做出的选择。随着高龄化、少子化、空巢化的加剧,跨地域职业流动使子女在照顾父母方面力不从心,空巢老人越来越多,家庭对老人的照顾功能日渐弱化。现有养老服务的供给不足和不平衡发展面临严峻挑战。截至 2017 年底,全国有各类养老服务机构和设施 15.5 万个,其中,注册登记的养老服务机构 2.9 万个,社区养老机构和设施 4.3 万个,社区互助型养老设施 8.3 万个;各类养老床位合计 744.8 万张,每千名老年人拥有养老床位仅 30.9 张①,社会化养老机构服务设施和服务水平大大滞后于养老需求。

二是大多数老年人愿意就近获取"家门口"的社区服务。社区的嵌入

---

① 《2017 年社会服务发展统计公报》,参见民政部网站:http://www.mca.gov.cn/article//sj/tjgb/201808/20180800010446.shtml

式、小型化、多功能养老服务设施，离家近、收费低、环境熟悉，是大型养老机构所无法比拟的。提供社区"家门口"的服务，既能让老年人生活在熟悉的家庭和社区环境中，又能让老年人得到就近、灵活、便捷、低成本的社会化、专业化服务和照护，满足大多数老年人安土重迁习惯和与家人团圆的情感需求。既享受专业服务，又享受天伦之乐，老人们普遍对此表示欢迎。相关调查显示，80%以上的老人选择居家和社区养老。

三是居家和社区养老服务费用低，财政负担小。居家和社区养老服务借助于城市社区养老服务网络支撑，以少量资金投入即可启动，不必花费大量资金兴建养老院、购置养老设施，是一种符合国情的、经济实用的养老方式。

四是居家和社区养老服务有利于促进就业和新型服务业发展。社区养老服务业是劳动密集型产业，需要大量的服务人员。我国现有养老服务队伍不足30万人，面对日益增大的养老服务需求，要达到《国务院关于加快发展养老服务业的若干意见》中的1000万养老服务人员的目标[①]，社区养老服务对促进就业和养老产业发展提供了广阔的空间。从产业角度看，社区养老服务作为联系养老服务业、老年用品和老人需求之间的平台纽带，拓展和带动了相关产业和服务的供需对接，成为老人生活需求和文化交流的平台。[②] 社区养老服务引入社会组织、家政和物业等方面的服务，提升为老服务的质量；企业可以通过持续服务发现一些新需求，挖掘服务和产品市场。

五是居家和社区养老服务符合国际化养老发展趋势。第二次世界大战以后的一段时间里，欧美国家采取集中供养的办法，解决对老人的福利服务问题，通过兴建大量老年福利机构、护理院来提供院舍照顾。但是，这种照顾模式成本高、环境单调、探访不便且财政不可持续。20世纪60年代，社会出现了"回到家庭和社区"的趋势，很多国家进行了社会福利改革，尝试社区照顾模式，把养老照顾服务重点放在居家和社区，制定了一系列促进居家和社区养老服务发展的政策，确保"社区养老优先于机构养

---

① 参见中华人民共和国中央人民政府网站：http://www.gov.cn/gongbao/content/2013/content_5222958.htm

② 习近平：《推动老龄事业全面协调可持续发展》，http://news.cctv.com/2016/05/28/ARTIg2nAWlnhMbdS8WKqvav5160528.shtml

老"。目前,世界大多数老人在居家和社区养老,即使在欧美等发达国家和高福利国家,居家和社区养老也是主体。

四、我国居家和社区养老服务的运作方式

从2001年开始,我国一些大城市陆续开展居家和社区养老服务的探索,主要通过上门服务和日间照料等形式为社区老人提供服务。上门服务主要是为生活有需求的居家老人(特别是失能老人)提供家政清洁、精神慰藉、康复理疗、陪同就医等项目;日间照料为老人提供托老服务、老年饭桌、文化娱乐、健身康复、安全援助及个案帮助等项目。目前,居家和社区养老服务主要有以下几种运作方式,如图11-2所示。

一是政府主办,街道社区组织服务队伍承接具体服务。地方基层政府运用财政资金和自筹资金扶持居家和社区养老服务,街道社区建立相应的管理机构,聘用公益性岗位的"4050"人员为老人提供社区养老服务。以街道或社区居委办公用房或租借房为居家和社区养老提供服务场所。这是全国比较普遍的做法。

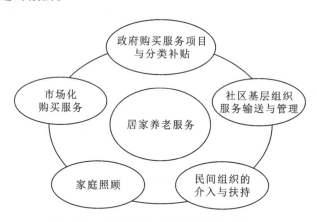

图11-2 我国居家和社区养老服务结构图

二是由社区养老机构承接养老服务。政府委托养老机构,利用养老机构提供的场地,雇用工作人员,通过建立日间照料中心、社区服务站(点)等方式,为老人提供居家和社区养老服务。

三是政府委托社会组织承接服务。政府提供场地和社区服务设施,选择从事为老服务的社会组织或企业运营开展养老服务。如北京、长沙、武

汉、兰州等地,开展居家和社区养老公益项目,明确服务对象、服务内容、服务人员、服务质量等内容。有些营利组织还采取品牌化和连锁经营的形式,如北京诚和敬投资有限责任公司设立居家养老服务机构和站点,为老人提供专业化品牌化的养老服务。

四是政府出资向企业购买服务。政府把居家和社区养老服务券(卡)或补贴资金直接发给军烈属老人、"三无"对象和城市特困群体,由这些群体向社会组织和企业购买自己所需要的居家养老服务。如北京市通过发放居家养老(助残)券(卡)方式,为老人(残疾人)向市场购买服务。武汉、温州等地区也采取类似方法。

五是邻里互助开展"一对一"养老服务。北京、浙江、江苏、甘肃等地整合协调社会资源,通过企业和社会组织,在社区构建"虚拟养老院";宁波等地采取"一对一"亲情化服务模式。建设之初,多由有政府背景的机构承接服务工作,随着非营利组织增多,更多地方逐渐把居家和社区养老服务交给社会组织承接。很多地方可能同时并存多种居家和社区养老服务方式,甚至一个社会组织和企业,既承担政府购买的非营利性养老服务项目,又从事一些营利性的养老服务。

六是城企联动普惠养老方式。城市政府和企业双方签订合作协议,支持社会力量参与养老服务,重点支持养老服务骨干网和专业化养老服务机构;政府提供土地、规划、融资、财税、医养结合、人才等一揽子政策支持;企业按约定承担公益,提供普惠性养老服务,向社会公开,接受监督。解决老人尤其是中低收入、失能或半失能老人面临的"买不到、买不起、买不好、买不安"的问题,让更多的人享受养老服务,实现就近可及、普惠公平。南昌、郑州、武汉等7个城市成为首批试点。[①]

五、我国居家和社区养老服务面临的问题和困境

目前,我国居家和社区养老服务处于起步和试点示范阶段,存在服务供给不足、服务不平衡、质量不高等问题,不能充分满足老人日益增长的

---

① 《探索支持社会力量发展普惠养老的有效合作新模式——解读城企联动普惠养老专项行动》,http://www.gov.cn/zhengce/2019-02/23/content_5367957.htm

多样化的服务需求。同时，在服务资源凝聚、开拓、运作和软硬环境营造等方面，也面临着不少问题和困境。

一是服务项目单一。当前全国各地开展的居家和社区养老服务，普遍存在服务内容少、服务层次低、服务时间短等问题，在服务内容方面，主要是家政服务、日常照料、上门服务、康复护理、精神慰藉等少数项目，缺乏心理疏导等个性化的服务内容，不能满足广大社区老人个性化、多样化、精细化的养老服务需求。服务内容、服务行为和服务标准缺乏相应的规范和统一的标准。

二是受益人群少，服务覆盖面较窄。大部分地区通过政府直接或间接为"三无"老人和失能半失能老人购买服务，其他服务对象享受比较少。截至2017年底，全国社区服务中心（站）覆盖率为25.5%，其中城市社区服务中心（站）覆盖率为78.6%，农村社区服务中心（站）覆盖率为15.3%。[①]

三是服务经费严重不足。目前，我国居家和社区养老的经费主要由政府部门筹集，资金来源于财政拨款或福利彩票公益金，融资渠道单一，社会资金不足。居家养老"试点""示范"，主要依靠少量彩票公益金开展，社区、街道只是象征性拿出少量经费给予"配套"。[②] 政府部门经费紧张和基层社区的经济困难，成为大多数欠发达地区和贫困地区开展居家和社区养老服务工作的瓶颈。[③]

四是市场化运作环境尚未形成。目前，全国各地运行的居家和社区养老服务，总体上以政府推动为主。政府通过社会组织和企业为特殊群体购买或提供公益性为老服务，行政色彩比较浓厚，市场运作成分不够，机制尚未形成。民间资本参与居家和社区养老服务，在土地使用、财政补贴、税收优惠、金融支持等方面享受不到优惠政策，制约了民间资本进入养老服务业的积极性。

---

① 《2017年社会服务发展统计公报》，参见民政部网站：http://www.mca.gov.cn/article/sj/tjgb/201808/20180800010446.shtml

② 《我国居家和社区养老之困局解决之道在哪里？》http://www.sohu.com/a/226555656_100122244

③ 柏萍、牛国利：《城市社区居家养老服务的发展思路与对策》，《城市观察》，2013年第4期。

五是服务专业人才缺乏。调查显示,目前我国居家和社区养老服务护理人员 90% 来自农村地区,平均年龄 46 岁,60% 左右是小学和初中文化,90% 以上没有经过专业培训直接上岗。居家和社区养老服务人员职业特征不明确,被大多数人等同于普通的家政服务员,给予较低的社会地位和物质待遇。护理人员的职业认同感和归属感较差,普遍认为自己从事的是"强度大,工资低,社会地位低"的职业。① 一些专业护理人员宁可做小时工,或转移到其他服务行业,也不愿做居家和社区养老服务工作。

六是服务设施不完善。很多社区缺乏养老服务专业设施,一些大城市的中心小区,由于土地和房产昂贵,社区养老服务设施缺乏长期规划,没有足够的场地开展居家和社区养老服务工作。截至 2017 年底,全国共有各类社区服务机构和设施 40.7 万个,其中社区服务指导中心 619 个(其中农村 16 个),社区服务中心 2.5 万个(其中农村 1.0 万个),社区服务站 14.3 万个(其中农村 7.5 万个),其他社区服务设施 11.3 万个。② 有一半以上的地方未建立社区服务网络,难以做到资源共享、服务需求和服务供给的对接。很多地区社区单位的养老服务设施不对外开放,造成社区服务资源的"条块分割",普遍存在重视部门利益、单位内容享用和缺乏社区资源共享的问题。

七是优惠政策和配套措施不到位。目前我国居家和社区养老政策仍是粗放型的,存在政策不完善、监督不到位、规划滞后的问题,极大地制约了该项工作的发展。居家和社区养老服务的进一步发展,涉及多重制度,如养老保险制度、养老服务制度、医疗保险制度、养老服务评估制度、市场监管制度以及税收优惠政策等。

八是居家和社区养老服务的社会认同度不够。社会大众对居家和社区养老服务的认识不足,表现淡漠。很多地方的老人对居家和社区养老服务的内容了解不多,对居家和社区养老运作方式的认同度不够,认为政府购买服务就是免费的,养老"花钱买服务"的理念和消费习惯还没有形成。③

---

① 《关于完善社区居家养老服务的提案》,全国政协十二届二次会议提案第 0266 号。
② 《2017 年社会服务发展统计公报》,参见民政部网站:http://www.mca.gov.cn/article/sj/tjgb/201808/20180800010446.shtml。
③ 柏萍、牛国利:《城市社区居家养老服务的发展思路与对策》,《城市观察》,2013 年第 4 期。

六、我国居家和社区养老服务视阈下的各方关系

我国居家和社区养老服务体系由政府、市场、社会组织、企业和老人等多种要素构成。推进居家和社区养老服务，必须处理好各方关系，特别是政府、市场和社会这三方的关系。在政府主导下，推进居家和社区养老服务的社会化和市场化。

第一，政府主导，厘清责任。政府主导是居家和社区养老服务体系建设的基本原则，在居家和社区养老服务体系构建中发挥着不可替代的作用，也是其他机构和社会组织所无法比拟的独特功能。政府的职责，一是制定发展规划，出台相关政策；二是保基本、兜底线、建机制。三是培育市场和监督职责。政府主导意味着"政府是路灯"，又是"红绿灯"，但是政府不能包办和替代。随着政府职能转变，我国应在政府指导下走社会化和市场化的路子。

第二，社会参与，提供服务。居家和社区养老服务需要社会各界的参与，其中包括基层政府、社区企业和社会组织等。基层街道和自治社区是居家和社区养老服务的主要组织者，要主动引导和鼓励社会力量兴办社区养老服务设施，进行养老服务供给。社会组织贴近基层百姓，运营成本低、发挥效率好、提供服务周到，在居家和社区养老服务中具有独特的作用。

第三，市场推动，促进供给。逐步提高市场化水平，培育养老服务市场，是我国居家和社区养老服务的健康发展方向。应发挥市场的决定性作用，放开养老服务市场，充分发挥民间资本在居家和社区养老服务业中的作用，探索与当地经济社会发展水平相适应的居家和社区养老服务运行模式和机制。一是通过购买服务、合同外包、委托等多种形式，鼓励和支持企业和个人从事居家和社区养老服务。二是减免居家和社区养老服务机构的税费。三是改进金融产品，支持养老服务业发展。四是增加土地供给，按照市场机制运作。

第四，服务全面，多样运营。发展居家和社区养老服务要根据老人的多种类、多样化、多层次需求，体现以老人为中心的服务理念。居家和社区养老服务的内容包括老人的多种需求，如生活需求、安全需求、受尊重的需求、求知需求和自我实现的需求等，是一个完整的服务体系、健康服

务体系和精神服务体系。在市场经济较发达、人均收入水平较高的地区，采取政府购买、企业市场化提供服务的方式；在社会组织较活跃的地区，采取非营利性组织参与的供应方式；在欠发达地区，应由政府主导，发挥社区街道机构职能，组织力量为老人提供服务。

七、我国居家和社区养老服务的发展路径与对策

发展居家和社区养老服务是我国社会养老服务体系建设的重大转型，也是积极应对人口老龄化的重大战略。要分析和借鉴国内外居家和社区养老服务的经验和做法，从我国国情出发，探索解决居家和社区养老服务的资金、人力、设施、运作环境等问题，提出发展路径和对策。

1. 拓宽资金渠道，形成多元化投入机制

逐步形成政府、企业、非营利机构和家庭四方投资的格局。一是加大政府经费投入。政府是居家和社区养老服务资金投入的主体。应在现有财政预算科目之外，增加居家和社区养老服务科目，形成自然增长机制。二是鼓励社会力量参与居家和社区养老服务提供。探索公办民营、民办公助等方式，尝试以独资、合资联营等形式参与居家和社区养老服务。三是倡导社会捐赠，建立居家和社区养老慈善基金。社会捐助是居家和社区养老服务资金的重要来源，通过完善捐助资金渠道等相关措施，促使企业和慈善力量参与养老服务。

2. 推进社区养老服务人才的职业化和专业化

居家和社区养老服务人才分为管理人才和护理人才。前者为具备专业知识和技能、具有管理工作经验的人员；后者为具备护理知识、具有专业资质和执业资格的专业技术人员、心理咨询师和养老护理员等。对此，要从以下几方面入手。一是推进专业教育，培养专门人才。通过招生、收费、基础设施建设等方面的扶持，鼓励相关院校设立养老管理与服务等专业，扩大招生规模。二是强化技能培训，提高专业水平。对现有居家和社区养老服务人员进行技能培训，健全培训制度，形成培训和服务体系。三是提升职业声望，增强服务队伍的稳定性。宣传居家和社区养老服务的作用，

改善专职服务人员的工资待遇,增强职业的归属感和荣誉感。四是与再就业结合,建立基本服务队伍。通过培训吸纳下岗职工和城镇化人员参与居家和社区养老服务,为居家和社区养老服务培育基本服务队伍。五是发挥社会组织力量,引导志愿服务。通过"时间银行",整合社区志愿者队伍,参与居家和社区养老服务,探索养老服务方式。

3. 建立完善服务设施和平台

一是将社区养老服务设施纳入城市公共服务设施规划,同步规划和建设。二是有效整合社区现有养老服务资源。盘活资源,建立一站式服务大厅,为社区老人提供相应服务。促进社会单位内部设施对外开放,将驻区单位的养老资源纳入居家和社区养老使用范围,实现资源共享。三是建立社区养老信息服务平台,录入每位老人的基本情况,为老人建立标准化电子健康档案、服务需求等信息库。提供为老服务热线、网络系统等服务,实现紧急呼叫网络与公共服务平台对接,如北京市建立的96156社区服务平台。

4. 给予优惠政策和配套措施支持

2019年,李克强在《政府工作报告》中提出:要大力发展养老特别是社区养老服务业,对在社区提供日间照料、康复护理、助餐助行等服务的机构给予税费减免、资金支持、水电气热价格优惠等扶持。[①] 从我国居家和社区养老服务的情况看,除了上述优惠政策外,还应重点给予以下支持。

一是建立居家和社区养老服务管理体系。将居家和社区养老服务发展成为最基本的养老方式,建立与之相适应的管理体系。二是建立服务评估和行业监督制度。对服务机构、内容、人员和质量等实施全过程监控。三是制定优惠政策,鼓励子女与老人同住。如中国香港、新加坡等地对与老人共同居住者实行税收减免政策和购房优惠,认同其所履行的赡养老人和提供养老服务的责任与义务。四是完善相关的配套制度。通过健全法制体系、标准体系、规则体系和服务体系等,对服务对象、服务标准、服务机构、管理监管、服务人员等做出规范和要求。

---

① 《政府工作报告》,http://www.gov.cn/zhuanti/2019qglh/2019lhzfgzbg/index.htm

第十二章

中国城市社区的社会组织和养老服务：网络变迁的视角[①]

◎ 李秉勤 房莉杰 王 晶 胡 博[②]

一、引言

近年来，由于中国老年人口快速增长，中国对养老和相关服务的需求迅速增加（Peng，2013）。根据《2015年社会服务发展统计公报》（民政部，2016），截至2015年底，中国60岁及以上人口已达2.22亿——相当于总人口的16.1%。此外，65岁及以上人口已达1.4386亿，约占总人口的10.5%。根据胡乃军和杨燕绥（2012）的估计，到2012年，实际老年抚养比达到5∶1，比官方统计的8∶1的抚养比更高。到2020年，这一比例将达到3.5∶1。根据《2013中国人类发展报告》（UNDP China，2013）的估

[①] 近年来，国内社区为老服务的发展迅速，本文课题的研究时间是2014—2016年，当时调研的一些内容与如今的社区发展已然大不相同。本课题着重关注服务转型过程中的网络变迁和网络成员的角色定位，其目的不在于展示最新的发展成果，而是探讨转型初期出现的各种挑战和对现有研究文献的补充意义。我们期待对服务网络转型的研究能为将来新的政策领域出现类似转型时提供一定的历史和理论借鉴。

[②] 李秉勤，澳大利亚新南威尔士大学社会政策研究中心教授；房莉杰，中国人民大学社会与人口学院教授；王晶，中国社会科学院社会学研究所副研究员；胡博，英国伦敦政治经济学院卫生政策系助理研究员。

计，到 2011 年底，大约 9.1%的中国人年龄超过 65 岁。根据这份报告的估计，到 2030 年，这个数字将上升到 18.2%，高于大多数工业化国家。除了人口结构的变化之外，中国的养老服务也受到了不断变化的社会和经济形势的挑战。随着总收入的增加，老年人的生活方式和对文化活动的需求也不同于过去，老年人已经开始要求更方便、更多样和更高质量的服务和设施。这些变化给现有的养老体系带来了严峻的挑战。

面对这些新需求和对个性化服务的更高期望，过去的通过自上而下的规划来确定提供哪些服务和提供什么水平的服务的国家已经认识到需要做出改变，必须依靠更多的力量来共同应对日益严峻的挑战。有了其他服务提供机构的参与，国家并不需要直接参与服务提供，服务的融资也可以多样化。为了更好地满足新出现的社会需求，国家在养老的两个领域进行了如下改革（Yan, Gao, 2007; Howell, 2012）：从 2000 年开始，引入社区服务，以保证住户在居住地附近得到服务；从 2013 年开始，签约社会组织提供社会服务。

这两个变化意味着服务将越来越多地由非政府服务提供机构在社区层面提供。理论上看，这样的调整有可能直接改善服务效果，而且适应多样而又不断变化的社会需求，并能够调动公共财政系统之外的资源（Stepan, Müller, 2012）。这些变化对中国的养老体系发展意义深远。老年照顾部门的服务供给得到蓬勃发展，根据民政部 2016 年发布的统计公报，截至 2015 年底，全国共有 11.6 万家服务提供机构（比上年增长 23.4%），为需要照顾的老年人提供了 672.7 万张床位（比上年增长 16.4%）。平均而言，每 1000 名老年人有 30.3 张床位。

总体上，人们对将社会服务外包给非营利机构的做法持谨慎态度。这种态度不仅仅是针对服务本身，也是考虑这个体系的可持续性（Teets, 2013）。在本文中，我们认为很多对引入社会组织提供服务所做的评论比较草率，急于求成的心理会阻碍利益相关者之间发展健康的关系。像任何新的机械系统一样，一个新的政策执行系统需要时间让所有参与者学习、协商和磨合。因为在服务系统中引入社会组织而形成新的政策执行网络，利益相关者需要重新定位，以适应他们在新的政策执行网络中承担的新角色，并且需要时间让网络得以重塑和重新稳定。只有网络稳定下来，关于可持续性的讨论才有意义。在这一过渡阶段，有必要努力搞清楚政策执行的框架在形成过程中都经历了什么，这样才能了解网络稳定和可持续性所面临的挑战。回顾这个过程，也有助于了解利益相关者是如何适应或应对变化的。研究这一过程也有助于我们在理论层面上思考类似的过程是否在不同的政策背景下也会发生。

在本文接下来的部分，我们首先讨论养老服务的特点，并根据提供社会服务所需的复杂体系，提出该体系只有在多个利益相关者的参与和协调下才能实现，该体系是一个利益相关者的网络，由正式和非正式部门的执行者组成。然后根据网络转型理论建立一个框架来分析新执行者加入已有网络后的调整过程。我们用中国三个城市的案例来分析，以考察哪些因素有助于各地更有效地适应这些变化。在结论中，我们参照这些城市的经验，讨论了不同背景下网络稳定过程的现状。这项研究有助于了解网络转型和稳定在社区服务领域的意义。

二、对为老服务的迫切需求

根据中国健康与养老追踪调查（CHARLS），2011年中国70岁及以上人群中约有30%需要某种类型的老年照顾或社会服务。对于80岁及以上的人来说，这个比率增加到了50%。随着人口老龄化，对为老服务的要求和需求将继续增加（见图12-1）。

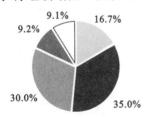
城市

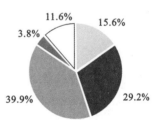
农村

图 12-1 中国老年人的生活安排

来源：根据中国健康与养老追踪调查 CHARLS 计算

随着生活方式的改变，社会对养老服务的需求和要求越来越难以得到满足。过去几年，随着城市化和工业化进程加快，传统价值观的削弱和移民的增加，中国家庭的生活安排也发生了很大变化。根据《中国家庭发展报告（2015）》（卫计委，2015），不管是在中国农村还是城市，2010年与子女生活在一起的老年人比例明显低于2005年第五次全国人口普查时的比例，预计不与子女生活在一起的老年人比例将继续增加。截至2014年底，近10%的老年人独居，而只有41.9%的家庭有两个老年人。独立生活对老年人有许多好处，但需要相应的社会服务作为支持。在中国，尽管子女和配偶仍然是主要的照顾来源，但上述报告表明，32.4%的60岁及以上独居老人在遇到困难时无法获得帮助。报告还显示，65.3%有伴侣的老年人由其伴侣照顾，只有11.6%由其子女照顾。图12-2根据生活安排的类型，显示了不同类型照顾人员的作用。CHARLS的数据还显示，机构照顾直到2010年都没有得到太多的重视。

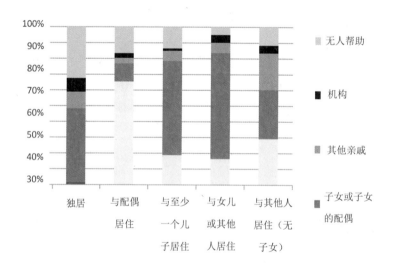

图12-2 按生活安排分类的照顾人员（2010）
来源：根据中国健康与养老追踪调查CHARLS计算

到2014年底，老年人主要依靠自己和家人来满足日常需求。他们使用的照顾服务则主要包括医疗保健服务。农村地区的社会照顾服务类型主要包括健康检查和咨询，大约27%的老年人接受这种服务。与此同时，7.5%的老年人接受医疗保健服务，4.4%的老年人让年轻人陪他们去看病（卫计委，2015）。然而，他们对社会服务的需求理应更大，在全国范围内，即使到 2014 年，实际接受社会服务的老年人比例仍然很低。因此，需要了解为什么在引入社会组织提供服务的最初的兴奋过后，人们对这些服务的需求仍然远远没有得到满足。

三、为老服务的复杂性

老年照顾服务的内容可以不同。一些人认为它是对老年人的照顾，而另一些人认为它是为了帮助老年人过上积极的老年生活。中国的老年照顾正处于一个转折点，从一个注重"照顾"的体系转变为一个促进积极老龄化的体系。根据世界卫生组织（WHO）（2013）的定义，积极老龄化是"优化健康、参与和安全等机会的过程，以便随着人们年龄的增长提高生活质量。它既适用于个人，也适用于群体"。这种方法需要一个更加全面和个性化的服务体系，能够促进专业间的合作（Hean，Smith，2013）。鉴于中国社会的需求远远超出了老年照顾，在本文，我们用"为老服务"一词来描述为老年人提供各种服务的整个系统。

现有研究揭示了为老服务的多面性和复杂性。例如，为老服务系统涉及多个政策领域，如建筑和基础设施、照顾服务、住房、信息和通信平台、社区卫生服务、公民参与和就业、尊重和社会包容性评估等（UK Urban Ageing Consortium，2014）。为老服务系统的运行需要跨专业和跨部门的合作（Green，2013；Plouffe，Kalache，2011；Steels，2015），需要多个利益相关者的协作和参与，如私人服务提供机构、社会组织、私营企业、照顾人员和民间社会的其他成员。该系统通常包括正式和有组织的服务，以及非正式的服务（Everingham，et al.，2009）。老年人不仅是服务的使用者，而且可能对服务系统的形成和发展做出贡献（Sandhu，Bebbington，& Netten，2006；McLeod，et al.，2008）。因此，有必要让老年人参与新系统的构建，并让他们发声（Lui，et al.，2009）。在一个有多级政府的国家，养老服务需要考虑中央政府和地方服务网络的互动（Johansson，Borell，1999）。此外，还需要在相应的提供服务的层面考虑资金和责任的分配（Kröger，2011）。

老年人，尤其是身体虚弱的老年人，在参加社会活动时身体状况有一定限制（Le Bihan，Martin，2006），因此，我们需要适当的条件才能充分利用社会参与的资源和机会，例如，需要基础设施或人力支持来保证社会参与（Gilroy，2008；Buffel，Phillipson，2012）。对于不同的服务，服务范畴的定义可能不同。此外，不同地区有不同的照护需求（van Campen，van Gameren，2005），这意味着为老服务会存在空间上的复杂性。

此外，老年人的社会需求会随时间变化。为老服务已经从老年照顾扩展到通过服务来延长老年人独立生活的时间，并促进积极老龄化（Lui，et al.，2009；Phillipson，2011；Fitzgerald，Caro，2014）。在中国，过去政府提供社会服务的方式已经不能满足老年人的需求。老年人对在地化、个性化和家居服务的需求日益增长（Johansson，Sundström，& Hassing，2003；Feng，et al，2012）。

面对这种复杂性，养老服务的管理变得尤为重要。养老服务系统必须调动多种资金来源和利益相关者的参与，并反映老年人的需求。它必须考虑各种服务的空间和时间有效性，以及如何实现预期的效果。WHO（2014）提出了一个基本原则——没有任何一个单一的政府机构、组织或行业能够承担起发展一个对老年人友好的社会的所有责任，只能通过多方融合的规划和服务提供来实现（WHO，2014）。这恰恰是中国的现状——传统的国家社会服务体系几乎无法应对现状，国家意识到必须以不同的方式应对压力（Hsu，Hasmath，2014）。然而，多个利益相关者新形成的网络是否能够承担得起服务提供的要求，并维持预期效果仍不清楚。因此，在本文，我们来看一看为老服务体系是如何应对冲击和变化的，并确定个地方的服务网络是否正在变得更加稳定。

四、网络演化与转型的研究脉络回顾

我们需要更仔细地观察中国对社会服务供应系统改革后的新系统是否能够持续。国际上其他国家的一些经验表明，引入社会组织作为服务提供机构并不总是有效的（Kim，2015）。社会组织提供服务的可行性通常从国家与社会组织关系的角度进行分析，也就是当国家比较脆弱时，非政府部门和民间社会就要发挥更大作用（Jing，Besharov，2014；Hewitt de Alcántara，1998），反之亦然（Aldrich，2016）。遵循这一逻辑，大社会往往匹配小政府（Boychuk，2007），尤其是在经济紧缩时期，小政府是更有吸引力的解决方案（Lowndes，Pratchett，2012）。基于这一点，合乎逻辑的结论应该是，中国将社会服务外包给社会组织和其他民间社会组织的改革很难成功，因为政府实施了强有力的领导。但是，这种观点对国家和民间社会采取二元对立的视角，没有考虑国家与民间社会在治理领域的关系，并不能解释多方执行者之间复杂得多的关系。

因此，我们认为将社会服务供应系统视为一个网络更好些。这个网络表示一些节点以正式或非正式的方式相互连接，相互作用，以实现一定的目的。在服务提供系统中引入新的参与者就像从一个网络转变为新的网络，很难确定这种转变是否会成功。通过研究转型过程，我们可能会洞察到国家与网络成员之间更复杂的关系，并发现阻碍网络成功转变的障碍。"成功"指的是获得一个相对稳定的网络，除非受到新的外部因素的挑战，这种网络会一直持续下去。

研究网络的形成和演化常常采用生命周期方法。Mays 等人（1998）将网络生命周期分为六个阶段：扩展、维护、正式化、迁移、持续评估和术语化。Weiner 等人（2000）提出的"生命周期模型"有四个阶段：出现、转变、成熟和关键十字路口。Swann 和 Morgan（1992）介绍了网络发展的三个阶段：形成、协调和规范。形成是初始阶段，包括合作和努力分享（Swann，Morgan，1992）；协调阶段容易发生冲突，因为成员试图达成共识并确定任务和角色；规范阶段成员士气更高，彼此比较信任，并开诚布公，协作就实现了。以上这些模型都认为网络是遵循一定的发展过程的。

网络转型的研究不同于网络演化，因为前者不考虑既定网络的生命周期。网络转型是指从一个网络到另一个网络的转变过程。在企业管理文献中有一些研究（如 Madhavan, Koka, & Prescott, 1998），关于网络转型本身鲜有理论探讨。然而，也有一些关于新成员和现有网络成员之间关系的讨论。引入新成员可能会对现有网络造成冲击，改变现有网络的结构，并带来功能的改变，如新成员、新资源和新服务的引入（Rhodes，2007）。加入网络的新成员通常会创建新的网络目标（hans Klijn, 1996）。然而，这些新目标不一定能实现。例如，如果现有成员不支持新成员，则可能无法实现稳定的网络。具体可分为以下三种情况。其一，新成员被现有成员排除在决策过程之外，现有成员串通，做出对新成员有偏见的决定。因此，发挥有效作用的网络和现有网络没有实质性的差异。其二，一些现有成员被排除在外，新成员与未被排除的现有成员一起工作，网络的目标得到改变。其三，新成员和现有成员无法合作，导致网络危机，甚至可能导致整个网络崩溃。Provan 和 Kenis（2008）认为，当网络发生转变时，它更有可能从非正式的设置变成正式的设置。如果这个网络是在行政管理组织之间，它的正式化是在所难免的。

网络可以通过自上而下或自下而上的力量形成（Provan，Lemaire，2012）。自上而下的网络有可能是政府持有资金的，如服务外包。这种类型的网络适用于自我组织能力较弱的网络成员，需要更长的时间培养协调能力。因此，资金持有人需要给网络成员空间和时间来建立信任关系。相比之下，如果网络是通过自下而上的举措形成的，它必须证明其存在的必要性，形成稳定的网络也需要一定时间。

五、研究方法

（一）如何分析网络转型

网络转型是一个持续的过程，因此，我们需要在不同的时间点研究网络，以捕捉网络的动态。为了本次的研究，我们每个地点访问了一次，并研究了当时每个网络的状态。由于我们的实地工作是通过深度访谈和焦点小组讨论进行的，我们对改革早期阶段的情况提出了不少问题，毕竟改革不久前才开始，所以参与者记忆犹新。但是，需要在将来进行后续研究。为了捕捉当地的变化，我们还对不同城市的社区进行了比较分析。

多地试点为进行比较研究提供了不错的机会。过去，中国社会服务供应结构类似于一个官僚体系，全国结构统一，由一个庞大的公务系统来提供。[①]这个相对统一的系统使得中国的这项研究别具特色，因为各地基本上是从同一个系统开始改革，这使得分析更为简单一些。

[①] 在本文我们将官僚体系视为一种正式网络，这是因为为老服务虽然在过去受到限制，但总是需要跨专业或跨部门合作的。从这个意义上说，如果我们在地方层面考察这些服务，它们是由专业机构（更高权威性）管理的正式网络的极端形式。

（二）如何评估网络稳定性

如前文所述，本研究的目的是考察变迁中的为老服务网络是否已经稳定，以及是否能够持续。稳定网络是指网络的关键特征保持不变或至少被网络成员所接受。Provan 和 Kenis（2008）认为，定义网络的性质需要从四个方面来考察：信任，规模，目标一致性，以及使用该网络完成特定任务的必要性。这些特征可以用来确定不同的网络管理模式、说明网络成员之间的关系。他们还提出了三种类型的网络管理，并认为网络可能从一种类型转变为另一种类型。第一类是由成员共同管理的网络；第二类是由牵头机构负责管理的网络，牵头机构是网络的核心成员，所有网络活动和主要决策都由该核心成员做出；第三类是由相对独立的网络管理组织所管理的网络，如不为任何成员工作的专业化管理机构。

Provan 和 Kenis（2008）将四种网络特征应用于三种网络类型，并确立了每种网络类型的特征。他们认为，由网络成员自己管理的网络在成员中具有更高的信任度，它通常成员较少，目标一致性较高，在没有强大的管理能力时也能良好运转。这样的网络一般具有较强的内部凝聚力。这种类型的网络更灵活，更能适应变化。它非常适合执行单独的任务，而不是长期稳定的任务。相比之下，由牵头机构负责管理的网络在成员之间的信任度较低，网络成员的数量不是很多，目标一致性水平也较低。当对网络协调性的要求不是很高时，这种类型的网络可以有效地运行。这种类型的网络决策更加有效和稳定。而专业化的网络管理组织有很强的目标一致性，成员数量多于其他两种类型。这种类型的网络需要更强的运行能力。当组织面临外部合法性挑战时，这种网络设置更有吸引力，决策的效率也比其他网络要好，同时，它更正式、更稳定。Provan 和 Kenis（2008）认为网络的规模不应该作为网络稳定性的指标，这至多是对网络保持稳定造成一定困难的指标，因此它更应该是一个风险因素。

这一理论发展路线对我们有几个启示：网络可以是正式的，也可以是非正式的，随着时间的推移，非正式网络可能会变得正式，然而，一个正式网络很难变得不那么正式；通过自上而下和自下而上建立的网络都需要时间来稳定；只有当新的网络稳定下来时，才能实现成功的网络转型，也就是说，当要完成的网络任务需要网络成员的努力，且网络成员之间有一个共同的目标和一定的信任度时，才能实现成功的网络转型。

（三）对中国社区为老服务的分析

遵循这一逻辑，本研究基于中国社区为老服务改革的各个方面来考察网络转型，主要考虑以下几个方面。

① 为老服务核心成员的变迁——这部分分析将考察在不同的历史时期谁是中国为老服务的核心成员。

② 网络在成员资格、目标一致性和信任方面的状态，以及新任务是否真的需要网络行动（"网络性"）——这部分分析有助于确定新网络是否已经形成。

③ 网络的结果，为老服务是否有所改善，服务是否可持续。

（四）数据收集和分析方法

本研究基于我们在城市 A、B、C、D、E 和 F 的实地调查。这六个城市包括了东部和西部的特大城市和中小城市。数据收集于 2014 年 8 月至 2016 年 5 月。[①] 本文使用的数据有以下两个来源。第一，历史文件和官方统计：这类信息有助于追溯政策网络的历史。为了更广泛地了解全国的情况，我们使用 CHARLS 调查进行背景分析，并使用了由政府智库和相关部门开展的国家级调查报告中的二手数据。第二，调研数据：课题组采访了老年人服务领域的专家，包括政府和非营利机构，以及提供服务的组织，还有公办和私营养老院和日间照料中心、社区服务平台、社区管理人员、社会组织和志愿者，并进行了焦点小组讨论。访谈计划侧重于财务、服务提供和治理。我们提出了关于服务网络设置、利益相关者关系（关于信任和网络目标的一致）、协调和服务效果等问题。在调研中，研究人员记录访谈内容，并根据记录进行整理和分析，访谈录音只作为对采访笔记进行查漏补缺的备份。

---

① 根据与联合国社会发展研究所达成的一致意见，我们将收集到的一些信息（从 A 和 C 市）用于一个早期项目，以便为本次研究中考察的地点类型提供更多的多样性。我们的主要报告包括对这六个地方更详细的讨论，以及选择它们作为研究地点的标准。

（五）本研究的局限性

本研究也存在一定的局限性，在本课题研究的时候（2012—2015），通过社会组织向老年人提供服务的做法在中国仍处于试点阶段。调研只是在试点城市进行。这些地方政府主动参与改革，它们的改革举措领先于其他地区，因此更加积极接受用户建议，网络成员的互动也更加开放。改革意愿不足的情况在这些城市并不存在，可是在其他城市情况很可能并不一样。当然，本研究的目的不是对全国的为老服务进行全面评估，而是了解改革初期的服务网络变迁的过程，所以只研究试点城市也并非不合适。研究的重点是社会组织的参与对现有服务网络的影响，在服务网络比较活跃的城市调研有助于我们联系更多的网络成员和服务类型。当然，一旦在全国范围内推出这项改革，可以通过进一步的研究来获得具有代表性的样本。

六、研究成果

（一）服务网络转型历程

在过去三十年里，中国与为老服务有关的认识和政策有了长足的进展——在20世纪80年代对老龄人口的认识仍然非常有限，20世纪90年代开始对老年人权利有所关注，到21世纪对人口老龄化与社会服务的关系有了更深入的理解，再到2015年将老龄人口作为一个至关重要的问题正式纳入政府议程。这些变化与中国社会保障制度的发展和政府职能的调整密切相关。为老服务的发展是政府与市场、政府与社会为实现资源配置均衡而不断博弈的结果。在接下来的论述中，我们将讨论中国养老服务网络的变化路径，集中观察城市社区层面的变化。这是基层公共管理公共服务和个人家庭自我服务的交叉点。通常，老年人在社区有公共服务提供机构提供的服务，他们还可以在市场上选择私人服务。本节的目的是回顾社会组织和养老服务的演变历程，并对服务网络中的利益相关者进行全面概述。

1. 计划经济时期的家庭照顾和国家支持相结合（1950—1990）

1954年，《中华人民共和国宪法》规定，中华人民共和国劳动者在年老、疾病或者丧失劳动能力的时候有获得物质帮助的权利。国家的主要责任是为退休人员提供社会保障，并在国有企业、事业单位和政府组织部门设立退休制度，国家为退休工人提供生活保障。但是，对于普通的老年人来说，家庭成员应该是照顾的主要提供者，要求孩子们对父母尽孝，不能虐待父母。1958年后，人民公社制度开始在农村和城市地区实行。人们认为，妇女不一定是家庭中唯一的照顾者，此外，人民公社成员的工作成果单独记录而不是集中计算。这一制度被认为是对传统家庭模式的重大突破（罗竹凤，1959），它促成大规模生产以及社会生活的集体化和家庭责任的社会化（刘振清，2006）。尽管这个制度继续强调子女应该照顾父母，但它不同于传统的照顾提供模式。由于老年人从雇主那里领取养老金，他们在经济上是基本独立的。从老年照顾的角度来看，工作单位提供各种类型的福利服务，如健康检查和医疗保健。个人和家庭照顾主要是子女的责任。社会化的老年照顾服务的对象是那些不能照顾自己、没有子女或亲属照顾的老年人。农村地区的制度进一步受到限制，一般针对那些"三无"（无子女、无收入、无亲属支持）老年人。到1964年，全国共有700家养老院，为7.9万名"三无"老年人服务（裴晓梅，2004）。然而，由于管理困难和资金缺乏，该制度在许多地区实行一段时间后终止（刘振清，2006）。因此，在计划经济时期，社会提供的服务是比较有限的，家庭成员依然是照顾的主要提供者。在人民公社解散和经济改革实施后，许多国有企业要么私有化，要么破产。农村地区的社会服务和社会保障制度由于集体经济的萎缩而遭到削弱。在此期间，老年社会福利机构没有显著变化。Bian，Logan和Bian（1998）观察到，在20世纪90年代初，老年照顾模式仍然严重依赖于家庭照顾，这与传统社会价值观被严重侵蚀的其他社会领域形成鲜明对比。他们的研究表明，通过代际生活安排，传统的家庭照顾模式得到了加强，而不是削弱。

2. 响应企业改革（1990—2000）

20世纪90年代，中国经济变得更加市场化和全球化，使得城市地区家庭和社会结构进一步变化，这一点可以从几个方面观察到。

第一，人口流动性提高（城市化进程加速、房屋拆迁的规模扩大、在家乡以外寻求教育和就业机会的人数增加）。结果，不和子女住在一起的老年人数量增加了,年轻一代照顾年迈父母的能力降低了。即使对与父母同住的成年人来说,其照顾父母的能力也因为工作压力增大和工作时间延长而下降。

第二,平均家庭规模从 1982 年的 4.41 降至 1990 年的 3.96,然后又降至 2000 年的 3.44。① 部分原因是独生子女政策降低了生育率。这也与人们生活习惯改变有关。由于住房条件改善,越来越多的年轻夫妇选择不和父母住在一起,核心家庭变得越来越普遍。

第三,社区意识淡化。过去,住房由单位或者地方政府分配,同一单位的职工通过住房分配常常居住在同一个或者临近的社区,对于大型国有企业来说尤其如此。丧偶或单身老人可以从同一社区或同一单位的人那里获得一些帮助。然而,随着住房私有化,人们的居住流动性增加、单元房居住方式增多,邻居之间的接触减少了;与此同时,劳动力流动性提高,意味着邻居之间的社会关系不再以就业和长期比邻而居为基础。过去的熟人社会在多个层面受到严重破坏,在单位制度下形成的社区意识开始淡化。这些变化对依赖家庭成员和邻里关系提供非正式照顾的模式提出了挑战。

20 世纪 90 年代以来,中国开始重新建设养老金体系,通过强制储蓄来帮助个人积累养老金,保护人们免受年老带来的风险。然而,养老金只部分解决了老年支出的负担问题。钱可以买到的服务有限。老年人仍然严重依赖成年子女和家庭成员提供的照顾。婚姻法规定成年子女有义务向父母提供经济支持,任何不能工作或生活有困难的父母都有权要求他们的子女给予经济支持。2011 年,城市地区老年人的社会保障体系扩大到外来务工人员和非正式就业者。尽管还没有为老年人建立全国统一的社会保障制度,但不同用户群体之间的支付和享受正变得更加一体化。居民养老保险与企业养老保险相结合,促进了多元筹资养老体系的形成。当然,中国政府仍在调整该系统,其实施过程中的难度仍然不小(Li, 2014)。

《中华人民共和国老年人权益保障法》于 1996 年 10 月施行。这项法律首次提议逐步建立更多的服务设施以满足老年人的需求,如疾病康复。2001 年国务院印发的《老龄事业发展"十五"计划纲要》确定了一个具体目标:每 1000 名老年人应该有 10 张养老床位,90% 的农村城镇和村庄将提

---

① 国家统计年鉴(2011)。

供养老院服务。其目的是建立一个以社区为基础的老年照顾系统,提供全面和多层次的服务,对为老服务进行有效的监管和提供高素质的劳动力(国务院,2001)。

即使在中央计划时期,中国的为老服务体系也不是严格意义上的科层制度,因为要完成的任务不可避免地需要多个部门的协作和横向协调。有人把中国政府的系统描绘成一个矩阵(Lieberthal,1995;Liu,et al.,2015),其中,地方政府有机会参与协商,而不是只听从上级命令(Zhong,2003,2015)。但是,地方政府对上级出台的激励措施也会做出相应的反应(Li,et al.,2015)。由于为老服务的复杂性,它一直是多个政府机构协商的产物。每一个项目都需要多个政府部门来批准,当在公共服务中引入私营服务时,还需要更多的部门来批准。1999年,一个协调机构——全国老龄工作委员会成立。其成员来自32个政府机构,目的是规划、协调和执行与老龄事务有关的政策,其地方分支机构老龄办在地方的职能与中央的全国老龄工作委员会相似。

尽管这一时期的服务体系没有显著变化,但是在江苏省和浙江省,一些城市社区开始从农村招募女性照顾人员,完成有偿家务劳动(OXFAM,2014)。随着进城务工人员数量不断增加,家政市场应运而生。工人们的家务劳动按小时或按月付酬。这些工人不仅帮助老年人做家务,而且减轻了在职工作成年人的照顾责任,填补了为老服务的空白。到20世纪90年代中期,有偿家务服务已经覆盖全国。

3. 照顾体系中政府、家庭和市场关系的重新梳理(2000—2010)

2000年后,平均家庭规模继续下降,2010年达到3.1,这导致家庭照顾老年人的责任增加。在劳动力流动的制度障碍被消除后,越来越多的老年人远离他们的成年子女居住(Li & Shin,2013)。与此同时,老年人预期寿命延长,患老年慢性病、身心障碍的老年人也增多。由于不在身边和缺乏专业知识,成年子女即使有心也无法有效地照顾父母。非正式照顾难以应付,对老年人专业又便利的照顾和服务需求日益增加(Zhang,Goza,2006;Hesketh,Lu,& Xing,2005;Flaherty,et al.,2007)。

在"十一五"期间,政府提议在家庭照顾和社会化照顾相结合的基础上建立为老服务,并提出培育"银发产品"以满足老年人的特殊需求。2008年以来,家庭照顾在城市社区变得越来越普遍。这一时期的改革理念是建立以家庭照顾为基础的照顾服务体系，由政府领导，联合不同的社会群体，采取多种形式，提供更广泛的服务。

在"十二五"期间，政府进一步提出建立以家庭照顾为基础、依靠社区并由养老院提供支持的老年照顾系统，规定每1000个老年人有30张养老床位。建立了社区照顾设施的国家标准（王德文、谢良地，2013）。2012年，全国人大常委会发布了《中华人民共和国老年人权益保障法（修订）》，规定家庭成员应该为老年人提供照顾。政府在其中的职责尚不明确，国家将"制定全面的非正式照顾政策，鼓励家庭成员与老年人一起生活或住在附近，创造条件让老年人与配偶或家庭照顾人员一起迁移，并为家庭照顾提供支持"。从立法的角度来看，这些规定几乎都是普遍原则，国家承担的具体责任并不明晰（张晖，2014），但"十二五"计划确实确立了比较明确的政策目标。

在社区层面，这一时期引入了社区服务空间的概念，意味着社区不仅有行政空间，而且有服务中心，可以用来向居民，包括老年人提供社会服务。这个空间可以是室内，如日间照料中心、食堂和游戏室，也可以是老年人社交和锻炼的开放空间。相应的服务由地方政府或私营企业提供。

（二）社会组织作为服务提供机构

从2000年开始，私人资助的养老院开始流行起来。一些老年人，包括身体健康的老年人，希望在养老院里和其他老年人一起生活。彼时，国企改革使很多企业破产，一些刚刚过了退休年龄的人或不到退休年龄的人停止了工作，他们身体健康，退休后没什么事可做。私立养老院发现了这一商机，并瞄准了身体健康的老年人。然而，机构照顾的缺点也很快显现。老年人发现住在养老院不方便，成年子女不容易探望，与他人共用设施也并不轻松，所以很多身体健康的老年人又搬回家居住。

可是社区的为老服务体系明显存在缺口，服务严重不足。长期的、临时的或偶尔的服务，以住院或日托形式提供的服务需求很大。家庭照顾和基于机构的照顾处于不同的环境，但同属于照顾领域，被照顾的老年人被视为需要帮助。对于那些暂时或永久失去生活能力的老年人来说，照顾是必要的。但是老年人所需的服务范围远远超出了照顾。照顾系统之外的设施和服务也是不足的。例如，需要有新的在地服务和适应性强的服务，需要增加无障碍公共基础设施，使老年人能够自由出入活动，享受公共和私人生活的无障碍对接。此前，国家、市场和家庭照顾都不能提供足够的选择。引入社会组织有望填补这一空白。这些组织不仅可以带来新的资源，而且可以补充现有服务，设立新的服务，并提供新的基础设施。

这一时期服务网络最明显的变化是社区服务中心的作用。过去，社区服务中心是社区管理者。改革后，它变成了连接资源、用户和服务提供机构的平台。在社区层面，它协调网络成员。在新技术的帮助下，社区服务中心还可以发挥互联网和呼叫中心的作用，提高社区服务中心的匹配能力。一个好的社区服务中心可以成为基层服务网络的协调者，减少全国老龄工作委员会办公室的协调工作量和难度。社会组织可以与私人机构一起提供服务。此外，社区服务中心的工作人员不仅对地方政府负责，而且对其他出资方负责（如私人投资者和慈善组织），并对用户负责。当然，这是理想的情况，服务网络尚处于转型阶段。之后我们将考察转型的现状，以及要达到理想状态必须克服的障碍。

七、服务网络转型现状

从前文的历史回顾中，我们可以看到从国家-家庭照顾体系（其中国家和家庭是资金持有人和照顾者）到日益多样化的服务资助和供应体系的逐步转变。因此，与所有家庭以外的服务都是正式和契约化的时代相比，改革以后服务网络中的成员更多，网络关系更加松散。然而，很难确定早期的改革是否成功（如引入私营供应商）。既然进一步改革，而且引入更多成员，可能就是因为国家-市场-家庭的解决方案还不够充分或难以为继。我们对三个城市为老服务系统发展的研究表明，这些地方网络的目标、特点和模式都在发生着重大变化。

（一）目标一致性

对于利益相关者是否就网络的目标达成了一致，要视具体情况而定。

1. 对社会组织参与社区为老服务的整体支持

中国在改革前的特点是政府强大，市场和社会较弱。自实施经济改革开放政策以来，市场经济已将中国转变为"强政府、强市场、弱社会"的模式（李培林，2013）。为了加强社会建设，中央政府决定帮助非营利组织发展，赋予民间社会权力，并最终建立一个政府有效、市场有序和社会活跃的体系。将社会组织纳入社会服务体系是这一议程的一部分。在这个议程中，社会组织需要发挥多个功能，调动多方面的资源，实现社区自治和自我服务。总体上，改革者期望社会组织扶持民间组织，改善政府运作。调研过程中，服务提供方对这些目标都有强烈的意识。因为地方政府将社会组织引入社区服务视为一项重要的必须实施的举措，并向各级官员提供培训课程。如前面提到的，我们访问的社区属于试点社区，领导很积极地向工作人员推广这个理念。服务提供机构普遍表示支持以城市社区为基础发展为老服务的想法。

服务提供机构包括以下几种类型。其一，最初是政府资助的服务提供机构，如政府办的养老院。在我们调研的地方，原先政府办的养老院变成了继续接受政府资助的社会组织。工作人员过去是政府雇员，但现在不再是政府系统的一部分。服务内容没有很大变化，即为重症患者提供长期照顾。一些服务提供机构根据政府要求完全或部分自给自足，开始像私营企业一样运营。一些设施除了为高级公务员服务之外，还向付费的公众开放。其二，新成立的社会组织和社会企业。他们从社区或地方政府获得了一些资助，主要是实物支持，如办公场所，有时候也有一些现金支持。其三，私营部门的服务提供机构。它们觉得参与社区服务发展是一个机会，认为蓬勃发展的社区服务有可能激发对更多服务的需求。

2. 政府雇员和社会组织的社会工作者之间的竞争

在城市社区，居委会于20世纪50年代开始正规化和行政化进程，旨在促进社区自治。随着时间的推移，居委会成为实质性的政府下设机构，履行政府交办的职责，并由政府出资和监督（Liu，2013）。当一些政府开始尝试引入社会工作者来改善社区自治时，居委会的工作人员感到他们在社区中的工作受到了挑战，于是不可避免地出现一些矛盾。

首先，居委会希望把社会组织里的社会工作者变成自己的员工。正如一位社区主任所言："新的社会工作者干得好。我从他们那里学到了很多。他们也帮我做了很多工作。可是他们应该为我们工作。"可是社会组织不希望只服务于一个社区，而是希望独立于社区管理方来运作，并同时承接不同社区的业务。结果，社区方面决定减少对社会组织办公场所的支持，收取更高的租金，希望通过这种方式使社会组织乐于并入居委会。

其次，社区领导希望与社会组织竞争。几乎每个受访社区都反复提出同样的问题：居委会、相关服务中心和社会组织之间的劳动分工是怎样的？社区中心工作人员和组织社会活动的社会组织之间关系比较紧张。正如一名 A 市的官员提到的："社会组织的社会工作者过去的工作方式与我们不同。我们承认他们向社区引进了更好的工作方法，但是我们也注意到这些方法并不难学，我们的员工现在已经很好地理解了他们的工作方式。现在，我们可以将他们的方法与我们自身的优势结合起来，这些优势体现在本地知识和更有效调动资源的能力。……因此，将来要么他们必须为我们工作，要么我们培训我们自己的工作人员成为社会工作者。我们对自己的员工就不需要因为任务量增加而支付额外的钱。这对我们来说更有效率。"在这个社区，社区领导同意花一些钱从一个专门致力于提高社区参与的组织中雇用两名专业社会工作者。社会工作者接手后，积极与居民接触，组织了一系列的活动和服务。社区领导最初很高兴看到这些变化，并资助培训课程所需的设备。然而，他很快了解了社会工作者的做法，并随后希望用社区中现有的工作人员来做这样的工作，并派自己的工作人员去参加社会工作培训。然而，两位社会工作者认为这只是他们服务的第一步，这位领导没有理解独立社会工作的重要性，误以为他手下的人可以同样出色地完成这些服务。

最后，一些社区领导觉得社会工作者不一定有优势。一位 E 市的社区干部说："我们在这儿干了很多年。我们了解这里的人。我们没有受过那么好的教育，但我们懂本地人的交流方式——不光是方言，还有文化。我们去老乡家采访时会和老乡一起吃饭。老乡很乐意招待我们，我们和他们边吃边聊。他们什么都会跟我们说。当社会工作者去采访时，他们还付费，老乡反而感觉是看不起他。"

这些评论表明，我们需要更深入地分析社会组织面临的困难。问题并不总是来源于充满政治色彩的国家与社会的对抗，而是一个网络成员重新协商的过程。一些社区干部可能认为社会组织影响到他们的权威，甚至危及他们自己在社区中的工作岗位，他们的反应是试图将社会组织内部化，模仿社会组织的做法，甚至改进他们的做法。从这个意义上来说，社会组织确实成为社区发展的外来动力，推动社区更好地应对社会需求。

3. 对政府赞助角色的不同理解

我们研究的所有城市社区中都反映出一个问题：地方政府对其在社会组织发展中应该起什么作用的看法有所不同。在国家-社会组织的伙伴关系结构中，政府通过提供场地等方式提供实物捐助，通过提供初始启动资金和年度现金投入等方式提供现金捐助。政府很少支付员工费用，即使政府直接从非营利组织购买服务，也只向工作人员支付最低工资，这远远低于为私营企业工作的专业人员的工资。

B市政府把注意力集中在服务效率上，严格控制员工成本，但是养老院的数量持续增加，导致工作人员人手不足，甚至在国家资助的设施非常好的养老院也是如此。这样服务质量就很难达到老年人的期望。因此，政府办的养老院入住率非常低，例如，某养老院有2000张老年人床位，在正式开张之前有4000多人前来注册，该院不得不抽签选择2000人居住在此。然而一年后，只有290人仍然住在这家养老院里。价格是一个主要的问题，其住宿费用如下：

- 标准间（约33平方米，两人共用）：1500元/月
- 小单人房（28平方米）：2700元/月
- 大单人房（33平方米）：3250元/月
- 单身或双人套房：4100~7500元/月

这个价格不包括服务费，能够独立生活的人的照顾费用是每月430元、530元或630元，价位取决于所需的照顾水平。有特殊需求的人的费用从每月830元到2230元不等。在B市有很多人能够负担得起这些价格。有的受访者提到，在私人和社会组织经营的养老院，设施和生活条件可能不太好，但价格相似。这意味着政府办养老院的低入住率有其他原因。比如，受过专业培训的照顾人员不愿意在政府办的养老院工作，因为那里的工资比私人养老院的市场工资低得多。

受访的政府官员认为部分资助模式是一种激励机制，因为他们不希望社会组织过于依赖政府。支持的目的是帮助社会组织创业，期待他们走过最初的阶段后在经济上独立。因此，即使在早期阶段，很多政府也采取了

奖励策略，却不为其提供全部资金。为了获得政府资助，社会组织需要寻找补充资金来匹配政府的支持。然而，许多社会组织的负责人对此有非常不同的理解。他们认为所提供的服务对社会有益，期待政府成为他们的主要资金来源。因此，我们多次听到对政府资金太少的抱怨。即使在国际上，众所周知，国家支持的社会组织也经常面临资金不足的挑战（Antrobus，1987）。在中国，这个争论本质上是关于对国家-社会组织-市场关系的看法。政府提供资金的想法是建立一个混合福利制度，国家只是其中部分资金的提供者，而社会组织希望成为政府全额资助服务的承包商。

政府和社会组织之间的误解也是一个常见的问题。例如，社会组织希望在社区建立活动中心。社区提供了场所，但是如果要把活动做好，还需要装修费用。这个钱是否应该由政府来出？地方政府显然不愿意提供这些资金。社会组织负责人为政府缺乏诚意而感到沮丧。但政府主管官员认为，社会组织应该主动寻找额外的资源或提供收费服务来补足资金。然而，正如我们在好几个由社会组织运营的、基于社区的服务中观察到的那样，社会组织期望政府直接提供资金，而不愿提供收费服务，因为这些机构认为自己是非营利性质的组织。我们在2014—2016年的调研中经常碰到人们对"非营利"的含义产生这样的误解，即使是在社会组织非常活跃的上海，尽管一些社会组织承受着巨大的财务压力，它们仍然期待政府可能会在不久的将来改变想法。出于这个原因，它们通常采取"观望"的态度。这样的心态使得社会组织没有动机去抓住其他机会。

学术界对这个问题也有争论。有的学者认为，政府应该提供全额资金，尤其如果某项服务原本就是政府提供的。这个论点是基于政府没有因为雇用社会组织提供服务而减少征税。政府虽然退出社会服务，但它在社会组织提供的服务上至少要保持同样的支出（熊跃根，2014）。从我们研究的多个城市中也观察到，要求政府为所有的社会组织提供的服务提供全额资金似乎并不现实，因为许多新的服务和组织在过去并不存在。此外，如果社会组织全部都由国家资助，它们将不可避免地受到政府预算编制约束，这反而可能会把社会组织行政化了。从长远来看，政府投入一些种子基金来撬动私人和慈善基金是一种更可行的做法，但是需要在供资周期的早期阶段为社会组织提供更合理的培训和更好的沟通——帮助他们建立适当的期望。

（二）信任

尽管最初人们对社会组织提供为老服务抱有很大期望，但各利益相关者之间缺乏信任的问题需要假以时日才能得到解决。

1. 政府官员和社会组织之间缺乏信任

尽管各方总体上都支持改善服务的目标，但各方并不是在日常运营或每个项目中都拥有相同的目标。例如，在外包服务时地方官员的角色发生了变化。地方政府官员过去不必向社会组织拨款——他们只是根据预算向其他政府机构分配资金。政府官员过去没有与社会组织合作的经验，现在则要像风险投资家一样行事，他们不得不选择以前没有合作过的人和项目。此外，负责拨款的政府官员要保证把承包出去的项目做好才能证明自己的决策没有错。

本研究中的有些政府官员在分配资金后变得不安起来，他们担心社会组织无法兑现承诺，所以有些政府官员想方设法监控社会组织的业务活动。例如，一位社区领导每天都去她出资的机构盯着，并质疑受资助的年轻企业家为什么不出去见客户。在另一个案例中，接受采访的政府官员说："我过去从来没有与社会组织合作过。上边给了我们这么多钱得花掉，但是没有很多我可以信任到给钱的项目和人。给了钱我就要保证可以见到效果。否则……政府现在正在反腐败。我不想被别人质疑资金使用不当。"

F市的地方政府为社会组织制定了严格的规定——特别是那些由省外人士运营的组织，以及那些提供新服务并要求支付费用的组织。社会组织必须每天提供详细的财务报告。在我们调研期间，一名社会组织的领导人抱怨："我们确实拿了你的钱，但是为了拿到这个钱，我不得不额外雇用一名工作人员来记录我们每天所做的事情，并且每天收集所有的收据。既费时又压力大……要求我们报告一切并展示结果，但是并不是我们活动的所有影响都能在短时间内直接观察得到，很多都是无法测量的成果。例如，我们的活动让老年人在社区中变得更加活跃和快乐。但在会计那里，我们只组织了一次活动。在社区干部看来，任何私人企业都可以更便宜地组织这次活动，但是我们活动的目的不同，社区氛围的改善没有算进报告系统。"

这个研究对现有文献有所补充。现有的文献往往使用抵抗的分析视角来看待国家和社会组织之间的关系（Spires，2011）。这些研究将地方政府视为国家控制民间活动和阻止民间社会发展的工具（Stern & O'Brien，2012）。这一理论在解释工人权利方面比较合适（He & Huang，2015），然而，在为老服务领域，国家和民间社会之间的关系已经发生了以下两个方面的变化。

第一，地方政府官员更像是企业家——社会组织的引入将负责的政府官员变成了风险投资者，他们是选择项目或组织进行投资的人，期望投资能够获得社会和经济方面的回报。

第二，社会组织不再是活动家，而是政府服务的潜在补充力量。引入社会组织是地方政府摆脱直接提供服务的一种方式。同样重要的是，将合适的项目承包给社会组织有助于提高政府的合法性，而不是削弱之。地方政府培养这样的组织是有益的。

因此，这一阶段政府对社会组织不能放手是在转变过程中建立信任的过程，而不是为了阻挠社会组织的工作。比如，一些社会组织发现刚开始很难吸引到用户，当地民政局出资后，负责的政府官员利用其网络帮助得到资助的社会组织和用户取得联系。该政府官员这样做是为了完成上级对其安排的工作指标，而社会组织可借此机会获得成功。这也表明地方政府官员确实有支持社会组织的动机。然而，也有一些地方政府官员并不具有企业家精神。他们还是依靠财务控制或检查来进行监控，而不是为社会组织提供便利。即使如此，这种类型的控制也应该区别于早期研究所指的政治控制，而只是治理能力不足的表现。

2. 用户和社会组织之间缺乏信任

"强政府、强市场、弱社会"的传统很难快速改变。过去，当社会服务由政府规定时，人们对从这些服务中有所得没有很大的期望，但是他们对所提供的服务质量有一定的期望，因为过去公共部门提供的为老服务以城市精英为目标群体，提供高级政府官员或军队退休人员特殊待遇的服务。对普通人来说，待在家里是唯一的选择。当社区服务改革初期居民被邀请去享用社区服务时——和公家的服务相比这些社区服务似乎不太正式、规模较小、门槛低，而且没有良好服务的记录——用户不大愿意享用这些服务。因此，新的社会组织一开始往往发现即使有政府补贴也很难吸引到用户（黄贤丽、张朝晖、李玉华，2007）。

拆迁安置社区的社区主任也提到另外的信任问题。那里的居民多是来自农村地区的老年人。这些老年人没有生活在城市社区的经验，受教育程度也比较低。社会组织的社会工作者通常是年轻的大学毕业生，他们理论水平高，往往在与当地文化不同的其他省份接受培训。这些社会工作者很难获得来自农村地区老年人的信任。这些老年人提防来自社区外的人，不喜欢被这些年轻人照顾。他们口音不同，几乎没有共同的生活经历，有些老年人也看不惯年轻人爱心泛滥的样子。

虽然上述问题很重要，但是网络中各方之间的关系也不是一成不变的。善于开展活动的社会组织和日间照料中心在提供服务方面越来越有经验。享用社区服务的老年人有可能在接受服务的过程中慢慢增加信任感，同时也增加了对社会组织提供更专业服务的需求。

（三）网络任务

网络分析中的一个重要议题是：是否可以称任何由多个利益相关者组成的系统为网络？研究人员一般不愿意将官僚系统视为网络。如果服务系统包含一个等级严格的体系，所有网络成员都需要根据其总部的指示工作，那么这个系统所需要完成的任务就不一定适合称为网络任务。Provan, Kenis 和 Human（2008）谈到：网络成员不仅承认并接受自己的参与，而且努力实现自己和整个网络的目标。中国的为老服务已经存在某种程度的网络化。

在社区网络中，社区服务平台由专业机构协调和监管。在社区级别之上是政府牵头，由所有政府部门共同管理。然而，每个政府部门都有自己的优先事项，所以无法将其所有资源用于老年人服务。在 A 市的实地调查表明，在市中心找到一个提供服务的地方非常困难，即使政府的一个部门愿意批准社会组织为老年人提供服务，但另一个部门可能没有可以分配给该组织的土地配额，如果这两个部门互相推诿责任，社会组织最终可能没有土地资源来运作。在网络的这一级有多达 20 名参与者，Provan 和 Kenis（2008）指出，当网络中的成员人数超过 20 人时，很难统一目标。在这种情况下，需要一个主导机构或专门从事管理的机构来确保有效的决策和网络稳定。目前,老龄办负责地方层面的协调,但是,它们既不是行政机构,也不是主要服务提供机构,因此它们在协调中的力度并不是很大。

在课题调研期间,我们还不清楚中国为老服务的网络化程度是否强大到足以持续下去,其中肯定会有困难。A市某区老年办主任表示,该办公室在不同社区的权力并不相同,受到每个社区管理文化的影响。有时面临不可商量的限制,如一些位于市中心的养老机构需要获得建设规划许可,但是即使社会组织获得了财政支持,该项目仍可能被搁置,因为环保部门无法得到占用绿地建设的指标,或者居民反对该服务(这对于需要临终关怀的人来说尤其困难,因为一些人认为在社区里设立这样的机构不吉利)。老龄办负责人说:"我们是协调者,但我们没有执法权。我们只能尽力说服。如果他们不听我们的,我们什么也做不了。当涉及环境限制时,什么也做不了,因为这是中央政府的首要任务。"

八、网络转型的成果

自20世纪90年代以来,政府一直鼓励社会力量办养老院。2001年,国家启动了老年人社区照顾试点计划。"星光计划"三年时间里在社区建立了3.2万个老年照顾机构。这些机构提供一系列服务,包括家庭帮助、紧急援助、日间照料、健康和康复以及体育和娱乐活动,同时也有私人资助的老年照顾服务。到2005年,每个分区平均有1.3个老年福利机构,全国每9.8个居委会就有1个老年福利机构(《中国老龄事业发展白皮书》,2006)。这一时期的变化反映了政府在单位体制解体后填补照顾缺口的打算,其认为当务之急是提高社区社会服务的能力,将整体照顾服务系统的重点从单位转移到市场和社区。可惜星光计划夭折了(Feng, et al., 2012),因其服务无法应对老年人的支付能力和行动能力(Pei, 2009)。

自2006年以来,政府开始促进社会组织作为社会服务提供机构的发展,并在13个城市启动试点计划。社会组织在社区为老服务中发挥了积极作用,并促进了老龄事业的发展。根据民政部的统计,到2013年底,共有42475个老年机构和490万张床位,比上一年增加了18.9%。每1000名老年人拥有24.4张床位,比上一年增加了13.9%。照顾机构和日间照料中心有64.1万张床位，[①]与上一年相比增加了5.5%。截至2014年底，中国各类为老服务和设施总数达到9.411万个，床位577.8万张。每1000名老年人的床位数为27.2张，比上一年增加了11.5%（民政部，2015）。全国共有2571个老龄事业单位、2.1万个法律援助中心、7.8万个老年维权协调组织、5.4万所老年学校和36万个老年人活动中心（民政部，2013）。截至2015年底，为老服务总量达到11.6万人，比上年增长23.4%。其中，2.8万家是注册养老机构，2.6万家是基于社区的为老服务组织和机构。共有6.2万个提供互助的设施和673万张床位，其中298万张床位设在社区（包括社区养老院和日间照料中心）（民政部，2016）。除了照顾服务，新型服务也蓬勃发展。截至2015年底，共有2280个老龄事业单位、2.1万个老年法律援助中心、7.1万个老年维权协调组织、5.3万所老年学校和37.1万个老年活动室（民政部，2016）。这些统计数字揭示了从政府提供模式向混合模式转变的进展以及在这个过程中，市场、社会组织和家庭照顾作为提供者关系的调整：政府放弃了服务提供，让社会组织或私营企业接管它。

但是，各地形成的服务网络差异很大。下面我们将六个被调查的城市分为两组来报告本研究结果。第一组由A、B和C市组成——这些城市社会组织出现得比较早。第二组城市包括D、E、F市——这些城市相对来说发展社会组织较晚。

（一） A、B和C市

A、B和C城市由于社会组织的发展出现了以下变化。

第一，政府角色的变化。服务管理逐渐由专业组织承担，如服务质量监测机构或社区服务中心。过去由政府承担的一些协调职能也开始由社会组织承担，如行业协会。例如，自2003年开始，由A市社会福利协会管理协会成员，成员应制定自我控制的规则并且由协会评估。当然，政府仍然承担一定的管理功能，如制订长期计划、制定政策和标准以及批准申请。政府成为服务采购方，并发展出了各种各样的伙伴关系：如公建民营、公助民营、租赁转让、私人机构和社会组织合伙、共同投资和委托经营。在

[①] 中国养老服务有几种类型的床位：医院床位、住院床位、社区照顾床位和日间照料中心床位。在日间照料中心，"床"指的是老年人白天可以休息的设施。

这些模式中，社会组织和私营企业向用户提供服务。政府不再是唯一的资金持有者。前面提到的伙伴关系反映了资金来源的多样化，为老服务可以由彩票基金、慈善捐赠、私人投资和实物捐助（如志愿服务）来资助。同时，服务覆盖范围多样化。新服务往往更有针对性。政府服务的数量和覆盖面是根据人口的规模或密度来规划的。政府界定社区的行政边界，并规定单位人口所需享受的服务类型。这种规划模式创造了一套标准化和统一化的服务。政府可以在每个服务区提供同样的服务。然而，社会组织不同于政府，它们不像政府系统那样庞大，无法实现跨地区资源互补。同时它们也无法像很多社区所期望的那样只在单个社区内提供服务。作为非政府全资的机构，它们需要有足够的服务量才能在经济上得以维持。因此，就会出现社会组织的服务边界与政府从行政上规定的服务边界不一定重合的问题。社区食堂就是一个很好的例子。由一家餐饮机构给单个社区中的同一个老年群体提供餐饮服务是相当有挑战性的。为了确保菜单不会太重复，食堂不得不在一周中的每一天改变菜单，并且每周轮换菜单。老年人开始对服务很满意，但他们很快就厌倦了，要求食堂更频繁地更换菜单。但是，为什么人们很少抱怨市场上出售的菜肴的重复性，而是抱怨食堂？因为按照规定，享受社区服务的用户每天不得不去同一个食堂，而去餐厅的顾客则可以选择不同的餐厅就餐。食堂用户别无选择，因此就只能要求菜单多样化。这给开办社区食堂的机构提出了挑战。这个问题也出现在日间照料中心为老年人安排的活动中。社区日间照料中心起初很受欢迎，但随着时间的推移，即使服务质量保持不变，也流失了顾客，有些服务甚至没有人再愿意使用。但从服务提供机构的角度来看，提供标准化服务对员工培训和设施的要求较低，从而降低了成本。多样化的服务不仅更加昂贵，而且在操作和管理上也更加困难。

  面对这些挑战，我们调研的社区出现了两种解决方案。首先是通过社区联合经营扩大服务范围。例如，同一分区内的几个社区联合提供餐饮服务。A市给老年人发代金券，这样他们就可以去分区内不同的食堂就餐。在这种情况下，即使食堂不经常变换菜单，老年人仍然可以通过去不同的食堂来享受多样化的菜品。同样，C市的老年人可以参加位于另一个社区的日间照料中心活动。这种安排也有助于更好地利用社区空间，参与临近社区运营的服务提供机构通常是同一个社会组织的分部，重新划分边界降低了成本。但是，不隶属于同一社会组织的服务机构可能并不愿意合作，因为联合经营也提高了因为竞争失去客户的风险。此外，这也使政府的资金分配更加复杂，因为各社区之间还没有有效的资金使用协调方案。另外一个解决方案是补贴一些私人服务。例如，地理位置靠近社区的餐馆向老年人提供膳食可以获得补贴，或者老年人可以凭优惠券在这些餐馆就餐。这是一个双赢的办法，老年人有更多的膳食选择，餐馆拥有更多的顾客。

第二，服务网络越来越多层次化，在社区层面出现了网络性的服务，地方政府组成了一个政策网络来刺激为老服务。这个网络专注于制定政策，城市的一个地方政府中可能有多达 20 个部门与为老服务相关，隶属于民政部门的老龄办是主要的协调组织，其他组织也制订了自己的为老服务计划。例如，民政局——老年人社区服务；卫生局——通过其医院系统提供老年病的治疗和康复服务；教育局——老年大学；交通管理局——为老年人提供旅行票价折扣；财政局——预算规划（与各部门协商）和资金分配；住建局和规划局——建筑基础设施；工商局——注册登记；审计局——财务监督。

同时，出现了新的质量控制和监管网络。在质量控制网络中，地方政府从独立机构购买评估服务。供应商的表现可以通过专家检查和用户满意度测试来评估。有的时候还引入国际标准化质量控制系统，以帮助服务提供机构保持服务标准。地方政府承包了质量控制系统的工作，但成员组织并不相互依赖，而且分工明确。

B 市和 C 市引入社会组织服务的时间比 A 市晚。这两个城市的服务与 A 市有相似之处也有所差异。A 市政府在促进和支持社会组织中发挥了重要作用。例如，新的社会企业家可以进入政府的孵化基地，享受更便宜的办公空间，接受培训，建立业务渠道。因此，政府发挥了相当重要的作用。相比之下，B 市和 C 市的运作方式更类似于传统的官僚机构，帮助社会组织成长并不是政府的优先任务。

B 市所在的省的工作重点是提供机构服务，并实现了政府设定的养老院床位目标。因此，每 1000 名老年人拥有的养老院床位数量在全国名列前茅。尽管 B 市强调社会化在服务提供中的作用，但主要服务仍然是由私人资助的养老院提供。社会组织在提供服务方面发挥了次要作用，机构类型和服务类型都很有限。城市社区的服务空间非常有限，即使在较富裕的社区，日间照料中心也不总是可以提供服务。社会组织受到相当大的财政限制，而由政府管理和资助的养老院供过于求。B市养老院入住率低于50%，大多数养老院的居民都是健康的老年人，只有25%的居民有照顾需求。对老年人入住养老院意愿的调查显示，他们对养老院的信任度较低，这与养老院没有足够的专业照顾人员有关（吕晋，2012）。

C市的为老服务网络实施得比B市还要晚，而且发展非常不平衡。服务只在经济条件较好的试点地区比较活跃。然而，政府不想在新一轮改革中落后，故不断调整政策。社区层面的政策执行者发现政策变动太快很难跟上，虽然他们接受了关于新政策的强化培训，但社会组织满足需求的能力仍然不足，更活跃的社会组织不是本地的，而是来自其他省份。即使有它们加盟，服务能力仍然是一个严重的问题。即使在试点地区也存在"一套人马两块牌子"的情况。例如，居委会继续执行政府政策，但与此同时，自己组建了社会组织向老年人提供服务。据当地官员称，这样做也有一定的好处，居委会比过去更有为社区服务的意识。作为社会组织的员工，他们的服务要经过绩效评估和用户满意度评估。此外，他们提供社会服务还可以得到政府补贴服务部分的收入。然而，这样的业务分离是否能够保证两边的人员和时间分配都能够达到预计的目标？是不是可以说原来的制度有多余的人员配置？从目前看，这种做法只是在社区服务体系和社会组织还不能成熟运作时的一种临时安排。

与A市和B市相比，C市在为老年人提供服务方面有一些独特之处。由于C市是一个老工业城市，许多社区的房产都是由国有企业分配给员工的，这些社区的居民通常从计划经济时期起就居住在这里。他们是老熟人、老同事。在这些社区里，基层的居民委员会和党委都发展得很成熟且相当活跃。社区组织较年轻的老年人作为志愿者帮助更年老的老年人，这些志愿者中的一些人是由党委任命的党员，他们希望退休后仍然能够积极参与社会，他们对失能失智的老年人提供一定的家庭照顾。同时，照顾接受者也比较信任这些志愿者，因后者是老邻居，并且是居委会介绍来的，老年人比较放心，即使那不是专业化的服务。

相比之下，B市没有C市那样高水平的社区信任度和凝聚力，也没有A市那样活跃的社会组织，因此，B市政府主要依靠民营企业提供服务，社区的服务协调和活跃程度低于其他两个城市。虽然社区中有活跃的组织，但它们的存在感比较低。B 市和 C 市的服务网络仍处于起步阶段。虽然社会组织尚未完全开发，但自上而下的网络升级正在快速推进。例如，在 C 市的试点地区，社会组织已经将多层网络的管理纳入其工作计划（这在 A 市很常见），尽管这些社会组织仍然面临人员不足的问题。

（二） D、E 和 F 市

D 市政府与社会组织的接触相对较晚。社会组织在 2005 年至 2011 年获得国际资助。这些社会组织主要致力于减贫和人权倡导，在农村地区开展工作。2011 年，一些社会组织由于国际资金受到限制，转向同政府合作。过去在国际组织工作的经历让他们比较容易地获得地方政府的项目，但是由于人力不够，平台服务跟不上，当地官员对社会组织的能力感到焦虑。每个区都有社会企业家的社会孵化基地，但是地方政府没有提供专业化的服务，而是自己承担了培训责任。政府积极向外界介绍成就，邀请了高级官员、媒体、研究人员和国际访客来参观。社会组织雇员不得不花大量时间陪同访客参观，经营活动受到影响。

与 D 市的情况不同，E 市和 F 市政府比较强势，但两个政府在不同的方向上发展。E 市政府引入了一个共同生产（co-production）的框架，在这个框架中，发展社会组织是党组织发动群众的计划之一。政府在其中起了很重要的推动作用。这里的社会组织最初是从上海和广东等地引进的。该省有大量台胞，因此来自台湾的社会组织也很活跃。然而，如前所述，外来的社会组织很难被当地社区接受。在我们调研的时候，地方政府正在推动社区接受社会工作者。E 市城市社区养老设施不发达，但政府补贴的家政服务很活跃，E 市的老年人可以获得约 92 种服务。

相比之下，F 市政府对社会组织持谨慎态度。负责社区发展的地方官员受过高等教育，而且往往非常年轻，他们对新想法持开放态度，但同时对社会组织的作用不是很放心。他们支持专业的照顾服务，但对社区社会工作者的接受度比较低。

九、讨论和结论

总体上看，中国的为老服务体系经历了以下多维转型。

（1）从单一提供到多元提供——20世纪80年代早期，为老服务在城市中由国家和单位正式提供，在农村由村集体提供。然而，由于服务水平低，家庭成员仍然是最主要的照顾提供者（Ngok & Huang, 2014）。如今，家庭、国家、市场、社会组织和私营部门都在发挥作用。政府内部也存在不同政府部门之间的协调与合作。

（2）从医疗保健服务到全方位的社会照顾——过去，为老服务主要针对需要高度医疗照顾的人，如今社会照顾包括非医疗支持，如家务服务、日常家务支持、社区服务、社会活动的组织及日托服务。

（3）从行政界定的空间到市场界定的空间——过去为老服务的内容要么由国家界定，要么由私营机构界定。由于这两种类型的服务互不混合，服务空间也是互相分离的。如今，随着服务提供机构的多元化，来自不同部门的提供者的角色界限也变模糊了，因此空间的界定也变得模糊起来。

在过去几年里，地方政府为老服务的政策激增，在这一领域加大了支持力度。与现有的研究不同，本研究使用了一个网络转型框架来考察国家、市场和社会组织之间不断变化的复杂关系。我们从目标一致性、信任和网络性几方面来研究，发现网络远未稳定。尽管人们普遍认为有必要让社会组织参与老年照顾服务，但各方利益相关者的信任度和协调性尚未建立起来。服务提供机构和政府之间、用户和社会组织之间的信任度仍然比较低。

之前的研究提出一个关键问题，即政府是否愿意认真和社会组织合作。有的人认为政府蓄意设置障碍使社会组织的运作更加困难，目的是控制社会组织。本研究显示了更加多样化的关系。地方政府的行为可能源于以下几个动机。

第一，地方政府官员尚未适应自己作为社会"风险投资家"的新角色——他们要么像私营企业风险投资家一样行事，希望社会组织如私营企业一样盈利；要么像新公共管理体系中的管理者一样要求社会组织不断地完成规定"任务"并上报。

第二，一些社会组织的业务范围与地方政府或者居委会提供的服务重叠，让政府官员或社区管理者感觉社会组织可能会侵占自己的业务空间，所以他们要么试图将社会组织合并到自己的组织内部，要么试图将其赶出自己的社区。

第三，一些地方官员认为推广社会组织是他们个人工作业绩，所以希望通过指导社会组织的活动向上级展示自己的能力。

社会组织的机构和个人都可能处于这样的控制之下。在网络转型的背景下，这些控制的行为可能是政府官员对于变化的反应。随着利益相关者对新角色的适应和协调，控制的程度也有可能发生变化。

在竞争的背景下，如 Provan 等人所讨论的（2008），当网络环境中存在重叠业务时，有效的解决方案是将两者合并，而不是将它们分开。根据这个原则，一些当地社区领导人提议将专业社会工作者转变为社区服务中心工作人员，这不失为一个明智的解决办法。但这并不意味着没有社会组织的挑战，社区服务管理者就没有积极寻求更专业的社会工作方法。在我们的调查中，一些社区领导人已经派出了他们自己的工作人员去获得专业认证。这意味着即使没有社会组织在社区的社会工作，社会工作方法也已经被越来越多的中国城市社区管理者所认可。然而，这样做的合法性取决于对网络性质的看法。如果网络的目的只是以某种方式提供服务，那么合并重叠的服务以提高效率可能会更好；但如果提供服务的目的是为用户赋能并打破权力的垄断，那么用政府的机构取代社会组织可能会削弱这一功能。

虽然网络特性是定义网络的一个重要因素，但这并不意味着这个网络是可持续的。当网络目标没有被所有成员接受时，一个看似完善的网络仍可能是脆弱的。目标变更可以发生在网络生命周期的任何阶段。如前所述，当一个网络成员认为他可以控制其他网络成员（即将基于契约关系的网络改为官僚网络）或社会组织无法有效展示自己相对于别人的优势时，网络成员可能会转向采取合作程度较低的措施，这甚至可能导致已建立的网络坍塌。

参考资料

Aldrich, D. P. (2016). *Site fights: Divisive facilities and civil society in Japan and the West*. Ithaca: Cornell University Press.

Antrobus, P. (1987). Funding for NGOs: Issues and options. *World Development*, 15, 95-102.

Bian, F., Logan, J. R., & Bian, Y. (1998). Intergenerational relations in urban China: Proximity, contact, and help to parents. *Demography*, 35 (1), 115-124.

Boychuk, T. (2007). Big society, small government. *Macalester International*, 18 (1), 17.

Buffel, T., & Phillipson, C. (2012). Ageing in urban environments: Developing 'age-friendly' cities. *Critical Social Policy*, 32 (4), 597-617.

Everingham, J. A., Petriwskyj, A., Warburton, J., Cuthill, M., & Bartlett, H. (2009). Information provision for an age-friendly community. *Ageing International*, 34 (1-2), 79-98.

Feng, Z., Liu, C., Guan, X., & Mor, V. (2012). China's rapidly aging population creates policy challenges in shaping a viable long-term care system. *Health Affairs*, 31 (12), 2764-2773.

Fitzgerald, K. G., & Caro, F. G. (2014). An overview of age-friendly cities and communities around the world. *Journal of Aging & Social Policy*, 26 (1-2), 1-18.

Flaherty, J. H., Liu, M. L., Ding, L., Dong, B., Ding, Q., Li, X., et al. (2007). China: The aging giant. *Journal of the American Geriatrics Society*, 55 (8), 1295-1300.

Gilroy, R. (2008). Places that support human flourishing: Lessons from later life. *Planning Theory & Practice*, 9 (2), 145-163.

Green, G. (2013). Age-friendly cities of Europe. *Journal of Urban Health*, 90 (1), 116-128.

hans Klijn, E. (1996). Analyzing and managing policy processes in complex networks a theoretical examination of the concept policy network and its problems. *Administration & Society*, 28 (1), 90-119.

He, A. J., & Huang, G. (2015). Fighting for Migrant Labour Rights in the World's Factory: Legitimacy, resource constraints and strategies of grassroots migrant labour NGOs in South China. *Journal of Contemporary China*, 24 (93), 471-492.

Hean, S., & Smith, S. (2013). Interprofessional collaboration when working with older people. Caring for older people in nursing, 191.

Hesketh, T., Lu, L., & Xing, Z. W. (2005). The effect of China's one-child family policy after 25 years. *New England Journal of Medicine*, 353 (11), 1171-1176.

Hewitt de Alcántara, C. (1998). Uses and abuses of the concept of governance. *International Social Science Journal*, 50 (155), 105-113.

Howell, J. (2012). Civil society, corporatism and capitalism in China. *Journal of Comparative Asian Development*, 11 (2), 271-297.

Hsu, J. Y., & Hasmath, R. (2014). The local corporatist state and NGO relations in China. *Journal of Contemporary China*, 23 (87), 516-534.

Hu, N., & Yang, Y. (2012). The real old-age dependency ratio and the inadequacy of public pension finance in China. *Journal of Population Ageing*, 5 (3), 193-209.

Zou, X, & Jiang, L. (2011). Research on the governance mechanism of venture capital net-work. *Journal on Innovation and Sustainability*, 2 (2). RISUS ISSN 2179-3565.

Jing, Y., & Besharov, D. J. (2014). Collaboration among government, market, and society: Forging partnerships and encouraging competition. *Journal of Policy Analysis and Management*, 33 (3), 835-842.

Johansson, R., & Borell, K. (1999). Central steering and local networks: Old-age care in Sweden.

Public Administration, 77 (3), 585-598.

Johansson, L., Sundström, G., & Hassing, L. B. (2003). State provision down, offspring's up: The reverse substitution of old-age care in Sweden. *Ageing and Society*, 23 (03), 269-280.

Kim, S. (2015). NGOs and social protection in East Asia: Korea, Thailand and Indonesia. *Asian Journal of Political Science*, 23 (1), 23-43.

Kröger, T. (2011). Retuning the Nordic welfare municipality: Central regulation of social care under change in Finland. *International Journal of Sociology and Social Policy*, 31 (3/4), 148-159.

Le Bihan, B., & Martin, C. (2006). A comparative case study of care systems for frail elderly people: Germany, Spain, France, Italy, United Kingdom and Sweden. *Social Policy and Administration*, 40 (1), 26-46.

Li, B. (2014). Social pension unification in an urbanising China: Paths and constraints. *Public Administration and Development*, 34 (4), 281-293.

Li, B., Huikuri, S., Zhang, Y. M., & Chen, W. J. (2015). Motivating intersectoral collaboration with the Hygienic City Campaign in Jingchang, China. *Environment and Urbanization*, 27 (1), 285-302.

Li, B. & Shin, H. B. (2013). Intergenerational housing support between retired old parents and their children in urban China. *Urban Studies*, 50 (16), 3225-3242.

Lieberthal, K. (1995). *Governing China: From revolution through reform* (p. 356). New York: WW Norton.

Liu, C. (2013). Chapter 6: Community governance and elite activism in urban China. In*Elites and governance in China* (p. 94).

Liu, X., Song, Y., Wu, K., Wang, J., Li, D., & Long, Y. (2015). Understanding urban China with open data. *Cities*, 47, 53-61.

Lowndes, V., & Pratchett, L. (2012). Local governance under the coalition government: Austerity, localism and the 'Big Society'. *Local Government Studies*, 38 (1), 21-40.

Lui, C. W., Everingham, J. A., Warburton, J., Cuthill, M., & Bartlett, H. (2009). What makes a community age-friendly: A review of international literature. *Australasian Journal on Ageing*, 28 (3), 116-121.

Madhavan, R., Koka, B. R., & Prescott, J. E. (1998). Networks in transition: How industry events (re) shape interfirm relationships. *Strategic Management Journal*, 19 (5), 439-459.

Mays, G. P., Halverson, P. K., & Kaluzny, A. D. (1998). Collaboration to improve community health: trends and alternative models. *Joint Commission on Quality Improvement*, 24 (10), 518-540.

McLeod, E., Bywaters, P., Tanner, D., & Hirsch, M. (2008). For the sake of their health: Older service users' requirements for social care to facilitate access to social networks following hospital discharge. *British Journal of Social Work*, 38, 73-90.

Ngok, K. L. & Huang, G. (2014). Policy paradigm shift and the changing role of the state: The development of social policy in China since

2003. *Social Policy and Society*, 13 (2), 251-261.

Pei, X. (2009). Society's support for the aged in China: A cultural perspective. *Social Sciences in China*, 30 (1), 149-159.

Peng, X. (2013). China's demographic challenge requires an integrated coping strategy. *Journal of Policy Analysis and Management*, 32 (2), 399-406.

Phillipson, C. (2011). Developing age-friendly communities: New approaches to growing old in urban environments. In *Handbook of sociology of aging* (pp. 279-293). New York: Springer.

Plouffe, L. A., & Kalache, A. (2011). Making communities age friendly: State and municipal initiatives in Canada and other countries. *Gaceta Sanitaria*, 25, 131-137.

Provan, K. G., & Kenis, P. (2008). Modes of network governance: Structure, management, and effectiveness. *Journal of Public Administration Research and Theory*, 18 (2), 229-252.

Provan, K. G., Kenis, P., & Human, S. E. (2008). Legitimacy building in organizational networks. In *Big ideas in collaborative public management* (pp. 121-137).

Provan, K. G., & Lemaire, R. H. (2012). Core concepts and key ideas for understanding public sector organizational networks: Using research to inform scholarship and practice. *Public Administration Review*, 72 (5), 638-648.

Rhodes, R. A. (2007). Understanding governance: Ten years on. *Organization Studies*, 28 (8), 1243-1264.

Sandhu, S., Bebbington, A., & Netten, A. (2006). The influence of individual characteristics in the reporting of home care services quality by service users. *Research Policy and Planning*, 24 (1), 1-12.

Spires, A. J. (2011). Contingent symbiosis and civil society in an authoritarian state: Understanding the survival of China's grassroots NGOs1. *American Journal of Sociology*, 117 (1), 1-45.

Steels, S. (2015). Key characteristics of age-friendly cities and communities: A review. *Cities*, 47, 45-52.

Stepan, M., & Müller, A. (2012). Welfare governance in China? A conceptual discussion of governing social policies and the applicability of the concept to contemporary China. *Journal of Cambridge Studies*, 7 (4), 54-71.

Stern, R. E., & O'Brien, K. J. (2012). Politics at the boundary mixed signals and the Chinese State. *Modern China*, 38 (2), 174-198.

Swann, W. W. & J. L. Morgan (1992). Collaborating for Comprehensive Services for Young Children and their Families-The Local Interagency Coordinating Council. Maryland: Paul H. Brookes Publishing.

Teets, J. C. (2013). Let many civil societies bloom: The rise of consultative authoritarianism in China. *The China Quarterly*, 213, 19-38.

UK Urban Ageing Consortium. (2014). *A research & evaluation framework for age-friendly cities*. Retrieved from HTTP: //www. micra. manchester. ac. uk/medialibrary/A%20Research%20and%20Evaluation%20Framework%20for%20Age-friendly%20Cities _ web%20version. pdf.

UNDP China. (2013). *2013 Human Development Report*. Retrieved from HTTP: //www. cn. undp. org/content/dam/china/docs/Publications/UNDP-CH-HD-Publication-NHDR _ 2013 _ CN _ final. pdf.

van Campen, C., & van Gameren, E. (2005). Eligibility for long-term care in The Netherlands: Development of a decision support system. *Health and Social Care in the Community*, 13 (4), 287-296.

Weiner, B. J., Alexander, J. A., & Zuckerman, H. S. (2000). Strategies for effective management participation in community health partnerships. *Health Care Management Review*, 25 (3), 48-66.

WHO. (2014). *How to make cities more age-friendly*? Retrieved from HTTP: //agefriendlyworld. org/en/age-friendly-in-practice/guiding-principles/.

World Health Organization. (2013). *What is active ageing*? Retrieved from HTTP: //www. who. int/ageing/active _ ageing/en/.

Yan, M. C., & Gao, J. G. (2007). Social engineering of community building: Examination of policy process and characteristics of community construction in China. *Community Development Journal*, 42 (2), 222-236.

Zhang, Y., & Goza, F. W. (2006). Who will care for the elderly in China?: A review of the problems caused by China's one-child policy and their potential solutions. *Journal of Aging Studies*, 20 (2), 151-164.

Zhong, Y. (2003). Local government and politics in China: Challenges from below. ME Sharpe.

Zhong, Y. (2015). Local Government and Politics in China: Challenges from below: Challenges from below. Routledge.

国家统计局（2001）家庭户规模：平均，中国统计年鉴［EB/OL］.［2016-9-15］. http：//www.stats.gov.cn/tjsj/ndsj/2001c/mulu.htm.

黄贤丽，张朝晖，李玉华. 糖尿病足的社区护理［J］. 实用医技杂志，2007（21）：2959-2960.

李培林. 我国社会组织体制的改革和未来［J］. 社会，2013（1）：10.

刘振清. 城市人民公社述论［J］. 长白学刊，2006（3）：96-99.

罗竹凤. 人民公社与家庭问题［J］. 学术月刊，1959（2）：25-28.

吕晋. 浙江省机构养老服务现状的调查研究［D］. 成都：电子科技大学，2012.

民政部. 2013年社会服务发展统计公报［EB/OL］（2016-09-14）http：//www.chinanpo.gov.cn/2201/79542/yjzlkindex.html.

民政部. 养老服务业以家庭和社区养老为主［EB/OL］.（2016-09-15）http：//www.ailaoweb.com/News/information/2556.html.

民政部. 2015年社会服务发展统计公报［EB/OL］.（2016-09-01）http：//www.mca.gov.cn/article/sj/tjgb/201607/20160700001136.shtml.

国家卫生和计划生育委员会. 中国家庭发展报告2015［M］. 北京：中国人口出版社，2015.

乐施会（OXFAM）. 中国农村妇女减贫概况及展望［EB/OL］.（2015-04-25）http：//www.chinadevelopmentbrief.org.cn/news-16680.html.

裴晓梅. 老年型城市长期照护服务的发展及其问题［J］. 上海城市管理职业技术学院学报，2004（36）：36-37.

国务院. 中国老龄事业发展"十五"计划纲要［EB/OL］.（2015-04-25）http：//www.people.com.cn/GB/shizheng/19/20010813/534181.html.

国务院.《中国老龄事业的发展》白皮书［EB/OL］.（2015-07-08）http：//www.china.com.cn/policy/txt/2006-12/12/content_7493224.htm.

王德文, 谢良地. 社区老年人口养老照护现状与发展对策 [M]. 厦门: 厦门大学出版社, 2013.

熊跃根. 新时期我国社会福利制度的建构与社会治理实践的发展 [J]. 社会工作与管理, 2014 (14): 8-10.

张晖. 居家养老服务输送机制研究——基于杭州的经验 [M]. 杭州: 浙江大学出版社, 2014.

第十三章

优化整合城乡资源，完善社区综合养老服务体系
——上海、甘肃、云南社区综合养老服务体系研究①

◎ 潘　屹②

2021年，根据中国第七次全国人口普查数据，我国60岁以上老年人占18.7%，其中65岁以上老年人占13.5%，③中国迈入中度老龄化社会。发展养老服务，满足老年人在居家生活、文化娱乐、医疗护理、心理健康、法律咨询、余热生辉等方面的诸多需求，是极其艰巨的任务。目前，我国养老服务不仅在人员、资金、设施上相当匮乏，并且相关政策也欠缺。而中国社会科学院社会学研究所在2013年对上海、甘肃和云南的社区综合养老服务体系的调研中发现，处在不同发展水平的三地，采取了不同的措施，制定了相关政策，现有的资源在社区得到了优化配置，同时整合社会各方面的因素进入社区养老平台，开拓了社区综合养老服务的新局面。三地制定社会政策，完善城乡社区综合养老服务体系的案例，为老年服务政策的制定提供了值得借鉴的经验。

---

① 本文中文版最初发表于2014年第3期的《山东社会科学》，收入本书时做了修订。虽然该项目调研的时间距今已略微久远，但是，其方法在当下仍有现实意义。本研究系民政部社会福利和慈善事业促进司委托课题。
② 潘屹，中国社会科学院社会学研究所研究员。
③ 《第七次全国人口普查公报》，http://www.stats.gov.cn/tjsj/tjgb/rkpcgb/qgrkpcgb/。

一、中国养老服务体系存在的主要问题

目前，我国养老服务体系的发展还很不完善，在设施、资金、人员、政策和制度设计等方面都存在诸多问题，在基础设施和资金方面的欠缺尤为明显。民意调查显示，中国大陆5％的老年人有进入机构养老的需要和愿望。民政部曾经统计，如果按照老年人口1.87亿的基础，依据5％比例计算，需要925万张床位。而国家只拥有320多万张床位，缺口为600万张。预计投资一张床位需人民币10万元（还不包含土地使用费），600万张床位就需要6000亿元（现在老年人口已经增长为1.94亿，经费应该更高）。这仅仅是机构养老，还不包括社区养老的费用。2021年，我国60岁以上老年人口已经达到了2.6亿，所需费用更高。

与此同时，我国在养老服务方面的专业服务人员也十分缺乏。据推断，2015年，我国老年人中至少有3500万失能失智老人[①]，按照3∶1的比例[②]，需要有1000万人的护理队伍。而在2015年初，专家估测我国护理人员则最少需要1300万人。[③] 但在2013年，我国仅有30万的护理人员，拿到专业培训证书的才3万多人。如果将这个部门的人员补齐，既可以扩大就业，又可以拉动内需，足以支撑一个产业。另外，在体制方面，现存的养老服务机构数量不足，而现存养老服务的主体是公办养老院，占80％～90％。民间参与养老服务的比例非常小。

更为严重的是，我们在相关政策的制定和制度体系的建设与发展方面十分不足，这已经成为制约养老服务体系发展的瓶颈问题，尤其是在养老服务上，一个明显的问题是缺少相关社会政策的推进，也缺乏发展的总体思路、顶层设计与战略规划。在资金上，其实国家并不缺资金，民间也有资源，但是在养老服务上资金投入不足。一方面，养老服务人员欠缺；另一方面，出现了大量的待业和失业问题，包括大学生失业。如果说，养老

---

① 《养老刚需：3500万失能失智老人如何托养》，http：//politics.rmlt.com.cn/2015/0713/394483.shtml
② 《"十二五"期间中国养老战略应有大突破》，《老人院》，2010年第1期。
③ 《中国将建立养老人才库 养老护理人员需求1300万人》，http：//politics.people.com.cn/n/2015/0129/c1026-26469598.html

服务是一项新兴的社会福利事业或者社会产业，那么它目前迫切需要的就是有很好规划的养老服务社会政策的引导和支持。

针对这种状况，发展养老服务体系的一个突破口是从社区工作入手。社区是社会管理的最基层的单位。一般的社区设在居委会、村委会（有的地方是村民小组，还有的是街道）层面，在社区平台上，有不同的社会组织机构进入：居委会以及其他基层群众组织、各种社会团体、社会企业和其他专业社会工作者、志愿者等都可以发挥作用。因此，在社区层面上可以更好地组织这些机构和组织参与养老服务事业。社区也是老年人熟悉的生活属地。在中国传统文化的影响下，老年人所居住的社区形成了老年人的生活和认知范围，亲戚、朋友圈子在社区内部，熟悉的生活环境给老年人舒适感。一般情况下，老年人不愿意离开熟悉的环境去另一个陌生的领域生活。因此，为了满足老年人的情感和生活需要，我们可以把养老服务的研究范围放在社区。

基于以上特点，我们可以在社区层面开发多种功能的社会服务，以满足社区内老年人各方面的基本需要。社区是一个非常基础的平台，提供养老服务的多种机构和实体，从商业企业，到政府机构，以及家庭邻里等，都将以不同的参与方式在社区展现。同时，老年人的各种日常生活需求，从居住到餐饮，从教育到娱乐，从康复到医疗，均可以在社区得到综合的服务。事实上，早在2007年，民政部就提出了加快发展老年服务的方针，并具体地提出了建设"以居家为基础、社区为依托、机构为补充的养老服务体系"[①]。各地也相应制订了诸如"9073"或者"9064"的社区养老服务计划。基于以上原因，2013年，我们中国社会科学院社会学研究所的调研小组考虑通过考察社区养老服务的发展状况来分析社区养老服务体系所起到的作用。

二、社区养老服务与本项目研究对象的确定

从社区养老服务体系的基本状况看，截至2009年底，全国共有各类社

---

① 窦玉沛：《社会福利由补缺型向适度普惠型转变》，《公益时报》，2007年10月23日。

区服务中心 17.5 万个，其中综合性社区服务中心 1 万多个。居委会社会服务站 5.3 万个，其他社区服务设施 11.2 万个。① 这些社区组织在发展养老服务方面发挥了重要作用。这些社区组织在不同的领域，以不同组织形式，通过整合不同的资源来提供养老服务。举例来说，卫生部门的医院康复服务与民政部门的老年生活护理服务相结合；社会服务福利机构与日托以及居家服务相结合；餐饮业与老年生活服务相结合；社区其他企业和事业单位给予支持；教育部门的青年志愿者以及社区义工参与；等等。政府也通过城市的社区服务中心和星光计划为养老服务奠定了非常好的物质硬件和实践基础。从 2001 年起，中国政府总投资 134 亿元人民币，建成星光老年之家 3.2 万个。②

社区养老服务体系的发展，可以缓解专业机构养老不能完全满足老年人服务需求的压力，对机构养老起到很好的补充作用。社会养老服务一方面资源有限，总量不足，养老服务供不应求，但另一方面也存在现有养老资源空置、错位与浪费的现象。在当时全国 4 万多个福利机构中，总体服务床位并不能提供足够的服务；与此同时，当时提供住宿的养老机构却没有满员。以 2007 年的数据为例，城市各类养老福利机构的床位使用率是 71.5%，农村各类养老福利机构的床位使用率为 83%。③ 民间养老福利机构的床位闲置率则更高。据调查，当时，全国各类养老福利机构的床位闲置率在城市是 28.5%，在农村为 17%。④ 北京市郊区的床位闲置率高达 40%，多为民办养老机构。当时，许多养老福利机构的效益不高，养老福利机构入住者多为一些生活可以自理的老年人，这些机构甚至成为一些老年人休闲休养的高档场所，而急需帮助的失能失智、生活不能自理的老年人的需求则不能得到满足。还有一些地区把本可以在社区解决的问题，都集中到养老院等福利机构，造成了资源浪费。还有一些城市存在大量空

---

① 《民政事业发展统计公报》，http：//www.mca.gov.cn/article/sj/tjgb/201903/20190300015915.shtml。

② 《中国老龄事业的发展》白皮书，http：//hprc.cssn.cn/gsgl/zggk/zhgsh/renm/200906/t20090626_11167.html。

③ 《中国民政统计年鉴 2007》，2007。

④ 潘屹：《中国老年社会服务体系一体化的基本思路与分析》，见中国老年学学会编辑，中国文联出版社：《社会公平与社会共享，全国农村老龄问题高峰论坛论文集》，第 16-28 页。

闲校舍或拆迁后的闲置厂房等；而在一些居住人口密集的大城市，老年人没有娱乐体育和活动休闲场所，社区内的部分设施不能发挥作用等。目前，在社区养老服务体系的建设方面，尚存在诸多问题。例如，许多社区服务中心与星光计划社区养老服务功能欠缺，养老服务设施局限于文化娱乐功能以及提供老年人所需要的基本照护医疗等综合服务，还没有发挥应有的作用。

多种情况表明，有必要以社区为单位来组织整合各种社会资源，形成有效的养老服务体系。社区应该作为一个提供社会服务的平台，有效地整合不同部门与不同来源的养老资源，并充分利用社会闲置资源来提供服务。基于这一背景，本研究将讨论社区如何组织、调动和整合各种养老资源，发挥各方所具有的优势，提供综合养老服务。本研究将选择处于不同经济水平和发展阶段，以及老年社会建设发展背景和文化基础有差异的地区，以便我们基于不同的实践经验的研究，为形成相应的可行性政策提供有效的分析。

基于这种考虑，本研究兼顾经济发展水平、社会建设发展程度以及公共基础建设水平等因素，选择上海、甘肃和云南三个地区作为考察对象。上海属于东部沿海发达地区，是我国最早进入老龄化的城市，老龄化程度一直居于首位，有老龄化程度高、发展速度快、纯老家庭和独居老人较多等特点，在发达地区中比较具有代表性。截至2011年底，上海市65岁以上老年人口有235.22万，占户籍人口的16.6%。[1] 上海这样一个人口密度大、现代化程度高的城市，在城市养老服务方面的探索具有一定的前瞻意义。而甘肃省和云南省均属于西部贫困地区。甘肃省属于经济欠发达、老龄基础设施落后、典型的"未富先老"地区。甘肃省兰州市城区土地资源非常稀缺；在农村社区，空巢老人家庭也是常态。云南省不仅是边远地区，而且属于少数民族地区。因此，本研究涉及大城市，也涉及偏远的农村，同时还兼顾少数民族地区。

---

[1] 上海市民政局，上海市老龄工作委员会办公室，上海市统计局：《上海市老年人口和老龄事业监测统计信息》，2011年，第1页。

三、三地社区综合养老服务经验分析

（一）上海经验

在上海市，我们重点调查了杨浦区平凉路街道和徐汇区康健街道。这两个街道的社区养老服务内容和措施可以从以下几个方面进行分类，即精神文化服务、医疗健康服务和生活料理服务。

1. 老年活动室与老年大学提供精神文化服务

自 2001 年起到 2013 年，上海市建设了 5900 多个隶属于星光计划的老年活动室，基本上覆盖了全市所有的居委会、村委会。其中有将近 5000 个是标准化的老年活动室，提供规范的老年服务。

上海全市有 60 多所各种类型的老年大学，社区有 270 多所老年学校，还有设在社区居委会、村委会的老年学校的教学班。老年大学提供内容丰富的适合老年人的教学活动。例如，杨浦区平凉路街道老年大学有交谊舞、瑜伽、二胡、钢琴、绘画、越剧、中医养生保健、计算机、摄影等多种课程。老年大学设有小型图书馆，老年人凭身份证即可将图书借回家。老年大学内有多功能厅和影视厅等，每周放映老年人喜爱的电影，还举办各类讲座。老年大学不仅是老年人学习娱乐的场所，而且是老年人实现自我、发挥余热的地方。老年大学为老年人提供相互服务的平台。学生多为低龄健康老人，因此老年大学吸纳老年人志愿者开展各项志愿服务。大概有三分之一的学员成为老志愿者。上海将近 40 万老年人参加老年大学或者电视老年大学的视听学习。社区中活跃着一万支左右的各种老年文艺团队。上海市每年举办老年艺术节，每次持续几个月。截至调查时，上海市已经举办八届老年运动会，参加各种形式体育锻炼的老年人占老年人总数的 60% 以上。

2. 社区医院保障医疗健康服务

上海市卫生部门与民政部门合作，联手推动社区老年医疗服务。上海市社区与各级医院建立联系，高效利用社区医疗资源，实现医疗资源共享。社区养老服务中心设有医疗机构,以服务老年人为主。杨浦区和徐汇区的老年人看病首选社区卫生服务中心,社区卫生服务中心的患者70%～80%是老年人。社区服务中心有体检中心,它建立社区老年人的健康档案,90%以上的老年人有自己的健康档案。徐汇区的康健社区医院由民政部门、卫生部门和康健街道共同出资建立。它们投资30多万元,建立了一个体检中心。民政部门和卫生部门等单位各自划拨一定的数额,作为老年人的体检费。体检中心每周对老年人开放一次,大多数体检项目免费。社区卫生服务中心与所在社区的养老机构有共建活动,社区卫生服务中心会安排医生给老年人看病,看完病回去把药配好,再送给老年人,这样方便了在机构养老的老年人。社区服务中心设有老年人心理健康服务室,老年人可以来这里倾诉他们积郁的问题。上海市实行老年人家庭保健医生制度。最早的家庭保健医生制度只对在社区养老的高龄离退休老干部实施,后来扩展到所有老年人。上海市还推出医师职业模式的试点,即医生和居民签约之后,政府每个月从医保里划10块钱给该医生和其团队(一个医生加一或两个护士)使用。上海充分发挥社区医院的辐射作用,发展家庭病床,为社区内高龄、失能老年人提供居家护理服务,解决了高龄、失能老年人看病就医行动不便的难题。很多社区病房实际上变成了第二养老院。除此之外,上海市医院里老年人看病就诊挂号优先,很多三级医院设有老年科、老年病的专病门诊。医院还设有护理病床,并提供临终关怀服务。

上海市强调健康干预的理念,即非医疗手段的健康干预。通过社会组织组建有关的机构,在社区中开展健康干预活动。"老伙伴计划"也是健康干预的一项内容,即培训社区中的低龄老年人为80岁以上的高龄老年人提供服务,主要是健康教育的服务。截至2013年,上海市已经培训了2万名老年志愿者为10万名社区高龄独居老年人提供健康教育服务。

3. 社区服务中心提供生活料理服务

上海市设立地方服务标准,把老年服务项目归为十大类。该标准服务项目根据社区里老年人的基本需求,集中采纳社区里老年人意见而设立。社区服务的基本框架包括建立养老(助老)服务社、老年日间服务中心

(托老所)、老年人助残服务点等养老服务组织①，这些构成了居家养老服务的基本载体。2013年，上海从事社区居家养老的服务人员共计3.3万，他们为老年人提供直接上门服务。全市每个街道都有一个日托所，老年日间服务中心总计326家。2008年上海开始建立老年人助餐服务点，到2013年共有助餐点475个，中心城区每个社区平均有3~4个助餐点。街道社区助餐点为老年大学学员提供助餐，老年人早上签到时登记，每人支付7.5元，中午就会有一份主食和一荤一素的两菜。为增加老年人与社会交流的机会，上海市的几个区要求老年人只要能走动，就一定要到社区服务中心参加活动或集中就餐；只有老年人不能行动的，才送餐到门。

在服务管理方面，政府采取准市场机制，购买服务机构的服务。对于经济十分困难的老年人，政府全额支付；无经济困难的老年人自己购买；还有一类处于中间状态。平凉路街道采取为困难老年人发放养老服务券的方式。养老服务券发放评估机制为两项：家庭经济状况评估和养老服务需求评估。家庭经济状况评估标准是：60岁以上低保老人或低收入家庭即有领取服务券的资格。养老服务需求评估将老年人划分为轻、中、重三个等级，每个等级对应一定的服务券金额。评估办法采用上海市自行设计的一套评估标准。评估的目的是保证公平分配资源，有针对性地提供服务。老年人的情况不同，服务内容有所不同，但是兑换服务的金额固定。考虑高龄老年人生活自理能力弱化严重、服务需求比较大等，2008年上海针对80岁以上的老年人做了一个政策补贴：80岁以上的纯独居老年人，如果其养老金低于全市平均线，可以享受政府提供的一半服务补贴，而另外一半费用需要自理。上海市也注重护理员的待遇，设有护理员岗位政府补贴。按照护理员证书的获取、初、中、高等级分别给予100元、200元、300元和400元的不同额度的补贴。技术人员也按照200元、300元、400元的等级额度补贴。

上海市养老服务为"9073"的格局，即3%的老年人进入机构养老。公办养老机构首先要保证低收入失能失智老年人入住，其次尝试对外输出服务，把服务辐射到所在社区，让机构成为社区养老的依托。从2004年开始，上海市出台了近40项养老机构扶持政策，徐汇区在此基础上针对居家

---

① 上海市民政局：《社区居家养老服务规范》，2009。

养老和机构养老的扶持政策还增加了17条。杨浦区社会福利院开展"护老者之家"项目，政府委托机构对外输出服务，将机构养老与社区养老完美地结合起来，让养老机构的资源得到了最充分的利用。针对护理员数量短缺、水平低的情况，"护老者之家"为社区的居家护理员提供专业护理培训、心理疏导和社会支持。"护老者之家"还开展了"喘息服务"等支持项目，养老机构的护理员上门为老年人服务，给居家护理员一个自我调整的时间，让他们在休息期间释放情绪、舒展心灵。这些外输服务是收费的，并且实现了双赢：一是服务机构增收；二是专业机构的专业技术和专业护理员进社区，上门为照顾者提供支持。

上海养老机构整合还注重公办养老机构和民办养老机构的角色和功能划分以及互补，以实现社会效益最大化。民办养老机构在养老服务中也发挥着重要的补充作用。民办养老机构为具有不同需求和不同经济能力的老年人提供了更多选择，缓解了公办养老机构的压力。徐汇区支持社会办养老机构，设有养老机构的运行经费补贴，按照每个老年人所进入的不同机构，每个月提供补贴200元。同时，养老机构运行五年之后，徐汇区根据设备大修的结果进行设备需要维修评估，给予20%的修理补贴。区内还设有养老机构意外责任险，该保险由全市统一规划，费用由市、区级财政及机构本身各承担三分之一。这些政策提高了社会办养老机构的积极性，当前徐汇区社会办养老床位和公办养老床位各占50%。

同时，上海市还做到郊区养老院与城市养老院互补。城市区域狭窄，养老空间有限，而郊区养老院有足够的床位却入住率低。徐汇区制定了一系列调节政策，让城区固定社区和郊区养老院结对。郊区养老院每接收一个城区社区内的老年人入住，则对郊区养老院给予补贴；同时城区社区内的老年人选择郊区养老院入住，也会得到补贴。双向补贴政策鼓励老年人向郊区养老院流动，有效提高了资源使用效率。

4. 发挥专业社会工作者与志愿者的作用

上海市注重发挥社会工作者的作用。上海拥有众多专业社会工作组织，社会工作服务渗透到上海市养老服务的各个领域。上海市的老年大学、养老机构、社区为老服务中心、社区卫生服务中心、老年法律咨询和心理慰藉服务点，都有专业社会工作者进行服务管理、组织与策划。社会工作者在杨浦区成为社区养老服务的主力军。杨浦区专业社会工作者成立的社工机构和社会组织策划了平凉路街道老年大学项目，其优秀的管理服务模式取得了成功。2010年，杨浦区该社会工作机构依靠平凉路街道的成功模式成功竞标上海市公益招投标项目，同时承接了4个街道60多个老年活动室的活动项目运作管理。平凉路街道老年活动室的教学取得成功后，将一套丰富的服务项目和高效的模式管理对外输出，复制到其他3个街道，起到了良好的辐射作用。

上海市政府大力扶持社会工作组织，不仅给予它们充分的实践机会，而且对新开办的社会工作组织提供免费办公场所，并给予其开办补贴费两万元。政府还提供培训和薪酬补贴，根据社会工作者的资质、工作情况、受教育情况、心理咨询师资质和发表论文数量等，确定其薪酬补贴额度。2013年社会工作者薪酬补贴的标准是每月400元、600元或800元。由于上海市对社会工作者的政策扶持，上海市的专业社会工作者服务发展尤为迅速，社会工作人员队伍也在不断壮大，老年服务领域因专业社会工作者的介入而充满活力，呈现一片繁荣景象。

除大力扶持社会工作者外，上海还积极推动志愿服务，吸纳学生、专业技术人员、下岗失业人员、退休人员和低龄老年人为志愿者，开展养老志愿服务。上海从2004年开始开展独居老年人结对关爱活动，低龄老年人作为社区志愿者与社区中的独居老年人结对，通过定期的上门、电话访问和水电煤安全检查，关爱独居老年人。"老伙伴计划"是培训社区中的低龄老年人为80岁以上的高龄老年人服务，低龄老年人结对联系高龄老年人，一个低龄老年人负责联系五个高龄老年人。低龄"老伙伴"每日入户或电话走访那些足不出户的高龄老年人，及时知道高龄老年人的困难并帮助其解决。截至2013年，上海市已经培训了2万名老年志愿者为10万名社区高龄独居老年人提供健康教育服务。上海市还充分发挥老科学技术工作者协会、老新闻工作者协会、老教授协会等一系列老年组织的志愿者服务作用。这些活动充分调动了低龄老年人参与志愿活动的积极性，为老年人发挥余热提供了广阔平台，社区高龄老年人得到了切实的服务与帮助，也促进了社区成员交流、互助与融合。

5. 社区综合养老服务的管理运作机制

上海市社区居家养老服务体系为三级管理模式。上海市设居家养老服务指导中心，下设 17 个区（县）社区居家养老服务指导中心，每个街道设社区居家养老服务中心。居家养老服务指导中心行使政府委托的权力来管理基层服务实体，具体负责每年的补贴资金预结算、老年人申请审核、身体评估、服务队伍培训、服务质量跟踪检查监督等，其管理和运行经费由政府负责。

2010 年开始，上海市民政局推行公益项目招投标的做法。由区政府提出服务需求、服务辐射面和投入资金量，交给市民政局立项。网上公布招标项目后，各社会组织竞标投标，然后由市民政局组织评比。民政局对中标机构给予项目拨款和监督。资金拨付按照 4：4：2 的比例颁发，即项目启动时给予 40%，之后需要根据工作的进度和质量逐步发放剩余资金。工作考核评估委托第三方，即社会工作者协会做具体工作。承接单位需要按时上交每月计划、总结，包括活动照片、活动存档等给评估方。当项目过半时，提交项目中期评估报告，根据项目开展情况拨付中期建设的 40% 资金。最后的 20% 要根据中期的评估报告拨付。

（二）甘肃经验

甘肃从本省的实际出发，整合资源，探索居家养老服务的新方式。在城市社区，由政府搭建平台，吸引企业加盟，共同建立虚拟养老院，实现服务与需求对接；在农村社区，政府利用废弃学校等闲置资源建立农村互助老人幸福院，倡导邻里互助与老年人自助，解决空巢老年人生活无人照顾、精神生活空虚的难题。

1. 城市虚拟养老院

兰州市城关区的常住人口有 130 万人，户籍老人为 16.7 万人，并以每年平均 3% 的速度递增。在城市空间紧张、基础设施不足、服务人力资源不够的情况下，当地政府一时还没有条件建立足够的实体养老机构来满足老年人的需求。与此同时，城关区的一些社会资源处于闲置状态。2009 年 12 月，城关区政府建立虚拟养老院。虚拟养老院的主体是由一部热线电话和一批企业构成的一个养老信息服务平台。政府将各个方面的力量组织起来，召集社会企业加入该平台，面向城关区 60 岁以上的男性和 50 岁以上的女性提供其所需的各个方面的服务。这种做法实现了需求与服务的对接。

2012年，加盟该平台的企业多达98家，分别提供饮食服务、生活照料、医疗卫生、保健康复、心理慰藉、法律咨询、家政便民、娱乐学习、日常陪护和临终关怀十大类共计230多项服务，8万多名老年人进入平台使用服务，约占城关区老年人口总数的一半，长期享受服务的人数超过了2万，约占城关区老年人口总数的12%。以后，这一资源整合方式在内容和区域上得到延伸，兰州、嘉峪关、金昌、白银、天水等城市都建立了虚拟养老院，以这种方式开展居家养老服务的地区高达80%。

(1) 政府搭建平台，社会力量加入。

城关区虚拟养老院的建设模式是政府主导、社会参与。虚拟养老院由政府出资建立，充分调动利用社会服务资源，把所有的商业服务企业以及社会团体等各方面的服务能力调动起来，整合到一个平台上，集中提供为老服务。通过这一平台，老年人知道有哪些可选择的服务，企业也可以知晓老年人有哪些需求，避免企业服务和老年人需求之间的信息不对称，更快更及时地满足了老年人的要求。这种做法也避免了资源的闲置浪费，减少了政府对设施和人员的投资。老年人只需要打一个电话，就能够在家享受服务，政府还可以通过老年人的反馈以及信息平台，监督服务人员工作，保证服务质量。

政府对虚拟养老院给予政策优惠鼓励。所有加入虚拟养老院的老年人在接受服务的时候可以享受低于市场价格20%的优惠。虚拟养老院按照老年人的经济条件和生活自理能力把服务对象分为A、B、C三类。[①] A类老年人为"三无"老年人以及其他需要特殊照顾的老年人，政府按照其健康程度对他们提供不同水平的补贴，企业服务人员定期上门服务；B类老年人为重点优抚对象，包括90岁以上高龄老年人以及获得较高荣誉的老年人，他们可享受政府财政50元/月标准的补贴；C类老年人是普通老年人，他们通过政府平台购买服务，比市场平均价格优惠20%左右。政府对加盟企业也有优惠政策。如加盟餐厅一餐成本是15元，只需要老人自己付6元，剩余9元由政府财政补贴。这实际是对加盟公司的支持，这个补贴让加盟企业有了固定的服务客体。除此之外，兰州市也在为加盟企业申请政府减免相关税收的政策。

---

① 甘肃省老龄办副主任张忠健：《甘肃老龄工作情况介绍》，2012。

(2) 虚拟养老院与实体养老院相互补充。

政府办的虚拟养老院和实体养老机构与民间办的虚拟养老院相互补充、良性竞争，给老年人更多的资源选择。在白银市的白银区，我们看到了这样的例子。在白银区的工农街道，街道办的虚拟养老院、实体养老机构与家政行业协会创办的虚拟养老院在同一幢楼。家政行业协会提供的服务是更加高端、收费级别更高、更有特色的专业服务；而政府平台提供的是基本的保底服务，并且对于老年服务对象减免服务费用。两者互补，保证了不同层面老年人的需求均得到满足。

2. 农村互助老人幸福院

甘肃省白银市白银区有 60 岁以上的老年人 41407 人，其中农村老年人 11933 人，农村空巢老人占农村老年人口总数的 57%，空巢程度很高。白银区老龄委 2012 年调查数据显示，4% 的空巢老人愿意进入机构养老，96% 的空巢老人愿意居家养老。2011 年，白银区开启农村互助老人幸福院建设工作，旨在为农村老年人提供一个白天相聚交流、互助互娱，晚上想住即住、回家自便的场所。互助老人幸福院的主要服务对象是子女长期外出务工经商、身边无人照料的农村留守老人、独居老人以及其他愿意参与的老年人。如四龙村幸福院入住老年人仅有 11 位，但是每天从村里来互助老人幸福院参加活动的老年人至少有 30 位，相当于全村老年人总数的七分之一。农村互助老人幸福院不仅为入住的空巢老人提供了生活服务的场所，而且为村里其他老年人提供了一个相聚和娱乐的场所，丰富了老年人的精神生活。

(1) 建设。

农村互助老人幸福院的建设按照"村级主办、互助服务、政府支持、群众参与"的原则。第一，政府部门牵头，制定政策，统筹规划，给予资金与设备支持（从集体经济划拨部分资助并提供基础设备）。第二，各部门和各行业单位支援帮助。农村互助老人幸福院的建设工作得到甘肃省委、省政府"双联行动"的支持，即省直机关联村联户，提供人力资源和物质资源。第三，互助服务与群众参与指村民志愿服务、低龄老人之间的互助、低龄老人与高龄老人之间的互助，入住老人自助等，保证了具体服务的供给。

在农村互助老人幸福院建设中，各级地方政府制定相关扶助支持政策，提出规划，并提供资金支持。甘肃省委省政府、甘肃省民政厅、白银区都发布了建设农村互助老人幸福院的文件和具体实施方案。甘肃省民政厅、财政厅连续三年，每年投资1500万元用于农村敬老院和五保家园的建设，改善农村为老服务设施，为农村互助老人幸福院的开展奠定了基础。省民政厅从福彩基金中每年拿出1000万元，完成全省5000个农村互助老人幸福院的建设。区级财政也提供了资金支持。白银区政府两年内投入152万元，用于农村互助老人幸福院的基础设施建设和维修。政府还划拨部分集体经济给村级老年协会管理经营，在经济上维持农村互助老人幸福院的运作。2012年初，甘肃省以单位联系58个贫困县的贫困村、干部联系特困户为主要内容的"联村联户、为民富民"行动，实现省、市（州）、县（市、区）、乡（镇）四级联动。"双联行动"以结对子的方式为建设农村互助老人幸福院提供了资金支持和智力支持。

农村互助老人幸福院的建设还有一条原则是"政府支持，邻里互助，家庭互助，社会捐助"。即除了政府的政策和资金支持，还有邻里、家庭和社会的投入。农村互助老人幸福院模式融合了家庭养老、集体养老、社会养老三种方式的优点，整合了政府、社会和家庭的资源。社会力量通过资金支持和志愿者服务参与农村互助老人幸福院建设。农民企业家、村民志愿者也参与到农村互助老人幸福院的建设中来。白银区四龙村和永兴村，村里的致富能人都为农村互助老人幸福院的建设出力。四龙村一位企业家在2011年出资10万元作为农村互助老人幸福院的运行费用。白银区农村互助老人幸福院都是由村中心小学改建的。2001年，国务院调整农村义务教育学校布局，学生集中到中心村上课，农村生源减少，所以闲置的小学被利用起来，这样不仅节约了建设成本，其特有的中心地理优势也给农村互助老人幸福院的运行带来了方便。同样被改造利用作为农村互助老人幸福院的还有村民闲置的房屋。在农村互助老人幸福院的运行过程中，农村社区内有形的资金、场地、设施（如学校、村旧办公地址、医务室）等物质资源都被利用，同时一些设备如炉子、床等用具都是居民捐赠的，有效资源得到了充分的利用。

（2）管理。

第一，自我管理。村老年协会负责农村互助老人幸福院的建设和运行工作。为了让更多的老年人发挥能动作用，政府鼓励村民自发成立老年协会，积极支持老年协会。白银区的 45 个行政村已经全部成立了村老年协会，实行自我管理，促进自我服务。作为老年协会日常管理机构的理事会由民主选举产生。理事会一般由 5~7 人组成，成员从德高望重、号召力强、热心公益活动的老年人中推举，会长一般由村干部兼任，副会长在老年人中选举产生。村老年协会负责统一调度和分配养老资源，保障资源有序、有效利用，为提高老年人的社会参与、丰富村民的精神文化生活、完善老年社会服务保驾护航。

第二，互助与自助结合。顾名思义，农村互助老人幸福院的特点是互助，其具有城乡互助（双联行动）、干群互助（干部与空巢老人一对一结对子）、邻里互助、老人互助等多种相得益彰的互助形式，一起形成养老合力，弥补了家庭责任的缺失。互助服务还通过干部、志愿者与老年人结对子和定人定点定时探视制度，在老年人需要时提供帮助。除了互助之外，老年人的自助也是该模式的一个特色。在四龙村农村互助老人幸福院，为老年人做饭的志愿者本身就是一位空巢老人，她一个人在家孤独，又曾经是妇女干部，于是到农村互助老人幸福院做餐饮和清洁服务，成为主要工作人员之一。该村农村互助老人幸福院里有一块地，老年人根据时节种菜，自给自足的同时锻炼了身体。

第三，院内服务与家庭服务结合。农村互助老人幸福院还通过院外的家庭服务来共同满足农村空巢老人的生活照顾需求。农村互助老人幸福院在吸引院外分散居住的空巢老人来这里活动的同时，强调家庭依然承担着照顾老年人的责任。入住农村互助老人幸福院的空巢老人，其儿女每年要向农村互助老人幸福院缴纳一定的费用。虽然空巢老人的儿女不能亲自照顾老年人，但是他们不能忽略儿女的责任与义务。当老年人生病需要照顾时，农村互助老人幸福院也会通知家人将其接回家中照顾。

（三）云南玉溪经验

云南省玉溪市处于我国西南部，是少数民族聚居的地区。玉溪市社区综合养老服务的特点是，发挥老年大学的带动和辐射作用，普遍建立老年活动中心并普及老年协会的组织管理体系。

1. 发展老年大学

云南省玉溪老年大学成立于1991年3月，办学历史悠久。该老年大学于2009年扩建，现有6层的教学楼，建筑面积达到8860平方米。该老年大学学科种类丰富，到2012年已经开设了10个系、35个专业。当时全校有80个班，在校老年学员已有4500多名。到2012年累计招收学员46000多名。平均每天有1000名老年人来校读书。该老年大学设在玉溪市中心区域，在玉溪市有很大的影响力。

玉溪老年大学工作主要侧重以下三个方面的发展：第一，办好老年大学的学校教育，吸引城中心的老年人来学校读书；第二，培养学校中的老年骨干力量，让他们成为火种，到社区中传播所学知识；第三，老年大学进入社区，组织城乡老年人开展教学和娱乐健康活动。

（1）课程设置有当地特色，吸引老年人。校方介绍，老年大学的办学理念是健康、幸福、快乐。老年大学针对老年人开办多门课程，提供了多种可供选择的学科种类，老年人可以根据自己的兴趣爱好学习。每次开办课程，学校都会通过多种渠道征求老年人的意见，按照需求开课。养生课程就是在充分了解老年人需求的基础上开办的，很受老年人欢迎。老年大学举办了中医、西医保健班，吸引了多达两三百名老年人参加。同时，老年大学的课程设置贴近老年人生活，符合当地文化传统，例如，玉溪是花灯之乡，花灯是当地的主要文化娱乐特色，老年大学特意开办了花灯系，教授花灯演唱、花灯歌舞，以传承延续当地的文化传统，很受老年人欢迎。[①]

（2）发挥骨干老年人的辐射作用，带动城乡老年文化娱乐活动。老年大学注重培养骨干力量，把教学付诸实践，发挥老年人助人自助的精神，带动更大范围的活动。玉溪老年大学聘请有资质的退休人员当老教师，例如，现任校长是一位退休教师，教花灯和地方戏曲的老师则是一位退休老干部。经过学习培训后的学员，积极回到社区带动群众，传播知识。学员骨干们纷纷在各社区组织老年人在广场跳广场舞，这样为全市老年人创造

[①] 玉溪市老龄工作委员会、玉溪市老年大学：《玉溪，幸福老人课堂》，玉溪电视台公共频道无限数码影音制作中心。

了一个积极、健康的养老环境。例如，在玉溪文化广场，有跳彝族舞蹈的，有跳傣族舞蹈的，还有跳哈尼族舞蹈以及汉族民族等舞蹈的，等等。前面领舞和教授的一般都是老年大学的学员。地方政府拨款资助每个领舞的骨干学员，虽然当时一晚上仅有几元，却搞活了老年人的文化生活，许多老年人参加广场文化娱乐活动，促进了老年人的身心健康。玉溪老年大学不仅仅局限在市区的几千名老年学员，它以大学作为中心，带动和辐射了全市的农村社区。逢年过节，老年大学的文艺队都会到社区和农村开展"送戏下乡"活动，把学习成果送到农村，让农村老年人看到老年大学节目排练的效果。

（3）建立五个层次的老年教育网络。为了让更多的老年人，包括农村老年人有条件学习，老年大学建立了网络大学。玉溪市建立了市、县、乡、村、村民小组五个层次的老年教育网络，从市级一直到村、村民小组均设有老年教室，让老年人不出远门也可以参加老年大学的网络教学班。老年大学进入农村社区普及教学的方式是给农村老年人发放教学光盘，集合村老年人到老年大学课堂集中学习。另一个补充的办法是教师下乡，到村里的老年大学讲堂教室开展教学辅导活动。老年大学专门开展"幸福老人课堂"活动，把特殊课程送到不能来中心校区学习的老年人那里，把教育辐射到最基层。①

2. 建设老年活动中心

玉溪市兴建了3400个老年活动中心，为老年人的教育和文化娱乐提供了极大便利。每次新规划社区时，政府都要留出一块土地，用来建设社区老年活动中心、养老院等服务场所，避免社区发展成熟后没有土地建养老服务场所的尴尬局面。玉溪市政府投资150多万元建立了爱心敬老服务平台，覆盖了全市的城市和农村社区，为老年人提供服务。农村的老年大学一般设在村子里的老年活动中心，老年活动中心的电脑不仅可供老年人观看老年大学的网络教学，而且储存了本村老年人福利以及各方面的信息。

---

① 玉溪市老龄工作委员会、玉溪市老年大学；《玉溪，幸福老人课堂》，玉溪电视台公共频道无限数码影音制作中心。

调研发现,在玉溪市,家庭养老仍是主要的养老方式。更多的城乡居民倾向于家庭养老,包括由家庭提供老年人生活照顾服务。一方面,玉溪市经济社会和谐发展,传统文化和道德在社会和家庭中得以传承保持,家庭敬老尊老成为风俗;另一方面,玉溪市人们有积极健康的养老理念,城市和农村的老年人普遍都有到社区广场和老年活动中心健身娱乐的习惯,这让很多老年人维持了基本的身心健康。

虽然城乡居民更加倾向于家庭养老,对政府的依赖并不大,但政府意识到老年人的服务需求会增长,也会随着时代的进步发生变化,所以,政府已经开始在城乡社区平台上积极准备,完善社区养老服务的硬件设施,以应对老龄化。每个老年活动中心都专门开设了老年人日间照护中心。虽然调研组考察时还没有人入住,但是基本设施已经齐备。除了每个活动中心开设的老年人日间照护中心之外,在 2013 年,玉溪市有公办养老机构 83 家,共有 2950 张床位;有 4 家民间养老机构,共有 250 张床位。政府鼓励兴办民间养老机构,对民办养老机构每张床位补贴 2000 元。

3. 普及老年协会的组织管理体系

云南省玉溪市的社区综合养老活动主要由老年协会来组织与传递服务,老年协会的作用在农村更加明显。全市 672 个村(居)委会全部成立了老年协会,4489 个村(居)委会成立了老年协会分会,占村(居)民小组的 69.3%,有 25.2 万人加入了老年协会组织,占老年人总数的 78.9%。①

老年协会的理事会一般有 5~7 个老年成员,大多是志愿者。老年协会会员一般象征性地一年交一元会费,以此来强化老年人对老年协会的认同感。社区有集体经济支持,所以每月会按照老年人的不同条件,由老年协会给老年人统计并发放各种津贴和补贴。老年协会得到村(居)委会的各种支持,包括场地和经费。许多老年协会还有自己的经济实体组织,能够为自己的活动提供基本经费。老年协会组织老年人到社区的老年活动中心参加各种活动,老年活动中心通常坐落于社区最中心的位置。在我们走访的社区,村里每个老年人过生日时,都会收到老年协会送来的蛋糕。

---

① 周俊:《农村老年协会规范化建设的玉溪经验》,《中国社会工作》,2011 年第 11 期。

四、三地社区综合养老服务资源优化整合经验的分析

三地社区综合养老服务有不同的资源整合方式，多方力量参与养老服务，形成了满足老年人各方面需求的养老服务支持格局。不同机构、不同部门、不同区域、不同组织在物质资源、人力资源、组织形式和技术方法上的多样整合方式，实现了养老服务资源在社区的最大化和最有效的利用。三地的实践成功地整合了不同性质的资源，并尝试把不同管理领域的资源有效地互补衔接，如政府机构、民间组织、城乡不同地区以及民营企业等，来满足不同层次水平的不同需要。在三地社区的社会养老实践活动中，都出现了政府和民间组织包括社团、志愿者组织、自治组织和民营企业等共同参与的局面。当然，这些多种民间力量的参与在各地的表现有所不同。例如，在上海，机构养老和社会组织之间相互配合，如由民办养老机构提供社区老人餐饮服务；在甘肃，政府搭建平台让民间组织和企业参与。

第一，不同领域的资源（项目）整合。三地的实践均为满足老年人的需要提供医疗、生活和精神文化等多种服务。老年人的服务需求是综合的，不能仅满足其在医疗健康、民政、法律或者教育文化等单一领域的需求。这些服务需求并不是孤立存在的，它们之间有着密切的联系，互相影响或互为因果，因此，在社区内需要把多种服务综合调配起来。例如，上海市的医疗和民政等部门在社区密切合作，建立卫生服务中心，把资源有效地整合，同时把社会救助和法律援助等有机地结合。甘肃省农村互助老人幸福院也有一个资源整合的例子，即把农村互助老人幸福院建在村子中央，同时在村中央还建有幼儿园与村医务室。幼儿园儿童与农村互助老人幸福院老年人互动，医务室可以随时监督检查老年人的健康情况。到了晚上和节假日，村里的妇女还会来到村中央广场上跳广场舞。这样，生活、娱乐、医疗的资源有机地结合在一起，同时在村里形成了大家庭的融洽气氛。

第二，城乡地域整合。我们还看到，三地社区养老综合服务的实践范畴都跨越了城乡的界限，做到了城乡资源的整合。在城市机构资源有限的情况下，上海市把城市社区和郊区民办养老机构挂钩，给予优惠政策，鼓

励城市的老年人去郊区的养老机构养老。甘肃省白银区的农村互助老人幸福院建设，在城市联村联户的双联行动中，得到了物质、资金和人力的支持。云南玉溪则是利用老年大学的五级网络，把中心市区的老年文化娱乐教育服务送到了边远的农村社区。

第三，社会和市场资源整合。三地都把社会和市场的资源很好地整合进社区养老中。甘肃省的虚拟养老院是个最典型的例子，政府搭建平台把民营企业和商家引进养老服务领域。同时采取政府平台和民间协会平台相互补充和竞争的方式，融合多种资源。甘肃省农村则是让企业家采取募捐的方式支持农村互助老人幸福院。上海采取的招标购买服务的方式，实际上是准市场规律的运用。云南省的市场机制不明显，但是社区的集体经济却给了社区的老年活动中心极大的支持。

第四，人力资源整合。在资源配置方面，三地都组织动员了老年人志愿者参与社区养老服务，让年轻老人帮助高龄老人，让目前还有能力且愿意付出的老年人多参与社会老年服务工作。在养老人力资源整合上，上海充分利用下岗失业人员、退休人员以及社区内部可供挖掘的人力资源，大力发展志愿服务，通过"老伙伴计划"等方式建立了强大的社区内部养老人力资源支持系统。同时，甘肃省老年人的互助自助、云南省的志愿者和老年协会组织等，都成为在社区养老中发挥重要作用的不容忽视的生力军。甘肃省的农村互助老人幸福院的建设可以说是对农村社区人力资源整合利用的典型范例。

第五，物质和资金资源整合。三地都把物质资源进行了充分的利用。上海市通过统一规划和管理、扩大辐射半径等方式，实现了养老设施的高效使用。上海市的社区医院、老年活动中心、养老机构都得到了充分的利用，如老年活动中心同时可作为日托中心，养老机构同时提供社区老年人的用餐，社区医院为社区老年人提供保健和护理及临终关怀服务等。资源还包括驻地单位资源。上海市区面积小，室外活动场地有限。为了让老年人尽可能多地开展体育活动，社区与附近的大学、机关单位合作，老年人可去这些单位的场地锻炼。为避免意外伤害带来的责任不清等问题，社区给老年人买了健康保险。这样既充分利用了辖区内驻地单位的场地资源，又满足了老年人健身娱乐的需要。资金整合在上海市的社区医院和甘肃省的农村互助老人幸福院的建设上都得到了体现。

另外，为更好地完成社区综合养老服务的工作，三地在社区综合养老资源的整合方式上采取了不同的管理措施、组织方式和执行办法。上海市利用政府购买服务，充分发挥专业社会工作者的组织作用，由社会工作者组织各方资源，传递和完成养老服务。甘肃省充分发挥政府各部门管理机构的带头作用，联村联户推进农村互助老人幸福院建设。在技术方法的整合中，由于不是每一个老人都能亲临老年大学，云南把老年大学的教室也设在农村的老年服务中心，采用五级电视教学网络方式教学，并且安排教师定期到点上辅导，让更多的老年人可以接受老年大学的教育。甘肃省也充分利用现代科技，搭建虚拟养老院的平台。城市兴办政府和民间不同资源的虚拟养老院，把各种养老的资源整合在一个网络平台上，为老年人提供综合的服务。在组织机制整合问题上，甘肃省农村和云南省玉溪市更多的是依赖老年人的自治组织，让老年协会在社区养老服务中起领导作用。特别是在云南省，作为老年志愿组织的老年协会发挥了关键作用，老年协会在社区相当普及并形成了组织网络，很好地把综合老年服务落实到了社区。上海市则吸收公共部门、营利组织、非营利组织、家庭和社区等一起发展社区养老事业。

五、三地经验对社区综合养老服务体系建设的启示

通过以上研究和比较，我们看到处于不同经济社会发展水平的地区，采取了不同的适合当地实际情况的养老服务措施开展老年社会服务。三地开创的养老经验所体现的资源整合理念，对于缓解我国的养老压力和资源供给负担有现实意义，有利于我国突破养老资源限制的瓶颈，跨越当前养老服务的障碍。三地的经验对于提出宏观政策导向，推进养老服务事业发展有积极的意义。

三地的养老服务政策并没有"一刀切"的统一规划，这提醒我们各地的养老服务要因地制宜，无须整齐划一。尽管三个地区经济水平不一样，但它们均用心满足当地老年人的养老服务需求，制定了适合本地区特色和水平的养老服务政策，因此三地的养老服务各有特色。三地的资源不同，整合方式不同，管理模式不同，但是却有效地在社区输送着综合养老服务，值得各地学习借鉴。三地提供的独具特色的具体做法，启发各地探索本地

区的不同经验。

经验表明，并不是经济发展水平相对落后的地区就不能开展养老服务；同时说明，并不是养老任务繁重、困难多的地方，养老服务就滞后。各地有不同的困难，不能将此作为怠慢养老服务工作的借口。

此外，各地政府的重视与精心规划设计的养老服务战略导向和政策措施至关重要。要把养老服务当作一项战略任务，制定相应的政策。不同的政策设计面对同样的资源、同样的条件，可以产生不同的结果。而各地政府在政策设计中起决定性作用。三地的做法，无论是政府官员在一线亲力亲为，还是把社会工作者和老年组织放到服务推送的前沿，都是当地政府重视老年社会服务事业、关注民生的表现。正因此，才有了政府相应资金、人员和政策的支持。宏观战略决策是推动养老服务发展的关键。养老服务事业发展的好坏，政策起决定性的作用。政策决定了养老服务事业的发展，也直接决定了是否为老年人提供服务，怎样提供服务和提供什么样的服务。

从三地案例可以看出，民间有丰富的养老服务资源，民间力量是养老服务用之不尽的潜在能源，将民间专业团体、社会组织、社会企业和志愿者在社区以不同的形式组织进来，则会形成一种合力，能有效地完成社区综合养老服务的任务。其关键在于政府如何整合调动。各级政府必须重视和加强社区综合养老服务事业，把民间的养老资源有机地组合和积极地调动起来，形成互助互补。

第十四章
长期照护保障体系框架研究
——以青岛市长期医疗护理保险为起点[①]

◎ 潘 屹[②]

为解决长期失能老人的基本生活照料和医疗护理问题,人社部与民政部相继发布文件,提出建设长期护理保险和长期照护保障体系。长期护理保险探索建立以社会互助共济方式筹集资金,是为长期失能人员的基本生活照料和与基本生活密切相关的医疗护理提供资金或服务保障的社会保障制度,其核心是解决失能人员长期护理的资金问题;而长期照护保障体系则是在融资机制基础上,探索以居家为基础、社区为依托、机构为补充、医养结合的多层次养老服务体系。青岛市的长期医疗护理保险无疑是长期护理保险和长期照护保障体系建设的开拓者。它把住院医疗费用转移为长期医疗护理保险,并整合医疗和社会资源,建设科学的长期医疗护理服务体系,为后继试点城市提供了可借鉴的经验和做法。本文以青岛市为例,探究几种做法的关系,并尝试勾画长期照护保障体系的框架。

一、问题的提出

中国老龄化发展速度快、涉及人口数量多,使我国老年社会服务形势

---

① 本文中文版最初发表于2017年第11期《山东社会科学》。
② 潘屹,中国社会科学院社会学研究所研究员。

严峻，老年社会服务体系建设任务艰巨。

近年来，国家已经把老年社会服务的任务提上议事日程，各级政府发布了一系列关于完善养老服务事业的文件。2017年，国务院印发的《"十三五"国家老龄事业发展和养老体系建设规划》再次强调了"到2020年，多支柱、全覆盖、更加公平、更可持续的社会保障体系更加完善，居家为基础、社区为依托、机构为补充、医养相结合的养老服务体系更加健全"[1]。

随着人口老龄化的加剧，高龄和失能失智老年人护理已经成为世界各国老年社会服务的核心问题之一，也成了老年社会服务体系中最为突出的任务。民政部2016年底公布的数据显示，我国2.22亿老年人中近1.5亿患有慢性病，失能和部分失能老年人有近4000万，完全失能老年人有近1000万。[2] 国家老龄科学中心抽样调查的数据统计显示，2015年我国失能老年人超过了4000万。[3] 预计到2020年，我国高龄老人将达到2900万。[4] 这些潜在的照护服务对象及其家庭面临如下问题：第一，家庭和社会不能提供足够的照护服务；第二，多数家庭没有能力支付少数机构服务的高昂费用。这可以概括为，老年社会服务体系中，专为失能老年人设置的照护服务与资金的有效供给不足，医疗及生活护理服务的专业机构和人员短缺，缺少照护服务的资金支持体系。

2016年6月，国家人力资源和社会保障部（以下简称人社部）发布了《关于开展长期护理保险制度试点的指导意见》[5]，其总则是探索建立长期护理保险制度，着力解决失能人员长期护理保障问题，建立以社会互助共济方式筹集资金，为长期失能人员的基本生活照料和与基本生活密切相关的医疗护理提供资金或服务保障。2016年10月，国家民政部的"十三五"规

---

[1] 《国务院关于印发"十三五"国家老龄事业发展和养老体系建设规划的通知》，http://www.gov.cn/zhengce/content/2017-03/06/content_5173930.htm。

[2] 《民政部：将推动建立老年人长期照护保障体系》，http://news.xinhuanet.com/2016-10/31/c_129344677.htm。

[3] 全国老龄工作委员会办公室报告起草组《国家应对人口老龄化战略研究总报告》，2015年。

[4] 《国务院关于印发"十三五"国家老龄事业发展和养老体系建设规划的通知》，http://www.gov.cn/zhengce/content/2017-03/06/content_5173930.htm。

[5] 《关于开展长期护理保险制度试点的指导意见》，https://www.waizi.org.cn/law/11675.html。

划明确提出探索长期照护保障体系。该规划指出，"积极开展应对人口老龄化行动，加快发展养老服务业，全面建成以居家为基础、社区为依托、机构为补充、医养相结合的多层次养老服务体系"①。

其实，早在2015年1月1日，《青岛市社会医疗保险办法》已经开始施行。与此同时，青岛配套实施了《青岛市长期医疗护理保险管理办法》《青岛市人力资源和社会保障局长期医疗护理保险护理服务机构管理办法》（现已失效）和《关于对长期医疗护理保险医疗护理服务实行标准化管理的通知》等相关管理文件。这一系列规定表明，青岛市率先运行了长期医疗护理保险制度，成为全国第一个建立长期医疗护理保险制度的城市。

人社部提出的长期护理保险制度与民政部提出的长期照护保障体系有何不同，关系又如何？青岛市的长期医疗护理保险在这两者的体系建设中处于什么位置？青岛市对长期医疗护理保险的探索对这两者的建设有什么意义？本文将研究青岛市的长期医疗护理保险制度，以青岛为出发点，探索我国长期照护保障体系的框架及内涵。

二、探索和开创长期医疗护理保险的运行机制

青岛市率先建立长期医疗护理保险制度，青岛市于1988年进入老龄化社会，属于较早进入老龄化的城市，高龄和失能失智老年人逐年增加。由于家庭结构小型化和居住格局的变化，家庭不能提供相应的照顾服务；老年护理院发展得也不够完善，老年人所需要的专业化护理服务数量不足。这导致青岛市许多高龄和失能失智的老年人住进了医院。因为老年人享有医疗保险，可以得到医疗护理。但是老年人长期占据医院床位，造成了医院资源的极大浪费。于是，青岛市决定在2015年实行长期医疗护理保险制度，把老年人的住院治疗和医疗护理分割开来。早在2012年7月，青岛市就提出了筹建长期医疗护理保险的方案，建议从医保基金中划拨出一部分资金用于长期医疗照护。经过2012—2014年的试行准备，在2014年底，青岛市多部门联合发布了建立长期医疗护理保险制度的文件。

---

① 《民政事业发展第十三个五年规划》，http://politics.people.com.cn/n1/2016/0707/c1001-28531537.html。

青岛市长期医疗护理保险制度规定，参保人（城乡失能老人）根据《日常生活能力评定量表》的评分情况及其他相关规定，视需要申请护理保险。政府根据参保人的不同类型及其医疗护理需求，提供不同形式的医疗护理保险待遇和服务。医疗护理服务分为四种不同护理形式，它们有不同的参保类型要求、评估要求、补贴标准及准入和退出规定（见表14-1）。

表14-1 青岛市长期医疗护理保险分类和标准

分类	专业医疗护理	护理院医疗护理	居家医疗护理	社区巡护
内容	居住医院专门医疗护理	护理院护理	居家/医护人员上门服务	医护人员社区巡诊（农村社区）
始自	2012年	2012年	2012年	2015年
保险标准	170元/人（床）/天	65元/人（床）/天	50元/人（床）/天	1600元/年 800元/年

（1）专业医疗护理（以下简称专护），指参保人住在定点医疗机构（医院）专护病房，得到为其提供的医疗护理服务。专护针对的是得大病且病情尚不稳定，需要住院治疗的参保人。2016年，专护标准为170元/人（床）/天。

（2）护理院医疗护理（以下简称院护），指参保人需要入住护理服务机构接受的医疗护理服务。院护针对的是因疾病、伤残等原因常年卧床已达或预期达6个月以上，生活完全不能自理，但病情基本稳定的参保人，他们按照《日常生活能力评定量表》评定低于60分，但是疾病附加条件项目不同。院护标准为65元/人（床）/天。

（3）居家医疗护理（以下简称家护），指参保人居家得到医疗人员上门提供的医疗护理服务；其针对人群跟院护相似；家护标准为50元/人（床）/天。

（4）社区巡护（以下简称巡护），即护理服务机构派人到参保人家中提供巡诊服务。2015年，青岛市针对新增的农村地区的覆盖对象，增加社区（村）卫生室巡护形式，扩大了护理保险制度覆盖面。巡护标准分为

1600元/年（每周巡诊不少于2次）和800元/年（每周巡诊不少于1次）两档。

青岛市从基本医疗保险基金中定期划转一部分用作长期医疗护理保险。长期医疗护理保险分为职工护理保险资金和居民护理保险资金。职工可按照规定申办四种护理保险中的任何一种；居民分为一档缴费和二档缴费：一档缴费居民可申办医护、院护和巡护中的任何一种，二档缴费居民（低收入人群和农村居民）可申办社区巡护。

护理机构根据护理服务期间实际发生的费用，按照医保部门支付比例和个人支付比例结算。支付比例如下：职工保险的支付比例为保险支付90%，职工参保人自付10%，即医保部门按90%比例报销职工参保保险。一档缴费居民和大学生等的支付比例为医保部门按保险支付80%，个人自付20%的比例结算。长期医疗护理保险针对医护、院护和家护实行包干制，而为二档缴费居民和低收入人群新增设的巡护标准是，按照实际发生的费用情况，长期医疗护理保险承担40%，个人自付60%，不设定额（见表14-2）。保险报销比例和标准从2012年开始试点到2015年正式启动时有所调整。

表14-2 青岛长期医疗护理保险各类护理人群费用支付比例

分类	职工	一档缴费居民（大学生）	二档缴费居民（低收入人群和农村居民）
专护	√	√	×
院护	√	√	×
家护	√	√	×
巡护	√	√	√
报销比例	保险90% 个人10%	保险80% 个人20%	保险40% 个人60%
报销额度	包干	包干	不设定额

青岛市之所以可以建立长期医疗护理保险，有其独特的条件。

第一，长期医疗护理保险的前提是资金来源有保障，而青岛市的医疗保险有充分的结余，可以把医疗保险的一部分资金转移，用来支持长期医疗护理保险的起步。而青岛市目前也制订了相关的费用缴纳的方案和办法，以确保今后长期医疗护理保险资金的可持续。

第二，青岛市有丰富的医疗和护理资源基础，可以提供相对充足的医疗护理服务。青岛市医院床位、疗养院、老年服务机构以及相关民营服务机构床位数量和医护人员数量相对充足，可以保障长期医疗护理保险的服务落实。

第三，政府各部门之间通力合作。长期医疗护理保险不仅涉及医疗、保险等直接负责部门，而且涉及其他相关部门。青岛市人力资源和社会保障局联合财政局、民政局、卫生和计划生育委员会、老龄工作委员会办公室、总工会、残疾人联合会、红十字会、慈善总会等多个部门印发了《青岛市长期医疗护理保险管理办法》，各部门共同参与，有效合作，整合资源，实现了长期医疗护理保险这样一个共同的愿望。

由此可见，青岛市的做法已经超越了文件所说的"长期医疗护理保险"，已经到达了人社部提出的长期护理保险制度，并且涉及民政部提出的长期照护保障体系的建设。因为青岛市不仅设计了资金保障，而且探索建立长期医疗护理服务的运行机制。青岛市人力资源和社会保障局于2015年实施了《关于长期医疗护理保险护理服务机构管理办法》，明确了提供长期医疗护理服务的组织机构和人员机制。基于老年人的不同护理服务需求，特定的服务人员、服务机构提供不同服务，构成一个服务运行体系。根据青岛市当时的城乡医疗体系，青岛市限定了相应的护理服务机构：符合条件的二级及以上住院定点医疗机构可承担专护业务；具备条件的专业护理服务机构（护理院、护理站）和社区定点医疗机构可承担院护、家护和巡护业务；实行一体化管理的村卫生室限承担巡护业务。护理机构要和社会保险经办机构签署服务协议。护理保险费用实行定额包干的办法，根据护理服务形式、福利服务机构医疗资质与服务能力，确立包干标准。资金拨付标准与护理服务机构数量和服务质量挂钩。截至2016年3月，青岛市共有500多家获得资质的长期医疗护理服务机构（包括医院和社区卫生站），其中有498家已正式开展了专护、院护、家护、巡护等医疗护理业务。从

2015年起，青岛市4000余家一体化管理的村卫生室按规定在农村地区提供巡护服务。

青岛市不仅把原有的医疗资源纳入长期医疗护理体系，而且整合和开发了闲置资源进入长期医疗护理保险服务体系。青岛市改造原有的医院、社区卫生站、疗养院等大量机构，充分开发具有护理功能的专护、院护和家护床位。我们访问的青岛第二疗养院，原是海军疗养院，以前仅在夏天忙碌一个月，空床位很多。这个疗养院部分地转变功能，成为具有医疗护理功能的护理院后，床位满员，住院老人平均年龄80岁。几年下来，青岛第二疗养院已经服务了几千人。该院除了承担医疗专护的任务外，还承担了居家护理的任务，提供方圆四千米半径范围内服务圈的3000个失能老人的护理服务。该院配备了专车，派医疗护理人员上门为老年人提供居家医疗护理服务，包括简单康复、心理咨询等，并对其家属提供家庭护理的培训、指导和咨询。

除了把国家各部门、政府各级机构办的医疗和养老机构整合进长期医疗护理保险制度中，青岛市还把民营资源整合进长期医疗护理保险制度中，以弥补医疗护理资源的不足。济慈养老院最初是房地产公司投资2亿元建设的一个老年公寓，后被整合进青岛市长期照护服务体系，承担了老年医疗护理的专护和院护的任务。民营机构进入统一管理后，得到了政府社会保险经费的支持，也解决了政府床位不足和私营机构空床的问题。

青岛市研发了护理保险的智能终端App系统，它负责建立护理对象的电子档案，处理护理对象的信息（包括护理需求评估视频、指纹信息等）。经过App移动办公系统测试和正式上线使用后，它可以自如转换各种护理服务机构和护理服务类型。在符合申请资格的情况下，根据护理对象身体条件和护理需求的变化，它可以在不同护理形式之间便捷灵活地转换。如果失能老人需要居家护理，其医疗护理保险则转到承担该老年人居家护理任务的医院或者社区卫生站的页面上。如果接受家护服务的受理人突然疾病加重，需要进医院专门治疗，或者需要进入护理院接受住院护理服务，则医疗护理保险从网络体系直接转到医院或者护理院，老年人可立刻享受专护或者院护的标准待遇，家护待遇停止。反之，当老年人转到居家护理时，医院的专护或护理院的院护标准服务停止。这种信息管理方式资金透明，运行通畅。该系统还可记录服务内容和过程，护理员持卡上门服务，信息直接传送对接。这个体系不仅方便了服务，而且可对护理服务机构医护人员护理服务进行有效监管。而长期积累形成的医疗护理保险的数据库，将为总结提炼、研究分析长期医疗护理保险服务提供有益的经验。

三、长期医疗护理保险的作用与功能

青岛的长期医疗护理保险有效解决了失能老人的医疗护理问题，让许多住不起院、无法接受医疗照护的失能人员能够接受医疗护理服务，缓解了城乡失能人员家庭的经济负担，弥补了医疗照护服务的不足，提高了护理对象的医疗护理保障水平。同时，青岛市的长期医疗护理保险是一种覆盖城乡的制度。青岛市把农村老年人也纳入长期医疗护理保险体系，实现了长期医疗护理保险制度参保对象上的城乡全覆盖，成为全国第一个城乡参保人实行长期医疗护理保险制度的地区。青岛市规定参加职工社会医疗保险、居民社会保险的参保人，按规定纳入长期医疗护理保险覆盖范围。2015年，青岛市从针对城镇参保人员扩大到农村参保对象，实现了三险合一、城乡统筹。青岛市长期医疗护理保险的覆盖人群约有380万城镇职工和居民医保参保人，惠及城镇失能人员的目标群体达3万人。截至2016年中期，青岛长期医疗护理保险覆盖面已经增长到802.8万人（职工316.6万人，居民486.2万人），政策惠及的目标人群从原先约3万名城镇失能人员扩展到9.4万名城乡失能人员（城镇约3.1万人，农村约6.3万人）。

青岛市调整调动资金和机构，将资源有效有机地整合进长期医疗护理服务体系。青岛市改革了医保资金的使用，调整了疗养院、医院等机构功能，并把民营资源整合进长期医疗护理保险服务体系。青岛市把住院治疗经费改为长期医疗护理保险，把长期住院转换为护理院、居家护理服务，这些转变后的服务费用低于医院的床位费，节约并合理配置医保资金，大大提高了资金使用效率。同时青岛市将闲置资源有效地整合进长期医疗护理服务体系。青岛市将有长期医疗护理需求而非医院住院治疗需求的老年患者从医院中分离出来，提高了医院病床的周转率和利用率，解决了急性或重大病患者入院难的问题，同时有效提高了医院和相关疗养院、护理院的床位使用率。青岛市把国有医疗资源和闲散的民营医疗护理资源整合纳入一个体系，充分调动、整合和使用了闲置资源。

青岛市探索专业的、科学的长期医疗护理服务制度，初步建立了一个合理有效的医疗护理服务体系。首先，青岛市的长期医疗护理保险制度把入住医院治疗和长期医疗护理分开，把护理院及居家护理的医疗护理体系和住医院治疗制度区别开来，并明确划分了界限。其次，青岛市根据医疗护理需求，制定了该市的医疗护理机制，划分了专护、院护、家护和巡护四种护理形式，并对应提供不同形式的医疗护理服务。这些划分对高龄和失能老人的医疗需求更有针对性，医疗护理服务的分层建制让护理的形式更专业化、层次化、多样化。最后，该制度把医院、护理院、居家和社区等处的机构设施链接为一个网络，四种护理形式做到了有效的无缝衔接，不同服务机构职责明确，并且各部门的多种资源互为补充。由于医疗护理的资金和专业独立，医疗护理的分工做得更细，机构工作更加有效，推动了医疗护理服务的专业化发展。

青岛市推动了以社区为依托的养老服务体系的建设。青岛市长期医疗护理保险的探索做到了两点：医疗护理服务从医院转移到社区，从机构辐射社区。青岛市建立长期医疗护理保险服务的同时，建立社区（含农村卫生室）"医养康复"一体化的服务平台，由医院、护理院、社区卫生站、家庭构成的医疗护理服务体系在社区建立起来，形成了网络化覆盖。例如，青岛市在建设"院护"这个环节的时候，就充分发挥了福彩南山养老院在社区的辐射作用。该养老院有1242张床位，过去主要负责政府托底的生活困难和身体困难的老年人，入住率达100%。现在南山养老院不仅承担应有的院护责任，而且承担了服务区域内家护和巡护的任务。青岛市这样的做法，推动了基层社区的养老服务机构和医疗服务机构的建设和发展，促进了养老服务体系的完善，也促进了基层专业医护人员队伍的成长。

人社部提出的探索建立长期护理保险制度试图以社会互助共济方式筹集资金，其出发点是解决长期失能人员的生活照护和医疗护理的资金问题。青岛市长期医疗护理保险的做法和意义超越了资金体系的建设，正如《青岛市长期医疗护理保险管理办法条例》的总则所说的，"促进'医养康护'相结合的新型服务模式的形成与发展，保障失能人员基本医疗护理需求"。青岛市在解决资金、护理问题的同时，也在探索长期护理的服务模式。然而，一涉及服务机制，就必然涉及长期照护保障体系。

四、勾画长期照护保障体系的框架

1. 长期照护保障体系的框架与内涵

2016年，民政部提出建立老年人长期照护保障体系的具体内涵是：重点保障失能、半失能老人的生活照料、康复护理、精神救济和安宁疗护等长期照顾服务。① 民政部的限定补充了失能、半失能老人生活照护的具体部分。长期照护服务体系应该包括对失能老人的医疗护理和生活照护，同时包括长期照护保险和长期照护服务。

"长期照护"这一概念来自西方发达国家，它们最初把长期住在医院的老年人转到社区内护理，融入常规的社会服务体系，从纯医疗护理转为医养结合的服务，由此产生了长期照护服务的内涵。② 所以，学者经常这样界定失能老人长期照护：它是老年人离开医院治疗后的继续服务，即由基本的生活照料、健康护理和康复组成的社会服务；对失能老人的长期照护服务出现并拓展延伸，包括长期照护保险等资金问题的介入。例如，日本于2000年开始实施的长期照护保障制度（Japanese Nursing Care Insurance System）③，也被翻译为介护保险制度。其《介护保险法》中这样解释长期照护制度：介护的具体内容有居家介护、设施介护服务和费用承担等。这个保险不仅包括资金，而且涵盖服务。我国长期医疗护理保险出发点就是解决资金来源问题。但是长期照护保障体系不仅涉及融资部分。一个完整的长期照护保障体系，除了资金外，还要有老年社会服务体系的完善，这样才能保障长期护理服务的运行与落地。一个完整的长期照护保障体系应该具有以下内容和特征。

第一，资金和服务结合。长期照护保障体系应该由两部分组成，即长

---

① 《将推动建立老年人长期照护保障体系》，http://news.xinhuanet.com/2016-10/31/c_129344677.htm。

② Jorma Sipilä, *Social Care Services：The Key to the Scandinavian Welfare Model*. Ashgate. Ann, McDonald, 1999, *Understanding Community Care*, Palgrave, 1997, p190.

③ 铁木尔、高利套：《日本介护保险制度初探》，《政法学刊》，2016年第1期。

期照护资金保障和长期照护服务体系（见图14-1）。根据国际经验，长期照护融资的方式有很多种，如社会保险、税收、私人缴费、基金等。[①] 在我国，长期照护保障体系是对医疗护理和生活护理的资金保障或者筹资体系。失能老人的长期照护保障体系除了长期护理保险之外，还需要一个服务提供体系，以提供老年人需要的社会服务。长期照护服务体系指为需要长期照护的老年人生产和提供所需的医疗、护理和康复服务，其服务提供方式包括社区、居家以及各种医疗和护理机构等提供的服务。这两部分加在一起，才能有效地解决资金和服务的问题。

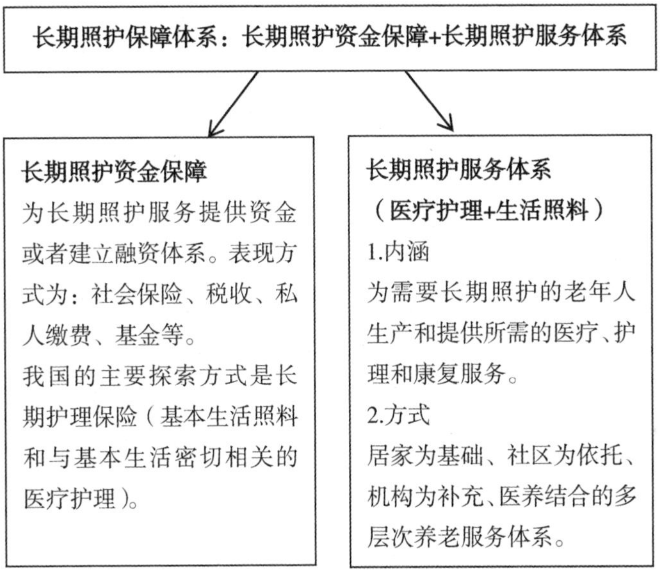

长期照护保障体系：长期照护资金保障+长期照护服务体系

长期照护资金保障
为长期照护服务提供资金或者建立融资体系。表现方式为：社会保险、税收、私人缴费、基金等。
我国的主要探索方式是长期护理保险（基本生活照料和与基本生活密切相关的医疗护理）。

长期照护服务体系
（医疗护理+生活照料）
1.内涵
为需要长期照护的老年人生产和提供所需的医疗、护理和康复服务。
2.方式
居家为基础、社区为依托、机构为补充、医养结合的多层次养老服务体系。

图14-1　长期照护保障体系图解

第二，医养结合，即医疗护理和生活照料结合。长期照护保障体系包括长期照护资金保障和长期照护服务体系；除此以外，还要加上生活照料的内容，即有效地融合和衔接医疗护理和生活照料的问题。所以，为失能老人提供的长期照护保障体系的服务涵盖医疗护理和生活照料。

2. 长期照护保障体系的位置与特征

建设我国的长期照护保障体系需要明确如下一些问题。

---

① McDonald A：*Understanding Community Care*，Palgrave，1999，pp.6-9.

第一,长期照护保障体系是国家社会福利制度的一部分。首先,长期护理保险是国家社会保障体系的一部分。我国的社会保障体系以收入保障和社会保险的形式保障了居民的生活水平。医疗护理保险、长期护理保险和养老保险、医疗保险一样,从不同的侧面保障了老年人的生活。长期护理保险首先在西方国家尝试,取得一定效果并得到提倡,例如在经济合作与发展组织(OECD)国家,2008年长期护理保险占GDP的平均比重是1.2%,一些国家为1.5%~2%。长期医疗保险、长期护理保险是一种社会保险,即大家集体出资建立一个风险危机处理机制,为可能遭遇风险的人储蓄。它不是由市场支配的商业保险,也不是个人为自己进行的储蓄,它的建立是国家提倡的,是国家根据社会经济的发展,为了满足人们的基本需求而建立的社会福利制度。它应该是具有社会主义特色的我国的社会福利制度的一部分。其次,我国的社会福利体系正在超越社会救助、社会保险,而向社会服务拓展。长期照护保障体系是我国社会服务体系的一部分,特别是老年社会服务体系的一部分。国家的社会服务体系由诸多部分组成,包括儿童、残疾人、妇女和其他弱势群体,即覆盖所有需要帮助的人,老年社会服务是其中最重要的部分之一。[①] 长期照护服务为老年群体中更特殊的群体提供特殊的资金保障与特殊服务,它是老年社会服务体系的组成部分,它也被纳入养老服务框架里,是社区、机构和居家服务的内容。我国许多地方建立高龄补贴制度、贫困老人的救助制度等政策,就是社会福利制度在不同侧面的反映。而长期照护保障体系,则意味着当人们在年老面临失能失智风险可能的时候,能够得到资金支持和服务的保障。

第二,长期照护保障体系的特征——适度普惠。长期照护保障体系是国家建立社会福利制度的一个组成部分。它是一种普惠型的社会福利制度。我国的社会福利制度正在经历一个从补缺型到适度普惠型的转变。这意味着从单纯的救济、保险等收入保障,转变为提供社会服务保障;把仅仅保障"三无"人员和社会弱势群体为主要目标转移到服务于全社会所有有需要的人。它包括所有的人而不是部分的职工和有收入的人,故称其为普惠

---

① Jorma Sipilä, *Social Care Services: The Key to the Scandinavian Welfare Model*. Ashgate, 1997.

型。长期照护保障体系就是这样一个覆盖所有有可能、有需要的老年人的普惠计划，每个有可能遭遇失能风险的老年人都可以从中获利。这样的保障方式会凝聚各层次收入群体，让社会整合为一体。

五、在长期照护保障体系框架下分析青岛市的例子

我们回顾关于失能老人的保障政策发展，可以看到这样一个路径：从长期医疗护理保险，到长期护理保险，再到长期照护保障体系。这在内容上体现为从医疗护理的资金保障，到医疗和生活照护的资金保障，再到医疗和照护的资金保障与服务体系这样一个体系不断完善的过程。

在当前的形势下评议青岛方案的不完善是不公正的。因为任何分析不能离开开拓者所处的发展阶段，但是如果分析青岛的问题能给后来更多的加入者提供一个参考，这样的评析也不失为良策。当然，这些不足并不能抹杀青岛作为开拓者的功劳。长期医疗护理保险是一个社会保险，所谓社会保险其特征就是全社会共同负担，任何人遭遇风险都就可以得到庇护，即遵循普惠原则。但是，根据青岛市长期医疗护理保险的资金使用比例分析，职工和城镇居民的保险受惠比重，城郊和城乡服务机构的设置，以及一些人得不到长期医疗护理的服务，特别是农村失能老人与城区人口比较下接受医护、院护和家护的相对困难，可以发现在现有条件的局限下，该制度依然存在政策的相对欠公平，并不是一个适度普惠的制度。长期医疗护理保险在覆盖面的设计上还存在缺陷。

首先表现在保险资金上，青岛市长期医疗护理保险城乡和区域之间不平衡。青岛市建立的覆盖城乡的长期医疗护理保险制度，并没有做到保障与服务的城乡均等化。青岛市享受保险的数据如下。2015年1～6月，四项护理业务共服务20897人，306.5万个床日，护理保险实付1.66亿元。其中，职工18010人，约占86.2%，270.5万个床日，约占88.3%；居民2887人，约占13.8%，36万个床日，约占11.7%（见表14-3）。农村的长期医疗护理保险的服务方式多为巡护，巡护所占床位和资金比例及其所支付的资金最少，因此得到的服务也最少（见表14-4）。从不同人群享受待遇人数、床日所占比重和不同参保群体及相应失能人员享有长期医疗保险的对比，可看到青岛市长期医疗护理保险的不同群体的参保比重明显不平衡，

设计使其受用者多为职工,其次是居民,原新农合参保人限于其参保类型实际受益还很少,农村居民成为最少受惠者。

表 14-3　2015 年 1～6 月职工与居民享受护理保险人数及比例

	人次	比例	床日	比例
职工	18010	86.2%	270.5 万	88.3%
居民	2887	13.8%	36 万	11.7%

其次表现在保险服务上,机构资源城乡配置不均衡。调研结果显示,专护、院护和家护的服务机构多集中在城市,而这些机构的花费占据全部支出的 90% 以上的比例。根据当地的实施报告,按照业务类型结算床日数,统计结果为专护 14.5 万个床日,占 4.7%[①];院护 21.9 万个床日,占 7.1%;家护 255.7 万个床日,占 83.3%;巡护 14.7 万个床日,占 4.8%。按照统筹实付结算:专护实付 2183.5 万元,占 13.15%;院护实付 1273.46 万元,占 7.67%;家护实付 1.31 亿元,占 78.86%;巡护实付 53.88 万元,占 0.33%(见表 14-4)。根据表 14-4 的调研数据分析,专护的资金比例高于其床位所占比例,这说明专护的花销占的比例相对较大。家护的床位比例高于所花费的资金比例,其支出比例相对小一些。而农村巡护所支付的费用最少,所占的比例非常小。

表 14-4　四种护理保险比重及资金支付比例

	专护	院护	家护	巡护
床位	4.7%	7.1%	83.3%	4.8%
资金	13.15%	7.67%	78.86%	0.33%

那么我们需要看看占有近 99% 资金的专护、院护和家护服务的具体分布。实地调查结果显示,长期医疗护理保险的服务提供以市内六区为主。2015 年,医疗专护机构和服务运行主要在青岛市本级;院护机构则多数分布于市内三区:崂山和城阳各 2 家,黄岛、莱西、平度各 1 家。开展家护及巡护业务的主要集中在市内六区(共 434 家,占 98.2%),胶州 4 家,平度 3 家,即墨 1 家,莱西未开展。农村卫生室巡护的护理服务仅仅占用不到

---

① 这里几处百分数均为约数,所以表 14-4 中各数相加也不是 100%。

1%的长期护理保险资金。农村的失能老人较难得到应有的医疗护理，难以在家门口享有院护和家护的长期医疗护理服务，贫困家庭的失能老人只能选择巡护。因此，长期医疗护理保险远远不能满足农村长期医疗护理服务的需求。虽然城乡全覆盖的体系将大量农村失能人员纳入长期医疗护理服务的受用名单，但政策具体落实时，没有把郊区的机构纳入专护、院护和家护的长期护理服务体系，在运营补贴、医保额度、医养结合床位补贴等方面和青岛市内的标准不一样，长期医疗护理保险在农村和郊区得不到落实，限制了该制度城市在郊区和农村地区的拓展和目标人群受惠程度。还有一些人被长期医疗护理保险制度排斥在外。因为青岛市长期医疗护理保险制度设置的目标人群相对受限，所以有相当一部分的失能老人不能得到医疗护理保险和相应服务。很多需要接受长期医疗护理服务的参保人（如患慢性重病的半失能人员等），由于长期医疗护理保险制度的筹资因素，难以被纳入长期医疗护理保险的保障对象之中，无法享受到医疗护理服务。对于确实有需要的家庭，并没有完全解决其医疗专护与家护的问题。

青岛市长期医疗护理保险在某种程度上兼顾了医养服务，但还不是真正制度设计意义上的医养结合。根据青岛市的长期医疗护理保险的探索经验，可以发现其有以下几点局限。首先，其资金是医疗护理，服务也是医疗护理服务而非生活照护服务，还没有把生活照护纳入保险和服务体系。长期医疗护理保险服务的机构，必须配有医院配施，才能承担医疗护理。因此，青岛市的长期医疗护理保险没有做到真正实践意义上的医养结合。其次，青岛市是在城镇基本医疗保险制度框架内建立的长期医疗护理保险，保留了原保险的特征与问题。原医保框架的筹资主要来自城镇基本医疗保险，护理保险主要覆盖人群和政策惠及的目标人群依旧主要是城镇职工。因此，青岛市长期医疗护理保险是长期照护保障体系的一部分，是该体系的前期阶段，也是对医疗护理保险的部分探索，是向长期照护保障体系进发的第一步。所谓医养结合，即医疗护理与生活护理在老年服务体系中的有机结合和无缝衔接。青岛市有了长期医疗护理保险资金，并分层次有了四个医疗护理服务体系，但医疗护理保险限定在医疗护理领域之内，而缺失相应生活照护服务。

对于目前青岛的长期医疗护理保险体系，虽然《青岛市长期医疗护理保险管理办法条例》总则中提到，"促进'医养康护'相结合的新型服务模式的形成与发展"，但核心是"保障失能人员基本医疗护理需求"。因此，医疗护理和生活服务还没有很好地结合。目前许多承担专护和院护的机构，专护的服务仅仅提供医疗护理（护士）服务，而不包括生活护理服务。例如，在青岛市第二疗养院调研发现，该院的医务护理工作由本院护士承担，而生活护理则由老人家庭自己雇用护理员（护工），费用自己承担。虽然疗养院给家属自雇的陪床护理人员做护理培训，但是这不在政策设计内，属于医疗护理机制以外。医院没有把生活护理纳入长期医疗护理保险服务的体系中，对生活服务和资金没有计划。相关工作人员对此解释为，长期医疗护理保险经费只包括医疗护理，未包括生活护理。承担上门家护的服务人员多为医院和卫生站的护士，而没有生活护理员的设置，她们提供的也多为医疗护理而非生活护理。第二疗养院表示其在等待民政局批复它自己建立护理员队伍的权限，即护理经费的收取由医院承担，这样就可以把护理工作和目前的医疗工作更加紧密有效地结合起来。而医养结合政策的制定，仅仅靠一个疗养院是难以推动的，需要全市统一协调。

六、结语：探索建设我国的长期照护保障体系

2016年6月，人力资源和社会保障部办公厅发布《关于开展长期护理保险制度试点的指导意见》，决定在河北省承德市、吉林省长春市、上海市、重庆市等15地开展长期护理保险制度试点。青岛市的长期医疗护理保险迈出探索长期照护保障制度的可喜的第一步，提供了开创性、探索性的经验，在制度设计和制度运行两方面，对下一步全国范围内长期医疗护理保险和服务制度的探索提供借鉴；而青岛市长期医疗护理保险的缺陷与问题，也给了其他试点地区探索和开创的空间。试点期间，除了探索青岛经验的特殊性，对全国其他地方长期照护保障体系的资金来源及可持续性进行分析之外，还有许多具有普遍意义的问题需要解决。

我们要逐步建立和完善符合我国特色的长期照护保障体系。这个体系既包括长期护理保险，又包括生活护理资金；既保障护理资金，又包括建立医疗和生活服务在内的长期照护服务制度。

由于长期照护保障体系是国家社会福利制度的一部分,是适度普惠的社会政策,长期照护保障体系的制度建设应该在政府主导下多部门合作。长期照护保障体系需要许多部门参与:医疗、民政、社会保障、老龄委等。它涉及不同部门、各级政府,业务是交叉的,需要各部门业务协调配合与通力合作。要整合资源、互为补充、相互支持,形成合力,以取得最大的社会和经济效益。长期医疗护理保险条目的设置,不仅涉及融资,而且应科学地商定哪些内涵属于长期医疗护理保险的涵盖和服务项目,特别是长期照护中医养结合的部分,需要卫生部门和民政部门以及老龄委密切合作。要健全建立长期护理服务体系运行的网络。长期照护服务的运行机制是资金、服务的融合,有社保、医疗、民政各部门的链接,也有不同性质机构(医院、护理院)、社区(日间照料中心、活动中心、综合服务网点)、居家和服务人员等搭建的平台网络,要形成各种专业的队伍,并促进智能技术在老年社会服务平台的应用。要建立准入机制、运营机制和评估体系,形成一个产入产出有效有机的体系。

长期照护保障体系也需要多方承担责任。长期照护服务体系由政府、社会、企业和家庭多方参与、共同负责。我们谈论它是国家普惠型的福利制度时,民众常常会产生错觉,认为福利就是国家拿钱、国家负全面责任。普惠型的福利是一种制度型的福利,一般是国家立法建立制度、出台政策,而地方政府建立规章制度并执行。当然,在我国,需要国家在税收的基础上,加大社会支出的比重,但是这个福利制度依旧要依靠个人的支付、企业雇主的支付以及地方政府的投入。每个收益人本身及家庭成员应该是首要责任人,承担着不可推诿的责任,在可能的情况下,每个人都要支付长期医疗护理保险并参与和承担老年社会服务。

各地在学习青岛经验的时候,可以在一些方面进一步探索。建议各地强调探索建设长期照护保障体系,即在结合医疗护理和生活照料的前提下,统筹医疗护理和生活照料资金,整合医疗护理(护士)和生活照料(护理员)的队伍,以及整合医疗部门和民政部门的资源,建立有效的长期照护服务运行机制。具体来讲,第一,这些探索的范畴不仅仅是医保参保人员,而是覆盖全体有需要的人,覆盖职工与居民、横跨城乡。第二,这些探索需要实现的是不仅仅是医疗护理保险,而应该是一个完整的包括生活与医疗在内的照护保险。第三,在探索中不仅要解决资金保险问题,而且要建设一个完整的老年照护服务体系。这个服务体系需要专业化服务的生产。第四，为了完善长期医疗护理服务机制，还要解决许多管理方面的技术性问题，如准入评估、服务生产和提供的有效性、服务产出评估等。各地在探索的同时也要借鉴国际的经验和教训，在长期照护保险领域，不少西方国家比我们开始得早，有不同的长期医疗护理保险和服务制度的模式。在全国试点推行长期照护保险制度的过程中，会面临且需要重点解决筹资的问题和医疗资源（包括床位和医护人员队伍）的问题，这需要制定与出台相关制度与政策。随着这些探索的深入，我国许多试点将会超越青岛市的做法而形成新的经验，长期照护保险制度将会更加完善，而长期照护保障体系将得以建立。

第十五章

建立中国特色的社区综合养老服务体系[1]

◎ 潘 屹 隋玉杰 陈社英[2]

支持老年人就地养老是当前老年社会服务的一个核心实践。它不仅能够让老年人在熟悉的社区环境里度过晚年生活,维系对其身心健康具有重要意义的社会网络和与之相连接的社会支持,而且与机构照顾相比能显著降低社会成本。本文分析了当前我国社区养老服务的有利条件和不利因素,总结梳理了国际上养老服务的经验,提出了在我国城市和农村建立社区综合养老服务体系的框架。这一框架试图将当前参与养老社会服务的多元主体纳入其中,包括社区养老服务、机构养老服务、居家养老服务、家庭(类似家庭或模拟家庭)养老、结伴(老年公寓)养老等方面。最后,本文就政府的宏观战略规划、完善社会服务的支持体系和构建良好的养老环境与基础提出了政策建议,以期对社区综合养老服务体系的建立和完善提供必要保障。

---

[1] 福彩基金支持项目。原文曾刊于《人口与社会》2017年第2期。
[2] 潘屹,中国社会科学院社会学研究所研究员;隋玉杰,中国人民大学社会与人口学院副教授;陈社英,美国佩斯大学公共管理系终身教授。

一、社区综合养老服务体系的提出

2011年，国务院印发的《中国老龄事业发展"十二五"规划》提出建立以居家为基础、社区为依托、机构为支撑的养老服务体系。2013年，国务院发布的《关于加快发展养老服务业的若干意见》提出，到2020年，全面建成以居家为基础、社区为依托、机构为支撑的，功能完善、规模适度、覆盖城乡的养老服务体系。这些对我国老年社会服务提出了规划和目标。近年来，政府鼓励民间资本和机构进入老年社会服务领域，并对其给予政策和资金支持。许多地方政府采取购买服务的方式，培育可以独立工作、较为成熟的社会组织，并让民办公助、公办民营等性质的机构和企业进入老年社会服务领域，这使老年社会服务有了长足的发展。

然而，我国养老社会服务业还处于发展的初期阶段，面临着服务供给严重不足等问题。民政部2013年8月举行的全国社会养老服务体系建设工作会议，剖析了社会养老服务体系建设存在的问题，主要表现在：城乡区域发展不平衡；养老床位缺口较大，服务供给不足；医疗康复、精神慰藉等专业性服务不足；社会参与的优惠政策落实不到位；等等[1]。养老体系建设成为备受关注的问题，相关的政策措施亦亟待完善。

我国目前的养老模式主要包括机构养老和家庭养老两种。但是就实际情况来看，机构养老和家庭养老的方式都存在缺陷。一方面，当前养老机构的数量和职能都不能满足养老服务的需求；另一方面，家庭功能衰退[2]，核心家庭增多，空巢老人和留守老人增多，许多子女和老人并不住在同一地区，同时，子女工作繁重，也不能完全承担照顾老人的责任。因此，有必要从宏观战略规划上进行积极探索。

本文基于2013—2014年中国社会科学院社会学所的研究人员和研究生院社会工作系学生在北京市、上海市、甘肃省、云南省、浙江省、重庆市、

---

[1]《民政部在内蒙古自治区乌兰察布市召开全国社会养老服务体系建设工作会议》，https：//www.yanglaocn.com/shtml/20130819/1376922 58528836.html。

[2] 陈社英：《中国人的"家"与养老研究》，《人口与社会》，2017年第1期。

四川省等地的实地调研,该研究报告提出要建构社区综合养老服务体系。[①] 2016 年,国务院办公厅印发《关于全面放开养老服务市场提升养老服务质量的若干意见》[②],提出深化改革、放开市场、引导社会资本进入养老服务业的主线,明确了综合性的居家社区养老理念,这给我们重新审视有关的研究提供了指南。本文将探讨我国建立社区综合养老服务体系的基础、内涵和政策指南。

二、社区综合养老服务体系的有利条件与不利因素

我国发展以社区为依托的综合养老服务体系的有利条件可以归纳为以下几点。

第一,社区是老年人居住地,有老年人熟悉的人文地理和社会环境。中国人有故土难离的传统文化,许多年纪不太大的老年人活跃在社区,参与社区活动,社区已经成了他们生命的一部分,充实着老年人的精神生活。

第二,社区有老年人的家庭成员、亲戚和朋友圈子。中国传统的家文化,构成了中国养老社区服务的精神和动力。

第三,社区有坚固稳定的组织网络。中国最普遍的社区组织形式是居(村)委会建制社区,这是一个半行政管理机构。在这一层次的社区有许多社会管理和机构设施资源,包括各种群众组织。基层政权组织以及居委会的功能在全国的发展已经很健全,也培养了众多的基层社区工作者。

第四,在我国基层社区已经有了许多养老服务的机构和设施。我国自 20 世纪 80 年代开始大力发展社区建设和社区服务,各级政府在社区做了许多投资,建设了许多社区活动的基本设施。根据民政部门的相关数据,全国共建立了各类社区服务中心 17.5 万个,综合性社区服务中心 1 万多个,居委会社会服务站 5.3 万个,以及其他社区服务设施 11.2 万个。另外还建成星光老年之家 3.2 万个,政府总投资达 134 亿元人民币。

---

① 景天魁:《创建和发展社区综合养老服务体系》,《苏州大学学报(哲学社会科学版)》,2015 年第 1 期。
② 《关于全面放开养老服务市场提升养老服务质量的若干意见》,http://www.gov.cn/gongbao/content/2017/content_5160231.htm。

这些有利条件无疑为我国社区综合养老服务体系的规划和探索奠定了重要的社会、经济、文化、组织和物质基础。

我国社区综合养老服务体系的建设也存在着一些不利因素,特别是在当前经济社会形势急剧变化的背景下,工业化、城市化、现代化的发展带来了以下一些问题。① 其一,人口流动规模大、速度快,新建社区多,社区基础薄弱,共同体意识缺失;其二,家庭小型化速度快,代际关系疏离;其三,城乡空巢老人包括农村留守老人数量激增;其四,传统孝道式微,人际互助意识淡薄;其五,社区资源分割严重,整合难度大;其六,社会组织发育不良,志愿服务亟待加强,养老服务的生产渠道需要沟通。

从以上的不利因素来看,中国发展养老社会服务的任务迫切且艰巨。同时,这些不利因素也凸显了建设社区综合养老服务体系的重要性。

三、社区综合养老服务体系建设的国际经验

老年服务是社会服务的重要组成部分。社会服务是区别于收入保障的另一种社会福利措施与方式,它由英国伦敦经济学院社会管理系的理查德·蒂特姆斯教授于1951年首次提出。在以往的社会政策研究中,社会福利概念基本固定并明确为教育、住房、收入保障和国民医疗健康四个部分。但是蒂特姆斯指出,除了四种福利外,还有一种服务独立地存在,即社会服务。社会服务是根据人的不同需求提供的服务。他进一步解释说:"个人社会服务是关心有需求和困难的人,因为困难阻止了他作为个体在社会上所能发挥的最大的社会能量,阻止了他自由地发展他的个性和通过与外界的接触实现自己的渴望。这种需要在传统上是由个人和家庭的功能来帮助解决的;而目前改变为由社会服务来满足需求,并且社会提供高水平的帮助过程,并不是仅仅提供单一化的帮助;服务资源适应个人和群体的不同需求并不是对所有人提供单一的服务。"②

---

① 邹华、马凤领:《中国城乡社区养老服务比较研究》,《社会福利(理论版)》,2015年第2期。

② 转引自:Sipila J. *Social Care Services*:*The Key to the Scandinavian Welfare Model*. Aldershot:Avebury. 1997,p11.

经过三四十年的发展，目前发达国家和地区的社区老年社会服务已经基本上形成了特有的服务体系或者框架。老年人的社会服务大体上包括医疗卫生、保健康复、生活照料、物质支持、心理慰藉等整体关怀。社区老年社会服务机构包括老年护理机构、老年日托中心、老年活动中心等。老年社会服务的工作人员配置也很明确，主要是由社会工作者、心理工作者、护理人员、医务工作者、管理人员、志愿者等构成，同时还有家庭、亲戚、邻里等自然形成的非正式网络的支持。

老年人口的增长使老年服务成为社会服务中最核心、最主要的部分。而老龄化社会支出的增长给福利国家带来巨大的冲击。为了应对以上问题，西方国家的社会服务，特别是老年社会服务在形成过程中经历了两个转变，一个是从机构养老到社区照顾的转变，另一个是从卫生部门负责到社会服务部门负责的转变。[①]

1. 老年社会服务从机构养老到社区照顾的转变

20 个世纪 70 年代的欧洲，在经济不景气的形势下，机构养老遭遇了资源紧张的困难，资金和人员等方面的社会支出很高，难以为继，因此社会政策的重心开始从机构养老转向社区照顾。

英国政府早在 20 世纪 50 年代就提出社区照顾的政策主张[②]，并于 1970 年提出建立统一的以社区为基础、以家庭为导向的全体公民共享的服务体系。英国因此建立了地方社会服务部，该部门不仅限于发现和医治社会疾病，而是为了整个社会的福祉，最大限度地让更多的个人参与互助服务。同时英国公布了《地方政府社会服务法》，该法律对社会服务的性质与范畴做了提炼与概括。社会服务分为儿童、残疾人、病人、老人、精神病人、吸毒者、困难者、妇女以及社会全体人员的服务。英国社区照顾的目标是让老年人在自己的家里或类似家的环境中得到帮助。社区照顾的理念被广泛应用于英国社会服务的各个领域，在养老服务上更为显著。

社区养老服务已成为世界的一个趋势。北欧国家的老年社会服务也经

---

① 潘屹：《国际社会服务理论与实践》，《国际社会科学》，2014 年第 1 期。
② 陈社英：《社会政策与社区服务历史回顾：关于就地养老研究之国际视野》，《改革与战略》，2015 年第 2 期。

历了去机构化或回归社区养老服务的时期（1980年以后）。① 例如丹麦，在1979—1982年间，福祉部设置了高龄者政策委员会，并在1982年发布了高龄者福祉三原则，强调让老年人回归社区的重要性，并于1987年发布《高龄者住宅法》。

日本政府于1982年颁布了《老人保健法》，决定将医疗与保健相分离。同时为需要护理的老年人提供"家庭病床"式看护服务，即家庭和社区是实施老年人保健服务的社会基础。

美国也强调了社区为本的养老定位②，越来越多的老年人倾向于就地养老（Aging in Place）。美国有专业的养老社区（Retirement Community），形成了专门建设的养老社区（Deliberately Occurring Retirement Communities）和自然形成养老社区（Naturally Occurring Retirement Communities）并存的局面。西方老年社会服务的比例通常是5%的老年人居住在机构，其他老年人享受社区服务和居家服务。

2. 老年社会服务从卫生健康部门负责到社会服务部门负责的转变

在西方发达国家特别是欧洲地区，老年社会服务发展经过了一个从卫生健康部门负责到社会服务部门负责的转变。这个转变随着机构养老问题的加剧而发生。老年慢性病人和极度虚弱的老人越来越多，他们长期占据着医院的床位，医院承担的长期护理任务已经超出负荷。属于医疗卫生健康护理和生活护理交叉的部分由卫生健康部门提供服务和买单，造成了极大的开支和浪费。于是，伴随着倡导老年人回归社区养老、开展居家养老关照服务，社会服务部门也应运而生。社会服务由具体的社会服务机构管理，在社区产生、执行，其中涉及卫生健康部门的业务由卫生健康部门做具体的技术指导。社会服务的开支并不完全免费。各国负责社会服务的部门如下：北欧国家和英国是健康和社会事务部，加拿大为健康和社会服务部，美国部分州称之为社会服务部，苏格兰则为社会工作部，在新西兰叫社会发展部，美国联邦和澳大利亚叫健康和人类服务部。

---

① 潘屹：《社区综合养老服务体系建设：挑战、问题与对策》，《探索》，2015年第4期。

② 张强、张伟琪：《多中心治理框架下的社区养老服务：美国经验及启示》，《国家行政学院学报》，2014年第4期。

国际上社会服务的两个转变,也说明了老年社会服务的形成与特征,即社区养老社会服务是核心要素。现在,国际社会已经形成了社区养老社会服务的基本框架,老年人可以在社区得到基本的服务,满足生活、医疗、健康等各方面的需求。2016年,国务院办公厅印发的《关于全面放开养老服务市场提升养老服务质量的若干意见》也提出要"建立医养结合绿色通道",因此,有关的国际经验特别值得重视。

在这方面,比较显著的是北欧国家的社会服务,特别是老年社会服务的模式。① 芬兰形成了以社区照顾服务为核心的社会服务。照顾服务在社区内由护理院、日托所、咨询中心等一系列机构提供,主要包括以下几点。① 为老年人和残疾人建立日常照顾,包括俱乐部、日常诊所、老年人弱智训练中心、残疾人日常护理学校和健康中心等。② 家庭护理服务:为老年人、肢残人、盲人、聋人提供家庭服务或教育。③ 儿童家庭服务:接收、收养、抚养儿童,进行儿童辅导和家庭咨询,监督儿童父母对儿童的抚养,保护儿童不被侵犯;给儿童提供财力和物质帮助,提供送餐到家服务。④ 咨询服务:建立咨询中心,提供家庭财产计划、年轻人医疗咨询等,也为健康家访员、家庭护士、接生员、心理工作者提供家庭护理知识和教育。

丹麦社区老年社会服务体系如下。① 家庭医疗护理和生活服务制度。建立家庭呼叫系统,护士和家庭服务人员24小时值班服务。② 就餐及生活服务。在各养老院、老年人中心和日间照顾中心建立专供社区老年人就餐的食堂,准备饭菜和半成品食物等食品专送服务,被称为"车轮上的食堂",还根据老年人要求代购副食品。③ 精神文化生活。社区开展包括戏剧、音乐、文学、绘画等老年人喜爱的文体活动,活跃老年人的精神文化生活,增强其参与社会活动的能力。④ 康复训练。配合各专业治疗师对老年患者进行功能训练、康复护理和功能评估。对老年人语言认知、心理状况、室内移动、吞咽动作、排泄入浴、轮椅使用、视觉适应等方面的情况做出评估,制订治疗与训练方案,并及时调整,使老年患者得到最大限度的功能恢复。⑤ 广泛营造惠老氛围,构建老年友善社区。老人日常使用的

---

① 赵玉峰:《北欧居家养老服务的经验与启示》,《中国国情国力》,2016年第4期。

轮椅、拐杖、浴凳等可以免费租用，老人吃早茶、洗澡、乘公交车均实行半价，免费收听收看广播、电视、电影等。

四、我国社区综合养老服务体系建构的基本框架

本文提出的社区养老社会服务，是一个综合的体系框架。这个体系框架的服务包括社区养老、机构养老、居家养老、家庭养老和结伴养老等多种模式。同时，社会服务作为一个体系，是指社会各界对养老服务的有效和良好的生产、输送和提供方式。

1. 城市社区综合养老服务体系框架

城市社区养老问题一直以来受到较大关注。[①] 社区综合养老服务的具体含义应该是：调动社区资源，即充分利用社区中的各种服务形式、服务组织和设施，由家人、亲友、社区志愿者和社区内（外）的各种性质的服务机构和组织对社区内生活不能自理的老年人、孤老以及所有有需求的老年人提供各种照顾服务。因此，社区综合养老服务是指社区综合各种社会力量为社区老年人提供各种各样的养老服务的一种养老模式。社区养老服务资源的链接和组织平台是社区。

在社区提供养老服务的机构应该包括以下几部分。① 老年活动（社会福利）中心（老年之家）：它们是娱乐、文化、健康、教育、聚会、组织活动等福利生活和老年社会活动的场所，可满足老年人日常的文化、体育、精神和社会生活的需要。② 生活服务中心：为老年人提供餐饮、洗浴等生活服务，满足老年人日常基本生存生活的需要。③ 医院：涉及老年健康档案、家庭病床、家庭医生制度，为老年人提供医疗健康服务。④日间照料中心（日托所）：提供日托服务，家人可在上班期间把生活部分或完全不能自理的老年人送到日托所，享受照料服务。⑤ 护理院：为失能失智的老年人提供长期医疗和生活照护服务。⑥ 保健康复训练中心：为身体残障和慢性病老年人提供身体康复和缓解疼痛服务。这些服务网点是为老年人提供社

---

① 欧莹莹：《城市社区养老问题研究综述》，《云南行政学院学报》，2008年第1期。

区社会服务的基本机构,但是各地发展水平不同,机构的规模、数量和组成形式也不一样。可能有的地方把老年活动中心叫老年大学,也有的就叫活动点;有的地方会把所有机构囊括在一个老年活动地点之中。正如我国台湾学者所描述的,社区养老服务可用图15-1来展现其丰富的内容。

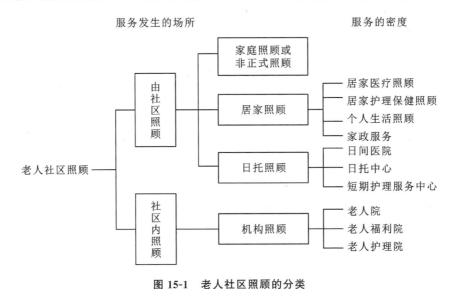

图 15-1 老人社区照顾的分类

资料来源:谢美娥.《老人长期照护的相关论题》,(台湾)桂冠图书股份有限公司,1993

社区机构养老服务包括由设在社区内的机构(嵌入社区)和社区自身机构提供的服务,包括长期入住的养老机构和日托以及居家服务。机构养老通常指老年人住在机构里,接受机构提供的服务。在我国目前的福利事业发展中,机构一般包括现有的敬老院和福利院。而在养老社会服务的意义上,机构应该包括护理院(老人养护之家)、福利院、疗养院、特别护理院等。其服务应该根据老年人的生活能力和需要加以分层、分级,从完全自理到完全失能,将服务对应细分。社区机构养老服务有以下的条件并承担相应功能:① 接受入住和护理的老人包括65岁以上老人,生活极度困难(低于贫困线以下)、无房居住、由国家资助的老人,完全失能老人;② 对外输出服务,辐射到所在社区,派医务人员、护理员上门为半失能老人提供医疗和护理服务;③ 有指导社区居家养老的职责,为社区的居家护理员提供专业医疗知识、护理培训以及心理疏导等专业技术支持;④ 开展"喘息服务"(respite service)等项目。机构护理员上门给居家护理员一个替班休息的时间,例如,上海市福利院开展的"护老者之家"项目。

居家养老服务即老年人居住在家,接受社区和机构提供的养老服务。居住在家中的有各种生活和医疗健康服务需要的失能或者半失能老人,可以由社区的机构护理员上门提供相应的医疗和生活等多种服务。这样老年人不用脱离熟悉的社区和住所,就可以满足基本的需求。居家养老服务强调老年人养老的地点为家庭住所,但是养老服务提供者不仅仅是家庭成员,更多地来源于社区平台各方面的支持,因此不同于通常所说的家庭养老。

社区综合养老服务体系下的家庭养老服务是在社区各种机构,包括医院、护理院、就餐点、服务站等的支持下,在社区规划指导下,让老年人在家接受由家庭成员(或者签约的亲属邻里)提供的照顾服务。这种服务因为过去没有被国家政府列入计划,在传统上一般被称为非正式的服务。这些老年人一般半失能或者长期患病,行动不便。家属、亲人、邻里等渠道所提供的家庭养老照顾有以下几个优势:① 为老年人精神和情感需要提供支持,具有不可替代的作用;② 节约机构建设的支出;③ 给失业或者下岗的亲属以照顾护理服务的任务;④ 重塑家庭功能,增强家庭的凝聚力。家庭养老的实现条件有三个:第一,有必要的家庭养老资源;第二,有社会(社区)机构的支持;第三,有家庭养老政策的指导。①

国际社会为了鼓励家庭养老,人为地建立类似家庭的组合来发挥家庭的功能。许多西方国家制定政策,鼓励模拟家庭的建立。这些政策有意识地鼓励青壮年人(非老人子女)与老年人一起生活,组成没有血缘、亲缘关系,但是有类似家庭功能的模拟家庭。这些做法我们也可以参考借鉴。

随着独居老人和空巢老人增多,在城市新建社区和老社区出现了结伴养老的新模式,特别是在新型社区里,出现了许多老年公寓。例如,课题组在温州永嘉市就看到了老年人筹资自建的老年社区。在国际社会上,也根据老年人的身体条件、不同人群等组成了不同的结伴养老社区。这些社区构成了独特的社区养老服务模式。

2. 农村社区综合养老服务体系建构

2016年,国务院办公厅印发《关于全面放开养老服务市场提升养老服

---

① 黄耀明:《整合取向:社区居家养老服务模式可持续发展研究》,《福建医科大学学报(社会科学版)》,2011年第4期。

务质量的若干意见》,提出要高度重视农村老人问题。农村和城市的经济发展阶段不同,社会发展也有差异,可以采取不同的社区综合养老服务的方式,以解决现实问题。① 甘肃省白银区农村互助老人幸福院为农村老人提供了一个白天相聚交流、互助互娱,晚上想住即住、回家自便的场所。农村互助老人幸福院的主要服务对象是子女长期外出务工经商、身边无人照料的农村留守老人、独居老人和其他老人。白银区四龙村互助老人幸福院入住老人仅有11位,但是每天来这里活动的老人至少有30位,相当于全村老人总数的七分之一。

农村互助老人幸福院的建设遵循"村级主办、互助服务、政府支持、群众参与"的原则,其主要做法是:① 政府部门牵头,制定政策,统筹规划,给予资金支持,例如,划拨部分集体经济,提供基础设备等;② 各部门和各行业单位支援帮助,农村互助老人幸福院的建设工作得到甘肃省委、省政府双联行动的支持,即省直机关联村联户,提供人力资源和物质资源;③ 以村民志愿服务、低龄老人之间的互助、低龄老人与高龄老人之间的互助、入住老人自助等方式,保证了具体服务的供给。

农村互助老人幸福院模式融合了家庭养老、集体养老、社会养老三种方式的优点,整合了政府、社会和家庭的资源,解决了老年人生活、吃住照料、精神娱乐和一般疾病问题。

在课题组调研的云南省玉溪市、甘肃省白银市和四川省地区,村老年协会发挥了重大的作用。老年协会管理、组织、协调社区老年人的所有事务,特别是负责组织与传递社区老年社会服务,负责农村互助老人幸福院的建设和运行工作。

五、社区综合养老服务体系建设的政策建议

1. 完善政府的宏观战略规划

(1) 科学规划社区综合养老的平台,制订完整的计划。明确阐述机构、社区、居家和家庭养老等的内在联系和和谐关系,打通渠道,让社区养老

---

① 刘鹏:《农村社区养老问题探析》,《行政与法》,2013年第6期。

服务能够在社区内顺利进行。

（2）建设、调整、规范机构，使其真正成为社区养老服务的依托。明确社区内养老服务机构的目的、功能和作用，为社区养老提供基础的服务并把该服务辐射到家庭，使社区居家养老服务得以落实，完成社区综合养老服务的任务。

（3）建立社区综合养老服务的政策体系。社区综合养老服务的有关政策体系包括机构定位，机构的作用、功能和标准，还包括相关的支持社区综合养老的居家养老政策，特别是家庭政策，充分发挥家庭的功能。

（4）明确和建立社区综合养老服务的管理机制。管理机制要能够协调养老社会服务领域相关部门之间的关系，有制定决策、执行决策和完善决策的能力。

（5）建立社区综合养老服务的标准、检查、监督和评估机制。政府相关部门应建立严格、科学的服务标准，建立由专家、相关技术部门和服务客体等有关部门组成的专业评估机制，根据标准对服务体系与机构、生产和提供的服务等做全面评估。

2. 完善社区养老社会服务的支持体系

（1）完善中国社会福利体系，包括社会保障体系、社会救助体系、住房体系、医疗卫生体系、金融服务体系等，健全服务资金保障体系，建立专项保险，发展医疗健康和综合社会服务，使精神健康、医疗护理和生活服务等进一步完善与融合。

（2）建立和健全养老社会服务的法规建设，逐步完善相应的法律法规建设，让其互相补充，互相完善。①

（3）加强社会福利中高层人员的培养，包括社会福利政策制定、研究规划人员的培养，加强对社会服务运作执行环节人员的培养，特别是机构管理人员的培养。

（4）加强对社区综合养老服务体系的专业技术人员的培养，包括对社会工作者、心理咨询师、医生、护士、律师等的培训。特别是社区服务中特别需要的社会工作者，要给他们定职、定位、定岗、定薪，以确保他们

---

① 钱宁：《中国社区居家养老的政策分析》，《学海（南京）》，2015年第1期。

的职业荣誉、专业职称和社会地位。除了上述专业人员之外，还应设置社区有关社会服务所需要的教师、工程技术等专业岗位，并配齐人员。

（5）重视培养职业的服务人员，包括医疗护理、生活护理和家政服务等方面的服务人员；制定相关的政策规定，扩大服务人员的队伍。要加强在职定期培训，提高服务人员的专业技能，改善服务质量。

（6）疏通养老社会服务的筹资渠道，完善养老社会服务的资金支持体系建设，这包括对服务机构和体系的支持以及对服务对象的支持。

（7）开拓国家、社会、市场和个人多方的资源，把多种资金渠道并入老年社会服务体系，探索救助资金、护理保险和基金制度。

3. 支持社会的养老服务，构建良好的养老环境和基础

（1）发展社会组织，支持社会组织参与社区养老服务。培养专业的、职业的社会服务团体和机构，使它们成为生产和传递社会服务的主要力量和生力军。

（2）建立养老服务事业的准市场机制。按照养老服务事业的准市场机制，对参与社区综合养老服务的社会组织，采取招标购买服务的方式进行选择。这些社会组织按照社会企业的运营方式提供有效的服务，实行优胜劣汰选择方式。

（3）规范养老服务业的市场机制，以产业繁荣事业。社区综合养老服务是养老服务业的一部分，整个养老服务业要发挥市场的作用，动员更多的社会资源、民营资源参与，促进养老服务业的繁荣。老年人可以根据自己的条件和兴趣，对更多的养老机构和方式进行选择。政府要制定市场的标准规则，并做好监督检查工作。

六、结论

社区是养老服务的重要依托。基本完善的社区综合养老服务体系要求社区应该有基本的设施和建制、服务机构和组织，这样才能有效地支持老年社会服务。建立社区综合养老服务体系，前提是完善社区的为老服务功能，在社区平台，要做到机构、社区、居家养老三种服务方式的有效统一。以社区为平台，构建医疗、保健、生活等多种福利为一体的服务，满足老

年人基本的多样的需要，涵盖精神、生活、医疗等各方面，使老年人在不脱离家庭和社区的情况下即可安度晚年。

社区综合养老服务体系包括社区养老服务、机构养老服务、居家养老服务、家庭（类似家庭或模拟家庭）养老等多个主体，因此要严格区分居家、机构、社区和家庭养老的功能，优化分布和利用养老服务资源。如果老年人适合居家服务，就不要进入目前床位紧张的养老机构。家庭成员不能对老年人提供照料服务的，可以由社区机构提供上门服务，或者把老年人送入社区日托所和短期护理院。如果老年人可以由家庭成员照顾，就鼓励家庭养老。一些健康老年人可以留在社区内，参加社区老年活动站的文化娱乐或者老年大学活动。这样建立的社区综合养老服务体系，可以使养老服务资源得到最佳配置并发挥更好的作用[①]。

[①] 潘屹：《优化整合城乡资源，完善社区综合养老服务体系——上海、甘肃、云南社区综合养老服务体系研究》，《山东社会科学》，2014年第3期。

CHAPTER 5

第五部分

老龄化、社会工作与社区建设

第十六章
老龄化视野下的社会工作理论与实践[①]

◎ 陈　佳　陈社英[②]

伴随全球人口老龄化的加剧，全球对于社会服务包括社会工作专业的要求也在不断提高，因此，有必要对现有的社会工作理论与实务做一次系统回顾，以促进其与社会发展相适应的转型升级。本文以国际的视野，梳理相关的研究文献，并在此基础上进一步探索和评估国内外社会工作者为应对人口老龄化所做的准备，指出现有研究中的不足之处，同时提出下一步的研究方向与重点。此外，把国外社会工作领域的前沿理论和方法介绍给国内的学者和实务工作者，希望对国内社会工作的提升和创新有所裨益。

一、引言

伴随全球人口老龄化的加剧，如何为巨量增长的老年人口提供恰当的社会保障体系和专业的社会服务已成为全球在 21 世纪面临的最大挑战之一。据预计，到 21 世纪中叶，全球每五个人中就会有一位 60 岁及以上的老年人（United Nations Population Division，2014）。在我国，60 岁及以上的人口的增长速度和规模更是超过大多数发达国家。1999 年底，我国老年人

[①] 原稿曾收录于中国社会工作联合会会刊《社会与公益》2018 年第 6 期。
[②] 陈佳，上海大学社会工作系讲师；陈社英，美国佩斯大学公共管理系终身教授。

口比重达 10.3%，从此进入老龄社会。2013 年，我国老年人口突破 2 亿，预计到 21 世纪中叶，每三个中国人中就会有一位老年人。我国将仅用几十年的时间走完英、法、美等西方发达国家经历了上百年才走完的人口老龄化历程，成为除日本以外的在崛起时期老龄化速度最快的国家。人口老龄化如此迅猛的发展态势冲击着各国的养老和医疗保障体系以及老龄服务体系的建设，但与此同时，老年人亦可成为社会的人力资源，帮助推动社会的发展，可惜这一点往往被大众忽视。中共十九大报告指出了中国人民对美好生活的需求，并提出"积极应对人口老龄化，构建养老、孝老、敬老政策体系和社会环境，推进医养结合，加快老龄事业和产业发展"。老年社会工作的开展正符合新时代政府的规划，并且支持老年群体对美好生活的追求，以为老年人口提供更加完善的保障体系、社区照顾、经济救助、精神康复等服务为主要工作内容，对缓解人口老龄化带来的压力具有重要作用。由此，作为社会服务的重要提供者和直接实施者，社会工作者面临着巨大的挑战和机遇。相关领域的社会工作专业化发展也亟待加快推进。同时，传统的老年社会工作内容也面临着转型升级。学者有必要对现有的中外社会工作理论与实务做一次系统的回顾，以为之后相应的转型升级提供依据，更好地满足随着社会变化而变化的老年群体的需求。

二、人口老龄化对社会工作理论与实务发展的影响

1. 国外老年社会工作研究与实务发展

根据国际一般模式，人口老龄化是经济社会现代化的产物。很多发达国家早已进入老龄化社会，老年学作为一门交叉学科在国外有丰厚的研究成果，其研究的内容从各学科和实际工作领域的角度关注老年人在老化过程中的生理、心理和社会方面的需要。老年社会工作作为应用性社会科学，不但要认识老年人这三个方面的需要，理解它们之间的影响机制，而且要知道老年人是如何适应生活环境的，在此基础上才可以按照老年人的不同健康状况和需求为他们提供合适的服务建议和照料计划。国外的老年社会工作产生了不少具有指导意义的社工理论。这些理论大多产生于 20 世纪 70 年代左右，包括在 50 年代西方最为流行的凯文（Cavan）的活动理论、库

明（Cumming）和亨利（Henry）的社会撤离/脱离理论、霍曼（Nancy R. Hooyman）和基亚克（H. Asuman Kiyak）的连续理论、柴斯门（Zusman）的社会损害理论、库柏斯（Kuypus）和本斯通（Bengston）的社会重建理论、布特勒（Butler）的人生回顾理论、罗斯（Rose）的老年次文化理论和甘柏林（Cubrium）的老年社会环境理论，等等。这些理论从不同角度探讨了老年人老化的过程及其与社会环境的关系。

然而，这些理论尚未把老年人自身的能力和权益作为主要的关注点。随着西方老龄化程度加剧，老龄人口越来越多，人们开始思考如何使老年成为一个正面积极的经验，并强调老年人拥有贡献社会的机会和权利。到20世纪80年代，活动理论又以"生产性老龄化"（productive aging）的面目出现，其确切的含义是指老年人从事有产出（产品、服务或者是自身的生产和服务能力）的活动，但不一定有报酬。随后在20世纪90年代和21世纪初，美国、日本、欧盟等多个国家和组织陆续提出积极老龄化的主张。世界卫生组织在《积极老龄化政策框架》中指出"积极老龄化是人到老年时，为了提高生活质量，使健康、参与和保障的机会尽可能发挥最大效益的过程。'积极'强调的是继续参与社会、经济、文化、精神和公益事务，而不仅仅是体力活动的能力或参加劳动队伍。积极老龄化容许人们在一生中能够发挥自己的物质、社会和精神方面的潜力，按照自己的需要、愿望和能力参与社会，在需要帮助时，获得充分的保护、安全和照料"（世界卫生组织，2003）。老年人是依赖者的传统看法正在不断发生变化，世界各国的老年人正在积极参与社会的发展和建设，新的老年政策就是要从关注老年人的养老问题到关注老年人的发展问题（穆光宗，2016）。

在老年社会工作实务方面，赋权/增权理论和优势视角近年来被广泛应用，社会工作者反对对老年人的歧视，更要确保老年人的合法权益和生活质量。无论是在长期照料还是临终关怀社工项目中，社会工作者都开始促进跨学科合作，并且强调服务计划是否有助于提升老年人的自主性和独立性（Buzzell, et al, 1993; Fisher, Ross, & MacLean, 2000）。针对养老机构，社会工作者逐渐尝试帮助它们从医疗性的或监护性的服务模式转变为赋权性的生命质量模式（Wells, Singer, & Polgar, 1992）。老年虐待问题在研究和实务领域也得到了广泛关注。针对这个问题Reis和Nahmiash（1995）在研究的基础上提出了基于预防性、赋权性和保护性三位一体原则的干预措施。当然，也有学者担忧过分使用"赋权/增权"这一术语可能会存在孤立老年人和无法提供有意义的支持的风险（Wells & Taylor，2002），这需要社会工作者在实务中保持警惕。与此同时，国外的老年社会工作者也不再局限于自己传统的工作领域。新时代的老年人的活动范围广，平均教育程度比以往的老年人更高，他们对社会有着更高的要求，"在美国，老年社工已开始在社会服务机构以外开展服务老年人的工作，如在银行或投资计划公司中为老年人提供理财服务"（梅陈玉婵、齐铱、徐永德，2009）。

在老年社会工作研究方面，Morrow-Howell 和 Burnette（2002）从著名老年学期刊《老年学家》（*The Gerontologist*）筛选出于 1995 年到 2002 年由社会工作者为主要作者的论文，发现健康照料是社会工作学者最关注的研究话题。健康照料是老年社会工作的重要背景，同时这一工作与个人、组织和家庭都有紧密联系。社会工作者的身影可能出现在与此相关的各种工作场所，例如，医院、长期照料机构、老年医学评估机构以及日间照料项目中。近年来，社会工作者也不断尝试跨学科的研究模式，结合社会学、心理学、生物学、医学、人口学等学科的方法和理念加深对老年人各方面的了解。随着失智老年人和患慢性疾病老年人数量的增加，针对这一人群的干预研究正在获得越来越多老年社会学家的关注。另外，环境老年学也成为新的研究趋势，它研究社区环境和设施是否对老年人友善（Fitzgerald & Caro，2014）。在老年人生理心理健康和照料机制等传统研究的基础上，新的研究趋势开始结合医学、心理学、地理学甚至空间设计，从更广泛的角度探讨如何为老年人创造可持续性发展的友善的生活环境，以及如何使老年人更有效地参与到社会活动当中，从而实现健康和积极老龄化。

2. 国内老年社会工作研究与实务发展

在我国，专业意义上的老年社会工作还处在初级发展阶段，在实际的活动开展中，我国的老年社会工作带有一定的中国特色，受到我国文化传统、经济和社会发展、人口特征等因素的影响。从广义上，范明林（2007）提出，在我国那些有意无意地坚持老年社会工作的理念，对老年人服务中坚持人文关怀，或有意无意地使用社会工作的服务手法等都可以看作老年社会工作。

窦影（2014）总结了我国老年社会工作经历的五个发展阶段，包括源头时期、专业化发展起步时期（1949年前）、专业化发展的过渡时期（1949—1978年）、专业化发展恢复时期（1979—2000年）和专业化建制时期（2000年以来）。老年人问题研究在中华人民共和国成立之前一直都不是社会学研究领域的热点话题，而在中华人民共和国成立以后，伴随着人们平均寿命的延长，老年人问题逐渐获得学者的关注。从1949年到2000年，针对老年人的服务主要集中于生活方面，老年社会工作专业的一些理念在这一时期开始进入老年服务事业，但是老年人精神和心理上的需求还是处于被忽略的阶段。这一时期，北京市于1987年开办了松堂关怀医院，这是国内第一家临终关怀医院，它主动采取治疗与临床心理辅导相结合的治疗方案，关注老年患者的心理需求和生活质量，并结合社会资源包括志愿者为老年人展开文娱类的活动。老年社会工作的专业内涵初步得到了彰显。新世纪（2000年之后）的到来伴随着各种社会、经济和文化的变迁。一方面，城市化进程的推进加大了人口流动，农民工队伍的不断壮大给中国传统的家庭养老功能带来冲击；另一方面，伴随着独生子女政策的实施，家庭结构日趋核心化，家庭的照顾功能日益弱化。同时中国老龄化问题开始凸显，老龄化程度不断加深，老年人的各方面需求，尤其是农村老年人的养老问题开始受到学术界和政府的关注。自2000年以来，国家不断出台与老年人相关的政策和法规，调动和引导社会力量参与老年服务工作，为老年社会工作的真正开展奠定了制度基础。这一时期，老年社会工作的专业化实践和应用依托各个社会机构逐步得以实现。其中，北京、上海和深圳等地的社会机构成为推动老年人服务专业化发展的领航力量。例如，2003年上海乐群社工服务社成立，将老年人服务归入社区工作部等。

在老年社会工作的研究方面，2006年以来，老年社会工作已成为社会工作研究的热点，并且相关研究的内容不断多样化，关注的老年问题也不断深入（黄加成，2015）。早期，我国老年社会工作中所运用的老年学理论大多是从西方借鉴而来。随着社会工作教育的开展，国外及我国港台地区的老年学理论和社会工作经验模式逐渐被介绍到内地（大陆）。社会撤离理论、活动理论、连续理论、人生回顾理论等理论广泛地出现在老年社会工作理论教材当中。然而大多老年理论赋予了老年人负面消极的社会形象，认为老年人伴随着身体功能的衰退和社会参与的减弱而变成社会的负担。

之后和国外的研究导向相似，我国越来越多的学者开始提倡将增权或者优势视角理论作为老年服务工作的新理念（付再学，2008；梦德花、张菡，2014；王立群，2016）。老年社会工作已从过去旨在满足老年人需求和生活质量，转变为挖掘老年人潜能，强调老年人为社会创造的价值而非单纯的受惠于社会的角色，并鼓励老年人互助，积极进行社会参与，为老年人争取合法权益（王思斌，2006）。健康和积极老龄化已逐渐成为我国老龄化人口战略的方向。

同时，老年社会工作研究的内容在微观、中观和宏观层面均有展开。在宏观层面上，老年人的经济保障、医疗保障，以及养老保险政策等方面依然是研究的热点。在中观层面上，养老的多种模式，如社区居家养老、机构养老、医养结合、"候鸟式"养老等均有不少学者进行探索研究（高莹，2012；刘雯，2012；唐咏，2007）。在微观层面上，研究者关注如何改善老年人的心理和身体健康、代际关系等（彭淑文，2010；王金元，2013）。社会工作者也越发关注老年人口的异质性，无论从研究，还是实务层面，都将对老年服务的关注点细化到不同特点的老年人群，如失独老人、丧偶老人、空巢老人、农村留守老人等。日益严重的人口老龄化问题伴随着社会、经济、文化的发展和变迁，为我国老年社会工作的发展带来了前所未有的机遇和挑战。

三、人口老龄化对社会工作教育发展的影响

1. 发达国家老年社会工作人才培养经验

社会工作专业和人口老龄化均开始于英美等发达国家，因此，如何使社会工作教育发展满足人口老龄化所伴随的社会问题和需要，是发达国家学者和社会工作教育者一直以来致力于解决的问题。面对日益增长的老年人口以及相应需求的多样化，在20世纪90年代，西方学者就开始呼吁社会工作专业的学生需要具备充分的知识和技巧以服务于老年人及其家人，而现有的社会工作专业教育远远无法为社会准备好这样的专业人才（Rosen & Zlotnik, 2001; Rosen, Zlotnik, & Singer, 2003）。西方学者意识到造成老年社会工作人才缺乏的原因多种多样，但最重要的是以下三个方面：其一，

相关的师资力量和相关课程不够充分（Kropf, Schneider, & Stahlman, 1993）；其二，学生的相关兴趣不高（Berenbaum, 2000; Paton, et al, 2001）；其三，对老年人存有偏见和歧视的态度（Scharlach, et al, 2000）。1998年，约翰·哈特福德基金会（The John A. Hartford Foundation）启动了一项非常重要的长期老年社会工作教育计划，其目的就在于为满足不断增长的老年人口的需求储备社会工作人才。其中的 SAGE-SW 项目发现社会工作教育中老年课程稀缺，社会工作专业的学生缺乏机会来专攻老年领域。社会工作专业的本科生和博士生只有进入硕士（MSW）课程才有机会对老年社会工作进行深入的学习。而一旦 MSW 的学生决定了他们专攻的领域，就不再有机会选修其他领域的课程，包括老年领域。由此，在原有的专业化模式的基础上，渗透模式开始逐渐应用于社会工作课程的重构（Rosen, Zlotnik, & Singer, 2003）。渗透模式的社会工作教育旨在使老年内容渗透或者融合进课程的方方面面，以确保培养出在这一领域高水平的专家（Singer, 2000; Snyder, et al, 2008）。一些学校将与老年学相关的内容安排在社会工作的整个基础教育课程中，使得老年学的相关知识成为社会工作专业的学生必备的基础知识，以更好地进行老年社会工作的相关实践。为了培养出更多优秀的服务于老年人口的社会工作者，西方社会工作教育不仅致力于扩展学生有关老年学以及为老年人提供服务的相关知识，更是力求在教育过程中提升学生从事老年社会工作的兴趣（Carpenter, 1996），以及树立对老年人正确的认知和态度（Cummings & Galambos, 2002）。

　　除了更完善的教育模式，精细而又多样化的专业设置更是力求培养出多层次各方面的养老人才。以美国南加州大学的戴维斯老龄学学院为例，作为养老服务领域教育的先驱，该学院为学生提供了从学士到博士不同等级的学位攻读项目，并支持远程和在职等多种学习方式。同时，该学院从社会科学、健康科学以及生物医学等多个方面进行了课程设置。老龄科学专业的学生根据自己未来的职业计划选择攻读法律、政策、心理学、社会学和健康管理等社会科学为主的课程，或者是疾病预防、检测和治疗等生物和医学方面的知识，以满足自己不同的职业需要。除此之外，美国高校的社会工作教育也越发看重社会工作的国际视角，考虑人口老龄化伴随着种族和移民等问题，一些高校开始为学生和教师提供更多的海外参观与交流的机会，或者借用高端科技进行远程的社会工作教学（Kosberg，1999），使养老人才能够结合不同文化的特征和价值观，有效地将服务传递给不同特征的老年案主及其家人。

实际上，发达国家的养老人才的教育与其较为成熟的职业准入体系息息相关，并且有完善的法律制度作为保障。例如，荷兰建立了一套严格的养老人才培养体系，将养老护理人员分为4个级别、专业养老护士分为5个级别，其学历资质在其本国和其他欧盟国家均被认可（崔玮、周悦，2013）。英国则有《照料标准法》对社会照料服务进行标准和规范的监管。其2001年提出的《老年人国家服务框架》则规定了老年人服务的八大标准，以有效指导养老人才的照料实践。在亚洲，日本将养老服务人才分为社会福祉士和介护福祉士。前者由国家统一认定资格，合格者主要承担关于社会福利咨询和建议以及联络协调资源等工作，而后者则主要是使用专门的知识和技术对高龄老人或残疾人提供护理服务，并对相关照顾者和被照顾者进行指导。另外，日本制定了《福利人才确保法》，从法律上确保对养老服务人才的培养教育，以及为他们做出经济和社会地位等方面的保障，从数量和质量两个方面促进养老服务人才的培养教育（崔玮、周悦，2013）。谭磊（2016）将发达国家养老人才培养的主要经验概括为以下四个方面："注重系统教育，打造多层次相衔接的人才教育培训体系；注重市场导向，构建服务分级的养老人才培养模式；注重绩效考核，建立严格的职业准入制度；法规建设先行，为养老服务人才建设提供保障"。

2. 我国老年社会工作人才的培养

相比发达国家较成熟的培养体系和其他支持机制，我国的老年社会工作人才培养尚处于初级发展阶段。当前，我国致力于养老服务人才培养的学校层次仍然以中专、大专居多，本科以上人才较为匮乏（谭磊，2016）。2014年6月，教育部、民政部等九部门联合印发《关于加快推进养老服务业人才培养的意见》，提出以服务发展为宗旨，以促进就业为导向，按照"积极发展、多种形式、全面加强、突出重点"的原则，大力发展养老服务相关专业，加快建立养老服务人才培养培训体系，全面提高养老服务业人才培养质量。多年以来，我国老年服务的专业教育主要与医学和护理学相关，涉及老年的护理、康复、健康管理等。即便如此，我国医学届普遍未将老年病学作为一门专门的学科体系提炼出来进行人才的培养，对老年病学的建设尚缺乏重视。但是，随着我国人民物质和健康水平显著的提升，老年人口的需求已经不再局限于康复和健康照料，老年人的精神慰藉、社会交往以及社会资源的链接等需求日益凸显，关于养老服务的多学科教育以及跨学科合作已经迫在眉睫。

面对人口迅速、普遍、严重老龄化，社会工作者作为服务性的人才队伍，在老年服务专业人才建设体系中扮演着不可或缺的角色。根据中国社会工作教育协会统计，截至 2017 年 3 月，我国共有 339 所高等院校设置社会工作本科专业，共有 105 所社会工作专业硕士的办学院校。其中，北京大学、南开大学、中国人民大学等 985、211 工程大学，在 1999 年以前就设置了社会工作本科专业。但是，目前，我国社会工作教育中对于老年社会工作的相关内容还不够重视，主要体现在以下两个方面。一是开设的老年社会工作相关课程单一。大多数院校的社会工作专业只开设了老年社会工作课程，而忽略了将老年学作为一门系统的学科进行学习，包括老年医学、老年心理学、老年护理与健康营养、生命伦理学等。同时，课程的单一也是老年学教育人才缺乏的直接后果之一。二是同大多数国外的社会工作专业的学生一样，我国的学生对老年社会工作的课程接受程度和兴趣也不高（郅玉玲，2006），大多数社会工作专业的学生更愿意学习和从事与儿童或青少年相关的课程和工作，这也限制了老年社会工作教育的开展。由于目前高校的社会工作专业课程设计基本上还是借鉴我国港台地区以及国外的办学经验，如何进一步探索和落实我国老年服务人才培养的本土化教育体系，如何建立一个完善和有保障的市场体系，以确保养老市场在各层次、各等级的工作岗位上都有与之相匹配的专业技术人才，是当下我国高校、社会及政府需要共同面对的问题。

四、人口老龄化背景下的社会工作转型升级：问题与方向

1. 现有老年社会工作研究和教育的不足之处

通过以上对文献的梳理发现，在研究方面，国外对人口老龄化与社会

工作发展的研究有着长期的比较扎实的理论基础。现阶段国外学者更是拥有许多交叉学科的研究成果，研究结论也多种多样。相较之下，国内关于老年人的研究在近十年内才有比较大的发展。国内的研究虽然考虑老年人的异质性，对新时代不同结构特征的老年群体进行了研究，但大多关注的还是老年人的家庭照料关系以及和养老模式相关联的主题。关于老年人独立性和自主性，以及老年疾病和干预、老年宜居环境的研究非常不足。总体而言，国内的文献以个案访谈、描述性和思辨性的研究为主，缺乏定量的研究方法。

在社会工作教育方面，我国的社会工作教育相比发达国家还处于初级发展阶段。认真了解发达国家在老年社会工作教育发展中曾经和正在面临的问题，可以帮助我国社会工作更好地避免和克服类似的问题。一方面，我国现阶段的老年社会工作服务人才培养缺乏科学完整体系的老年学科建设，相关教育人才和教学材料均不够充足，难以满足学生对于老年社会工作相关理论和实践知识的充分了解的需求。另一方面，某一领域专业人才的培养是要有良好的社会保障体系和职业机制作为支持的，然而，我国既缺乏针对养老专业服务人才的法律法规制度，也没有较为完善的市场岗位体系。在这样的背景下，即使我们培养出了相应的高素质的老年社会工作专业人才，仍然可能因为缺乏良好的就业环境而无法让这样的人才就业，最后形成一种资源浪费。

2. 人口老龄化背景下社会工作的发展方向

第一，要鼓励社会工作与创新型产业结合，打造社会工作 2.0 时代。现代的老年人不仅仅关注自己的身心健康和家庭，更在意自己晚年的生活质量。老年人的生活半径已不再局限于家庭和邻里，传统的老年生活随着互联网信息化时代而改变。社会工作在维持传统专业服务的基础上，要勇于创新，结合现代服务业、互联网、金融产业、养老事业等进行适当的产业调整和转型，打造社会工作 2.0 时代，有效地提升专业养老服务的范围、质量和效率。当然，不同的城市、区域和国家由于产业结构、人才资本结构和技术水平等不同，会面临不同的发展路径，需要社会工作者结合各行各业的人才不断探索和分析研究。

第二，要把握新的家庭和人口结构特征，满足不同养老需求。我国的人口快速老龄化有区别于发达国家的显著特点，包括高龄少子、未富先老、未备而老以及孤独终老（穆光宗，2016）。我国的第一代独生子女已逐渐进入中年，面对"4-2-1"的家庭结构，他们承担着较大的养老压力。更为重要的是，在这样的家庭结构背景下，大量独生子女一代的老年父母的养老需求该如何得到满足？自2015年起，我国实施"全面二孩政策"（之后又放开三孩政策），新的"婴儿潮"即将到来，面对"4-2-2"的家庭结构，老年人常常要承担照顾孙辈的繁重任务，养老问题迫在眉睫。有学者提出在未来的30～50年时间里，我国针对养老必须要有特殊的政策规划，又可称为"潮独"养老政策，以应对"婴儿潮"时期和"独生子女父母"的养老问题，特别强调社会养老责任及国家政府的投入（陈社英，2017）。老年社会工作者要发挥专业性，辅助和倡导传统家庭养老模式之外的新型养老方式。

第三，要支持积极和健康老龄化战略，发掘老年人的优势。老年人问题实质是需求能不能得到尊重和实现的问题，其中最核心的是"健康增进问题"和"价值实现问题"（穆光宗，2016）。社会工作者应该促进跨学科的合作，发展老年健康促进项目，对老年失智和疾病进行有效预防和干预，结合家庭、养老机构、医院等发展综合性的养老照料模式。另外，社会工作者要鼓励老年人积极进行社会参与，帮助老年人挖掘自身优势，保障老年人的合法权益，使老年人能够为家庭和社会做出新的贡献。

五、结论

本文探索和总结了国内外社会工作界为应对人口老龄化所做的准备，指出了现有研究和相关人才培养教育中的不足之处，并在此基础上提出下一步的社会工作发展方向和重点。同时，把国外社会工作领域的前沿理论、方法和教育经验介绍给国内的学者、实务和教育工作者，希望对国内社会工作的提升和创新有所裨益。我国正处于社会转型期，人们的价值观念也在跟着转变，一些负面的评价体系使得老年人在社会中越来越"边缘化"，容易造成老年人的无角色地位（易勇，2005），不利于老年人福祉的实现。与此同时，新一代的老年人已不满足于传统的服务内容，他们需要更加创新和全面的养老服务体系。我国响应国际积极老龄化战略，社会工作者应促进自身的行业调整和转型，加强与各行业的合作，增加交叉学科的研究，力争更加全面地了解和满足老年群体对美好生活的向往和追求。社会工作是发展中的社会科学，前途无限，是朝阳专业，高校需要培养更多专业和优秀的老年社工服务人才，为未来的人口高老龄化做好准备。

参考资料

United Nations Population Division. （2014）. *Population ageing and sustainable development*. Retrieved from http：//www. um. org/en/development/desa/population/publications/pdf/popfacts/PopFacts _ 2014-4. pdf

世界卫生组织. 积极老龄化政策框架［M］. 中国老龄协会，译. 北京：华龄出版社，2003.

穆光宗. 银发中国［M］. 北京：中国民主法制出版社，2016.

Buzzell, M., Meredith, S., Monna, K., Ritchie, L., & Sergeant, D. （1993）. *Personhood：A teaching package*. Hamilton：Education Centre for Aging and Health, McMaster University.

Fisher, R., Ross, M., & MacLean, M. J. （2000）. *A guide to end-of-life care for seniors*. Toronto, ON：University of Toronto, Division of Geriatrics.

Wells, L. M., Singer, C., & Polgar, A. T. （1992）. *To enhance quality of life in institutions：An empowerment model in long term care*. Toronto，ON：Canadian Scholar's Press.

Reis，M.，& Nahmiash, D. （1995）.*When seniors are abused：A guide to intervention*. Toronto：Captus Press.

Wells, L. M., & Taylor, L. E. （2002）. Gerontological social work practice. *Journal of Gerontological Social Work*，36：3-4，33-50.

梅陈玉婵，齐铱，徐永德. 老年社会工作［M］. 上海：格致出版社，2009.

Morrow-Howell, N., & Burnette, D. （2002）. Gerontological social work research. *Journal of Gerontological Social Work*，36：3-4，63-79.

Fitzgerald, K. G. , & Caro, F. G. (2014). An overview of age-friendly cities and communities around the world. *Journal of Aging & Social Policy*, 26: 1-2, 1-18.

范明林. 老年社会工作理论与实务 [M]. 上海：上海大学出版社，2007.

中国社会工作协会. 中国社会工作发展报告（1988—2008）[M]. 北京：社会科学文献出版社，2009.

窦影. 中国老年社会工作的历史与发展 [J]. 社会工作，2014（1）：25-31.

黄加成. 老龄化社会以来国内老年社会工作研究述评 [J]. 淄博师专学报，2015（4）：75-80.

付再学. 增权：老年服务工作新理念 [J]. 黑龙江社会科学，2008（2）：164-167.

孟德花，张菡. 社会工作优势视角理论及其对积极老龄化发展的实践启示 [J]. 法制与社会，2014（2）：172-173.

王丽群. 增权理论视角下老年社会工作介入研究 [J]. 法制与社会，2016（2）：174-175.

王思斌. 社会工作概论 [M]. 北京：高等教育出版社，2006.

唐咏. "候鸟型"老人社会支持、心理健康与社会工作介入的研究 [J]. 经济与社会发展，2007（6）：105-107.

刘雯. 社会工作视角下的城市空巢老人社区养老问题研究——基于长沙市天心区的调查 [D]. 长沙：湖南师范大学公共管理学院，2012.

高莹. 城市社区居家养老服务的社会工作介入研究——以C市H社区为例 [D]. 长春：吉林大学哲学社会学院，2012.

彭淑文. 社会工作对院舍老人防治老年抑郁症的作用 [J]. 社会工作（上半月），2010（11）：3-5.

王金元. 社会工作与社区老人心理健康服务——以江苏省无锡市为例 [J]. 社会福利（理论版），2013（12）：20-22.

Rosen, A. , & Zlotnik, J. (2001). Demographics and reality: the "disconnect" in social work education. *Journal of Gerontological Social Work*, 36, 81-97.

Rosen, A. L. , Zlotnik, J. L. , & Singer, T. (2003). Basic gerontological competence for all social workers, *Journal of Gerontological Social*

Work, 39: 1-2, 25-36.

Kropf, N. P., Schneider, R. L., & Stahlman, S. D. (1993). Status of gerontology in baccalaureate social work education. *Educational Gerontology*, 19, 623-634.

Berenbaum, R. (2000). Motivating students in the helping professions to work with the aged. *Educational Gerontology*, 26, 83-96.

Paton, R. N., Sar, B. K., Barber, G. R., & Holland, B. E. (2001). Working with older persons: Student views and experiences. *Educational Gerontology*, 27, 169-183.

Richards, Sally, et al. (2014). On the edge of a new frontier: Is gerontological social work in the UK ready to meet twenty-first-century challenges?. *British Journal of Social Work*, 44 (8): 2307-2324.

Scharlach, A., Damron-Rodriguez, J., Robinson, B., & Feldman, R. (2000). Educating social workers for an aging society: A vision for the 21st century. *Journal of Social Work Education*, 36, 521-538.

Singer, T. (2000). *Structuring Education to Promote Understanding of Issues of Aging*. [Online at ⟨www.cswe.org/sage-sw/⟩].

Snyder, C. S., Wesley, S. C., Lin, M. B., & May, J. D. (2008). Bridging the gap: Gerontology and social work education, *Gerontology & Geriatrics Education*, 28: 4, 1-21.

Carpenter, B. D. (1996). Why students are interested in the elderly: A comparative analysis of motives. *Gerontology & Geriatrics Education*, 16 (4), 41-51.

Cummings, S. M., & Galambos, C. (2002). Predictors of graduate social work students' interest in aging related work. *Journal of Gerontological Social Work*, 39, 77-94.

Kosberg, J. I. (1999). Opportunities for social workers in an aging world. *The Journal of Sociology & Social Welfare*, 26 (1), 8-24.

崔玮, 周悦. 国外怎样培养专业化养老服务人才 [N]. 中国社会报, 2013-12-02.

谭磊. 我国老年社会工作本科人才培养路径研究 [J]. 社会工作与管理, 2016 (3): 39-45.

郅玉玲. 对老年社会工作教育本土化的思考［J］. 健康研究，2006（3）：152-154.

陈社英. 人口老化与社会政策：中国人的"家"与养老研究［J］. 人口与社会，2017（1）：63-72.

易勇，风少杭. 老年歧视与老年社会工作［J］. 中国老年学杂志，2005（2）：471-473.

第十七章

老年友好城市建设：广州老年人服务需求研究

◎ 张　青　陈社英　杨　婷[①]

一、研究背景

"老年友好城市"概念是基于世界卫生组织提出的"积极晚年"而提出的，它植根于支持性宜居环境能让居民更加健康，提高居民参与度和幸福感，这样他们才能更好地居家养老/社区养老（世界卫生组织，2002，2007，2015）。老年友好城市的八大范畴包括：公共空间和建筑；交通；住房；社会参与；尊重和社会包容；社区参与和就业；通信和信息以及社区支持和健康服务。世界卫生组织在2007年提出这一概念，借以实践其所倡导的"积极晚年"概念。积极晚年是通过优化健康、参与和安全的机会，提升人口老化过程中的生活素质（世界卫生组织，2002）。积极晚年包括身体活动或劳动参与的能力，也关乎一个人在逐渐年长时的精神健康和社会联系。[②] 老年友好城市概念是世界卫生组织第一次尝试以理论架构回应老龄议题。此概念认为环境配合和支持是十分重要的。世界卫生组织鼓励老年

[①] 张青，中共广东省委党校（广东行政学院）教授；陈社英，美国佩斯大学公共管理系终身教授；杨婷，北京师范大学《社会治理》杂志社编辑部主任。

[②] http://www.hkcss.org.hk/uploadFileMgnt/0_201732153159.pdfpage 3

友好社区发展"无障碍环境",包括环境的硬件和社会政治、经济、群居和宗教环境等软件方面,所以老年友好城市除了追求清洁、舒适和安全的生活环境,还关注邻里互相守望、个人参与社交活动的机会。

世界卫生组织提出的"积极晚年"和"无障碍环境"等概念与我国发布的《国家人口发展规划(2016—2030年)》里积极应对老龄化的概念与措施相通。上海早在2007年就成为首批参与"全球老年友好城市计划"的35个城市之一,其在2012年完成了100份左右问卷并以此作为基线研究基础。上海的老年友好社区建设过程被反映公众参与度不够。笔者相信广州能吸取上海的经验,更好地将老年友好城市概念与自身特色融合。

此研究的目的是在广州老年友好城市框架基础上,了解老年人社区层面的服务需求偏好,并将研究成果应用于为广州老年友好城市建设及为老年人服务政策制定提供相关建议。我们的研究问题包括如下三点。其一,在与老年友好城市相关的重点领域里,广州老年人目前和预期的需求是什么?其二,现有服务如何更好地服务于广州老年人的健康和幸福?其三,了解老年人的需求和现有的服务提供模式,能为广州加强老年友好城市建设提供哪些实践和政策建议?

二、概念框架

(一)宜居环境城市建设的核心框架[①]

在2015年底召开的中央城市工作会议上,"宜居城市"和"城市的宜居性"被提到了前所未有的战略高度加以论述,"建设和谐宜居城市"成为城市发展的主要目标。[②] 宜居城市是指对城市适宜居住程度的综合评价。其特征是:环境优美,社会安全,文明进步,生活舒适,经济和谐,美誉度高。[③] 老年友好城市与宜居环境城市的评估标准亦有不少相通和可相互借鉴之处。

---

① 张文忠:《宜居城市建设的核心框架》,《地理研究》,2016年第2期。
② http://www.dlyj.ac.cn/CN/10.11821/dlyj201602001
③ http://www.china-citynet.com/yjh/fyphb_show.asp?id=3852

宜居环境城市的内涵包括六个层面，即宜居环境城市应该是一个环境健康的城市、安全的城市、自然宜人的城市、社会和谐的城市、生活方便的城市和出行便捷的城市：① 环境健康的城市要远离各种环境污染或有害物质的潜在危害，具有新鲜的空气、良好的水质、干净的街区、安逸的生活环境；② 安全的城市应具备健全的防灾与预警系统、完善的法治社会秩序、安全的日常生活环境；③ 自然宜人的城市应拥有舒适的气候、良好的绿化环境、可接近的水域、适宜的开放空间；④ 社会和谐的城市应具有包容和公正精神、尊重城市的历史和文化；⑤ 生活方便的城市应具备便利的、公平的和健全的公共服务设施，人人都能享受到医疗、教育、购物等生活设施带来的便利；⑥ 出行便捷的城市要以公交系统优先发展为核心，倡导绿色出行。换言之，宜居环境城市应该是一个安全的、环境宜人的、公共服务设施方便的、社会和谐的、地域特色鲜明的城市。图17-1为宜居环境城市的内涵。

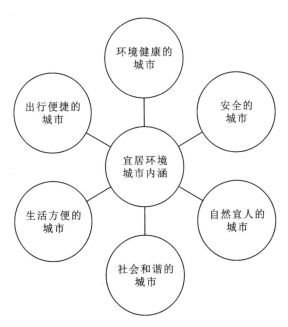

图 17-1　宜居环境城市的内涵

可见，宜居环境城市是一个对所有居民来说都安全和舒适的城市，这里也包括对老年人而言。本研究让我们在老年友好社区框架的基础上，更好地了解老年人居于社区时的需要，以探索更好地促进居家/社区养老的方式。

（二）老年宜居环境城市建设的目标及概念[①]

世界卫生组织基于人口老龄化和城市化这两大全球趋势，提出了老年宜居环境城市概念，因为随着城市发展，60岁以上人口的比例在增加。老年人对于他们的家庭、社区和经济都是一种资源，支持着我们的生活环境。老年友好城市建设的目的是促进城市向老年友好发展，以充分发掘老年人的潜能，促进人类社会更加和谐。

世界卫生组织在项目协商会议上，基于对33个世界地区的数据收集，提出了老年友好城市建设包括的八大范畴。① 公共空间和建筑：户外环境和公共建筑物在老年人发挥自主能动性和改善生活质量方面起到很大的作用，影响老年人居家养老的能力。② 交通：方便快捷、价格合理的公共交通是影响老年人出行的一个关键因素，首先影响老年人在城市中自由活动，进而影响老年人的社会参与度和社区卫生服务的可及性。③ 住房：居住条件的好坏是安全和健康的决定性因素之一，适合的住所及其社区和社会服务的可及性对其独立性的影响与老年人的生活质量有一定的联系。④ 社会参与：在生活中，社会参与和社会支持与良好健康状态紧密相连，与家人一起参与集体的休闲、社会、文化和精神活动，能使老年人验证他们的能力，享受尊敬和尊重，并保持或建立互相帮助和关心的关系。⑤ 尊重和社会包容：许多老年人感到，一方面，他们被社会关心、认可；另一方面，社会和家庭似乎又缺乏一些对老年人深层次的关注和服务。从社会的多变性和人的行为道德准则的角度去审视这种冲突，老年人和子女之间缺乏沟通以及子女对老年相关知识的普遍欠缺是造成这种冲突的根本原因。⑥ 社区参与以及就业：一个尊老型的社会，应该通过一些有偿或无偿的工作为老年人提供继续为社会奉献的机会，如果老年人选择了为社会继续做贡献，那么他们将在社会进程中占有一席之地。⑦ 通信和信息：在发展中国家的城市中，大部分老年人依靠有限的公共媒体，如电视、广播和报纸，而快速发展的信息和交流技术作为一种有用的工具得到欢迎，同时也作为社会排外的手段而受到批判，我们应重点关注老年人信息的可及性。⑧ 社区支持和健康服务：在社区，支持和健康服务是老年人保持健康和独立的关键，

---

① http://www.who.int/ageing/age_friendly_cities_guide/zh/

各地大部分老年人都认为卫生保健费用太高，希望拥有能负担得起的卫生保健服务。

前三个范畴是关于城市的建筑环境的，这些硬件直接影响老年人在社区生活的信心。生活安全感、免受社会排斥和被隔离等都会受到建筑环境的影响。其后的三个范畴是关于城市的社会环境的，包括尊重和社会包容、社区参与和就业。最后两个范畴是关于健康和社会服务层次的，包括个人是否容易获得适当的信息和服务安排以及是否能够负担服务的费用。

本研究基于上述概念框架，以及我国及广州市人口发展和政策背景，为广州建设老年友好城市做了基线研究和相关准备。

三、方法设计与资料收集

为了让老年友好城市建设在广州的实践更有根据和科学性，本研究团队在广州市 11 个行政区中，选取了荔湾区、越秀区、天河区和南沙区四个有特色、具代表性的区作为研究点，再在每个区随机抽取 2 个街道。随后，由居委会根据居民名单，在各街道随机抽取 50 名左右的老年居民参与问卷调查。根据此方法，我们最后收集了 409 份有效问卷。为听取更具体的意见，我们在 8 个街道各选取约 10 位居民参加了焦点小组访谈，参加者根据老年友好八大范畴来讨论和回答问题。我们由此收集到了更多来自老年居民的看法和建议。为了更全面了解广州建设老年友好社区的现状，我们亦调动了 4 个区共 35 位街道工作人员、社工、高校工作人员、相关企业人员来参与咨询会议，历时一年半完成问卷调查及相关数据分析工作。本研究采用混合研究方法，既包括定量，又包括定性研究资料的收集。

1. 问卷调查

在定量方面，本研究的问卷原型，来自加拿大伦敦市于 2014 年做老年友好城市基线调查研究的英文版问卷，本研究团队负责人张青教授作为加拿大卡尔加里大学的访问学者，与研究团队合作，把英文版问卷翻译为中文版，并且因应广州本地特色，对题目做了相应调整。

(1) 参加者及抽样方法。

参加者来自 4 个被选中的区里随机抽取的 8 个街道。每个街道居委会从老年居民名单中随机抽取 50 位左右的居民，所以本研究采用的是系统抽样法。共收回 412 份问卷，其中 409 份问卷有效（见表 1）。

表 1 系统抽样法

区	荔湾区		越秀区		南沙区		天河区		其他	样本总数
街道	金花街	逢源街	白云街	人民街	南沙街	珠江街	员村街	天河南街	—	—
样本总数	45	53	53	51	51	50	53	48	5	409

(2) 量度方法。

本次问卷调查由访问员对参加者进行询问，旨在提升回答率，也是出于对部分老年人阅读问卷困难的考虑。问卷包括以下三个部分。

① 个人基本资料。

个人基本资料包括参加者的年龄、性别、婚姻状况、房屋归属情况、房屋情况、和谁一起居住、教育程度、收入自评、雇佣情况等信息。还包括参加者对自身身体状况和精神状况的自我评估。

② 评价社区的老年友好程度。

在问卷设计方面，英文原版问卷对每道题目的评分为 5 个刻度，但在广州问卷中，为了提高效率以及让老年居民表达更鲜明的态度，研究团队把题目的评分刻度降为 3 个。三个评分刻度为优得 3 分，良得 2 分，差得 1 分。研究团队亦因应广州市情况增减了部分题目，最终形成了 8 个范畴共 69 道题目，另有 2 道题目为对自己所在社区和城市的老年友好程度自评。

③ 受虐风险评估（补充问卷）。

该部分包括 14 道是非题，前 12 道题目翻译自 Vulnerability to Abuse Screening Scale（VASS）量表。最后根据广州的情况增加了两道题目，询问老年人对于社会安全的看法和风险评估。同时英文原版题目为自填问卷，但在广州问卷中由访问员进行询问，可能出于文化或个人隐私考虑，这部分题目的弃答率比前面部分高。

2. 焦点小组访谈

在定性资料收集方面，本研究采用了焦点小组访谈和社区工作人员参与的咨询会议的形式，访谈过程主要根据定量研究得出的老年居民对每道题目评分的数据，对参加者进行提问和引导讨论，听取他们对问题的建议。居委会为了方便抽样，选取平时较为积极参与社区活动的老年居民参与焦点访谈小组讨论。表2为焦点小组访谈参加者的年龄分布和性别比例。

表2　焦点小组访谈参加者的年龄分布和性别比例

组别	1	2	3	4	5	6	7	8
街道	天河区员村街	荔湾区金花街	荔湾区逢源街	越秀区白云街	天河区天河南街	南沙区南沙街	南沙区珠江街	越秀区人民街
参与人数	14（14女）	8（5女3男）	10（6女4男）	10（8女2男）	10（10女）	10（6女4男）	10（8女2男）	10（10女）
平均年龄（范围）	76（64~83）	66（60~81）	69（60~80）	61（53~74）	65（53~75）	59（50~79）	66（56~80）	54（49~56）

3. 服务提供者参与的咨询会议

此会议的主要流程为：展示问卷调查和焦点小组访谈发现—讨论发现—讨论与发现相关的隐含的意义和建议。其目的有以下三点：其一，让服务提供者了解老年人在老年友好城市所关心的议题，以及老年人的意见及不满；其二，给服务提供者说明及澄清的机会，了解老年人不满或误解的原因，例如，是因为老年人的片面理解，或实际服务提供的情况不尽如人意，还是现在正处于服务过渡期，同时也让研究者了解到老年人的观点及其对现存服务的评价；其三，结合老年人的意见，服务提供者出谋划策，让研究者了解从哪方面入手较能促成改进，以及改进需涉及的相关部门。最终共在4个区举行了3次会议，共35位社会工作者、街道工作人员、高校工作人员、相关企业人员参与了咨询座谈会。

4. 中加健康老龄化的国际研讨会

本研究计划举办系列老年友好城市建设中国和加拿大联合国际研讨会开展持续的研究。每次邀请50位左右来自加拿大卡尔加里大学的学者、卡尔加里市政府友龄事业部门的政府官员和非营利性机构代表以及广州市从事老龄事业的研究机构、政府官员及社区服务机构人员等参加老年友好城市建设相关的系列国际研讨会。本课题采用协同设计的方法，这是一种以用户为中心、推动社区参与的方法，即聚集设计人员和潜在的服务使用者，让他们共同设计和实施，从而汇聚不同持份者的意见（Sanders & Stappers, 2008）。这种方法包括三个步骤：了解（采集相关信息）、设计（相关人员共同提出和商讨想法）和实施（将商讨的想法实施）（Winge, et al., 2017）。根据这个方法的指引，本研究将结合问卷调查收集得来的养老需求数据，让参与的学者和代表就这些数据进行小组讨论，共同商议如何推进健康老龄服务发展。之后，研究团队总结和参考他们的意见来构建一个关于推进广州市老年友好城市建设的发展模式。目前已成功举办五届中加老年友好城市建设国际研讨会。

2015年1月15—16日，在中国广州，中共广东省委党校（广东行政学院）与加拿大卡尔加里大学社会工作学院联合举办"中加养老服务政策比较"学术研讨会。

2015年11月3日，在加拿大卡尔加里，加拿大卡尔加里大学社会工作学院与中共广东省委党校（广东行政学院）联合举办中加学术交流座谈会：多元视角下的中国老龄化（Canada-China Knowledge Exchange Symposium: The Multiple Perspectives of Population Aging in China），本课题组负责人2015年至2016年在加拿大卡尔加里大学社会工作学院做访问学者，在研讨会上做主题发言：广东老年人社会工作服务成效评价（An evaluation of social work services for aging people in Guangzhou, China）。

2016年6月14—15日，在中国广州，由中共广东省委党校（广东行政学院）与加拿大卡尔加里大学联合举办主办的"中加老年友好社区建设"（China-Canada Symposium on Age-Friendly Community Construction）国际研讨会成功举办，来访的加拿大卡尔加里大学教授在国际研讨会上和我校（院）的专家教授、邀请参会的广东省民政部门老龄办领导和各大学研究机构及社会组织等参会代表进行了广泛和深入的学术交流，本课题组负责人在研讨会上做主题发言:中加合作研究项目"老年友好社区建设"工作报告(Work Report of Research Project on Age Friendly Community Construction Co-Sponsored by GDIPA and U of C)。

2017年4月10—12日,在中国广州,由中共广东省委党校(广东行政学院)主办"中加老龄友好社区建设进展与展望"(China-Canada Symposium on Age-friendly Community:Development and Prospect)国际学术研讨会,课题组负责人在研讨会上做主题发言:"老年友好城市框架背景下广州老年人服务需求研究"(A Study on Service Demand of the Elderly in Guangzhou under Age-Friendly Cities Framework)。2018年6月22日,中国广州,由中共广东省委党校(广东行政学院)主办"中加社会管理创新学术交流会"(Symposium on Sino-Canada Academic Exchange in Social Management Innovation)。近几年来,本课题组在中加互相交流借鉴中不断深入对老年友好城市建设的研究。

本课题按照研究计划的内容和项目分步有序推进,在课题研究期间承担多项广州老龄工作委员会办公室委托课题项目,如《2017年广州老龄事业发展报告和老年人口数据手册(报告篇)》《2018年广州老龄事业发展报告和老年人口数据手册(报告篇)》及《广州市老年宜居环境体系建设研究》,并将本课题研究思路和对策积极应用于推进广州市老年友好城市建设,取得了很好的研究应用效果。课题组主要成员加拿大卡尔加里大学社会工作学院的Daniel W. L. Lai Lai 教授、Christine Walsh 教授、Jennifer Hewson 副教授及张青教授在国内和国际学术研讨会上做了关于本课题的主题发言。如:2017年7月23—27日,美国旧金山,第21届国际老年学与老年医学学术研讨会上做主题发言:"老年友好社区策略:基于中国广州的研究"(Age-Friendly Community Strategies:A research based approach adopted in Guangzhou,China);2017年10月19—21日,加拿大马尼括巴省,第46届加拿大科学与教育协会年度研讨会上做主题发言:"从中国文化层面理解老年友好"(Understanding age friendliness from the Chinese cultural perspective);2018年8月8—10日,加拿大多伦多,第14届老年议题全球国际学术研讨会上做主题发言:"从中国文化层面理解老年友好:中国广州的案例研究"(Understanding age friendliness from a Chinese cultural perspective:A case study of Guangzhou,China)。这些发言产生了良好且广泛的国际学术影响。本课题研究因涉及和加拿大卡尔加里大学社会工作学院以及香港理工大学应用社会学系的合作研究，开展相关的问卷调查、焦点小组访谈和座谈会的手续办理有所延误，开展问卷调查的任务主要由我校研究生承担，时间周期较长，导致课题研究进度延缓。虽然过程曲折，但本课题研究期间的收获较大，且进入"十四五"规划新征程后本课题还可以对推进积极人口老龄化工作做出一定的贡献。

四、观察分析与研究发现

（一）地区特色与社区研究[①]

2015—2019年，广州市户籍人口总量及老年人口总量均持续增长，老年人口占户籍人口的比重持续加大，从2015年的17.27%提高到2019年的18.40%。2015—2019年期间，老年人口比重逐年分别提高0.49个、0.27个、0.22个和0.15个百分点（见图17-2）。广州市人口老龄化[②]程度不断提

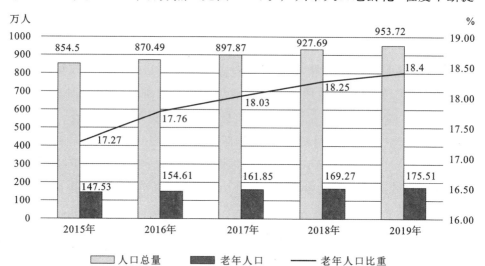

图17-2　2015—2019年广州市老年人口变动

来源：2019年广州市老龄事业发展报告和老年人口数据手册，南方日报出版社，2020年版。

---

① http://www.yanglao.com.cn/article/48222.html

② 人口老龄化是指总人口中因年轻人口数量减少、年长人口数量增加而导致的老年人口比例相应增长的动态过程。我国一般是以60岁作为老年人口的起点年龄。

高，老年人口比重增长速度有所放缓。从各年龄段老年人口的情况来看，2019年广州市60～69岁老年人口为98.81万人，较2018年（97.12万人）增加1.69万人，占全市老年人口总量的56.30%；70～79岁老年人口为48.43万人，较2018年（44.81万人）增加3.62万人，占全市老年人口的27.60%；80～89岁老年人口为24.36万人，较2018年（23.73万人）增加0.63万人，占全市老年人口的13.88%；90岁及以上老年人口为3.91万人，较2018年（3.61万人）增加0.30万人，占全市老年人口的2.22%（见图17-3）[①]。

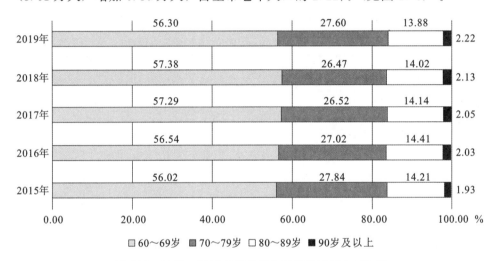

图17-3　2015—2019年广州市各年龄段老年人口比重

来源：2019年广州市老龄事业发展报告和老年人口数据手册，南方日报出版社，2020年版。

图17-3显示，广州市各年龄段老年人口中，70～79岁年龄段老年人口在2015—2018年呈下降趋势，在2019年有小幅度的回升；80～89岁年龄段在2015—2019年间总体呈下降趋势；60～69岁年龄段在2015—2018年连续小幅上升后，在2019年有所回落；90岁及以上年龄段总体呈上升趋势。老年人口中，80岁以上的高龄化特征显著。其中在越秀、海珠、荔湾等三个老城区，老龄化已经超过20%。纯老家庭人数达到26.15万，占老年人口总量的19.65%；独居老年人有11.23万，占老年人口总量的8.4%。而农村地区的纯老家庭、独居老人更多，花都、南沙、增城三区的独居老年

---

① 《2019年广州市老龄事业发展报告和老年人口数据手册》，南方日报出版社，2020年。

人数占全市独居老人总数的47%。老年人口中，80岁以上的高龄化特征显著（广州市老龄工作委员会、广州市民政局、广州市统计局，2018）。表17-3为本次研究所选取的4个具有代表性的区。

表17-3 本次研究所选取的4个具有代表性的区

选取的区	特色	在区内随机抽取的两个街道	
荔湾区	老城区（老龄化程度超过20%）	金花街	逢源街
越秀区		白云街	人民街
南沙区	2012年为国家级新区，2015年设自贸区	南沙街	珠江街
天河区	经济产值市内排名第一的区	员村街	天河南街

（二）社区观察发现

研究人员根据问卷调查得分和老年居民在焦点小组访谈时提出的意见走访了社区。从收集到的社区影像来看，对于老年友好城市的前三大范畴（公共空间和建筑、交通、住房），老年居民的大多意见确实能找到根据，亦能发现各个区发展的不平衡之处，在某区成为问题的，在另一区可能并不是问题，比如荔湾区和越秀区地铁、电梯和配套的公厕较为缺乏，但南沙区和天河区则无此问题；又如人均住房面积问题在荔湾区和越秀区较为严重，南沙区的居民也遇到较为特别的交通便捷性问题，因为他们离地铁站较远，但他们对在社区骑自行车的便捷性和安全性评价较其他三区高出不少（见表17-4）。

表17-4 不同区发展的不平衡

公共空间和建筑	越秀区	荔湾区	南沙区	天河区
公园（休憩场所）	运动设施和休憩场所较为充足	逢源街街坊反映临近的公园和可供市民休憩场所较少	珠江街街坊反映附近唯一一个公园被占为学校用地，目前正被围起建学校	在空间较充足的休憩广场，人们都坐在花基上，未设专门座椅

续表

公共空间和建筑	越秀区	荔湾区	南沙区	天河区
公共厕所	部分旧厕所一直未安装门；随处可见公厕标志，但仍有小孩在路边小便	金花坊市场侧门的公厕地面长期湿滑	村民自己集资盖了公厕，为节约成本，未设残疾人卫生间	有的公厕除了残疾人厕所之外，均需上楼梯
市场、商场等	买东西方便，但附近因有批发市场，送货车辆较多，老年人出行需注意安全	买东西方便，附近有三个市场	买东西方便，有商场	员村街昌乐园小区有多个出口，居民外出买东西方便
银行	—		银行无障碍设施及厕所配套仍需加强	—

续表

公共空间和建筑	越秀区	荔湾区	南沙区	天河区
道路	普遍反映无单车道，单车骑上人行道，老年人怕被撞倒	残疾人三轮摩托车和电动车开得很快，电动车开上人行道	主干道与通往村镇的道路设施存在差距	天河南街卫生院门前人行道被占为停车场。老年人反映推轮椅不便和怕被倒车碰到
地铁	普遍关注电梯问题	地铁站上下地铁无电梯，地铁站内无厕所	地铁附近均为新楼盘，村民居住地离地铁较远。南沙街需走20分钟左右，珠江街需搭乘接驳巴士，但人非常多	地铁出口经常被私家车占用停车。如体育西路B出口
亚运"穿衣戴帽"工程后，大部分房屋外观尚可，但				

续表

公共空间和建筑	越秀区	荔湾区	南沙区	天河区
普遍反映人均居住面积小，特别是老城区				

（三）问卷调查发现

1. 抽样分组法（按四个选取的区域）

表 17-5 为各个区的老年居民对相应范畴的平均评分（其中标有星号的为区与区之间有明显评分差距的范畴）。老年居民对第五范畴（尊重和社会包容）的评分最高，从问卷和焦点小组访谈得知，他们非常欣赏年轻市民在公共交通工具上的让座行为，亦多次表扬了社会工作者、街道工作人员等的服务态度。虽然对邻里关系评价颇高，但当细问时，他们认为自己家附近可信赖的朋友和邻居很少，大多都只是会打招呼而已。同时他们反映没有机会与年轻的邻居相处，更谈不上信任的关系。老年居民对社区支持和健康服务范畴的评价最低，他们的忧虑主要来自担心难以负担相关费用，而且有的居家养老需求未能得到满足，比如现在的居家养老上门服务，主要是提供给"五保户"，一般的老年居民未能享受，而南沙区正在尝试将其推及一般老年居民，但是在服务标准未设定的情况下，社会工作机构也渐渐感到难以满足众多不同的需求。

表 17-5 各个区的老年居民对相应范畴的平均评分

范畴	整体	荔湾区	越秀区	南沙区	天河区
（一）公共空间和建筑*	2.20	2.10	2.25	2.26	2.22
（二）交通	2.20	2.12	2.24	2.22	2.23
（三）住房	2.05	1.98	2.07	2.14	2.04
（四）社区参与*	2.18	2.19	2.20	2.29	2.07

续表

范畴	整体	荔湾区	越秀区	南沙区	天河区
（五）尊重和社会包容*	2.41	2.32	2.45	2.51	2.37
（六）社区参与和就业	2.02	2.00	2.09	2.07	1.93
（七）通信和信息*	2.06	2.07	2.20	2.06	1.96
（八）社区支持和健康服务	1.86	1.81	1.91	1.87	1.85

2. 发现（按年龄、性别、教育程度等）

根据年龄组别，在第三范畴（住房）和第八范畴（社区支持和健康服务），最年轻的组别评分均低于另外两组，其中年龄最大的组别评分最高。表 17-6 和表 17-7 分别为年龄组别和性别组别比例。

表 17-6　年龄组别

年龄组别	44~59 岁（1）	60~66 岁（2）	67~89 岁（3）
百分比	34.5%	32.3%	33.2%

表 17-7　性别组别

性别组别	男	女	未填写
参与问卷访问人数	90	288	31
百分比	22.0%	70.4%	7.6%

不同的性别和教育程度均未显示出对八大范畴的显著评分差异。但在最后一部分的问卷题目（老年人受虐风险评估）中，教育程度与此部分的总分呈负相关关系，即有越高受教育程度的人，会倾向于给出越低的受虐风险得分。

（四）焦点小组访谈发现

1. 对老年的看法

此部分作为焦点小组访谈开始的热身问题，但能看到老年人对自身和对老年的看法。有的老年人认为"老了没用"，有的认为"头脑会怪怪的，个人会痴傻"（脑子怪怪的，神神叨叨的），有的认为"老了也很精彩，也可以做很多事"。大多参加者会从功能上开始评估老年,此外,他们会对这些功能赋予定义并寻找意义。

2. 目前关于老年友好方面的城市特征和可改善的地方(按八个范畴分)

目前关于老年友好方面的城市特征和可改善的地方见表17-8。

表17-8 关于老年友好方面的城市特征和可改善的地方

范畴	好处	有待改善的地方	介入目标	具体建议
(一)公共空间和建筑	老年人感觉广州比以前进步很多。老年人懂得利用室外空间满足个人休憩、文娱和运动的需要。	1. 老年人较难找到地方休憩。2. 公园配套设施。3. 公厕配套设施(银行附近)的管理及适当使用等。4. 居住地附近停车场和乱停车现象。	1. 增加可供免费休憩的位置。2. 加强公共厕所残疾人卫生间的使用方法宣传。3. 完善停车场管理及场地规划。4. 室外空间的设计以老年人角度出发。	1. 按居民建议改建花基。2. 加强对公厕使用的宣传及管理。3. 进行地面停车场绿化改造。4. 利用各社区老年协会,成立老年友好城市小组,提交相关建议。
(二)交通	交通比以前便利;地铁增加了多条线路;公交车亦很方便。65岁以上享有交通免费,老年人很开心,即使家附近没有公园,他们也能坐车去其他地方休闲和娱乐。	1. 乘坐地铁,老年人关注上下电梯配套不足,直梯数量不足,图示不够清晰。2. 乘坐公交车,老年人关注车站设施;南沙区老年人特别反映城际交通不便和接驳地铁线路的公交非常拥挤。3. 骑单车和电动车,老年人关注单车道不足及电动车管理问题。	1. 清晰标示地铁站内外图示。2. 完善并检查公交站设施(照明、座椅等)。3. 加强电动车管理及上牌规则。	1. 对地铁出口电梯数量及配套标示清晰。2. 纳入老年协会的老年友好城市小组检查范围。3. 明确《电动车管理条例》,向公众宣传讲解。

续表

范畴	好处	有待改善的地方	介入目标	具体建议
（三）住房	1. 对自己现住房子较为满意（特别是居于回迁房和房改房的老年人）。 2. 对附近买东西是否方便关注度较高。	1. 高房价之下几代同堂，人均面积少；同堂之间会相互照顾，但因居住环境狭窄亦会产生争执。 2. 旧公租房未配套厕所，老年人感觉不方便。 3. 居住地附近停车场管理不善，以及绿地、空地变为停车场引致老年人不满。	1. 方便老年人出行，并吸引参与社区活动。 2. 使居住在旧式公租房的老年人能方便地使用厕所。 3. 解决老年人对空气污染、噪声及居住环境变差等问题越来越严重，但管理费不断增加的不满。	1. 社区组织活动吸引老年人参与；家门通道改建工程（南沙区已在进行中）。 2. 政策改善及重建社区资本。 3. 对停车场用地规范管理，并进行绿化改造。
（四）社会参与	1. 老年人懂得发掘与参加不同活动。 2. 多数活动不需要缴纳费用。 3. 多数活动不需要抽签等安排，表明供需较为平衡。	1. 参与NGO及居委会组织的低价旅行的机会。 2. 报读兴趣班的容易程度及费用。 3. 活动场所管理问题。 4. 老年大学课程（希望有灵活的课程间隔、多样的课程内容及师资保证，而不只是由义工来任教）。	1. 资源调配平衡（活动多样化及活动频率等）。 2. 完善资源管理。 3. 增加老年大学课程选择。	1. 政府按各区所需调配资源，并完善管理。 2. 学员向老年大学提议，促进课程灵活性及多样化。

续表

范畴	好处	有待改善的地方	介入目标	具体建议
（五）尊重和社会包容	1. 老年人赞扬在公交上让座率很高，对年轻男性敬老程度评分最高。 2. 对邻里关系较为满意，认为社区其他居民和工作人员较为关心老年人。 3. 认可居委会的工作，对居委会评价较高，认为他们是社区里可信赖的人。	1. 在公交和地铁上的让座率。 2. 邻里相互认识及关系。 3. 老年人缺乏渠道表达自己的意见（质疑自己在焦点小组访谈中说的意见会不会被重视）。	1. 提升地铁让座率。 2. 提供机会促进跨代认识和相互尊重。 3. 加强老年人参与社区事务的渠道，促进社区事务的发展，做到从老年人角度出发。	1. 加强公益广告宣传。 2. 以家庭综合服务中心为平台，提供活动增加跨代认识及合作。 3. 利用各社区老年协会，成立老年友好城市小组，组织提交相关建议。
（六）社区参与和就业	1. 不少老年人都热心参与义工活动。 2. 老年人认同义工需要参加培训，也希望能参与类似培训，学到新的知识。 3. 个别老年人能在退休后做兼职或全职工作。	1. 老年人较难找到符合他们期望的工作。 2. 义工方面：选择类型不多——老年人对义工的理解片面；义工管理制度有待完善——正式义工 vs. "帮得上忙的街坊邻居"。	1. 为老年人重新培训及投入劳动力市场提供机会。 2. 提供平台及多种义工类型，供不同能力的老年人选择。	1. 社区中心为老年人再就业、培训提供平台，并与商家合作。 2. 组织多类型活动，增加老年人义工参与。

续表

范畴	好处	有待改善的地方	介入目标	具体建议
（七）通信和信息	1. 信息传递途径多样化。 2. 老年人懂得在老年人中心、大众媒体和社区告示板了解资讯。 3. 居委会会亲自打电话通知不常下楼的老年人将推出的活动。 4. 不少社区会利用微信群与老年人互动。 5. 社区活动中心有足够电脑供老年人使用，不用轮候和限时使用。	1. 获得信息的途径多样化，但之后会向智能产品倾斜。 2. 对老年人使用电脑和手机来说，最大的障碍是使用技能，而不是经济条件或设备限制。	1. 除了活动资讯，老年人还有渠道知道与自身相关的法规等信息。 2. 给老年人交换资讯的机会和场合，因应他们口口相传的习惯。 3. 促进及协助老年人适应使用电子设备。	1. 完善资讯发放渠道。 2. 提供为老年人而设的资讯网页；继续提供社区活动场所。 3. 按需开设电脑、手机培训班，并完善设备管理。
（八）社区支持和健康服务	1. 公立医院轮候时间尚可接受。 2. 对老年食堂满意。	1. 医保政策限制下，配套设施未完善。 2. 居家养老服务不够完善。 3. 老年人日托中心使用率低。 4. 老年人认为退休金不足以应付居住养老院的开支。	1. 在医保规定下，完善配套的医疗服务。 2. 完善社区居家养老配套设施。 3. 让老年人了解相关资讯及相关补贴，解除其不必要的担心。	1. 提供离院老年人关怀及护理，协助办理转院及提供其他服务。 2. 建立服务标准，服务对象扩展为一般老年人。 3. 完善资讯渠道，听取老年人的担忧并提供解答。

五、讨论与建议

根据世界卫生组织定义,健康老龄化是一个提升和维持功能能力,从而促进老年人健康的过程(World Health Organization,2002)。由此可知,要促进健康老龄化就要维持和提升老年人的功能能力。功能能力包括以下五个方面:满足自己的基本需求;学习,发展和决策;行动力;建立和维持人际关系;贡献社会。而功能能力会受到个人内在能力(即个人随时能动用的身体机能和脑力的组合)、环境因素(从微观到宏观层面的个人生活背景,如家庭、社区和社会)以及内在能力和环境因素相互作用的影响(Beard, et al., 2016)。随着年龄的增长,老年人的内在能力会下降,但是如果环境因素可以提供足够的支持,老年人还是可以维持良好的功能能力的。一个能维持和促进老年人功能能力的环境包括以下四个方面:① 完善的卫生体系,使不同内在能力水平的老年人都能得到服务;② 高质量和可持续的长期照护体系;③ 老年友好的环境;④ 能持续评估和监测老年人的健康状况和需求(World Health Organization,2015)。世界卫生组织就四个方面提出了具体措施:在卫生体系方面,它建议根据老年人的需求来构建,以提升老年人内在能力为重心,并且培养一支训练有素的可持续的卫生队伍来提供服务;在长期照护体系方面,除了要构建一个职权明确和有监督机制的管理体系外,还需要一支训练有素的可持续的长期照护队伍来提供服务;在老年友好环境方面,可以从前述八大范畴来进行建设;在评估和监测体系方面,要先对健康老龄化的指标、评估和分析达成共识,增加对老年人口的健康状况和需求的认识,最后评估并提高健康老龄化措施的有效性。

参考世界卫生组织的健康老龄化的理论和措施,本研究根据健康老龄化框架提及的四个方面构建广州老年友好城市建设的研究对策思路,并对粤港澳大湾区健康老年宜居南沙示范区的发展模式进行改革探索,进而开展广州全域的健康老年友好社区建设(见图17-4)。

研究团队通过进一步梳理总结所收集的实证资料信息,根据广州被调研社区居民及服务提供者的意见,以表格方式列出以下后续研究及相关政策建议。

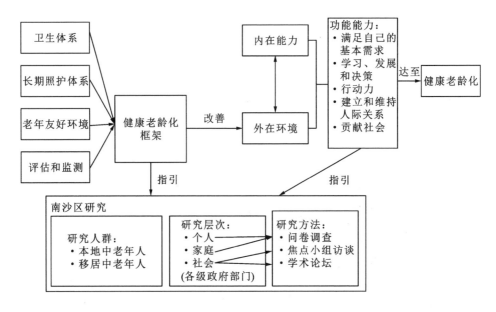

图 17-4 广州老年友好城市建设的研究对策思路框架

从表 17-9 可以看出，一些建议涉及几大范畴，可见这些范畴并不是相互独立的，相关建议也会影响诸多不同的范畴。比如建议 2 为利用各社区老年协会，成立老年友好城市小组，提交相关建议。研究团队在焦点小组访谈中发现，老年居民认为自己的意见不是那么受重视，也不知道去哪里提意见。而在服务提供者参与的座谈会中，服务提供者指出，其实每个社区均设有一个老年协会，这个老年协会平时也发挥收集老年居民意见的作用，老年协会的会员亦会不定期参加社区事务的决策和实践。研究团队整理这些发现，希望社区能充分利用现有的老年协会（资源），发挥其最大价值，让老年人有获得资讯和发表意见的渠道，增加老年居民的社会参与度。这也可以作为老年居民参与老年友好城市建设的第一步，即利用老年协会，成立老年居民小组，定期进行社区考察并发表相关意见，通过特定渠道反映，促成硬件设施（环境）的实质改善。硬件设施的改善可能涉及不同的部门，老年人及部分服务提供者因此觉得难以改变现状。相信老年友好城市的建设，在提高老年居民社会参与度（设计社会环境方面）上会有一定帮助，届时他们对改善硬件设施的信心也会提升。

表 17-9　后续研究和相关政策建议

范畴	(一)公共空间和建筑	(二)交通	(三)住房	(四)社会参与	(五)尊重和社会包容	(六)社区参与和就业	(七)通信和信息	(八)社区支持和健康服务
具体建议	1. 按居民建议改建基花甲。 2. 利用各社区老年协会,成立老年友好城市小组,提交相关建议。 3. 加强对公厕使用的宣传及管理。 4. 对停车场用地规范管理,并进行绿化改造。	1. 对地铁出口电梯数量及配套标示清晰。 2. 利用各社区老年协会,成立老年友好城市小组,提交相关建议。 3. 明确电动车管理条例,向公众宣传讲解。 4. 对停车场用地规范管理,并进行绿化改造。	1. 社区组织活动吸引老年人参与;家门通道改建工程(南沙区已在进行中)。 2. 利用各社区老年协会,成立老年友好城市小组,提交相关建议。 3. 政策普及重视社区资源。 4. 对停车场用地规范管理,并进行绿化改造。	1. 政府按需调配资源。 2. 利用各社区老年协会,成立老年友好城市小组,提交相关建议。 3. 学员向老年大学提进课程灵活性及多样化。 4. 完善资源管理:如,儿童与老年人共享活动场所;以家庭综合服务中心为平台,提供增加跨代活动认识及合作。	1. 加强公益广告宣传,以增加让座率。 2. 完善资源管理,如:多长者与儿童分享活动场所;以家庭服务中心为平台,提供增加跨代活动认识及合作。	1. 社区中心为老年人再就业、培训提供平台,并与商家合作。 2. 组织多类型活动,增加老年人义工参与。 3. 按需开设电脑、手机培训班,并完善设备管理。	1. 提供为老年人而设的资讯网页;继续提供社区活动场所。 2. 完善资讯渠道,听取老年人的担忧并提供解答。	1. 提供医院老年人关怀及护理服务。 2. 完善资讯渠道,听取老年人的担忧并提供解答。 3. 建立居家养老服务标准,服务对象扩展为一般老年人。

参考资料

林贡钦,徐广林.国外著名湾区发展经验及对我国的启示[J].深圳大学学报(人文社会科学版),2017(5):25-31.

王土贵.广东人口老龄化的发展趋势及对策研究[J].生产力研究,2011(8):134-135.

蔡昉,王美艳."未富先老"对经济增长可持续性的挑战[J].宏观经济研究,2006(6):6-10,51.

李文星,张正鹏."二孩"政策下广东人口趋势预测[J].广州大学学报(社会科学版),2018(10):88-96.

张秋.人口老龄化对劳动力供求的影响及对策——以广东省为例[J].社会科学家,2018(1):85-90.

李若建.迁移与滞留:广东省人口老化的区域特征研究[J].南方人口,2006(4):11-18.

蔡赤萌.粤港澳大湾区城市群建设的战略意义和现实挑战[J].广东社会科学,2017(4):5-14,254.

任思儒,李郇,陈婷婷.改革开放以来粤港澳经济关系的回顾与展望[J].国际城市规划,2017(3):21-27.

世界卫生组织:关于老龄化和生命历程的十个事实[J].中国卫生政策研究,2012(1):39.

田新朝.跨境养老服务:粤港澳大湾区的协同合作[J].开放导报,2017(5):109-112.

养老服务业综合改革成效显著"七个着力"推动老龄事业创新发展——2017年广州市老龄委全体(扩大)会议召开[EB/OL](2017)http://www.gz.gov.cn/gzgov/s7119/201706/4ab4107c0f79440ca6b7853cd20ccac9.shtml

陆杰华,阮韵晨,张莉.健康老龄化的中国方案探讨:内涵、主要障碍及其方略[J].国家行政学院学报,2017(5):45-47.

梅光亮,陶生生,吴燕,等.2006-2016年中文期刊发表的健康老龄化研究文献计量分析[J].中国农村卫生事业管理,2017(37):521-523.

Elderly Commission. (2017). Elderly Services Programme Plan [PDF file]. Retrieved from https://www.lwb.gov.hk/elderlyservicesprogrammeplan/index _ e. html

Greenfield, E. (2015). Healthy Aging and Age-Friendly Community Initiatives. Public Policy & Aging Report, 25 (2), 43-46.

Han, K., Lee, Y. J., Gu, J., Oh, H., Han, J. H., & Kim, K. B. (2015). Psychosocial Factors for Influencing Healthy Aging in Adults in Korea. Health and Quality of Life Outcomes, 13 (1), 31.

Hong Kong Policy Research Institute. (2017). Aging in place: Family and Community Care Support [PDF file]. Retrieved from: http://www.hkpri.org.hk/storage/app/media/Research _ Report/2017061 1 _ aging _ in _ place _ report _ web. pdf

Ploughman, M., Austin, M. W., Murdoch, M., Kearney, A., Fisk, J. D., Godwin, M., & Stefanelli, M. (2012). Factors Influencing Healthy Aging with Multiple Sclerosis: A Qualitative Study. Disability and rehabilitation, 34 (1), 26-33.

Sanders, E. B. N., & Stappers, P. J. (2008). Co-creation and the New Landscapes of Design. CoDesign, 4 (1), 5-18.

Winge, L., Carroll, S., Schmidt, T., Wagner, A., Lamm, B., Kural, R., Troelsen, J. (2017). Move the Neighbourhood: Study Design of a Community-Based Participatory Public Open Space Intervention in a Danish Deprived Neighbourhood to Promote Active Living. BMC Public Health, 17 (1), 1-10.